ジョエル・モキイア［著］

長尾伸一［監訳］　伊藤庄一［訳］

知識経済の形成

産業革命から情報化社会まで

The Gifts of Athena
Historical Origins of the Knowledge Economy
Joel Mokyr

名古屋大学出版会

エリック・L・ジョーンズ
デイヴィッド・S・ランデス
ダグラス・C・ノース
ネイサン・ローゼンバーク
に捧げる

私は彼らの英知と学識に教えられ，触発された。

THE GIFTS OF ATHENA
by Joel Mokyr

Copyright © 2002 by Princeton University Press
Japanese translation published by arrangement with
Princeton University Press
through The English Agency (Japan) Ltd.
All rights reserved.

あらゆる時代，あらゆる場所で，自らの才能と性格から事物の本質と原因を探求することに喜びを感じ，この探求から自身や人類に役立つ何ものかをもたらすような多くの人々が存在した。しかし彼らの企ては単独で，結びつけられたり，改善されたり，調整されたりすることはめったになかったので，ほとんど名づけるに値しないような，取るに足らない小さな成果しか生まなかった。人類はこの 6000 年間にわたって思考し続け，さらに 60 万年はそうし続けるだろうが……，自然を知る難しさを克服するにはまったく適しておらず，それは不可能だろう。しかしこの新しく発見された世界は，少数ながらよく訓練され統制されたコルテスの軍隊によって征服されるに違いない。

───ロバート・フック，1666 年

目　次

序　文 v

第1章　技術と人間の知識の問題 ………………………………… 1

はじめに　1
有用な知識――いくつかの定義　2
「有用な知識」の理論　4
有用な知識の歴史的進化　20
有用な知識と社会科学　27

第2章　産業啓蒙主義 ……………………………………………… 34
　　　　――経済発展の根源――

はじめに　34
産業革命期の知識，科学，技術　35
知識革命　67
結　び　92

第3章　産業革命とそれを越えて ………………………………… 94

はじめに　94
第1次産業革命　96
第2次産業革命　102
第3次産業革命か？　126
有用な知識と経済成長　139

第4章　技術と工場制 ……………………………………………… 142

はじめに　142
産業革命と工場の勃興　145
工場化の意義　150

　　　　工場化の説明　156
　　　　産業革命以後の工場　177
　　　　将来の展望　180

第5章　知識，健康，家庭……………………………………………… 194
　　　　はじめに　194
　　　　家庭の知識と健康の単純モデル　200
　　　　3つの科学革命　211
　　　　知識，説得，家庭の行動　221
　　　　家政学と家事労働　235
　　　　補　遺　254

第6章　知識の政治経済学……………………………………………… 257
　　　　――経済史におけるイノベーションとそれに対する抵抗――
　　　　はじめに――選択と知識　257
　　　　制度と技術　273
　　　　市場か政治か？　抵抗の経済史　297
　　　　政治経済学と産業革命　310
　　　　カードウェルの法則再考　325
　　　　結　び　333

第7章　制度，知識，経済成長………………………………………… 335

　　参照文献　353
　　監訳者あとがき　389
　　図表一覧　393
　　人名・地名索引　394

序　文

　ギリシャ神話では，ケクロプス王についてこんなことが言われている。ケクロプス王はアッティカのアクロポリスの上に新しい都市を創り，この都市に最も魅力的な贈り物を与えてくれた神の名前を付けると約束した。最初に海神ポセイドンがやってきて岩を割ると，透き通った水が流れ出た。しかしケクロプス王がその水を飲んでみると塩辛かった。次に，知識と知恵の女神アテナがもっと価値のある贈り物であるオリーブの木を携えてやってきた。あとはたぶんご存知の通りである。

　知識と，自然の規則性や天然資源の利用との関係の展開は，技術史の主題である。本書が扱うのは，人々が自らの物質的環境について何を知っているかが非常に重要であり，それはこの数世紀の間にさらに重要性を増してきたという命題である。本書は経済成長の歴史を扱っているが，それをはるかに超えた経済的厚生の歴史，すなわちより長寿で健康で安全な生活，多くなってきた余暇と物質的快適さ，死亡率と罹病率の低下，そして苦痛と悲しみの減少を扱う本でもある。知識は濫用もでき，20世紀には恐ろしい規模でそれが起きた。技術は地球上の生命を抹消してしまう潜在力を持ち，また少数の個人に大きな力を与える能力も持っている。チャーチルのよく知られた言葉で再度言い換えると，これほど少数の人間が，これほど多数の人間に，これほど多大な損害を与える力を持つようになったことはかつてないことである。ともかく，我々の物質的世界が以前とは異なってしまったこと，またなによりも我々が知っている物事がこの変質を引き起こしたということに，疑問の余地はない。

　本書は私が1990年代に発表した論文と，さまざまな機関や学会で行なった講演を基礎としている。こうした作業の過程で私は多くの方々のお世話になったが，その全ての方に謝辞を述べることは不可能である。とりわけ本書を捧げた4人の研究者には負うものが大きい。彼らとの個人的な友情と彼らの研究業績は，私にとって尽きることのない支えとなってきた。私が所属するノースウェスタン大学

の2学部の方々は，いろいろな形で私を支援し励ましてくれた。その中でも，故ジョナサン・R・T・ヒューズと，同じく故メアリー・グレー・ヒューズ夫人はかけがえのない存在であり，今なお私は毎日のように彼らを思い出している。ノースウェスタン大学の同僚との継続的な対話は，私の頭を常に回転させ，私の文献リストを長くしてくれた。とくにケネス・オルダー，ルイス・ケイン，ジョセフ・フェリー，ロバート・J・ゴードン，デイヴィッド・ハル，ウルフラム・ラーチェス，モシェ・マタロン，ピーター・マーマン，スタンリー・ライターの名前を記しておきたい。私の思考と執筆に大いに貢献してくれた私の学生，卒業生は多数だが，ここでは疲れを知らないピーター・B・マイアーの名を挙げておきたい。彼は草稿の大部分に目を通し，数えきれない改善点を示してくれた。さらにマリステラ・ボッティチーニ，フェデリコ・シリベルト，ダリオ・ガッジョ，トーマス・ジェラティ，アブナー・グライフ，リン・キースリング，ヒラリー・リーブ，ジェイソン・ロング，ジョン・ナイ，レベッカ・スタイン，ジェームズ・ステュアート，リック・ショスタク，シモーヌ・ウェッジにも謝意を表したい。また第4章は，ジェラティの学位論文，「技術，制度とその相補性──イギリスの産業革命における工場制」に負うところが大きい。ジェラティとロングは，彼らの学位論文執筆のために収集した情報を寛大にも私に提供してくれた。

ノースウェスタン大学以外では，謝意を述べる人々のリストは必然的に不完全なものとなる。私は過去数十年の間，マクシーン・バーグ，ルイス・ケイン，ポール・A・デイヴィッド，ジャン・ド・フリース，アブナー・グライフ，デアーダー・マクロスキー，ジェイコブ・メッツァー，コーマック・O・グラダ，ケネス・ソコロフといった素晴らしい知識人の友人となる幸運に恵まれてきた。また上記以外にも多くの人々から意見や助言，データやコメントや感想をいただいた。不完全なリストになるが，ダロン・アシモグル，ケネス・アロー，ジョージ・バーテン，タイン・ブルーランド，スティーヴ・ダーロフ，リチャード・イースターリン，ジャン・ファガーバーグ，ナンシー・フォールブル，オーデッド・ガロー，レナート・ジャンネッティ，ジャック・A・ゴールドストーン，ティモシー・ギネイン，ダニエル・ヘッドリック，キャロル・ハイム，エルハナン・ヘルプマン，ベンジャミン・アコスタ・ヒューズ，トーマス・P・ヒューズ，マーガレット・C・ジェイコブ，バーバラ・カルニ，ハイダー・カーン，ジャニ

ス・キングホーン，ヨアフ・キスレフ，チムール・クラン，ナオミ・ラマロー，リチャード・ラングロワ，ネッド・ルボウ，リチャード・G・リプシー，ジョン・マクダーモット，パトリシア・モクタリアン，リチャード・ネルソン，パトリック・オブライエン，キース・パビット，クレイグ・リデル，アリエ・リップ，フィリップ・テットロック，ロス・トムソン，マニュエル・トラテンベルグ，ニック・フォン・チュンゼルマン，ウルリッヒ・ヴィット，ジョン・ザイマンが含まれる。

　研究助手の人々は，私が図書館から借り出す一見脈絡のない図書や論文の意味を理解しようと必死の努力をしながら，本書の原稿の多くの部分に目を通してくれた。それはエリザベス・ブラウン＝インズ，アミット・ゴーヤル，シルパー・ジャトカル，スティーヴ・ナジガー，マイケル・ピアフスキーである。私は執筆の各段階で以下の諸大学に迎えられ，それらから得るものも多かった。マンチェスター大学には，1996年にジョン・サイモン教授職として勤務した。ワシントン大学長期経済研究センターには，1997年に訪問した。エルサレムのヘブライ大学ミネルヴァ・センターには，1999年に訪問した。スタンフォード大学行動科学先端研究センターでは，ヒューレット夫妻基金の助成を得て，現在フェローを務めている。コロンビア大学セミナーのレナード・ヘイスティングズ・スコフ出版基金（Leonard Hastings Schoff Publication Fund）の助成にも謝意を表さなければならない。また2002年3月のスクリプス・カレッジで開催されたカリフォルニア大学経済史学会では，多くの有益なコメントをいただいた。私は2つの章の内容を，2001年11月にイェール大学のクズネッツ講演で報告した。イェール大学には，1970年代初めに4年間の素晴しい大学院生活を過ごさせていただいたうえに，このような寛大さで厚遇していただいた。ここに感謝の意を表したい。

　プリンストン大学出版会では，長年ピーター・ドゥハティと一緒に仕事をするという光栄に浴した。彼以上に協力的な編集者を望むことはできないだろう。キャサリーン・マッチとジャネット・モワリーは，私の分かりにくい文章を整理するなど素晴らしい仕事をしてくれた。

　こうして私が恩義を感じている方々の名前はどんどん増えていくので，限られた人生の中では，彼らにお返しはできそうにない。しかし，私の妻であり30年以上にわたり私と行動を共にしてきたマーガレット・B・モキイアから受けた恩

に優るものはない。彼女がいなければ，成し遂げる価値のあるものなど存在しなかっただろう。

2001年12月

カリフォルニア州メンローパークにて

第 1 章

技術と人間の知識の問題

はじめに

　人間の知識の増大は，歴史において最も深淵かつ最も理解しづらい要素のひとつである。社会科学者，認知心理学者，そして哲学者たちがこの問題に対してさまざまな見地から取り組んできたが，いまだコンセンサスができているわけではない。我々が自然環境について何を知っているか，またそれが我々の経済にどう影響しているかを研究することは，経済史家にとっても非常に興味深いものであるはずである。知識の増加が経済変動の中心的な問題の１つであるということだけをとっても，科学史家だけに検討を委ねておくわけにはいかない。

　発明，発見，そして科学上のブレイクスルーは，経済史にとって最も刺激的な研究テーマである。本書における私のアプローチは科学史に大きく依拠しているが，しかし近代の経済成長という問題に真正面から取り組んでいるという点で数多くの最近の研究とは異なる。人類の歴史の大部分――重大な転機となる産業革命を含めて――を通じて，新しい知識は偶然かつ予測できない形で現れたので，経済史も同様の偶然性に左右される。従って，現在に至るまでの経済成長を把握するためには，過去250年にわたる近代の経済文明を創り上げた，歴史的過程の雑然とした性格を考慮に入れた，特別なアプローチが必要となる。

　本書は現在批判にさらされている近代化（modernization）という概念を，正面からは取り扱わない。経済の近代化は通常，工業化と関連づけられているが，同時にサービス部門や農業部門でも経済発展は進んだのである。本書では，都市化，中央集権的で強力な国家の勃興，政治的自由と政治への参加の拡大，識字率や教育の向上などといった「近代主義」的な傾向は考察しない。本書は，経済的な効

果，つまり決して寛大ではない自然から物質的な快適さを引き出す我々の能力が，過去2世紀の間に著しく改善したという，基礎的で平凡な考察から始める。

経済発展と知識に関係があることは，言い古されているとまでは言わないが一目瞭然である。全ての知識が技術的だというわけではないものの，単純に言えば，技術は知識である。確かに知識の相違だけで，繁栄する西欧諸国と他の貧しい国々との間の所得格差が説明できると主張することは難しい。仮にその違いが知識の相違だけだとすれば，知識が国境を越えて移動して行くことは確実である。今日の生活水準が11世紀よりも高いのは我々が中世の農民よりも物事をよく知っているからである，という命題を真剣に議論しようとする者はいないだろう。私たちの方がより賢いとは言えないし，そんな証拠はほとんどない。また，実際にそうであるのだが，昔よりよく教育されたために現代人が以前より豊かになったと確言することさえできない。しかし全体としてみれば私たちが過去の人々よりものを知っているということが，近代の主要な現象である。過去3世紀の間に発展した新しい知識は，夢想だにしなかった富と安全の源であったと同時に，多くの社会的葛藤と苦悩を生んだ。それは社会や家庭の構造に革命をもたらし，人々の見方や感じ方，寿命，生む子どもの数や時間の過ごし方をも変えた。私たちの物質的存在のあらゆる局面が，新しい知識によって様変わりしてきたのである。

しかし，「私たち」とは一体誰のことなのか？　「何かを知っている社会」とは何を意味しているのか？　そしてどのような種類の知識が重要なのか？　このような命題は経済史家にさらなる疑問を抱かせる。「誰が」，「知られていた」ことを知っていたのか。その知識で何ができたのか。その知識を持っていなかった人々はどのようにそれを取得したのか。要するに経済理論に基づく洞察は，科学技術史上の諸事実や歴史記述と結びつけられなければならないのである。

有用な知識――いくつかの定義

歴史的な力としての知識を論じるのに必要な認識論や認知科学の細部に関して私は深く理解しておらず，本書もそれを前提していない。むしろ本書は知識に対して，また技術的・経済的変化における知識の役割に対して，単純で直接的なア

プローチをとる。本書は新しい知識がいかに近代の物質文明と，その繁栄を築くのに役立ったのかを問題にする。

　それでは，私の頭の中にある「知識」とはいったい何だろうか。以下の論述で私の関心は，「有用な」知識と言われるタイプの知識に限定される。この「有用な知識」という用語は，サイモン・クズネッツ（Kuznets, 1965, pp. 85-87）が，近代の経済成長の源泉を語るときに用いたものである。「有用な」とは何を意味しているかについて，長々と議論することもできる[1]。私はその中心に技術（テクノロジー）があることに関心がある。技術とは一般に，人間が物質的利益のために自然を操作することを意味する。そのため本書で扱うのを，自然現象に関する知識に限定し，人間の心理とか社会制度などに関する知識は除外する。ユダヤ教の伝統では全ての命令が，マコム（makom）（文字通りには「場所」という意味だが，実際上は神）から人間への命令と，人間とシャヴァイロ（chavayro）（他の人々）との間の命令に分けられる。このような区別は認識論では有害だが，大まかに言えば，人間が自らを取り巻く環境の中で自然現象を観察して，その中に規則性やパターンを確立する際にある種の知識が蓄積されるように私には思える。この知識は社会的事実や社会的現象に関する知識とは異なっている。確かに，価格，法律，人間関係，性格，芸術，文学など，経済に関する知識を含む重要な知識の大部分は，人々や社会現象にかかわっている。そのため例えば，経営学やマーケティングなど人間行動の規則性に基づくいくつかの「技術」も私が扱う知識の中に加えるべきであり，「有用な知識」の定義の一部として考えなくてはならないだろう。また価格，資産収益率などの経済に関する知識も，効率的な生産と分配に必要であるからその中に含めるべきだと議論することもできる。確かにこれら 2 つが重なり合うグレーゾーンは存在するが，この定義に私はこだわりたい。したがって本書では有用な知識とは，人工物，材料，エネルギー，生物など，潜在的な操作

---

1) クズネッツ（Kuznets, 1965）はこの用語を，経済での生産に潜在的な有用性を持つ「検証された」知識と同等の意味で使っているが，この定義は限定的過ぎる。もちろん「検証する」という術語の，普遍的に受け入れられている定義は存在しない。どのような検証手続も，その時代の社会的な慣行である。そのうえ知識は，「有用」であることが「検証される」必要はない。実際のところ，「真実」であること，つまり今日の信念に一致する必要もない。マッハルプ（Machlup, 1980-84, Vol. 2, p. 10）は，有用な知識と有用でない知識の間のあいまいな差異を論じ，「有用な」とは「実践的」である，あるいは物質的な厚生に貢献できるということに近いかもしれない，と述べている。

可能性を有する自然現象を扱う知識である。

　しばしば経済学者たちは，有用なベスト・プラクティスの知識を蓄積することと，それにアクセス可能な全ての経済によってそれが効果的に拡散し利用されることとを区別する[2]。彼らの研究は主に後者に関係しているが，本書の関心は主に前者にある。この両者が相互補完の関係にあることは明らかである。有用な知識の変化が経済成長の極めて重要な要素の1つであることは，説明が不要であるほど自明にみえるが，しかしいくつかの顕著な例外，特にスタンフォード学派（Stanford school）のネイサン・ローゼンバーグ（Nathan Rosenberg）とポール・デイヴィッド（Paul David）の研究などを除けば，経済学者たちがこの問題を明示的に扱うことはほとんどなかった。人的もしくは物的資本によって動かされる変数の1つとして技術を組み込もうと試みている「新成長理論」でさえ，有用な知識の概念や時を越えたその変化を積極的にモデル化しようとはしなかった。私は本書でアッシャー（A. P. Usher, 1954）の伝統を受け継ぎ，技術をその知的文脈の中でとらえることにする。

「有用な知識」の理論

　本書の各章で使われる「有用な知識」は，以下の2つのタイプの知識を指している。その1つは，自然現象，および自然の規則性に関する"what"の知識，または「命題的（propositional）」知識（言葉を換えれば信念）である[3]。この"what"の知識は，"how"の知識，つまり，指令的な知識，または「指図的（prescriptive）」知識を創り出すために応用することができる。これは，テクニックと呼んでいいかもしれない[4]。以下で私は，命題的知識を $\overset{\text{オメガ}}{\Omega}$ 型知識と呼び，指図的知

---

2) 最近の例としては，パレンテとプレスコット（Parente and Prescott, 2000）参照。文献調査はラッタン（Ruttan, 2001）参照。
3) これはアローラとガンバルデッラ（Arora and Gambardella, 1994）が，「抽象的で一般化された知識」と呼んだものに近いが，抽象的でも一般化されている必要もない。例えば日没や日の出の時間のリストは，自然の規則性を記述しているため命題的な知識と言えるだろう。
4) シェッフラー（Scheffler, 1965, p. 92）は，「手続き的知識」という術語を提案しているが，それは私の区別に近い。認識論に関する文献の多くは，この種の知識を所有する人間を論

識を λ(ラムダ)型知識と呼ぶことにする．もしも Ω 型知識がエピステーメーだとすれば，λ 型知識はテクネーである．この違いは重要な点で科学と技術の間の標準的な区分とは異なるし，「理論」と「経験的知識」の間の区分とも違う．

　その知識を「知っている」人々とは，誰のことなのか？　知識は人間の頭の中にあるか，あるいは取り出し可能な記憶装置（外部記憶装置）の中にある[5]．一人の行為主体の立場から見れば，他人の頭脳も記憶装置の一種である．1 つの社会における「総計の」命題的知識は，生きている人間の頭の中，または記憶装置の中に蓄積されている全ての言明の「和集合」と定義できる．私はこれを Ω 集合と呼ぶ．1 つの発見は，今までこの集合の中には存在しなかった 1 つの知識を追加することである[6]．もし仮に，社会の中の少なくとも 1 人がある事を知っていれば，その社会はそれを「知っている」ということになる．この種のモデルでは，知識の社会的な性格が重要になる．つまり学習とか普及は，既存の知識を 1 人の人間または記憶装置から他の人間へ伝達することと定義される[7]．これと同様に，社会のメンバーに知られている，またはアクセス可能な記憶装置に入っている，全ての技術・テクニックの和集合を λ 集合と呼ぶ．

　本書の基本的な考えは，経済で生産が行われる際に使われるテクニックを Ω 型知識が助けるということである．発明家がテクニックを構成するある指図の集合

じていて，この知識そのもの，あるいは「社会的」または「集積された」知識の明確な概念に関するものではない．"knowing how" は，スキル，訓練された能力，コンピタンス，あるいはテクニックを持っていることを表している．ここで私が関心があるのは，おもに人々が持っている「ノウハウ」の対象の性質である．つまりそれが何であれ，等算出量曲線という経済学的な概念の背後にある内容である．

5) この集合の次元性の問題にはここでは触れない．ライター (Reiter, 1992) は，メガ集合 E を数学的な記号を含む全ての記号を言語の中に統合することで生成される可能な文章の全体と定義し，個々の知識は E の部分集合としている．

6) 形式的には，もしも Ω 集合が，人間の頭の中，または記憶装置の中に蓄えられた個々の知識の集合全ての和集合だとすれば，知識の普及と学習はこうした知識集合の共通部分に関係してくる問題である．全ての共通部分で，要素の数が多ければ多いだけ，Ω 集合の密度は高まる．

7) ジョージ・サンタヤーナ (George Santayana) は，科学を，「より正確な演繹により……洗練され，拡張された共通の知識」と定義した (Ziman, 1978, p. 8)．科学は意図的に共有されること，公式の認定が公表の順にあたえられること，命題がコンセンサスにより検証されること（受け容れられるためには同意を得る必要があること），そしてデータや方法や前提やテクニックを詳細に示して暗黙知の部分を最小限にする努力をすることなどの点で，Ω 型知識の他の部分と異なっている．

を記述する際には，その根底にある自然のプロセスに関する何かがその社会ですでに知られていなくてはならない。この関係を論じる前に，Ω と λ の性質をさらに明確にしておく必要がある。

命題的知識とは何か？　それは2つの形をとる。1つは，自然現象の観察，分類，測定，カタログ化である。もう1つは，こうした現象を支配し，それらを我々が理解できるようにしてくれる，規則性，原理，「自然法則」の確立である。この定義の中には，自然の規則性や秩序を記述し分析するために使用される限りにおいて数学も含まれる[8]。この区分もまた厳密なものではない。というのは，経験的な規則性とか統計的な観察は，人によって「法則」に分類されたり「現象」に分類されたりするからである。有用な知識は，部分集合として「科学的」知識を含んでいる。

ジョン・ザイマン（John Ziman, 1978）が強調したように，「科学」は公的知識の本質的な形態だが，「命題的知識」はさらに広い範囲の知識を包含している。例えば，①各種の物質，熱，運動，植物，動物の特性といった実践的だがインフォーマルな知識，②基礎的な力学（この中には，梃子，滑車，ネジ，天秤，楔，車輪といった古代ギリシャ・ローマ時代の6つの「基本的な機械装置」も含む）の直観的な理解，③潮流や天候の規則性，④「1日1個のリンゴで医者しらず」といった民間伝承のような民衆の知恵，地理・地勢に関する知識などもこの一部に入る。例えば，どこに何があるかを知っているということは，理論的にはこちらからあちらへどのように行くかという指図の集合の前提になる。この中にはまた，エドウィン・レイトン（Edwin Layton, 1974）が「テクノロジカル・サイエンス」と呼んだもの，ウォルター・ヴィンセンティ（Walter Vincenti, 1990）が「エンジニアリング知識」と名づけたものも含まれる。それらは民衆の知恵とか職人の日常的な知識よりは体系化されているが，科学からはほど遠いものである。エンジニアリング知識は，一般的な「自然法則」にかかわるものというよりは，計測可能な性質と変数との間の数量的・経験的関係を定式化したり，例えば摩擦を減ら

---

[8] アルフレッド・クロズビー（Alfred Crosby, 1997, p. 109）も述べているように，「測定とは数字であり，数字の操作は数学を意味している」。偉大な数学者ダフィット・ヒルベルト（David Hilbert）が，優れた数学的理論以上に有用なものはないと言ったことはよく知られている（Casti, 1990, p. 33 に引用）。

す性質を持つ潤滑油とか単純な化学反応のように，エンジニアリングとか化学の文脈においてのみ意味を持つ抽象的な構造を考えることにかかわるものである (Ferguson, 1992, p. 11)[9]。以下で述べるように，1850年以前に「科学」または「理論」が技術の基礎に寄与したかどうかを論じることが，経済発展の知的な起源に関心を持つ経済史家を混乱させてきた。

さらにΩ集合のそれぞれの構成要素が「正しい」かどうかを論ずることも，無意味なように思える。自然界に関する理論や観察は，実際上は大きな影響を持ったのに，今日ではそれが「間違っている」とされていることもある。しかし社会の中のある人々が正しいと信じている限り，それらはΩ集合の一部である。したがってΩ集合は，相互に矛盾する知識を含んでいることもありうる。病気の体液理論とかフロギストン化学のように，現在では受け容れられていないΩ集合の一部を基にしたテクニックが何世紀にもわたって使用されてきたが，しかしそうだからと言ってその理論の歴史的重要性が低下するわけではない。知識は論争の的になることもあれば，憶測的なものである場合もある。あるいは広範に受け容れられることもある。私はその場合，この知識は「堅牢である (tight)」と呼ぶ。堅牢性はその知識がコンセンサスを得る際の尺度の一つであり，その知識を正当化する際に，その社会で受け容れられている説得法的慣行が，「真実である」とか「実証済みである」とか，少なくとも「検証済みである」などと人々を説得する有効性の程度に依存する。堅牢性は検証可能性の関数であり，その知識に対して人々が抱く確信の度合いを決定する。さらに堅牢性は，ここが私の目的にとって最も重要なのだが，それに基づいて人々が行動を起こす意欲を決めていく。そのような説得法的慣行は，「アリストテレスはこう言った」というものから，「実験で証明されている」というもの，「推定された係数は標準誤差の2.3倍である」というものまでいろいろである。こうした説得法的なルールは純粋に社会的に構築されたものではあるが，しかしそれは長い時間軸の中では「有用

---

[9] ザイマンは，製紙の「科学」が存在するだろうか，と問いかけている (Ziman, 1978, p. 178)。その答えは，製紙技術の歴史は少なくとも20世紀まではほとんど科学に基づかず，その大部分が原料としての紙屑の性質，紙屑を切断する際の機械的な工程，原料が乾燥する度合い，異なったパルプ漂白法からくる質等の違いを記述した大量のΩ型知識の部分に負っていたということになるに違いない。これを科学と呼ぶことは難しいが，こうした知識なしには製紙技術は中国から輸入されて以後，大して進歩しなかっただろう。

な」知識を含む知識全体が，いかにして，なぜ，増えていくのか，ということと無関係ではない。

「堅牢性」には，確信とコンセンサスという2つの次元がある。ある1つの知識が堅牢であればあるほど，その知識を受け容れる人々は自分の信じていることが確かだと感じ，多くの人々はそれと相矛盾する見方を持たなくなる。地球平面協会（Flat Earth Society）の会員や，エイズ（AIDS）は蚊が刺すことによって伝染すると信じている人々は，数の上では少ない。しかし多くのアメリカ人は，いまだにダーウィンの進化論を信じていないし，星を見ることで人間に関することを予測できると信じている。この点において，有用な知識の歴史に関する合理主義的説明を批判するポストモダニズムの主張に反対するのは難しい。つまり真実と言われるものの大部分は，権威者や専門家が他の人々に語ることを社会が信じることに基づいている。このため政治の問題（例えば，誰がこうした権威者や専門家を任命し，誰が研究課題を設定するかなど）が，有用な知識の探求やその普及の面に入り込んでくる。

最後に，個々人が持つ知識よりも，社会が全体として持っている知識と，その社会ができることの方がより重要である。もし仮に社会の中に量子力学を知っている者が少数しかいないとしても，その知識の洞察力が技術面でもたらす実用的な果実は，あたかも全ての人々が高等物理学を教えられてきたのと同じくらいに利用できるかもしれない。経済史家にとって重要なのは「集団がもつ知識」である。しかし概念としての集団的知識は，集計という深刻な問題を提起する。それは上記で採用した機械的な知識の定義を越えて，我々はいかにして個々人の知識から集団的な知識に到達することができるのかということである。

既存の知識ストックを利用する面での進歩は，第1に，知識にアクセスするコストと効率性に依存している。知識はある人の消費が他の人の消費を減少させることがないという意味で一種の公共財であるが，それを手に入れる私的なコストは，時間，労力，それ以外の物質的資源という観点からみて無視できるものではない（Reiter, 1992, p. 3）。アクセス・コストが非常に高い場合には，その限りにおいてその知識は社会的に消滅したと言うこともできる[10]。言語，数学的記号，図

10）この費用関数は，ある個人が外部記憶装置または他の個人の情報にアクセスするのに要する費用（コスト）を決定する。平均アクセス費用は，その知識を得たいと思う全ての個人が支払う平

表や物理学的モデルといったものは，全てアクセス・コストを削減する手段である。ポストモダン派が言うように，共有されている記号はそれが意味するものと必ずしも一致しないかもしれないが，しかし共有されている限り，それらは他の人または記憶装置に保蔵されている知識にアクセスするコストを削減する。

また知識は他の人に提供され，他の人と共有され，他の人からも手に入れられるという点で文化的な存在である。もしも Ω 型知識の入手が非常に困難であれば，応用したいと思って探している人々が，それにアクセスできなくなる。動物の間に存在すると言われている「エピソード的な知識」の世界と，無償で自由に全ての知識にアクセスできる世界という 2 つの極端な状態の中間が，実際の知識の共有のされ方ではあるが，それにアクセスするには何らかの資源を消費することが必要となる。知識へのアクセス・コストは，アクセスする技術と，情報源の信頼性と，Ω 集合全体の規模に依存する。Ω 集合の規模が大きければ大きいほど，知識の専門化，分業化が必要になる。有用な情報を配布する専門家や特殊な情報業者が現れアクセス手段を提供する。情報技術（IT）はまさにこれにかかわるものである。アクセス・コストが国によって異なるということを前提にすれば，利用可能な知識のストックが，全ての国で共通かつ自由に利用できると考えるのは単純化のし過ぎである。

書くことの発明，紙の発明，印刷術の発明は，ただ単にアクセス・コストを大幅に削減しただけではなく，人間自身の環境についての考え方を含め，人間の認識に大きな影響を与えた[11]。しかし外部記憶装置の登場は，有用な知識をコード化（形式知化）し，ある場合には結晶化させて，それらが論破し難く神聖である

　　均的な費用である。有用性の問題にとってもっと意味のある概念は限界アクセス費用，つまり，まだこの情報を持っていない個人にとっての最小限のアクセス費用である。少し考えてみればなぜこうなるかが分かる。ある社会の平均的な構成員にとって，シュレーディンガーの波動方程式にアクセスするには非常に費用がかかるが，量子力学の研究者にとっては安いコストで「アクセス可能」である。ある人が何かを知る「必要がある」時には，その人は，アクセス費用が最も安価だと思われる専門家を訪れるだろう。このように近代では，専門家に依存する場合が多い。そのため専門家を見つけ出して知識を引き出す費用が限界アクセス費用を決める。これと同じくらい重要なのが，後に述べるように記憶装置へのアクセスを提供する技術である。

11)「外部記憶システム」の発明は，マーリン・ドナルド（Merlin Donald, 1991, pp. 308-12, 356）によって近代技術文化の根本となるものと評価されてきた。

かのように見せるオーラを与えた。時にそれは，知識の絶えざる修正や完備性を阻害するという代償も伴っていた。それにもかかわらず情報の外部記憶装置の発明が，それまでスタンド・アローンであったコンピューターのネットワーキング化に似た意義を持っていたということもできる。エリザベス・アイゼンステイン (Elizabeth Eisenstein, 1979) の主張によると，科学と技術の進歩が依拠する基礎は印刷術の出現によっていた。彼女によれば，早くも16世紀には，印刷術が「タウンとガウン〔町の住民と大学人〕の間のギャップの橋渡しをした」。「科学・技術の発展に初期の印刷文献の果たした役割には疑問の余地が残る」とはいえ，印刷術は「社会的に有用なテクニック」を公にすることを可能にしたのである (pp. 558, 559)。

　知識が伝播しやすいかどうかは，知識にかかわる社会の機構，記憶の蓄積技術，そして誰がアクセスをコントロールするかによって決まる。知識は時が経つにつれて，個人の間は言うまでもなく，広く伝播していくものである。例えばかつての中国でのように命題的知識が皇帝の官僚制度によってコントロールされていたり，あるいは古代ギリシャ・ローマ文明時代のように少数の貴族的エリートによってコントロールされている場合には，知識の多くは失われたりアクセス不可能となる。仮にアクセス・コストが低ければ，既存の知識の「一部」が失われる可能性は少なくなる。そして知識の探求で無駄なことを繰り返す可能性が少なくなる。このようにアクセス・コストは，Ω 集合が増大する，つまり新しい発見や知識が追加される可能性を決める。アクセス・コストが低ければ低いほど，より多くの知識が累積していくからである。

　広く喧伝されている我々の時代のいわゆるIT革命は，アクセス・コストが低ければ低いほどより多くのそして異なったことを我々が知るようになるだけではなく，情報が行為主体の頭の中へ入ったり，逆に頭の外へ出たりする際の速度を速めることでもある。行為主体の頭脳の間や，行為主体と蓄積装置との間での有用な情報の不断の交換は，1990年代の初め以後から，より速く，より安価になってきているのである。しかし知識へのアクセス・コストは，技術的な変数だけに依存しているのではない。アクセス・コストはまた，知識をめぐる「文化」にも依存している。もしも知識を所有する者が，それを富や権力や特権の源であるとみなすならば，その人は知識をより強欲に管理し，流出しないようにするだ

ろう。知識を秘密にしたり独占したりする慣行（プラクティス）は，人為的にアクセス・コストを高めることである。確かに，言語や記号表記や専門用語などは知識へのアクセスの障害であった（今日，障害であるように）が，科学者たちがお金を払って話を聴いてくれる聴衆やパトロンを得ようとすると，「一般の人々向け」の科学啓蒙書が必要となった。そのうえ，「知識の社会学」に関する問題もある。ある種の社会においては，「知識を持っている」人と，「活動している人」，つまり作業現場で働いている人とは，全くの別人である。そのような場合，この2つのグループが部分的にどう重なり合い，この両者の間にどういった種類のコミュニケーションが成り立っているかが，問題になる。

　有用な知識に関する我々の考えを明確にするためには，進化的アプローチが手助けとなる。もちろん生物学や遺伝学からの類推やその適用に当たっては，十分な注意が必要である（Mokyr, 1998a, 2000d）。有用な知識はDNA〔デオキシリボ核酸〕に良く似て，それだけでは存在できない。人々によって「保持」されるか，または記憶装置の中に保蔵されていなければならない。しかしDNAとは違って，知識保持者は知識を手に入れた後，それを捨て去ることもできるので，選択のプロセスが全く異なっている。この違いが，時間の経過とともに知識がどう伝達されていくかという問題と，知識が拡張されていくのか，あるいは収縮していくのか，という問題を提起する。全ての知識保持者の生命は有限であるから，何らかの形で自身を再生産する必要がある。非生物的な保蔵媒体の存在はこの伝達を促進はするが，知識のうちで，ある種の決定的に重要な構成要素はコード化できないし，コード化が必要な記憶装置に蓄積することもできない。このような「暗黙知」としての知識は，次の世代へ引き継がれない限り，有限の命の保持者とともに死滅していく。原則をいえば，知識が失われていったり，あるいは実際的な目的で知識を使うにはアクセスが非常に高価になってしまうことを食い止められるものは何ら存在しない。

　Ω集合の実際の構造は，自己言及的である。多くの知識は，ある何かが知られているということを分かっているというのと，それを見つけ出す方法が分かっているという形で成り立っている。ソクラテス流の言い方をすれば，自分には分からないが，誰か他の人には分かっているということを知っていて，したがってそれを探し出そうとするのが，革新的な生産者の証である。もちろんその先で，社

会はΩ集合の有限性に直面する。知りうることでも，社会の中の誰にも分かっていないことがある。この知識の有限性が，歴史上に存在した各々の社会が成し遂げられたであろうことを制約するのであり，Ω集合の累積的な増大が，これまで閉ざされてきた扉をこじ開けるのである。扉が開くということと，その中に入っていくことを誰もが選択できるということとは別物である。有用な知識にかかわる経済史で経済成長を理解するためには，この2つの問題をともに考えなければならない。

そのために重要となる指図的知識の集合の特質とは何だろうか？「テクニック」とは，技術的な知識の集合の基本的な単位である。これは実行可能な指図の集合，あるいは自然を操作するための方法(レシピ)の集合である。それはネルソンとウィンター (Richard Nelson and Sidney Winter, 1982) の言う，「ルーティン (routines)」に近い。こうした指図が現実に実行に移された時，我々はこれを生産と呼ぶが，それはもはや知識ではなく，行為である[12]。これは「発現」しているDNAの指令に匹敵する。DNAの指令に似て，テクニックの構文も，「絶対的」（Xを行なえ）であるか，「条件付き」（もしもYなら，Xを行なえ）である。より複雑なテクニックの場合は，入れ子式となっているのが原則である。

全ての知識同様，λ集合の中の指図は，人間の頭の中か，記憶装置の中に蓄積される。λ集合の指図は，明確に定義された目的に対して手段をどう対応させるかについての構想(デザイン)と指図から成り立っている。それはソフトウェアの1つ，あるいは料理本の中にあるレシピの1つによく似ている[13]。λ集合の構成要素は，我々が「生産」と呼ぶものを構成している種々の活動をどう実施していくかを指図する「行動命令」，「もしもこうなら，その時はこうしろ」という記述で充満した"if-then"付きの「Doループ」で成り立っている。それらは全て，教えたり，真似したり，伝達したり，改善を加えたりすることができる。「ハウ・ツー」式

---

12)「生産」という術語には，調理や掃除や子育て等々の家庭内の活動を含むべきである。これらの活動も同様に，自然現象やその規則性を操作しなければならない。

13) ライター (Reiter, 1992, p. 13) も同じような概念を使っている。それによれば，テクニックは調理本のレシピに似ていて，次の4つの要素を含む。(1)最終的な産出物とその特徴の記述，(2)成分，材料と中間投入物のリスト，(3)それをどう実行して行くかに関する現実の指令と提案，(4)レシピがうまくいくという保証。(4)はおそらくΩ集合の部類に属する。あるテクニックがうまく行くという言明は，自然の規則性にかかわるからである。

マニュアルは，テクニックのコード化された集合である。「発明」とは，ある1つの社会のλ集合に対して，何か新しい1つを追加することと考えられる。もっともその大部分は，特許庁や歴史書には記録されないような小さな追加に過ぎないのだが。

全てのテクニックが明示的で，コード化されているとは限らない。あるいは言語で表現されない場合さえある。また明示的にコード化されていても完璧ということは稀で，ユーザーの解釈に委ねられている部分が多い。したがって自転車に乗るとか，楽器を演奏するということは，完全に明示することが不可能な，神経筋の運動から成り立っている[14]。このためこのような指図の集合を読むためには，読者はこのテクニックの中で使われている用語を説明した「コードブック」を必要とする（Cowan and Foray, 1997）。テクニックが明示的な場合でも，コードブックはそうでないかもしれないし，最初のコードブックや2番目，3番目……等々のコードブックの解読のために必要とされる最終的なコードブックは暗黙知となる。また明示的にしようと思えばできる場合でも，そんなことをすると費用対効果が悪くなる場合には，時には指図が「暗黙裡」になることもある。Ω集合の構成要素と同様にλ集合の構成要素も，その所有者に対し，「発現」されること，つまり使用されることを求め，時間と空間を越えて伝達されることを求める。各々の社会は，その社会で実施可能なテクニックのメタ集合にアクセスできる。つまりどの社会も，その社会で実施可能なものを記述した多数の青写真や指導マニュアルの集積を持っており，それにアクセスすることができる。こうしたテクニックが古い昔はどうであったかということを正確に突き止めるのは難しい場合が多い[15]。しかしそれにもかかわらず，それらは存在していた。そして家庭であ

---

[14] テクニックの中には，人間の頭の中にしか蓄えることができず，伝達では対人的な接触が必要となるような要素や細部を伴うものが多い。その中のある種のものは「コツ」であり，コード化できなかったり，定式化が難しい。したがってそれらに十分な価値があれば，それらは所有者に大きなレントを生むことになる。バスケットボールやバイオリン演奏のスキルはコード化され，教えられているが，マイケル・ジョーダンやイツァーク・パールマンが見せるテクニックを，そのまま他人に伝達することはできない。

[15] 歴史家が昔の記録を使ってλ集合を特定するのは非常に難しい，とホールは指摘する。過去の船大工や道具の製作者やその他の職人が，自分たちの「指図」の記録を残しているのは稀であり，最終製品からそれを推測すると間違える可能性があるからである（Hall, 1978, p. 96）。

れ，農民であれ，小規模な職人であれ，巨大企業であれ，経済上の意思決定者はこのような知識の集合の中から，実際に使われていたテクニックを選択してきたのである。この選択は技術に関する自然選択ともいえ，1982年にネルソンとウィンターが最初にこれを詳述して以来，技術と技術変化を記述し分析する際の最善の方法となっている。

　当然のことながら，どの時代のどの時点においても，実際に使われるのはλ集合の中の小さな部分集合だけである。社会がどうやってある種のテクニックを「選択」し，それ以外のテクニックを拒否するのかは，非常に重要な問題である。この点は，のちに再論することになる。テクニックもまた，その所有者の減耗，損耗があるので，世代から世代へと引き継がれていく必要がある。学習の多くは家庭内，あるいは師弟関係の中で行われる。多くのテクニックはコード化できるにもかかわらず，少なくとも最近までは，師匠と弟子との直接的なコンタクトが必要不可欠とみられてきた。多くの場合テクニックは，略記され，知る際の省力化が図られている。このような行為を伝達するためには，何らかの形のコード化か，言語または記号が必要となる。もちろんλ集合の中のテクニックはブライアン・ロアズビー（Loasby, 1999, p. 64）が述べているように，「頭脳の内部の表現」であり，「これはあなたがどうやるかを示したものですよ」というタイプの知識は，その聞き手からは二重の隔たりがある——最初に知り手は，自分の行なったことを自分の頭の中に写像する能力を持っていなければならない，次に，それを聞き手と共通の言語によって表現する能力を持っていなければならない。人々は上からの命令によって学習することもできるが，同時に，真似によって相互に学ぶこともできる。

　Ω型知識と同様，λ型知識も人間の頭の中に蓄えることができるし，外部記憶装置に蓄積することもできる。外部記憶装置は技術マニュアルや調理本のような形をとるが，記述されたテクニックが効果的に実施されるためには，ユーザーによる解読が必要である。しかしΩ型知識とは違って，λ型知識の多くの部分は，人工物そのものの中に蓄積されている。初めてピアノを見た場合でも，大部分の人は，鍵盤を押せば音が出ることを認識できるだろう。他方それを作る方の知識は，その人工物〔ピアノ〕そのものから明らかであることは稀で，リバース・エンジニアリングには，事前に多大な知識が要求される。その人工物そのものに含

まれている情報は，通常それを使用する目的のためにも十分ではなく，他の外部記憶装置から得られた知識で補完される場合が多い。これら2つを合わせても通常は不十分で，多くの暗黙知が，パーソナルな接触と模倣を通じて伝達されることが必要となる。このため本や雑誌からだけでは学べない，高度に複雑な研究テクニックを身につけなければならない科学者志望の者には，ポスドクとしての長期にわたるトレーニング期間が必要とされてきた。

テクニックもまた，その結果が簡単に観察でき，他の代替的なテクニックと比較できる時には，「堅牢」になりうる。意思決定者は，第一種の過誤（間違った仮説を誤って受け容れてしまうこと）に伴うコストと，第二種の過誤（正しい仮説を誤って棄却してしまうこと）に伴うコストとを比較することにより，堅牢でないテクニックを採用，あるいは不採用とする決定をする場合がある。「生のキャベツを食べることが腸のガンを予防する」という説が正しいかどうかは確かではないが，万一これが正しい場合，このテクニックを採用しないコストは，これが正しくない場合にこのテクニックを採用するコストに比べて非常に高いように見えるかもしれない。この種の技術的な「パスカルの賭け」は，堅牢ではない多くのテクニックに適用できる。

命題的知識（Ω型知識）と指図的知識（λ型知識）との区別には重要な意味があるのだろうか？　この両者はともに有用な知識のある種の形態を反映しており，そのため知識と技術の経済学は同じ種類の困難に直面することになる。Ω集合に対する1つの追加は「発見」であり，存在していたが今まで社会の誰にも知られていなかった，事実とか自然の法則の発掘である。λ集合への1つの追加は「発明」であり，それがもし実行されればこれまで不可能であったことを可能にするような，指図の集合の創出である。マイケル・ポランニー（Michael Polanyi）によれば，この両者の違いは結局のところ，Ω集合の場合は「正しいか間違っているか」であるのに対し，λ集合の場合は「行動が成功か失敗か」にあると言うことができる（Polanyi, 1962, p. 175）[16]。これに対して定義の厳密さを求める人々は，

---

16) ポランニーは，2種類の知識がもつ歴史的な意味の重要性を認識できていない。そのため「自然科学は［1846年］に至るまで技術に対して大きな貢献をしてこなかった。産業革命は，科学の支援なしに実現された」と主張している（p. 182）。だがポランニーがΩ集合のために使っている暗黙の定義はフォーマルな科学より範囲が広く，インフォーマルな知識や民間伝承的な知識を含んでいる。彼は「純粋な科学」に加えて，「システマティッ

「正しい」か「間違っている」かは社会的に構成されている基準によってのみ判断されるべきであり、「成功」かどうかは目的関数の極大化が図られるかどうかという文脈の中で定義される必要がある、と反論するだろう[17]。仮にこれらの基準に従っても、また意見の不一致や「未決」という判定の可能性があることを考慮しても、発明と発見の相違は明らかである。海王星という惑星やDNAの構造は、「発明」されたものではない。それらは我々がそれを知ろうと知るまいと、発見されるはるか以前から存在していたのである。しかしディーゼル・エンジンやアスパルテームについて、同じことは言えない。この区別は特許法によって識別できるとポランニーは言う。発明（λ集合への追加）には特許が成立するが、発見（Ω集合への追加）には、特許は成立しないのである。

Ω集合とλ集合の区別は、"what型知識"と"how型知識"とを区別して有名になったギルバート・ライル（Gilbert Ryle, 1949）の区分に近い。ライルが否定したのは、ある問題や環境に関するパラメーター的知識の集合と、この知識から引き出され、個人に対しある行動を取るように命令する指図集合とが、一個人の中で有意に区別できるという考えだった。しかし一個人にとっては区別できないかもしれないことも、社会全体としては区別できるのである。あるテクニックが存在するためには、Ω集合の中にその認識的基礎がなければならない。言い換えれば、あるテクニックを可能にする自然の原理や自然現象について、誰かが十分な知識を持っている必要がある[18]。どの程度に「十分」なのかは、そのテクニック

ク・テクノロジー」や「技術的に正当化された科学」といった中間的な研究の集合も含めている。さらに彼が「技術は常にある種の経験的知識の応用を含んでいる……我々が工夫する時は、常にそれに先立つある種の観察を活用している」（Polanyi, 1962, p. 174）と指摘する際には、ポランニーの命題的知識の集合は、さらにインフォーマルな要素を含んでいなければならない。もしそうだとすれば、技術進歩におけるある種の命題的知識の役割は、近代科学が真価を認められるはるか以前から重要だったということになる。

17) したがってキャロル＝バークは、この区分が「弱い」ことに気づいている（Carroll-Burke, 2001, p. 619, n. 50）。これらの区分や定義は、提起された問題に答える助けとなる点でのみ評価されることが、この判断では無視されている。私は何にもまして、知識が物質的厚生に与える影響に関心があるが、社会構成主義ではこの問題は興味のないことと見なされているようである。キャロル＝バーク自身は、ある種の「認識的エンジン」（自然を観察し、数量化する装置）が「『whatの知識』から抽象したものを『howの知識』の実践の中に埋め込む」ことを認めている（p. 602）。

18) 厳密に言えばΩ集合が空集合だとしても、λ集合のある種の要素は存在できる。ビーバーがダムを作る能力、蜂が巣を作る能力は、我々が有用な知識と定義できるようなものに明

の複雑さや，その他の要因によって決まる。ある種のテクニックは最小限の知識で構築できるし，発明家が他のものを探している間に運よく見つかることも多い。Ω集合の中の1つの部分集合が，多くのテクニックの認識的基礎として有用なこともあり，この場合は，一種の収穫逓増を可能にする (Langlois, 2001)[19]。それと同時に，通常大部分のテクニックは，Ω集合の中の多くの異なった要素に関係している。

　一例として，レイチェル・ラウダン (Rachel Laudan, 1984) が提唱した想像上の村を考えてみよう。この村では，定期的な洪水によって家屋が被害に遭っている。この洪水への1つの対応策はダムの発明であるかもしれないが，より高所へ移住することであってもいい。では我々は，実際に起こることをどう予想するのか？ダムの建設には，少なくとも1人の人が，仮に直観的なものであったとしても，水理学の基本的な規則性や土壌の性質を理解していなければならない。あるテクニックが創出される前には，最低限のことが分かっている必要がある。コンピューター・サイエンスや先進的なエレクトロニクスや材料科学等々の知識なしに，ある社会で，ラップトップ・コンピューターが開発される可能性は皆無なのである[20]。

　もう一度繰り返そう。Ω集合とλ集合の間の関係は，λ集合の各々の要素，すなわち個々のテクニックが，それを可能にする自然現象やその規則性に関する既知の知識の集合に基づいている，ということである。多くの人がそれにアクセスする必要はないが，この認識的基礎は指図をする人には不可欠である。テクニックの認識的基礎が歴史的に重要なのは，最低限の基礎知識が存在し，それなくしてはテクニックを考えつくことができないということだけではない。認識的基礎がより広く，より深ければ，テクニックはいっそう広がりを持ち，新しい適用分

　　白な認識的基礎を持たないテクニックである。
19)　マッハルプは，本質的な意味で両者の違いは，カテゴリー的なものだと主張する。「それを知っている」とは，何かが何であり他のものではないことを，自信をもって信じていることを意味しているのに対し，「どのように，を知っている」は，あることができる能力に関係している (Machlup, 1982, p. 31)。レイトンは，「『知る』と，『行なう』は，科学技術コミュニティの基本的に異なる目標を反映している」と述べている (Layton, 1974, p. 40)。
20)　ヴィンセンティ (Vincenti, 1990, pp. 207-25) は，エンジニアリング・デザインの基礎にある知識について詳細に説明している。

野を見つける可能性が高まる。そして製品やサービスの質が改善され，生産工程が合理化され，外部環境の変化への対応が行なわれやすくなり，新しいものを作るために他のテクニックとの結合が行なわれやすくなる[21]。既存のテクニックを異なる環境に拡張したり適用したりする必要がある場合，テクニックの認識的基礎の内容と範囲が重要になるので，実務家が「理論家」を訪れることになる。もちろん試行錯誤も有効だが，結果は不確かで，しかも時間とお金がかかる。もしもどこかで誰かが，あるテクニックをうまく働かせる自然の法則や規則性を知っているのであれば，その知識が使われ，その知識の専門家は相談を受けることになるだろう。

　テクニックを実際に実践する人が，必ずしもそれを支える知識を所有する必要はない。コンピューターに関する物理学や数学の法則については，私はごく初歩的な知識しか持っていないが，現にこうして，コンピューター上で文章を打つことができるのだ。私のラップトップ・コンピューターを組み立てた労働者も，こうした知識を持っていないかもしれない。新しいテクニックを発明・設計するのに必要な知識と，それを実行するのに必要な知識を区別するために，後者を「コンピタンス」と呼んでおこう。コンピタンスとは，λ集合の中の指図を実行していくための行為者の能力と定義される。この指図の中にあるコード化された知識は解読される必要があり，コンピタンスは部分的には，この解読を行なう能力から成り立っている。コードブックがある場合には，それはそのコードブックを解読する能力である。コード化された指図への安価で確実なアクセスを手にするためには，暗黙知が必要とされる。指図が定式化されていれば，それを実行に移す際に使われる人工物や物質に精通していることが前提となる。そのうえλ集合の中の指図の集合は，いずれも決して完全ではない。全てのテクニックについてそれぞれ完全な指図の集合を書こうとすれば，きわめて高くついてしまうだろう。テクニックを実践に移す際には，判断力，器用さ，経験，その他の暗黙知が作用

---

[21] スコットランドの偉大なエンジニアであるウィリアム・ランキン（William Rankine）は1859年に，この点を以下のように定式化した。通常の進歩は「以前から存在するお手本の細部を修正すること」によって成り立っている。だが機械が稼働する法則が科学に還元された時，実践的なルールは「その機械をどうやって最も効率的な状態にもって行くかを示すだけでなく，……どうやったら，いかなる環境にも適応させられるかを示す」ことへと還元される（Rankine, 1873, p. xx）。

する。コンピタンスを構成するもう1つの要素は，行為主体の能力を越えるような，予想外の問題を解決する能力である。最も初歩的な生産工程は別にすると，誰に，または何を相談したらいいか，その際どういう質問をしたらいいかを知っていることが，通常不可欠である[22]。

　1つのテクニックが実践される度ごとに，いちいちその認識的基礎を呼び出す必要はない。認識的基礎の多くは使用される人工物の中に具現化されており，それがうまく行く理由を指図自体が説明する必要がないようになっている。そればかりでなく全てのユーザーは，そのテクニックの操作に伴う全てのコンピタンスを持つ必要すらない。「社会的知識」の性質上，関係者全員がそれを知っている必要はない。この点では，経済学者がしばしば採用する，技術的な知識のストックが全ての経済にとってアクセス可能であるという仮定は，合理的であるように思われる。コンピタンス，すなわちテクニックを活用する能力は通常，認識的基礎よりもアクセスが容易である，という前提も妥当であるように思われる。したがってエレクトロニクスや微生物学の細部に通じている人間がほんの少数しかいない国においてすら，CDプレーヤーや抗生物質を生産したり使用したりすることができる。しかし同一の人工物についても，テクニックがどのくらい効果的に活用されているかは社会によって根本的に異なるかもしれない。コンピタンスは暗黙知と文化的な特質に依存しており，それらは社会によって系統だって違っていることがあるからである。

　また論理的一貫性から言って，Ω集合の中には「$λ_i$というテクニックが存在し，十分うまく行っている」という要素が含まれることになる。こうした言明も結局のところ，本来の意味で自然の規則性を述べているからである。したがってλ集合の中のテクニックの拡散は，Ω集合の持つ特質にも依存する。もしもアクセス・コストが低ければ，生産者はどのような種類のテクニックが利用可能であり，どうやったらそれが手に入れられるかを容易に見つけ出せるかもしれない。テクニックは，それを使った人工物と関係している。もしそうでなければ，そのような人工物自体は重要でない。ピアノに関係しているテクニックは，ピアノを

---

22) ティースたち（Teece et al., 1994）は，会社の「コンピタンス」の中には，市場，供給元，財務，労務管理等々の知識といった，純粋にテクニカルな能力を補完するある種のスキルが含まれる，と正しく指摘している。

どう作るか，どう演奏するか，どう調律するか，アパートの中へどう運び込むか，という指図の集合なのである。

有用な知識の歴史的進化

　この2つのタイプの知識はどこで生まれ，時間の経過とともにどう変わるのだろうか？　Ω集合の一部は，過去に有用な規則性を目的に探求したことの結果だが，その多くの部分は，人間の本来的な特質であり，それなくしては有用な知識の歴史的理論も意味をなさない，たんなる知的好奇心によって生み出されてきた。このためΩ集合の大きな部分は，何ら有用な目的には奉仕しないし，いかなるテクニックの認識的基礎としても役に立たない。ドナルド・ストークス（Donald Stokes, 1997）はこの種の研究を，「ボーア象限」（基本的な規則性の探求が純粋な認識的動機に基づいている）にあるとし，「パストゥール象限」（研究は「基礎的」だが動機が実用的である）と対比している。歴史的に見ると，Ω集合の発展は社会がどういう知識を高く評価するかに関して政治や経済が発するシグナルに敏感であった。もちろんこうしたシグナルがつねに成果を生んだのではなく，有用な知識の歴史が偶然的で偶発的な歴史であることに変わりはない。ある社会にとって利用可能な指図的知識のリストは，結局のところ，歴史的に制約されている。いかなる時も社会的な知識は制約を受けており，進化のシステムに似て，一時に大きく変わることはない。

　それでは指図的知識はどうだろうか？　すでに述べたように，Ω集合とλ集合の関係は，ある意味で遺伝子型と表現型の関係に似ている（Mokyr, 1998a）。全ての遺伝子が蛋白質をコード化しているわけではないが，表現型が発現するためには，その基礎がゲノムの中に存在しなければならない。しかし蛋白質をコード化しないDNAの部分によく似て，環境の中のある種の外生的な変化が，それまで眠っていた有用な知識の活性化を引き起こすこともある。それと同様に，知られてはいるものの現在は使われていないテクニックが存在し，それが適切な刺激によって生き返ることがある。等産出量曲線に精通している経済学者なら，この結論には馴染みがあるだろう。

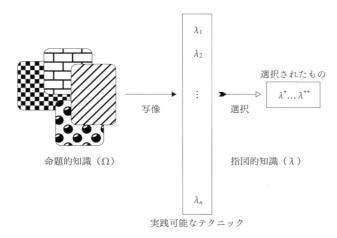

図1 命題的知識と指図的知識

図1は，このモデルの基本的な仕組みを図示したものである。既存のΩ型知識集合が，指図集合へと写像され，それらがこの経済で「実現しうる」ことを決定する。これは実践可能なテクニックの集合であり，経済学者の間では，「設計図帳〔ブループリント〕」として知られているものである。こうした実践可能なテクニックの中から，いくつかのものが現実に実行するために選択される。それは図1の中ではλ^*として表示されている。

Ω集合がλ集合に写像され，それを一意的に決定するのではないが，それに制約を課する。これはちょうど，遺伝子型が表現型に写像されるが，一意的に決定することなしにこれを制約するのに似ている。経済というのは有用な知識によって実施可能なことが制約されているという考え方は当たり前のことだが，これは強調に値する。と言うのは，インセンティブと需要さえ適切であるなら，技術は後から自ずとついてくるものだと，多くの経済学者が考えているからである。エリック・ジョーンズのような見識のある研究者ですら，「技術は『フリー・ランチ』を提供しているように見えるが，その驚異的な進歩はあまり重要ではない。技術進歩は，発明と起業を奨励するような制度への投資を行なえば，どんな社会でも達成可能である」と考えている（Jones, 2002, ch. 3, p. 20）。しかし歴史を通じて，知ることができるにもかかわらず知られなかったことこそが，ある社会の物

質的快適さを提供する能力を制約してきた最大の要因だった。おそらく我々の社会を含むかなりの社会は，Ω 集合の中に基礎を欠いていたために，大きな恩恵をもたらしたであろう実践可能なテクニックにアクセスできなかったのである。中世のヨーロッパは，オーストラリアへ航海する洋上ルートを記述するだけのテクニックを構築したり，黒死病に対する抗生物質を生産したりすることができなかった。我々の社会も，高エネルギー物理学やウィルス学に関して十分な知識がないがゆえに，核融合を制御することはできていないし，有効な抗ウィルス剤を作ることもできない。それでもなお，そうした知識そのものが将来も決して存在しないのかどうか，確信を持てずにいる。問題なのは今現在，我々がその知識を持っていないということである。

それと同時に，認識的基礎として使えるかもしれないある種の Ω 型知識が存在すること自体は，必ずしもそれが λ 集合の中に写像を作り出すことを保証しない。すでに述べたように，知識基盤の存在はそれを利用する機会を提供しても，それが利用されることを保証するものではない。ヘレニズム文明はプトレマイオス天文学を創ったが，それを航海のために利用することはなかったし，彼らの光学の理解が双眼鏡やメガネの製作の知識に翻訳されることはなかった。明らかに重要なのは，文化であり制度である。文化が選好を決め，優先順位を決める。全ての社会は食べていかなければならないが，各々の社会の最も優秀な人々が機械や化学物質をいじくり回して時間を過ごすか，剣術を極めたいと思うか，タルムードを勉強したいと思うかを決めるのは，文化的要因である。また新しいテクニックを提案する人々にインセンティブやペナルティを課すのは，各々の社会制度である。さらに社会制度は生産を行なう人々の Ω 集合へのアクセス・コストをも部分的に決める。図1に示した写像関数は把握がむずかしい歴史現象の1つであり，「発明」や「技術的創造性」を説明する重要な鍵でもある。しかしながら，今まで十分に強調されてこなかったのは，Ω 集合の規模や内部構造の変化そのものが，写像を作り出す機会に影響し，これから登場するテクニックの性格を決定するということである。

それでは Ω 集合は，いつ，どのように，技術に認識的基礎を提供するのだろうか？　何か新しいテクニックを創り出そうとする人びとは，その基礎となる命題的知識が正しいだろうことを信じる必要がある。地球を1周する航海図の作成

は，地球は丸いという信念を基礎にしていた。これは殺菌処理が，細菌が感染症を引き起こす原因だという信念を基礎にしているのに似ている。Ω集合の中の知識の堅牢さが，その知識を基礎にしたテクニックを人々が進んで使おうとする度合いを決定する。このことは，そのテクニックの帰結が必ずしもすぐには評価できない時に，ことのほかよく当てはまる。多くのテクニックは，簡単に計測できる性質を基に，個々人によって選択される。室内扇風機よりもエアコンが選好されるのと同じ理由で，ドット・プリンターよりもレーザー・プリンターが選好される。しかしその他の多くの場合，判断は難しい。例えば，ブロッコリーを食べることは，ガンになるリスクを低減するのだろうか？　原子力発電所は化石燃料を燃やす発電所よりも環境により有害なのだろうか？　こうしたケースにおいては，人々はより堅牢なΩ集合を基礎にしたテクニックを選択するのではないだろうか。このため，人々は病因がよく分かっている病気に罹った時には，ホメオパシーやクリスチャン・サイエンスよりも抗生物質を選好する。受け容れられつつある知識の集合を伴っているがゆえに，あるテクニックが「選択」されるのかもしれない。

　これまで述べてきたように，テクニックの認識的基礎は狭い場合もあるし，広い場合もある。この点で，遺伝子型との対比は有効ではない。もしも認識的基礎が広範で，そのプロセスの基礎になっていることが非常にたくさん知られている時には，その限りにおいて，発明はますますあらかじめ決定づけられたものになる。社会が必要とするものは，何でも発明できるからである。しかしΩ集合が比較的小さく，認識的基礎が狭い場合には，明確に規定された問題の解決はしばしば法外なほど高価になるか，または不可能になる。伝染病が不潔な水と関係しているが，その水の中で病気を起こすものが何なのか正確には認識されていない場合には，人々は水を沸騰させたり塩素で消毒する代わりに，高価な飲み水を購入するか，あるいは遠方から水を搬入することを選択しなければならないかもしれない。冶金学が登場する前の時代でも高品質の鋼の生産は可能だったが，極端に労働集約的かつ高価であった[23]。そのような社会で起きた進歩は，いかなる進

---

23) ジェリー・マーティン（Gerry Martin, 2000）は，熱した鉄を冷水で急冷却して鉄を硬くする方法を日本人は知っていたが，彼らは炭素や鉄については何も知らず，それがどのように作用しているのかも知らなかったと書いている。彼はまた，このような社会ではイノ

歩であれ，大部分は，偶然的な発明か，手当たり次第の実験といった，金のかかる探求に基づいていた。ある特定のテクニックの認識的基礎が狭隘であればあるだけ，そのテクニックが初めて出現した後に，それが成長し拡大していく可能性は小さくなる。よりいっそうの拡大のためには，さらに偶然的な出来事が必要だからである。1つのテクニックがなぜ機能するのか，どう機能するかに対する理解がない場合，改善はすぐに収穫逓減状態になる。極端な場合，ある特定のテクニックの認識的基礎が非常に狭隘で，知られていること（言い換えればΩ集合の中に含まれていること）といえば，たんに「iというテクニックがうまく行く」といった，自明の要素だけという場合もある。こうしたテクニックはその定義域が単集合（シングルトン）なので，「1枚札（シングルトン）テクニック」と呼んでもいい。これは通常，幸運な発見の結果として登場する。

　本書の中心的なテーマは，1800年以前の技術進歩の多くが，こうした性質のものだったということである。産業革命前にも新しいテクニックは現われたが，そうしたテクニックは狭い認識的基礎しかもっておらず，継続的で持続的な改良が続くことは，仮にあったとしても稀だった。こうした発明は時には，実際上大きな意味を持っていたが，有望に見える始まりにもかかわらず，その後の進歩は起きなかった。またこの種のテクニックは，柔軟性や環境変化への適応性を欠いていた。これは医療の分野で特に顕著な問題だった（Mokyr, 1998b）[24]。技術が複雑であればあるだけ，この1枚札テクニックが幸運によって発見される可能性は低くなる。もちろん，純粋な1枚札テクニックはあまりない。認識的基礎は狭くても，多くの場合，パストゥール（Pasteur）が言う，幸運の女神が微笑んでくれ

　　ベーションは「極めて危険で，容認しがたいほど高価なものにつく」と書いている。
24）ホール（Hall, 1978, p. 97）は，基礎となる規則の知識を持たないで船を建造する方法（how）を知っている船大工は，異なった種類の船を全て建造することはできないだろう，と主張している。歴史上最も成功した1枚札テクニックの1つである，1796年のジェンナー（Jenner）による天然痘の予防接種は，細菌理論が勝利をおさめるまでは，他の予防接種の開発に結び付かなかった。また予防接種に対する無知と不適切な利用に由来する天然痘の発生も，19世紀末まではよくあることだった。肥料の使用法は古代から改善され続けてきた。しかしユストゥス・フォン・リービッヒ（Justus von Liebig）とその同僚による有機化学の発展，1840年以後のジョン・ベネット・ローズ（John Bennet Lawes）とJ・H・ギルバート（J. H. Gilbert）によるロザムステッド（Rothamsted）研究所での体系的な実験までは，その進歩は緩慢だった。

る「準備のできた頭脳」を創る程度には広かった。今日，多くの産業界での研究開発にも幸運な大発見の余地はあるし，「棚の瓶を全て試してみる」という方法もある。ある特定の目的のために役立つ化合物が発見され，その作用の仕方の詳細がずっと後になって分かるというのもよくある[25]。

だが Ω 集合の中の認識的基礎が狭いか，無視できるようなテクニックは，堅牢性に欠ける傾向がある。この種のテクニックを発明した人は，そのテクニックを一般の人々に使わせようと説得を行なう際に困難に直面する。もしも単にそれがうまく行きそうだというだけでなく，なぜそれがうまく行くかが分かっていれば，もっと簡単に信じてもらえるかもしれない。堅牢性は，他の要因にも依存している。例えば，もしもそのテクニックが明らかに優れているのであれば，Ω 集合の基礎の狭隘さは，そのテクニックを受け容れてもらううえでほとんど影響がないかもしれない。ジェンナー（Jenner）による天然痘の予防接種の発明のように。明らかに優れたテクニックの堅牢性は，認識的基礎として有用な Ω 集合の堅牢でない部分に対する信頼を強化することにもなる。

1800 年以後の認識的基礎の拡大は，有用な知識のダイナミズムに相転移または体制転換が起きたことを示している。もちろんそれは経済全体で見られたわけではない。この現象の程度は，個々の活動やテクニックによって異なっていた。しかし西洋技術史を読めば分かるように，やがてこの有用な知識の増殖は，経済的な変化を生む原動力となっていった。本書の第 2 章および第 3 章では，この過程をかなり詳細に述べていく。

そのうえ，生物学で起きることとは違い，λ 集合は Ω 集合へのフィードバックを生む。後述するように，このフィードバックは歴史的にかなり大きな意味を持った。最も単純なケースは，あるテクニックが偶然の幸運によって発見され，そのテクニックがうまく行くという事実が Ω 集合の領域に登録された時に起こる。この追加によって，Ω 集合の増大がさらに誘発されるかもしれない。Ω 集合は未だ説明のつかない新しい現象によって刺激を受けることが多く，こうした現

---

[25] 『エコノミスト』誌がミレニアム特別号で指摘しているように，カール・ジェラッシ（Carl Djerassi）以前では，薬は「飲ませて様子を見る」というやり方で開発されていた。薬の作用の仕方は分からないままか，薬が発見された後になって初めて解明されたのである（*The Economist*, 2000 年 1 月 1 日, p. 102）。

象の中には，新しいテクニックの作動も含まれるからである。テクニックの変化はまた新しい機会をも提供し，道具や実験手法の技術の発展が新しい研究を可能にする。そして最後に，技術面での成功はそのテクニックの基礎にあるΩ型知識に対する信頼を生む。このことがさらに認識的基礎の拡大をもたらし，そのテクニックの改善と拡張へと導く。Ω集合とλ集合の相互補強という歴史的な展開は事例ごとに異なっているが，しかし少なくとも19世紀中頃以降は，徐々に，不完全とは言え，Ω集合が主導するような変化が起きている。

このようにλ集合からΩ集合へのポジティブ・フィードバックは，技術の進歩や科学の進歩のそれぞれから説明できるものよりも，はるかに強力な好循環へと導くことがある[26]。この過程は自律的に継続していく。この2つのタイプの知識は，1つのタイプの知識の増加が他のタイプの知識の限界生産物を増やすという技術的な意味において，相互補完的であるからだ（Milgrom, Qian, and Roberts, 1991）。もしもこのシステムの上流工程（Ω）と下流工程（λ）の間に十分な補完関係があるならば，収穫逓増の法則が働かない時でさえ，継続的かつ自己増殖的な経済変化が起こりうる。λ集合そのものが継続的なダイナミズムを示しうることも，ここで付け加えるべきである。新しい技術は局所的な改善をもたらし，既存のテクニックの「デバッグ」となるさらなる発明へと直接導くからである。だが認識的基礎の増加がない場合には，過去にこのような出来事がより高いレベルの技術に収斂していく傾向を持ったとしても，制御できないほどの自己増殖的で累積的な知識の増加をもたらすことはなかった。図2は，これらのアイディアを示している。Ω集合はただ単に連続的に増大を続けるだけでなく，λ集合のためのより広範な認識的基礎を提供し（チェック模様の部分），それがまたΩ集合の増大を生み出す。

認識的基礎という考え方は，他の文脈でも有用なように思われる。新しく開発可能なテクニックのための認識的基礎として有用なΩ集合の存在は，Ω型知識の公共性，公開性という性質と一体となり，発明が同時並行的に起きる現象を，

---

[26] レイトン（Layton, 1971, 1974）やプライス（Price, 1984a）のような科学史家たちは，長い間科学と技術の間の複雑な関係を強調してきた。だがパラメーターのほんの少しの変化が，システム全体を恒常的で相対的にコントロールされた状態から，変化率が加速し続ける「超臨界的な領域」へと移動させることができる，ということを十分に認識してこなかった。

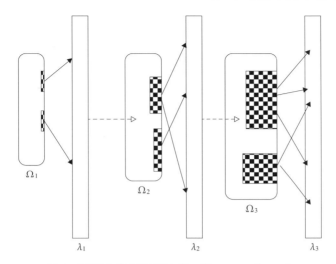

図2 命題的知識と指図的知識の間のフィードバック

かなりの程度説明できる。同じ発明が同時に重複して起こる現象は歴史上の文献にも残っているが，こうした現象は，しばしば発明の刺激剤としての「需要」の重要性を示す証拠として捉えられている。しかしそれぞれの発明家は，秘密裡に作業をしている場合でさえ，共通の既存の知識を利用している可能性が高いし，その知識には他の者もアクセスしているものである。

有用な知識と社会科学

そもそもなぜ有用な知識の理論が必要なのか，と読者は問うかもしれない。現代の社会科学者たちは，有用な知識を異なった方法で，時には相矛盾する方法で扱ってきた。例えば，経済成長の源は「内生的である」という「新成長理論」に影響された経済学者や経済史家は，技術と知識を「そのシステムによって生産されたもの」と見なしている。つまり，商品としての知識にはいくつかの尋常でない性質があるとしつつも，彼らはそれを，合理的な経済的意思決定によって制御されている知識の製造過程から生産される産出物(アウトプット)だと考えている。こうしたアプ

ローチは，技術変化の経済学や，成長理論の分派である教育，人的資本，研究開発（R&D）の経済学に関する，大量の文献を生んできた[27]。しかし「研究」を「新しい知識」に転換する関数ははっきり分かっていないし，もし仮に，それが時間の経過とともに変化するというのなら，これらのモデルでは歴史的なトレンドを説明できないことになる。

もちろん経済学者たちは，新しいアイディアや知識を生み出すのには費用がかかるが，いったん生み出されたものを使うのは安価であることを知っている。彼らはまた，それが他の分野の知識にスピルオーバー効果や外部性を生むこと，効率的でない競争的均衡を生む傾向があること，しばしば規模の経済性を生むこと，産出に対する資本の寄与にバイアスをかけること，非常に大きな不確実性を生むこと，等々を知っている。知識をただの1つの商品として扱うこと，あるいは企業という観点から，知識を1つの投入財として扱うことには，明らかにたくさんの落とし穴がある。しかし，競争的な自由市場システムで，新しい技術や有用な知識がある種の商品的属性を持ち，それを生産している人々は全体としてみれば，他の人々と同様，私利私欲という資本主義的動機で動いているという事実を無視することもまた，同じように無責任と言うべきだろう[28]。こうした文献でうまく扱われていないのは，知識生産関数の効率性，つまり努力がどれほど容易に発明に転換されるか，ということである。

経済学の文献で，人間の知識が長期的な経済の発展における中心的な問題だと指摘したのは，何も現代の内生的成長理論が最初というわけではない。確かにこの問題は，経済学の主流からいく分外れており，知識の生産と消費が重要だと直観的に感じた人々によって，きわめて慎重に扱われてきた[29]。1972年にG・L・S・シャックル（G. L. S. Schackle）は，経済学が経済主体の持っている知識，持っ

---

27) これらの研究に関する精緻で包括的な総括は，ラッタン（Ruttan, 2001）。内生的成長理論のより理論的な側面は，アギオンとハウィット（Aghion and Howitt, 1997）の論文の中に要約されている。
28) この観点からイノベーションを総括的に扱った研究としては，ボーモル（Baumol, 2002）。「新しい技術は，本質的により良い製品の生産か，あるいはより良い工程が使われる生産過程に投入されたもう一つの（耐久性のある）投入財に過ぎない」（p. 80）。
29) 古典的な論文の中でハイエク（Hayek, 1945）は，社会における知識の重要性を論じているが，それは主には価格やコストのような経済的な知識を扱っており，ここで私が関心を持っている知識とは重なり合わない。

ていない知識をほとんど無視していると非難した[30]。彼の追随者たちはこの分野の研究を継続している。進化経済学の分野で研究を続ける研究者たちもこの問題を詳細に研究し，かなりの成功を収めてきた（例えば，Arora and Gambardella, 1994；Langlois, 2001；Loasby, 1999；Metcalfe, 1998a and 1998b；Nelson, 2000；Nelson and Nelson, 2002；Saviotti, 1996）。だが奇妙なことに「新」成長理論も，進化論的なアプローチに関連した膨大な文献も，有用な知識の増加や，それが経済史の中の大きな問題にどう影響したかといった基本的な問題を把握するために，彼らのツールを使おうとしない。もちろん，全ての経済学者に等しく責任があるというわけではない。例えばフリッツ・マッハルプ（Machlup, 1980-84）は，大部で未完の3部作において，経済学者としての立場から，人間の知識という哲学的な問題に正面から取り組む努力をした。それ以来，経済学者たちは断続的にではあるが，知識の問題に取り組み，それを経済学の原理や手法と調和させるために苦心してきた（例えば，Reiter, 1992；Cowan, David, and Foray, 1999；Nelson and Nelson, 2002）。もう1つのアプローチは，完全な知識が存在しない場合，人々が限定合理性によってどう行動するかを想定するものだった（例えばSimon, 1996）。私の研究は，これらの文献に多くを負っている。だがこれまでのところ，これらの洞察を長期の経済成長に体系的に適用する試みはなされていない。

　経済史家たちは，ある種の知識が特定の社会的文脈を超越することを前提にしている。自然は，人間の物質的な状態を左右する試練や制約を与える。こうした制約を乗り越えるものが技術である。問題を克服するために，我々は物事を「知る」必要がある。大部分の知識は，歴史的偶然の産物ではない，ある種の自明の性質を持つ事柄を反映している。知識の明確な形式や言語，知識の獲得・伝播・評価・利用のあり方は歴史的な偶然性に属し，各々の社会によって異なっている。だが音速，人間の消化システム，遺伝法則，熱力学の法則などが社会的に構成さ

---

30) シャックルの著書は，次のような高らかな告発で始まっている。「経済理論を発明する時期が到来した時……意識を持った存在を本質的に際立たせるもの，すなわち，知識と独創性には，おざなりで副次的な役割しか与えられなかった。知識がない状態，すなわち人間の原始的な状態……は，全く無視され，考えることもなく，暗黙のうちに棄て去られてしまった。知識の問題，何が知られ，何を知りうるかという問題は，熟慮に基づく行動のすべてを支配する環境と条件であるにもかかわらず，熟慮に基づく行動の理論そのものの前提から排除されてしまった」（Schackle, 1972, p. 3）。

れた「ものではない」ことは，経済史家の間では公理的な前提となっている。

近年，文化を重視する多数の研究者たちが，こうした立場を批判してきた。本書の目的にとって，そして科学と技術それ自体にとっても，知識は純粋に「対話」と政治の問題であり，現実や自然を反映したものではない，という哲学的立場は有益でない。もし仮にこうした立場が真実だとしても，ある社会構成主義者が忌まわしい形で用いた用語を使えば，技術の「パフォーマティヴィティ（performativity）」（Lyotard, 1984, pp. 41f.）自身は説明されないままであろう。それでもやはり，このような考え方が有用な知識の歴史学に影響することは否定しがたい。有用な知識の進歩を，我々の前に明らかとなっている真の知識との乖離を不断に縮めていく過程だと定義したところで，得られるものはほとんどない。さらに極端な形をとった場合，科学と技術の歴史に対するラディカルな「社会構成主義」のアプローチは，社会の権力構造の外側にあると定義しうる知識はいかなるものでも拒否し，そのような知識は全て政治的目的に奉仕するべく文脈化され，社会的に構成されていると主張する。こうした考え方は，経済成長や近代化を正当な研究対象から排除し，近代史を大きく特徴づけるものとして技術進歩を考えることを拒否する。ここで少なくとも次の2つの点で，私がこうした研究者たちに負うところがあることを認めなければならない。

その1つは，今日の有用な知識が最終的な産物であると言うつもりはないということである。それはたんに，最新のものであるにすぎない。フロギストン理論と体液説に基づく医学が，冗談の種になるほどに「間違っている」という考えに，現代の我々は納得するだろう。しかし誠実な研究者なら，将来の科学者たちが西暦2002年のベスト・プラクティスの知識について同じような考え方をするかもしれない，ということを認めざるをえないだろう。ある種の命題を受け容れたり拒否したりする基準は，それ自体が「社会的に構成されている」のであり，有用な知識こそが世界を「理解」する方法であるなどと，あまり強く主張しない方が適切であるように思われる。

もう少し正確に言えば，技術的知識の中には，自然の「理解」を必要とするものは何ら存在しないのである。実際，説明とか理解が何を意味しているかについて，多くの議論がある。「いわゆる自然の法則が自然現象を説明するものだという幻想」が近代の世界観の基本にある，とヴィトゲンシュタイン（Wittgenstein）

が述べたのは有名である。それが幻想であるかどうかは,「説明する」ということが何を意味するかによる。ある種の自然現象は規則的に起こり,ある種のものは偶然に起こる。スティーヴン・ワインバーグ（Steven Weinberg, 2001）が指摘したように,近代科学の多くはこの両者の区別に関係している。だが偶然起きたことですら,ある種の制約や秩序に従っている。Ω集合の中の有用な知識は,各種の現象のカタログ,その現象が生じる際のパターン,その動きを支配する規則性と,規則性の根底にある基本原理とから成り立っている。しかし有用な知識が,こういう原理が存在するのは「なぜか」という説明を含むのは稀である。我々はプランク定数が粒子と波の運動を支配することを知ってはいるが,なぜそれが $6.6260755 \times 10^{-34}$（ジュール・秒）なのかを説明することはできない。量子力学を応用するためには,その答えは大して重要ではないのである。光のような放射物が放射され,伝播し,放射の振動数とプランク定数によって決まる量子として吸収される,ということを知ってさえいれば,たいていは十分である。原理が高度で,それが予測する現象の種類が広範であればあるだけ,我々はそれをより多く活用することができる。メンデレーエフ（Mendeleev）の周期律表は,なぜ種々の元素がそういう周期をもち,ある一定の周期に従うのかを「説明」しないが,それは我々に役立ちうる自然の堅牢な規則を確立している。一般化のレベルが高く,認識的基礎が広範であればあるだけ,その知識は実験や統計的推測とは対照的な演繹的方法により拡張され,堅牢になる。この意味において認識的基礎は広範(ワイド)になりうる。あるいは単純に多数の（理解は不十分だが慎重にカタログ化された）経験的な観察を含んでいるという意味では,「広範(ブロード)」になりうる。

　有用な知識の発展についての経済学者と社会学者との間のもう1つの対立は,有用な知識の社会的構成に関係している。有用な知識は共同体のコンセンサスによる取り決めであるというクーン主義の立場は,もっとラディカルな思想家たちによって拡張されて,そもそも有用なものの存在自体が想定できず,有用な知識の集合は支配的な集団によって作り上げられた構築物の1つにすぎない,と拡大解釈されている。2つの極端な主張は,影響力と資源を求める闘争において,有用な知識が自然を相手にするゲームから構成されているのか,それとも他のプレーヤーとのゼロ・サム・ゲームから構成されているのか,と問うことによって,対比可能になる。経済学者の主張は,成員が1人しかいない社会においてすら,

観察されるべき自然の規則性や，実践に移されるべきテクニックが存在し，分業が必要になれば知識の社会的な性格が生まれる，というものである。もう1つの立場は極端に言うと，全ての有用な知識は社会的な取り決めであり，ある特定の文脈の中で構築されるもので，普遍的命題としては意味を持たない，というものである。本書の第6章では，一見したところ相矛盾するこれらの主張を解決する道を示すつもりである。そこでは説得と政治的な選択が最も重要であること，そして合理的選択は技術進歩にとって有害となりうることを説明する。私は1人の経済学者として自分のバイアスを完全に払拭することはできないものの，こうした高度に複雑な問題を異なった観点から見ることによっては何も学べないと考えるのは，愚かなことだと思う。

　経済学者，歴史学者，社会学者に加えて心理学者もまた有用な知識について言い分があるだろうが，私は本書で彼らの業績を正当に取り扱うことができない。しかし使用されているテクニックがΩ型知識の認識的基礎に依存しているという本書の考えが，最近の認知科学の理論に整合していることだけは，指摘しておく価値がある。ラウダン（Laudan, 1984）は，技術的な知識を生み出す認知活動をとらえる1つの方法は，それを問題解決と見ることであると言う。近年になって人間の頭脳は，現代社会とは非常に異なる小さな社会における，何十万年もの進化的成長の結果である，という考え方が受け容れられるようになってきた。ジョン・トゥービーとレダ・コスミデス（John Tooby and Leda Cosmides, 1992, 1994）は次のように主張する。自然選択が決定した，最もうまく適応してきた頭脳とは，人々が持っていると経済学者が仮定するような，全てを冷静に計算する合理的精神ではなく，多かれ少なかれ機能的に特化した問題解決型装置のネットワークこそが，ほとんどの環境で通常もっともうまく働く単純で最適な戦略やルーティンを選択できる，と。彼らはテスト・ケースとして，論理的推論と，社会的相互作用の中にある人々との共通点を調べてみた。そして頭脳の特化した機能を活用するという面では，相手が人間であろうと自然環境であろうと違いはなかったと言う。このような人間の頭能構造であれば，単純かつ不完全な認識的基礎を基にしたテクニックの集合を設計したり，そのテクニックがなぜうまく行くのか，どのようにうまく行くのかといった細かなことを心配せずに，そのテクニックを行使できただろう。頭脳の中の問題解決に特化した部分は，所与のテクニックがその

問題を解決したことを認識するだろう。そしてそのテクニックの作用の仕方について頭を悩ましたり，認識的基礎を拡大しようとせずにテクニックを使うのは，ごく当然のことである。もしも問題が「頭痛」であるとして，その解決のための指図が「アスピリンを飲め！」だとすれば，医者も患者も，アスピリンがどう作用するのかといったことをあまり心配したりはしないだろう。実際には，誰かがそんな質問をするということ自体，驚くべき現象なのである。

　近代の経済成長は，ある種の社会ではなぜテクニックがうまく行くのかを気にすることなく受け容れるという傾向を乗り越えるようになったことを示している。ここにこそ，我々の繁栄を創り出した技術的奇跡の起源への回答がある。私は以下の諸章でその展開を追跡し，その分流のいくつかを探っていく。第2章，第3章では，それがどのように起こったかを詳細に説明し，産業革命と呼ばれている歴史的な出来事を再評価したいと思う。第4章，第5章は，知識の増加が生み出したその他の帰結を扱っている。すなわち産業革命の期間中に生じた工場の興隆，知識の健康への影響と，それに付随した19世紀から20世紀にかけての家庭の変化である。第6章では，有用な知識の政治経済学について詳しく検討する。最後の第7章では，経済成長で制度と技術進歩が果たす相対的な役割，そしてこの両者間のあるべき関係について論じてみたい。

第 2 章

産業啓蒙主義
――経済発展の根源――

> 「技芸[アート][テクニック]」が理論的な側面と実践的な側面を持っているのは明らかだ。理論的側面は，そのテクニックの原理に関する理論的知識のことであり，一方，その実践面は，こうした原理を習慣的・直観的に応用することにすぎない。理論なしに応用面の大きな進歩は，不可能とは言わないまでも，困難であり，逆に，テクニックの知識なしに理論を理解することは困難である。あらゆるテクニックには，経験のみが教えてくれる材料や道具やその使い方に関連した特殊な環境が存在する。
> ―――ドニ・ディドロ，『百科全書』の「技芸」の項より

はじめに

我々は産業革命を「説明」できるのだろうか？ 主要な経済学者たちによる最近の研究は，場所の問題（なぜ西ヨーロッパで起きたのか）よりも，タイミングの問題（なぜ18世紀に起きたのか）に集中している（Lucas, 2002 ; Hansen and Prescott, 1998 ; Acemoglu and Zilibotti, 1997 ; Galor and Weil, 2000 ; Galor and Moav, 2002）。この2つの問題は同じくらいに重要だが，しかし，異なったタイプの回答を要求している。私は本書では，後者のタイミングの問題に対してのみ回答を用意したい。とはいえ，ここで私が使う考え方は，前者の問題に対しても容易に拡張することができよう。タイミングの問題に対する回答は，産業革命をそれ以前の出来事と，あるいは産業革命が引き起こしたとは言えない同時代の事象とリンクさせるということである。私は産業革命の基礎を準備した政治的・経済的変化に焦点を合わせるのではなく，以下のような説を示したい。産業革命が起きたタイミングは，知的な展開によって決まった。そして17世紀に起きた科学革命と，18世紀の啓蒙運動にその鍵が求められるべきだ，ということである。産業革命を理解する鍵は技術であり，技術とは知識である。

私はここで，本書の第1章で提示した知識の理論に依拠し，それをイギリスの

産業革命の源泉の問題に適用する。この分析から得られる結論の要点は，以下のようになる。経済史家は，制度や市場や地理的条件等の標準的な経済的説明に加えて，産業革命の認識的な根源を検討すべきである。特に産業革命と，啓蒙運動の中で知識の合理化やその普及を追求した部分との繋がりは，最近の諸研究が指摘しているものよりも，もっと重要な役割を演じたのかもしれない（たとえばMokyr, 1998c の中の論文を参照）。このことから，啓蒙運動に続いて起きた産業革命のタイミングの問題が説明できるし，それと同じくらい重要な，なぜそれ以前の大発明（マクロ・インベンション）の時のように尻すぼみにならなかったのかという問題も説明できる。このことはまた，なぜ産業革命が西ヨーロッパで起きたのかを説明する手助けになるかもしれない（もっとも，なぜ産業革命がフランスやオランダではなく，イギリスで起きたのかについては説明できない）。

産業革命期の知識，科学，技術

経済成長は産業革命から始まったわけではなかった。産業革命前夜にイギリスや西ヨーロッパの他の地域が，長期にわたる経済成長を経験していたとの多くの証拠がある。経済成長とは言っても，それは近代の経済成長ほど持続的かつ急速なものではなかったが，しかし成長は成長である（Mokyr, 1998c, pp. 34-36, およびそこで引用した資料参照）。そのうちどこまでが生産に関する技術的知識の寄与によるもので，どこまでがその他の要因，例えば貿易からの利益とか，より効率的な資源配分などによるものかは，未だ解明されていない。もちろん歴史上の経済成長の分析の多くは，そのようなすっきりした要因分析には適していない。1450 年以後の地理上の発見や海運業と航海術の改善は，それ自体が Ω 集合の純粋な増大であってそれがテクニックの改良へと写像されたが，しかしそれは，同時に貿易の増加をも引き起こした。産業革命は，経済成長の中で知識に誘発された部分のウェイトを著しく高めた点で 1 つの時代を画したが，それはゼロからのスタートではなかったし，ウェイトが 1 に達したわけでもなかった。とはいえ1760 年から 1815 年の間は，絶えざる政治的混乱が「スミス的（貿易を基礎にした）成長」の重要性を低下させたに違いない時期だった。1 人当たり所得の急激

な低下を招かずに急速な人口増加を継続できたイギリスの力は,新しい「タイプ」の経済成長を示す兆候と見なすことができるのかもしれない。

　通常の定義の経済成長,つまり1人当たり国民所得の増加は,産業革命期には非常に緩やかであり,生活水準は1840年代頃まではほとんど上昇しなかったという見方がコンセンサスとなっている（Mokyr, 1998c）。産業革命という用語をやめようという意見もある。しかし技術上の大きなブレイクスルー（あるいは,いわゆる汎用技術（general-purpose technology））の採用と,そのマクロ経済効果との間には,かなりのタイム・ラグがあるということも知られている。そのうえ,伝統的な尺度によるイギリスの経済成長は,政治面・人口動態面のマイナス要因を考慮に入れるならば,1760年から1815年の困難な時期ですら立派なものだった。より長期的に見れば産業革命の構成要素となった技術上のブレイクスルーのマクロ経済効果は,いまだ真剣に検討されていない。科学的知識の増加はこの展開の一部だったが,それは急速に増加しつつあったとはいえ,比較的小さな構成要素だった。18世紀における実践的で有用な知識の大部分は体系的ではなく,インフォーマルなもので,しばしばコード化されておらず,親方から徒弟へと垂直的に伝授されるか,行為主体の間で水平的に伝授された。技術者や機械工や薬屋や医師や機器製造者たちは,著作の中の事実や説明にますます依存するようになっていったが,何がうまく行き何がうまく行かないかに関する直観が,知識にとって決定的に重要な構成要素であり続けた。フォーマルな知識とインフォーマルな知識は新しいテクニックの発展では補完し合ったし,知識伝達の技術それ自体が大きな役割を演じた[1]。

---

1) マーガレット・ジェイコブ（Margaret Jacob, 1997）の研究は,その後の研究を大いに触発した。彼女は18世紀ヨーロッパの発展を次のように要約している。「知識は様々な結果をもたらす。知識は能力を高めることができる。もしも知識がなければ窮乏をつくりだし,環境を理解したりコントロールするのが難しくなる」（p. 132）。しかし「人間は自分が理解できないことは行なえないし,機械化は科学的知識の源泉に由来する自然の特定の理解を要求する」という彼女の主張は言い過ぎである。「理解する」ことが何を意味するかにもよるが,人間は自分が理解できないことも行動に移すことが「できる」のは明らかである。例えば十分理解できないか,誤解していた原理や法則を基礎にして,機械を作ったりテクニックを考案することができる。「理解する」ことは1か0かではない。認識的基礎はより広くすることができ,そうなると既存のテクニックが改善される可能性は高まり,新しいテクニックの「探求」はより効率的となり,成功の確率が高くなる。

産業革命の真の問題は，なぜそれが起きたかではなく，なぜ例えば，1820年以後もそれが持続したのかということである。それ以前にもすでに一群の大発明（マクロ・インベンション）が起きていた。中でも著名なのは，15世紀の活版印刷，鋳鉄法，それに航海術である。しかしこのような早い段階でのミニ産業革命は，その効果が経済を持続的な成長軌道に乗せる前に必ず尻すぼみとなった。産業革命以前では経済はいつもネガティブ・フィードバックに陥っていた。経済成長は起きるたびに妨害や抵抗に遭い終焉を迎えていた[2]。成長は比較的短い期間に急激に起こっては中断し，長期間にわたる停滞や緩慢な下降がそれに続いた。こうした成長と衰退のエピソードの後に，経済は次第により高い安定状態へと近づき，「ラチェット効果」を生んでいった（Braudel, 1981, p. 430）。

　こうしたネガティブ・フィードバックのメカニズムで最も有名なものは「マルサスの罠」である。これは所得水準の上昇が人口増加を生み，一定である天然資源に圧力をかけるというものである。1750年以前の経済は生産の一要素である土地への依存度が高かったという点で「有機的」だった。それはたんに食糧生産の面だけではなく，大部分の原材料や燃料の面でもそうだった（E. A. Wrigley, 2000）。もう1つは制度的なネガティブ・フィードバックだった。経済発展は通常，ほとんど弁証法的に，その発展を止めてしまうような社会的・政治的な勢力を生んだ。繁栄と成功は多種多様な略奪者や寄生虫の出現を呼び，こうした連中が金（きん）の卵を産むガチョウを殺してしまう。収税吏，外国の侵略者，ギルドや独占といったレント・シーキングをする者たちの連合が，結局は北イタリアや南ドイツや北海沿岸の低地帯の経済成長のかなりの部分を抹殺してしまった。この種のネガティブ・フィードバックの特に著名な例は，技術に対する抵抗である。第6章で論じるように，制度を盾にして陣地に立てこもった関係者たちは，非市場的な方法を使って技術進歩を止めることができたのである。

---

2) このようなフィードバックというアイディアを早い時期に使った例として，中華帝国期の中国社会のダイナミズムを記述したニーダムの著作がある。ニーダムは中国社会を，「自動操縦装置を持っているかのように，いかなる天候の中でも安定したコースを保てる文明であり，根本的な発明や発見があった後でも，現状に復帰できるような一組のフィードバック・メカニズムを装着した文明」と描いている（Needham, 1969, pp. 119-20）。ニーダムは1750年以前のヨーロッパの技術的な不安定性を誇張していたかもしれないが，ダイナミックな安定状態にあった2つの社会の間の相違に関するニーダムの直観的洞察は適切である。

しかしおそらく収穫逓減の1番大きな原因は，技術の認識的基礎が限られていたことだろう。新しいテクニックが登場した時，特に革命的な場合には，通常，新技術の頭打ち状態に達して固定化してしまい，累積的な小発明（ミクロ・インベンション）の奔流を生まなかった。船舶の設計や冶金，医術，印刷術，動力技術といった重要分野では，1400年から1750年の間に，「断続平衡状態」が観察できる。こうしたパターンが繰り返された主な理由は，使用されたテクニックがどのようにうまく行くのか，なぜうまく行くのか，といったことがほとんど分からなかったことにあった。

産業革命以前の時代には，認識的基礎が狭いというのは例外ではなく，むしろ常態だった。中でも医術，農業の分野でそうだったが，冶金や化学や動力技術の分野でも同じだった。ヨーロッパでも中国でも，テクニックがなぜうまく行くのかの理解は欠いていたが，それにもかかわらずテクニックはうまく行っていた。利用可能な規則性を誰かが認識していれば，通常はそれで十分だった。製鋼であれ，家畜の繁殖であれ，助産であれ，1800年以前の大部分のテクニックは偶然の発明か，試行錯誤か，機械に関する直観の結果として生まれ，実際にはそれが働く原理は誰にも分かっていなかったのにうまく行っていた。しかし第1章で論じたように，認識的基礎が狭いテクニックは，その拡張，改善，新しい応用などを継続的に生んでいくことはほとんどなかった。糖類をアルコールに変換する発酵の性質を知らなかったとしても，ビールを醸造しワインを作ることはできるだろう。しかしそれでは，風味を良くしたり，安い価格で大量に生産する能力は限られるだろう。なぜそれがうまく行くのかを誰も理解していない場合には，投資家となり得る人は何がうまく行か「ない」のか分からず，例えば永久運動機械や卑金属から金を取り出す技術のように，作れないものの無駄な探求に貴重な資源を浪費することになるだろう。もし探求者が背後にある自然の原理を何も知らないとすれば，探求が必要となる実験可能性の領域は非常に広くなってしまう。パストゥールの有名な格言で言い換えると，準備のできていない頭に幸運の女神が微笑むことがあるとしても，それはほんの短い時間だけである。認識的基礎の広さが大きな違いを生むのはこの点である。確かに，狭隘な認識的基礎の限界を克服する方法はある。例えば化合物や薬剤の系統的な探究と実験，あるいは航空力学の知見が不十分な場合は現在でも航空機の設計の分野で行なわれているように，

パラメーターの変更を試みることは，18世紀から始まっている。エンジニアリング知識は認識的基礎が狭い時にこそまさに重要なのである。産業革命はその初期の段階で，技術の科学的基礎が突然深まったことで勢いづいたと考えるのは大きな誤りだろう。しかし18世紀の最後の3分の1世紀の間に登場したテクニックの認識的基礎が，徐々にかつゆっくりと拡大していったことこそ，それらが燃え尽きて早期に終了してしまうのを防いだのである。

さらには，「知識の堅牢性」の問題がある。Ω集合の中の多くの部分は，何人かによって予見されていたかもしれない。しかし他の者を説得するのに十分なだけ厳格に「証明」されない限り，その知識は認識的基礎として役に立つほど堅牢ではなかったかもしれない。カロリック，フロギストン，瘴気，自然発生，エーテルの否定を含む18世紀の終わりから19世紀にかけての科学面のブレイクスルーは，それ以前にも多くの人々によって試みられてきたが，説得的な証拠が欠けていた。認識的基礎があやふやである場合，それに依拠して多くの研究開発を支援することは難しいだろう。

多少単純化し過ぎた言い方をすると，産業革命は18世紀のΩ型知識とそれに依拠していたテクニックの特徴や構造の変化という観点から再解釈できるのではないだろうか。2つのタイプの知識が共進化するにつれ，それらはますます相互に補強し合い，フィードバック・メカニズムのバランスを，ネガティブからポジティブに転換させることになった。有用な知識は産業革命前は認識的基礎によって制約され，経済的・社会的要因によって抑制されていた。それが今や自己増殖により増大し，言わばコントロールが利かなくなってしまった[3]。ついには，ポジティブ・フィードバックが非常に強くなり，自律的に生じるようになった。Ω型知識とλ型知識の間のポジティブ・フィードバック効果は知識のスパイラル的な成長をもたらした。これは機械工学抜きのエンジニアリング，冶金学抜きの

---

3) この「相転移」のもう1つの説明が，最近デイヴィッド（David, 1998）によって示された。彼は科学者たちが相互にコミュニケーションを行なう場合について，ローカル・ネットワークや「見えざる大学」からなる「科学者」共同体を想定する。結合された単位間のそのような伝達は，ある一定レベルの結合性を持ったネットワークを通じて情報が拡散する浸透モデル（percolation model）を使ってモデル化できる。デイヴィッドは，知識が拡散していくためにネットワークが維持しなければならない最低限のコミュニケーション行動のレベルが存在し，いったんこのレベルが達成されればシステムは自律して持続可能になることをこのモデルが示唆すると言う。

鉄の生産，有機化学抜きの農業，微生物学抜きの医術の時代には起こり得なかった[4]。有用な知識が生み出され，それが普及するという社会的環境の変化は，たんに発見によるΩ集合の拡大のみならず，知識の拡散による密度の上昇へと導いた。

　全体として見ると，技術の認識的基礎の拡大は，1750年以後使用されるようになったテクニックが，Ω集合のより広範な認識的基礎によって支えられたということを意味していた。このことは種々の改善や小発明（ミクロ・インベンション）が次から次へと継続して起こることを可能にした。もちろん認識的基礎の広さは産業によって異なっていたし，テクニックによっても異なっていた。十分な広がりを持つ認識的基礎ができるまでに，かなりの知識が必要な場合もあり，生産工程がほとんど機械的な繊維産業の場合，早い段階で大幅な進歩がみられた。このように産業革命は有用な知識の変化とその応用という文脈の中で理解されるべきである。

　産業革命前および産業革命中のイギリスで，Ω集合の変化のうちのどこまでが今日我々が「科学」と呼んでいるものに帰することができるのだろうか？　イギリスは科学が「進んでいた」から技術面で成功し，産業革命を最初に経験することになったという考え方は支持できない。この前提自体が論争の的であり (Kuhn, 1977, p. 43)，そしてイギリスは産業面でのリーダーシップにもかかわらず，科学的知識という面では大陸の競争相手との間で，輸出とほぼ同じくらいの輸入を行なっていたようにみえる。そのうえ多くの経済史家および科学技術史家たちは，イギリスで産業革命期に開発されたテクニックは「抜け目のない頭脳と器用な指先」から生み出されたもので，今日我々が定義しているような科学的知識に直接に基づくものではないと主張してきた。こうした見方によれば，19世紀の後半にヨーロッパや合衆国で開発された技術とは違って，科学が直接産業革命に指針を提供した例はほとんどなかった (Hall, 1974, p. 151)。シェイピンは言う。17世紀においても18世紀においても，「科学革命の『高度な理論』が，経済的に有用な技術に，『直接』大きな影響を与えたとは思えない。……このように技

　4）コーエンとステュアートが指摘するように，Ω集合とλ集合は異なった「地形」を持っている（非常に異質で通約不能な情報を含んでいる）ので，両者のアトラクターは上手く調和せず，「空間の間のフィードバックは独創的な効果を生み……その相互作用は，2つの別々の地形の混合からは考えられないような，全く新しい統合された地形を生み出す」(Cohen and Stewart, 1994, pp. 420–21)。

術や経済に触発を受けた科学のどの部門が本当に実を結んだのかを見つけようとする歴史家は，非常な困難にぶつかってきた」(Shapin, 1996, pp. 140-41)。ギリスピーは18世紀フランスの化学者・数学者の全業績の実用性に疑問を呈し，当時の科学的な探究の大部分のテーマは技術的な応用が限られていたと指摘している(Gillispie, 1957)。それらは天文学，植物学，結晶学，磁気学の初期の探求，光の屈折，燃焼などである。こうした発見の多くは後年経済的な応用分野を見出したが，それはほとんど例外なく1830年以後のことだった。一方他の研究者たち，とくにマッソンとロビンソン (Musson and Robinson, 1969) およびマーガレット・ジェイコブ (Margaret Jacob, 1997, 1998) は，科学が重要だったと強く感じてきた[5]。この両者の論争はどう決着をつけたらいいのだろうか？

　科学をどう考えるかには関係なく，技術進歩のスピードが，有用な知識の創造，処理，伝播のあり方に依存しているという点に関しては，論争の余地がないように思われる。これは決して新しい考え方ではない[6]。歴史上の2つの現象が，産業革命前の西ヨーロッパの「有用な知識」の扱い方のパラメーターを変えてしまったのである。その1つが17世紀の科学革命であり，もう1つは，「産業啓蒙主義」とでも呼ぶべき出来事だった。産業啓蒙主義とは，2つの有用な知識集合とその両者間の関係を変えた，一連の社会的変革のことである。これは3つの目的を持っていた。第1に，作業場という埃まみれの場所で行なわれている職人的な実践を調査しカタログ化することによって，それへのアクセス・コストを削減し，またどのテクニックが優れているかを決め，それらを広めて行こうとした。そうすることが，ベスト・プラクティスのテクニックを採用し普及させることに繋がるだろう，ということだった。第2に，テクニックを一般化することによりなぜテクニックがうまく行くのかを理解し，そのテクニックを当時のフォーマルな命題的知識と結合させて，より広範な認識的基礎を提供しようとした。現に使用されているテクニックの世界の複雑さと多様性は，それらを支配する一般的な原理の有限集合に縮約されると考えられた。こうした洞察は，発明の過程をスピードアップし合理化するだけでなく，テクニックの拡張や改良・改善へと導い

---

[5] 対立する見解の優れた総括は，マッケンドリック (McKendrick, 1973) 参照。
[6] マーリン・ドナルド (Donald, 1991) のような認知科学者たちは，音声言語の登場と，さらに後の書記言語の登場は，科学技術の進歩率の加速と関係があると論じている。

て行くだろう。第3に，命題的知識を支配している者と，指図的知識の中に含まれているテクニックを実践していく者との間の相互作用を容易にすることを目指していた[7]。啓蒙のフィロゾフたちは，知識を持っている人間と物を作っている人間との間の協力や，知識の共有を要請するベーコンの主張に共鳴していた。しかし『百科全書』の第1巻が出版された1750年代になってもなお，これはまだ計画の段階であり，ほとんど夢とかわりがなかった。そしてようやく1世紀後にやっと現実となった。ベーコンのビジョンを現実のものとしたのは産業革命だった。

私は「産業啓蒙主義」という用語をなんの配慮もしないで使っているのではない。18世紀の啓蒙運動はもちろん，多面的な顔を持つ複雑な現象であり，生産の合理化によって富を増加させるのと同程度に，既存の政治権力構造と所得分配を変えることを目指していた。その影響は「公共圏」の概念と，人間とその制度の完成可能性への信念を創るうえで，社会史，知性史上の分水嶺を成したといえる。しかし，私の提案はもっと狭く，焦点を絞ったものである。それは自然の力を観察し，理解し，操作することにかかわる合理性だけを取り上げている。この意味で私のアプローチは，啓蒙を人間とその環境との闘いの一段階と見るフランクフルト学派のアプローチを思い起こさせるかもしれない。自然「支配」が必然的に他の人間の支配になるとか，ましてや野蛮への入り口である，といった考え方を受け容れない点が，彼らとは異なっている。私の関心はある社会が，どうやって自分たちの自由になる資源をかつてない速さで増加させることができたかといった，純粋に経済的なものである。

今日科学と呼ばれる，フォーマルで一般化された命題的知識は，産業革命の一要素だが，それは科学的探究のスピルオーバーが，たまたま Ω 集合の性質の変化にまで及んだためそうなったのである。Ω 型知識に対する社会の考え方の変化は新しい知識の創造の仕方に影響を与えたが，それと同じくらい重要なのは，それが情報に「アクセス」する技術と文化にも影響を与えたことである。いったんこうしたことが起こると，それは数学や実験哲学といった難解な分野に限らず，機械工とか農民や職人たちの日常的な世界にまで拡がっていった。産業革命前の

---

7) 最近これと似た見解が，ジョン・グラハム・スミス（John Graham Smith, 2001）やピコン（Picon, 2001）たちによって提唱されている。

1世紀半くらいの間に，有用な知識の言語と文化は劇的な変化を遂げたのである。「科学革命」とは，通常，このことと同一視されている。これは，科学史家や文化史家たちが，そもそも「科学革命」は存在したのか，そうだとしたらそれは何だったのかをいやになるほど議論しようとも，である（Shapin, 1996）。一般的に言って歴史家たちは，科学革命が直接産業革命につながったとは考えない。この2つの間のミッシングリンクが，おそらく「産業啓蒙主義」であり，これが，両者間の歴史的な架け橋となったのではないだろうか。

それはともかくとして，本書の前提は，人々が知ったことが人々の行動に影響を与えたということである。産業革命とそれに続く近代の経済成長が，有用な知識の革命と同時期に生じていることに疑問の余地はない。1789年に化学者のジェームズ・キア（James Keir）は，「知識一般と科学への愛好が，ヨーロッパおよびヨーロッパから生まれたあらゆる国の，あらゆる階級の人々に普及したことは，近代の顕著な特徴のように思える」と書いた（Musson and Robinson, 1969, p. 88に引用）。はたして産業革命と有用な知識の革命の間に因果関係があったのだろうか？　それともこの推論は，何人かの経済史家たちが考えているように，「連座制による有罪」に近いものなのだろうか？　有用な知識と経済の変化との関係は，「科学が技術に直結する」といった，直線的なモデルが意味するものよりも，もっと微妙で，間接的で，複雑なものだったかもしれない。だがこの関係は存在したのである。

混乱の一部は，科学と技術，あるいは理論と経験的知識を分離すべしという主張に起因している。すでに述べたようにどのように定義しても，Ω 集合はフォーマルな科学以上のものを含んでいる。それは自然に関する全ての事実と関係に加え，実用性のある全てのテクニックのマスター・カタログまで含んでいる。厳密に言えば，それらのテクニックもまた自然の規則性だからである。すでにどこかで使われたテクニックの新しい対象への適用，あるいは既存のテクニックの再結合による新しいテクニックの創造は，その基礎を提供する Ω 集合と，それへのアクセスの容易さの両方に依存している。第2に，シェイピンも書いているように，「科学が生み出した『情報とスキル』，そしておそらく考え方も，あらゆる種類の活動で重要となる資源であった」（Shapin, 1996, p. 141）。知識それ自体だけでなくこうしたスピルオーバー効果もまた「産業啓蒙主義」を形成し技術変化のお

膳立てをした。

　「産業啓蒙主義」は，科学的な「方法」，科学的な「メンタリティ」，科学的な「文化」という，相互に緊密に連関する3つの現象の点で科学革命に基づいていた。科学の「方法」の技術的活動への浸透は，正確な計測，制御された実験，再現可能性の重視を意味していた。有用な知識に興味を持った人々が「おおよそ」の世界から抜け出し，アレクサンドル・コイレの古典的な表現を使えば，計測と正確性の世界へと移っていったことが，正確性それ自体が評価に値するものだとの感覚を高め，それが科学的方法に影響した（Koyré, 1968, p. 91）。ガリレオの時代では，計測器具の高度な正確性は現実というよりは期待に過ぎなかった。前世紀の命題的知識が正確な航海技術や測量技術となるためには，ジョン・ハリソン（John Harrison）やジェシー・ラムズデン（Jesse Ramsden）のような18世紀の職人の優れたスキルが必要だった。科学的方法はまた，観察や経験が公開され，公衆の目に晒されることを意味した。ベティ・ジョー・ドッブズ（Betty Jo Dobbs, 1990），ウィリアム・イーモン（William Eamon, 1990, 1994）そして最近ではポール・デイヴィッド（Paul David, 1997）が，17世紀の科学革命は「公開された科学（オープン・サイエンス）」が登場した時期だと指摘してきた。自然界に関する知識はますます私的な独占物ではなくなり，科学的進歩や発見が公衆によって自由に共有されるようになっていった。こうして科学的知識は一種の公共財となり，中世のヨーロッパでは慣わしだった秘密主義による選ばれた少数者の独占から，自由に伝達されるものになった。「公開された科学」の中での知識の共有化は，共通の用語とコンセンサスのための基準に従って，方法と題材を体系的に報告することを要求した。しかしこの原則はλ型知識には当てはまらなかった。λ型知識では特許に頼るか秘密にすることにより，知的所有権ができるだけ保護された[8]。こうして有用な知識には分岐が生じたかに見える。Ω型知識はますます公共財と認識されて公共の領域に移され，優先権が功績や貢献度（これら自体が，価値のある財とされた）を決

---

8) ジェームズ・ワットの息子は，マンチェスターの染物師や印刷工が団体を結成し，雇用主に彼らのビジネスや工程について何も教えないようにすることで合意したと嘆いていた（Musson and Robinson, 1969, p. 339）。フランスの化学者クロード・ベルトレ（Claude Berthollet）は，「ゴブラン織り」工場の指揮をとるようになると，同じような不平を述べている（Keyser, 1990, p. 221）。多くの製造業者たちは秘密主義に取り憑かれていた。鉄鋼製造業者のベンジャミンは防衛手段として，夜間だけ操業した。

めるがしかし所有権は認められなかった。一方で，λ型知識には知的所有権を認める試みが行なわれた。その後知識は，再度分岐した。ある種のλ型知識は特許権を認めたうえで公共の領域に置かれるようになり，応用は別として，その知識へのアクセスはオープンかつ自由になされた。一方，別種のλ型知識は，アクセス・コストを人為的に高める，つまり秘密にしておくことによって護られた。18世紀の啓蒙主義はますます知的所有権を自然法の一部ととらえるようになっていった。これは意図より結果が優先する啓蒙主義の原理を，有用な知識に適用したに過ぎなかった。しかしそのことはまた，新しい知識が経済的進歩にとって必須であると感じる者と，有用な知識の効果的な普及およびそれへの安価なアクセスを妨げる独占や障壁を嫌う者との間に，緊張関係を生むことになった (Hilaire-Pérez, 2000, pp. 124–42)。

　科学的な「方法」は，ここでもまた，17世紀における説得法的慣行(レトリック)の変化にかかわっていると考えるべきである。この時代に説得術の重点は純粋な「権威」から経験へと移っていったが，そのため経験的知識を検証するルールがますます設定されるようになり，それが有用な知識へのアクセスと信頼の双方を確保することとなった[9]。検証は有用な知識をより堅牢にし，したがってますます使えるようにするために，慎重な努力が払われたことを意味していた。それはまた証拠と矛盾する場合，長く崇められてきた既成の解釈や理論を進んで捨て去ることを意味していた。こうしたことはこれまではめったに見られないことだった。科学的方法とは，どのテクニックが最もよくうまく行くかを決める一群の専門家が登場してくることを意味していた[10]。

---

9) シェイピン (Shapin, 1994) は，17世紀のイギリスにおける専門知識と信頼の変化を概説し，いい意味でも悪い意味でも，専門的知識を社会階級や地域性と関連づけた。科学に対するアプローチは，表向き「権威を疑う」という原則を基本にしていた（王立協会 (Royal Society) のモットーは，nullius in verba, 誰の言葉にも頼らない）が，有用な知識のシステムは（どんな種類の知識のシステムも同じだが），信頼を生むメカニズムなしには存在できない。他の人が創造した知識を別の科学者たちが扱う時の懐疑心は，その発見への信頼感を高めた。今日でもそうであるように，部外者は，これらの発見は他の「専門家」によって精査されチェックされたと想定できたからである。

10) イレール＝ペレ (Hilaire-Pérez, 2000, p. 60) が述べたように，「発明の経済的価値は非常に高かったので，種々の形の表彰やアマチュアたちの間だけで四散するにまかせておくわけにはいかなかった。真理の確立は，アカデミックな科学の職業(プロフェッショナル)上の責任となった」。

「産業啓蒙主義」は「実験」という考え方に絶大な信頼を寄せたが、これは17世紀の科学から直接継承した考え方だった[11]。ベーコンたちが考えたように、実験は「自然を拷問する」ことを意味していた。それは「ライオンの尻尾を捻る」ことにより、自然に大声で秘密を吐かせることであった。実験は「自然には」起きない状況を作り出し、現象の領域を拡大してそれをカタログ化し、利用できるようにしていった。実験はまた仮定された一般的な関係を検証することにも役立った。もちろん実験が実際に何を生み、結果がいつ、どのようにして正しいものと認められるかは条件次第であったし、時とともに変わり続けた。実験哲学は、17世紀の科学革命を18世紀の産業の転換に結びつける説得法の道具となった。実験的方法はΩ集合の中に合理的な記述で整理されるべきより大きな事実の集合を生み出すと同時に、実践的な問題を解決するための体系的なアプローチを与えたと理解された（Keyser, 1990, p. 217）。しかし何よりも、科学的な方法は、λ集合の中の新しい要素を創るために管理され操作される特定の客観的現実に対応し、それに合致する知識となるΩ集合の中の要素に関するコンセンサスをもたらした。こうすることで自然哲学者たちは、有用な知識が実践的な問題を解決する方法を示すことができた。だがそのためには、この知識が現場で汗を流している人々に伝達されることが必要だった。マーガレット・ジェイコブは、1750年までにイギリスのエンジニアや企業家たちは、「自然界を客観化」しうるような「共通の技術的な語彙」を学者たちと共有するようになり、このようなコミュニケーションが西欧世界に永久的な変化をもたらしたと主張している（Jacob, 1997, p. 115）。こうした共通の言語や語彙こそが、アクセス・コストの低下を生むものなのである。

しかしこれよりもっと重要だったのは、科学的「メンタリティ」だったかもしれない。科学的メンタリティは、化学現象や物理現象の背後にある実際の法則が十分に理解されていない場合であっても、エンジニアや発明家たちに、自然現象の秩序、合理性、予測可能性に対する信念を吹き込むことになった（Parker, 1984, pp. 27-28）。言葉を換えれば、自然は知性によって「理解可能である」との見方

---

[11] イーモン（Eamon, 1994, ch. 8）は、自然の秘密を探求する「狩猟」としての科学の概念を指摘している。自然の秘密は通常の知覚の範囲を越えたところに隠されていたので、特別な手段によって暴露されなければならなかった。

がゆっくりと地歩を固めていった。ベーコンもデカルトもホッブズもフックも，正しい方法とは何かについて彼らの間に大きな違いがあったとしても，正しい方法を使いさえすれば，自然の因果的構造は発見「可能である」ことを確信していたとシェイピンは言う（Shapin, 1996, p. 90）。しかし，17世紀の物理学者にとって「知性による理解可能性」は，彼らに先行するアリストテレス学派とは異なる意味をもっていた。「なぜ」天体が重力に引かれるのかといったより深淵な疑問は，答えられないものとして残された。知性による理解可能性とは，こうした運動を支配し，それを予測可能とする定式化された法則を意味していた。17世紀初頭に，自然哲学と数学を統合しようとしたケプラーやガリレオの業績が現れた。それは困難かつ遅々としたプロセスだったが，やがて全ての有用な知識を収集し分析する方法を変えてしまった。

いったん自然界が知性によって理解可能となれば，それは飼いならすことができる。基礎になる技術は自然界と物理的環境の操作にかかわっているので，生産に従事している人々が置かれている形而上学的前提が，究極的には決定的な重要性を持つことになる。産業啓蒙主義は，自然が作り出す現象と人間の手による人工物が同じ法則に従うことを，自然哲学者たち，とくにニュートンから学んだ。ニュートンは，『プリンキピア』第3巻の有名な冒頭部分ではっきりとそう述べていた。こうした見方は，正統的なアリストテレス主義とは真っ向から対立した。啓蒙主義の典型的な信念である，自然の合理性と宇宙を支配する自然法則の存在に対する信念は，エンジニアリングや技術だけでなく，純粋科学でもますます数学を使うように仕向けていった。こうした新しい空気の中で，自然に関する知識が「禁じられている」とか，秘密にしておくことが望ましいとの考え方に対し，ますます多くの人が反感を持つようになった（Eamon, 1990）。科学的メンタリティはまた，オープン・マインドを意味していた。それは新しい証拠が出てきた時には従来の原則を捨て去る準備ができていることであり，体系的な研究が及ばない自然現象はなく，演繹的な仮説は検証されるまでは真理とはみなされないという信念の高まりを意味していた。それにもかかわらず，ハイルブロンたちが主張してきたように，18世紀の後半には「理解すること」に対する関心が薄れ，科学的問題に対する「道具主義」的アプローチが優勢になった（Heilbron, 1990）。そこでは計量好きの物理学者や化学者が，より実践的なアプローチを追求するた

めに「絶対真理」の追究を放棄してしまい，発見した規則性や現象の計算や応用に安らぎを感ずるようになったのである。

最後に，ベーコン主義のイデオロギーの頂点である科学的「文化」は，応用科学を商業や製造業に奉仕するものと位置づけた（Jacob, 1997；Stewart, 1992，とくに ch. 8）。1620年にベーコンが次のように技術を定義したことはよく知られている。ベーコンによれば，人間の事物に対する支配は自然がどう動いているかに関して蓄積された知識に依存している，なぜなら「自然に従うことによってのみ，自然は思いのままになる」からである。こうした考え方は決して新しいものではなかったし，遡れば中世の思考の中にも発見できる。それは，宇宙に関する合理主義的な見方を提示していて，12世紀の知識人に広く読まれていたプラトンの『ティマイオス』の中にすら見つけることができる。だが17世紀の科学の実践には，知識の蓄積によって達成される物質的進歩と不断の改良というベーコン主義的動機がどんどん染み通っていった[12]。ロンドンの王立協会の創設メンバーたちは，そのような進歩に有益だとして，自分たちの活動を正当化していた。もちろんここには今日のアメリカ国立科学財団（National Science Foundation）への助成申請と同様，利己的な要素もあった。しかし実用的な目標がフォーマルな科学の成長の第1の目的であることは稀だった。政治と宗教が，大半の自然哲学の背後に存在し続けていたし，人間の単なる好奇心が知識探究の主要な動機であることに変わりはなかった。もちろん現在も我々は，なぜ人間はある事には好奇心を抱くのに他の事には好奇心を抱かないのかについて思い悩まねばならないとしてもだ[13]。

---

[12] ロバート・M・マートン（Robert K. Merton, [1938] 1970, pp. ix, 87）は，「社会的な有用性をもって科学的な業績を判断することを，唯一でないとしても第1の基準として重視する文化が，科学の進歩のスピードと方向性にどのような影響を与えるか」と問いかけ，「科学は技術的発明を促進することによって，人間の運命を改善するために振興され育成される必要があった」と述べている。さらに彼は，有用な知識と科学の非認識的目的，つまり自己目的のための知識を越えて何らかの応用を探す目的が，知識の成長速度に影響を与えるだけではなく，既存の知識が経済的な能力と厚生を増進するテクニックへと翻訳される機会にも影響を与える，と付け加えるべきだったかもしれない。

[13] アダム・スミスは彼の著作『天文学史』の中で（Adam Smith, [1795] 1982, p. 50），好奇心はある程度の法と秩序，余暇，それに不安定とは言えない最低限の生活に依存すると述べている。言葉を換えれば，好奇心に誘発された Ω 集合の増大は，所得の増加に対し正の所得弾力性があるということになる。

第 2 章 産業啓蒙主義

産業啓蒙主義がなぜこの時期に起きたのかを説明するのは容易ではない。この現象が，商業活動や市場や金融や海外資源の利用にかなりの経験が蓄積された地域で起きたのは，偶然とは言えない。宗教改革以降の，異なった考え方が相互に競い合い，ある基準によって選ばれるとの考え方は，これまで真実とされたことがますます疑問視されることを意味した。物財に対する需要や消費の増加は必ずしも罪深いことではないとの考え方が，この時期を通じて革新者(イノベーター)たちの意識の背後にあったに違いない。人々が罪や恥の意識なしに，イノベーションを利用して富裕になれるという競争的市場の世界は，有用な知識を探しそこからどうやって金儲けをしようかと，企業家たちが日々考える世界である。自分が富裕になるためにいかなる資源も利用することに不安を感じない人々は，新たに発見された自然現象や新しく考案された機械装置に対して現実的な見方をし，「それが何を意味しているか？」とか，「それが正しいか？」を問う前に，まず「これはうまく行くか？」を問う傾向があった。だがこうした変化を吟味しようとするとどうしても主観的なものになってしまうので，こうした態度に関して，何かヨーロッパ特有のもの，ましてやイギリス特有のものを見つけるのは困難である。そして，こうしたプロセスを軌道に乗せた要因の本質が何であったかは，この後も何世代にもわたって議論の対象となるだろう。

　知識の拡大の第 1 の目的は実用であるべきだとのベーコンの考え方は，17 世紀初期では現実というよりは，規範的なものだった。だが全体として西洋経済史では，ベーコンの理想を現実化することが中心だったことは事実である。実際的なエンジニアから自然哲学者や化学者まで，18 世紀の全ての分野のキー・プレイヤーたちが，この考えを受け容れたことが，2 つのタイプの知識の間の相互作用を促進する基礎となった[14]。科学的文化は徐々に工学の勃興を導くとともに，「あらゆる鉱物，動物，植物」に見られる潜在的に有用な自然現象について，秩序立った数量的な知識の継続的な蓄積を進めた[15]。産業革命の直前に当時影響力

---

14) もちろんベーコン主義の原理には，微妙にニュアンスの違う解釈がありえた。ゴリンスキ (Golinski, 1988) は，こうした原理が職人に対する「自然哲学者」の優位性に根拠を与え，パトロネージを正当化するために利用できただろうと指摘する。彼らの利益に寄与したかどうかはともかく，命題的知識の増大がより効率的な技術をもたらすはずだという考え方は定着していった。

15) 今日我々が「エンジニアリング」知識と考える Ω 集合の部分集合の成長に関する代表的

のあった講師ジョン・デサグリエ（John Desaguliers）は，次のように書いていた。自然哲学者たちは，「神の御業(みわざ)を熟考し，結果から原因を発見し，最も有用な結果を生む原因を使うスキルによって，人為(アート)と自然(ネイチャー)を人間の必要に従わせる」よう期待されていた（Stewart, 1992, p. 257 に引用）。啓蒙主義の代表的文献である『百科全書』は，命題的知識から指図的知識への写像と，両者間の継続的な相互作用が経済発展の鍵となる，との確信を体現している。本章のエピグラフとして引用した「技芸」の項目の中でディドロ（Diderot）は，この2種類の知識は相互に相手を強化し合うと説明している。ディドロがこうしたことを記述したちょうどその頃に，この夢はゆっくりと実現されつつあった。ピーター・ディアが言うように，「『どのように』を知ることは，『なぜ』を知るのと同じくらい重要になり始めていた。ヨーロッパが世界を支配するために世界に関してより多くのことを学ぶにつれ，この2つのことは，時の経過とともに，ますます似たようなものになっていった。近代の世界は，ベーコンが心に描いた通りの世界になっている」（Peter Dear, 2001, p. 170）。

　経歴や思想傾向から産業啓蒙主義を体現していると見られる人物は，多数挙げることができる。その1人がベンジャミン・フランクリン（Benjamin Franklin）である。マックス・ヴェーバーによれば，彼はカルヴィニズムの倫理を体現してい

人物が，ジョン・スミートン（John Smeaton, 1724-92）である。スミートンは理論にも明るかったが，そのアプローチは実用的で経験主義的だった。彼は「なぜ？」についてあまり考え込むことなしに，「どれほど」，「どういう条件下で」に自身の研究を限定していた。しかし自然の秩序と規則性を前提としていた点で，彼のアプローチは科学的メンタリティを体現していた。ウォルター・ヴィンセンティとドナルド・カードウェルは，実験におけるパラメーター変動法の開発を彼の功績としている。これは広範な認識的基礎が存在しない場合に，λ集合の漸進的改良を進めるための系統だった方法である（Vincenti, 1990, pp. 138-40 および Cardwell, 1994, p. 195 参照）。この方法では，関連する変数間の規則性を確立したのち，最適なパフォーマンスを達成するために，それを既知の関係の外へあてはめる。スミートンはまたワットと同様，発明を成功させるのに必要とされる補完的ないくつかのスキルを持っていて，その中には，「器用さ」と呼ぶ暗黙知の包括的な名称が含まれている。十代に使っていた小さな作業所で，彼は金属，木材，象牙の加工法を独学し，通常の鍛冶屋あるいは指物師の専門知識をもって道具を扱うことができた（Smiles, 1891）。カードウェルも述べているように，この種の進歩が新しい大発明をもたらすことはないかもしれないが，進歩の本質は，「扉を開ける」発明と「ギャップを埋める」発明との間の相互作用である。彼のエンジニアリング面での広範な貢献に加えて，Ω集合からλ集合への写像におけるこの体系的な要素は，疑いようもなくスミートンを産業革命の「決定的に重要な少数の人物」の中の1人にしている。

た。フランクリンは自然哲学を精力的に勉強し，実験的研究はもちろんのこと，ニュートン力学にも精通していた。フランクリンは自分が観察した自然現象を熱心にカタログ化していったが，頭の中では常に「何の役にも立たない哲学には，一体どんな意味があるのか？」と考えていた。一番良く知られているフランクリンの発明は，避雷針と二重焦点レンズだったが，彼は同時にフランクリン・ストーブ，新型のローソク，グラス・ハーモニカ，換気機構付き街灯なども発明した。これらの発明品が産業革命で大きな役割を演ずることはなかったとはいえ，それらは産業啓蒙主義が重視し可能にしたものを代表していた。フランクリンが書いた有名な論文「電気に関する実験と観察」は理解しやすい言葉で書かれていて，すぐにフランス語，ドイツ語，イタリア語に翻訳された。彼は世界中の科学者たちと連絡を取っており，そのためサンクトペテルブルクのゲオルク・ヴィルヘルム・リヒマン（Georg Wilhelm Richmann）教授を犠牲にしてしまった（彼はフランクリンが勧めた稲妻に関する実験中に感電死した）。アクセス・コストの低下，ベーコン主義的実用主義の全面的な採用，科学的メンタリティに対するコミットメント，科学は宇宙の謎を解くことができるしできるはずだとの信念，実験データがある命題を実証または反証することへの揺るぎない信頼，こうした目的に奉仕する団体の創設を訴えたこと（例えば，1743年に創設されたアメリカ哲学協会のような），これらのこと全てにより，彼のキャリアは産業啓蒙主義の典型的な実例となった。

　産業啓蒙主義が，なぜ，またどのようにして起きたのか，と問うことは，近代西洋経済史を理解する鍵となる。技術的な文献の印刷が「科学的なエートス」を表現する手段として役に立ったとのエリザベス・アイゼンステインの主張には，ある程度の妥当性がある（Elizabeth Eisenstein, 1979, p. 558）。前に示した枠組みに立ち戻ると，18世紀および19世紀初頭に，Ω集合の内部構造を変えた制度面と技術面の進展が指摘できる。こうした進展は知識の「共同体」を創り出し，知識の多くがこの共同体の中に留まるようになった。以前に述べたように，技術の発展という目的のためには，1人の個人が知っていることよりも，その共同体が「知っている」ことの方がより重要である。しかし経済史から見れば，共同体の知識はその知識にアクセスができ，それが信じられ，使用された場合にのみ重要になる。シェイピンも指摘したように，有用な知識はつねに共同体的なものであ

る。いかなる個人も全てのことを知ることはできない。西洋社会ではアクセス・コストが低下し，権威や専門性や検証可能性の新しい原理が確立されていくにつれ，Ω集合の規模が拡大し，それを新しくかつ改善されたテクニックへと写像する能力の絶えざる向上をみた。

　アクセス・コストは情報技術と制度との2つで決まる。アクセス・コストのある面での進展はよく知られているし，よく研究されてきた。言うまでもなく印刷技術の発明はアクセス・コストの低下に寄与したとされてきたし，これ以上検討する必要はないだろう（Eisenstein, 1979）。イギリスの王立協会（1662年創設，フランスの王立科学アカデミーの4年後）は，当然有用な知識の自由な普及という理想を具現化したものだった[16]。残念なことに17世紀末までに，王立協会の会員たちは，自然哲学から有用な「技芸」の広範な改善に至る道のりが，予想していた以上に困難であることを発見し，技術に関する興味を次第に失っていった。だがこうした展開は，ある1つの協会の態度を反映していたにすぎず，より広範な，実践的な自然哲学者や数学者，エンジニア，啓蒙された農業者，産業家たちの態度を反映したものではなかった（Stewart, 1992, p. 14）。18世紀から19世紀初めのイギリスでは，著名な講師による科学や技術をテーマにした一般向け講義が，熱心な聴衆を集めていた[17]。このような講義のいくつかは，例えば有名なバーミンガムの月光協会といった科学協会の会合で行なわれ，それ以外は，例えばハルとかブラッドフォードとかリヴァプールといったさほど有名ではない田舎町の協会の集まりでだった[18]。18世紀前半における最も著名な講師はユグノー移民の生

---

16) 王立協会の活動は，この協会の初期の代弁者トーマス・スプラット（Thomas Sprat）の言葉によれば，「機械工や腕のいい熟練工」のためになる自然哲学を生み出すことを目指していた（Stewart, 1992, p. 5に引用）。アクセス・コストを下げるという考えは，技術的知識の「市場」に典型的な問題，すなわち公共財としての技術的知識に何らかの形での専有可能性を確保するためにはどのようにすれば最善かという問題に直面した。商業（つまり，製造業）の歴史と記述についての王立協会のプロジェクトは，自分たちの企業秘密を公表したくない職人たちの抵抗に遭った（Eamon, 1990, p. 355）。そのいくつかは『フィロソフィカル・トランザクションズ』（*Philosophical Transactions*）の中で公表されたが（羊毛業に関するウィリアム・ペティのものを含めて），王立協会は17世紀末には「有用な技芸」への関心を失い，より抽象的な問題に集中するようになった。
17) ロンドンのコーヒーハウスにおけるこの種の講義は2ないし3ギニーというかなりの金額の聴講料を取っており，それを払える人々の間で大きな需要があったことを示しているとステュアートは指摘している（Stewart, 1992, p. 29）。

まれであるジョン・デサグリエであり，その講義には王立協会から資金援助があった[19]。その他の講師たちの場合，裕福な貴族社会のパトロンたちから資金が提供された。これ以外にも一時契約や臨時の講師たちがいて，コーヒーハウスやフリーメイソンのロッジなどで講義をしていた。聴衆はポンプや滑車や振り子などに科学の原理を応用する公開実験を息もつかずに見守った（Inkster, 1980）。

アクセス・コストを低下させる協会の古典的実例と言える「技芸協会（Society of Arts）」は 1754 年に設立された。その目的は「事業を奨励し，科学を振興し，技芸を向上させ，製造業を改善し，商業を進展させること」だった。この協会の活動の中には，成功した発明家に賞金や賞を授与するという奨励的なプログラムがあった。例えば1754年から1784年までの間に，6,200件を越える賞が授与された（Hilaire-Pérez, p. 197）。この協会は特許が一種の独占であるとの見解を持っていて，いかなる者も有用な知識から締め出されるべきではないと主張していた。したがって同協会は，特許を取得した人は全て授賞対象から除外し（1845年まで），受賞者には特許を取らないことを誓約させることさえ考えていた（Wood, 1913, pp. 243-45）。そのため賞と特許は，補完関係に立つのではなく，代替関係に立つものであり，最適な制度では両方の〔選択の〕余地をもたせるべきであると認識されていた。この協会はまた，多種多様な刊行物や会報を発行し，有用な知識の普及に邁進している多数の地方の協会の模範となるとともに，エンジニアや自然哲学者や実業家の間の情報交換や交流のネットワーク作りを支援した（Hudson and Luckhurst, 1954）[20]。同時にこの協会は，勝者の選択を分権化された市

---

18) 月光協会（Lunar Society）は明らかに集まって談話するクラブ以上のものだった。そこではパトロネージと引き換えに知識が交換され売買された。買い手はマシュー・ボールトン（Matthew Boulton）やジョサイア・ウェッジウッド（Josiah Wedgwood）のような産業資本家であり，売り手はエラズマス・ダーウィン（Erasmus Darwin）やジョセフ・プリーストリ（Joseph Priestly）のような自然哲学者だった。

19) 化学者兼内科医ピーター・ショー（Peter Shaw）のキャリアはとくに興味深い。彼は潜在的な利用者が関心のある原理を理解し，それらをより簡単に応用することができるように，効果的で系統的なコミュニケーションの必要性を強調した（Golinski, 1983）。

20) それに加えて，この協会の意義は発明家の社会的イメージを改善し，人々がキャリアとして発明家を選ぶのを奨励したことであるとイレール=ペレは論じている（Hilaire-Pérez, 2000, pp. 144, 208）。またこの協会は農業のイノベーションの推進に極めて積極的で，土壌分析，農具，動物の扱いに関する有用な知識に賞を出した。協会が魚網を編むための織機の発明者に与える賞の記事はイギリスの新聞に掲載され，それが海峡を渡ってジョゼ

場に任せるのではなく，指名された一群の人々に委ねるインセンティブ・システムが持つ弱点をも例証している。事実，この協会が蒸気に関心を示したのは「極端に遅かった」し，1776 年の時点でこの協会に雇われた 1 人は，機械は「風力か水力か，歩き回る馬かによって動かされ」なければならないと，預言的とは言わないまでも詩的に呟いていた（ibid, p. 112）。

自然哲学が発見したことを，生産目的に使う方法を見つけ出すかもしれない人々に伝達する必要性は高まってきていた。それを示すのは，おそらく 1799 年のランフォード伯による王立研究所（Royal Institute）の設立だろう。ここでは偉大なハンフリー・デイヴィ（Humphry Davy）と彼の弟子である有名なマイケル・ファラデー（Micheal Faraday）が公開講義を行なったり，研究を行なったりした。8 年後にはロンドン地質学会（Geological Society of London）が，「とくに公共の進歩と利益のために応用できる豊富な実践的情報が入手できる」ようにするために創設された（Porter, 1973, p. 324 に引用）。1818 年に設立された土木技術協会（Institution of Civil Engineers）は「学問研究，討論，論文の発行」専門の「研究機関」だった（Lundgreen, 1990, p. 67）。こうした協会の全てが約束に恥じない行動をしたわけではなかったし，いくつかの協会はほとんど実際的な価値のない単なる紳士のダイニング・クラブにすぎなかった。それにもかかわらず，ロバート・スコフィールドも述べているように，フォーマルな会合はメンバー間のネットワークや技術情報のインフォーマルな交換に比べれば副次的なものだった（Robert Schofield, 1972）。王立協会の設立に先立つ「見えざる大学〔インビジブル・カレッジ〕」，つまり研究者間のインフォーマルな交流のネットワークは，現在までアクセス技術の中心的な部分であり続けている。

こうしたフォーマルな協会が，必要な知識を供給できなかったとしても，偉大な地層学者ウィリアム・スミス（William Smith）とか鉱物探査士のロバート・ベイクウェル（Robert Bakewell, 1769-1843, より有名な育種家とは別の人物）といった，「実践的な地方の」アウトサイダーたちが，こうしたニーズを満たしていた。科

フ・マリー・ジャカール（Joseph Marie Jacquard）の関心を引き，彼が問題を解決するに至った。すると今度はフランス政府の関心を呼び，フランス政府は彼がジャカード織機の発明に必要としていた助成を与えた。これは有用な知識の予期されない流通で，産業啓蒙主義の促進効果だった。

学的文化は，応用力学や化学や地質学や熱と圧力の操作，その他多くの命題的知識が，どのようにコストを削減し効率を上げるかを示すことによって聴衆たちの企業家としての関心を高めていった。

　イングランド以外の国では，正規(フォーマル)の技術教育がこうした機能を遂行していくうえで大きな役割を演じた。フランスでは1720年代に砲術学校が開設された。1740年代の終わりには，王立土木学校と士官向けの工兵学校が開校し，1794年には有名なエコール・ポリテクニークが開校している。大陸の他の国々もこれに倣い，鉱山学校がザクセンやハンガリー等々で設立された。公的部門がこうした分野にあまり介入しないイングランドは，正規の教育の面では遅れをとったが，公開講義やインフォーマルな科学団体や技術徒弟制度のシステムが，当面はニーズを満たした。

　向上心のある地主や機械工や実業家たちが必要だと感じていた自然の知識とはどのようなものだったのか？　18世紀の命題的知識は，量が不足していた上，その認識的基礎が狭隘であったものの，経験主義的マインドを持った技師たちが行なっていたことに対して，暗黙の理論的根拠を提供していた。Ω集合の中のある種の要素なしには新しいテクニックの多くはこの世に登場できなかっただろうし，うまく行かなかっただろう。蒸気機関は，エヴァンジェリスタ・トリチェリ（Evangelista Torricelli）とオットー・フォン・ゲーリケ（Otto von Guericke）といった大陸の科学者によって発見された大気圧の理解と，蒸気は水が蒸発したものであり，その凝縮は真空を生むという17世紀の考え方の両方に依存していた[21]。この発見は，圧力がシリンダー内のピストンを動かすために使うことができ，それに仕事をさせるという考え方へと導いていった。蒸気機関の基になるこのアイディアは，コスモポリタンでアカデミックな科学者の世界ではなく，ローカルな

21）アッシャー（Usher, 1954, p. 342）は，この発見はフランスのエンジニア兼建築家ソロモン・ド・コー（Solomon De Caus）のもので，1615年の本の中にあるとしている。しかしこの点ではアッシャーは正確ではない。1601年にジャンバッティスタ・デッラ・ポルタ（Giambattista Della Porta）がすでに，同じアイディアを基にした装置を描写していた。両者がともに，1575年に登場したアレクサンドリアのヘロンの『気体装置』の翻訳から刺激を受けていたのは明らかである。この書物は大気圧エンジンや凝縮でつくられる真空の概念を把握していなかったが，コントロール可能なものとしての蒸気に関心を集中させていた。ヘロンの全ての読者が，蒸気は水が蒸発したものであり，それが凝縮した時には「蒸気が元の状態に戻る」と考えなかったとは想像し難い。

鍛冶屋の世界に住んでいたトーマス・ニューコメン（Thomas Newcomen）のところへ漏れ伝わっていった。数学の進歩，とくにライプニッツとニュートンが発明した微積分法は，ある種の機械の設計の改善や完成度の向上にますます重要となってきた。もっとも，多くの分野で，その重要性はずっと後になるまで明らかにはならなかった[22]。多くの誤りや論争や混乱があったものの，18世紀の水力利用の発展は，水力学の理論と実験という科学的な基礎にますます依存するようになっていった（Reynolds, 1983）[23]。産業革命における水力の重要性は未だ十分に認識されてはいない。というのは，蒸気機関の方が華々しく，ある意味でより革命的であったからである[24]。塩素漂白法のテクニックは，それに先立つ1774年のスウェーデンの化学者カール・ヴィルヘルム・シェーレ（Carl Wilhelm Scheele）による塩素の発見に拠っていた。炭酸ナトリウムを製造するルブラン（Leblanc）法の発明は，しばしば，純粋に「経験的」な発見だと言われているが，

---

[22] エンジニアのヘンリー・バイトン（Henry Beighton）ただ一人が，「その問題［鉱道の排水エンジンの設計］の機械的な部分を書く者が，哲学的，機械的［運動または］自然法則に熟達するために多少の苦労を厭わないとすれば，それは大変望ましいことなのだが」とため息まじりに書き，続けて「『物理・機械的』な部分を数字に還元するのに十分な『幾何学』のスキルを持っている」エンジニアは，「重さか運動の量と，それを動かす力が与えられた時には……全ての部分を明らかにして，ほとんど間違いが起きないようにすることができる」と述べている（Musson and Robinson, 1969, p. 49 に引用）。

[23] 定式化した数学の技術エンジニアリング問題への応用は，18世紀では水力学とよりよい水車の設計との関係で非常に明確である。レオンハルト・オイラー（Leonhard Euler）とかジャン＝シャルル・ド・ボルダ（Jean-Charles de Borda）といった理論家たちは，様々な設計の相対的な効率性を理解する点で大きな貢献をした。だが相変わらず経験的な取り組みが中心的位置を占め続け，時には理論家たちの考えを正さなければならなかったことも付け加えておかなければならない（とくに Reynolds, 1983 参照）。また1773年のシャルル・クーロン（Charles Coulomb）の「建築に関する静態的な問題」という有名な論文の中にある梁の理論のように，微積分学は建築の技術的な問題に導入されていった。

[24] ジョン・スミートンは，アントワーヌ・ド・パルシュー（Antoine de Parcieux）のようなフランスの水力学者の理論的な著作に精通していた。1750年代，スミートンは上掛け水車の効率が3分の2であるのに対し，下掛け水車の効率は大体3分の1になる傾向があることを示す実験を行なった。1759年，彼は自分の実験結果を公表し，重力水車の優位性を確固たるものとした。この時点で，スミートンは前掛け水車の大きな可能性を認識した。これは重力水車の一種だが，今まで下掛け水車にしか適さなかった大部分の場所に建設できた。ぴったり合ったケーシング［外殻］を一度据えつければ，重力水車と衝動水車の両方の利点を統合できた。前掛け水車はエネルギー生産において当時最も実用的，かつ最も効果的な改良の1つとなった。

これですら，1737年のアンリ＝ルイ・デュアメル（Henri-Louis Duhamel）によって初めて解明された塩の性質と，ジョセフ・ブラック（Joseph Black）による炭酸ガスの発見および，それが石灰や炭酸ナトリウムの成分であるとの発見を含む認識的基礎に拠っていたことが示されている（John Graham Smith, 1979, pp. 194-95; 2001）。フロギストン理論は18世紀の支配的な物理理論のパラダイムだったが，その後，ラヴォアジエの新しい化学理論が優勢となるにつれて棄却されていった。フロギストン理論は，科学としての基礎に欠陥があり，その用語が現代の読者には古風に見えるものの，その理論的洞察のある部分には価値がある（例えば，スウェーデン人トルビョルン・ベリマン（Torbern Bergman）の冶金学への貢献など）。カードウェルが言うように，「仕事」や「エネルギー」の量の計測可能性の考え方は力学に関するガリレオの業績から直接きており，ジョン・デサグリエのようなエンジニアの理論や講演に大きな影響を与えた（Cardwell, 1972, pp. 41-43）。ジョン・ハリソン（John Harrison）の航海用クロノメーターは，それぞれの場所の時刻を特定地点の時刻と比較することによって経度が決定できるという見解がΩ集合の中に既に含まれていたという文脈においてのみ可能となったのである。別の良い例の1つは，全てのテクニックの基礎の1つである，物質の特性に関する知識である。19世紀初めまでに物質科学のこの分野は，弾性強度と破断強度の区別を学んだ科学者によって分析されるようになっていた。それ以前はこの種の知識の全てが，「同様の機能を果たすように見える建物での違いによる影響を，直観的に測ることに限定した」旧式のエンジニアや大工の手にあった（Guillerm, 1988, p. 242）。近代科学が定式化されるまでは，Ω集合の大部分は自然の規則性や，何ができて何ができないかに関するインフォーマルで直観的な知識から成り立っていた。綿を紡いだり織ったりするうえでのブレイクスルーを成し遂げた機械の発明家たちは，定式化された力学に依存できず，また依存する必要もなかったが，他の機械やエンジニアリング上の偉業には，かつてないほどにアクセスしていた。他の場所でうまく行ったもの，うまく行かなかったものを知ることは，発明家の活動をより成功率の高い分野へと誘導することになった。もちろん，空気は最良の肥料だと主張したジェスロ・タル（Jethro Tull）のように，インチキな知識はインチキな結果を生んだし，18世紀末の医学では驚くほど常軌を逸した理論がはびこっていた[25]。

基本的な発明の「開発」段階では，作業現場にいるエンジニアや技師（テクニシャン）が，アークライト（Arkwright）やカートライト（Cartwright），トレヴィシック（Trevithick），ロバーツ（Roberts）といった発明家の革命的な洞察に，改良や修正を加えて欠陥を除去し，これらがビジネスとして成功するような小発明を行なっていた。この場合，科学はそれほどの重要性を持たなかった。産業革命の大きな部分である機械の発明，とくに繊維産業における機械の発明は，カードウェルが指摘するように，アルキメデスを悩ませたような問題とほとんどかかわっていなかった（Cardwell, 1994, p. 186）。しかしそれらの発明でも，どうやったらある種の物質が物理的な刺激や湿気や熱に反応するのか，どうしたら運動が滑車や歯車やシャフトを通じて伝達できるのか，どこでどのように潤滑油を注入したら摩擦を減らせるのか，梃子や楔やフライホイール，その他の機械的な仕掛けをどう使うか，といったことに関する実用的でインフォーマルな知識が大量に必要だった。そして何よりも系統だった実験方法と，実験を通じて進歩が可能になるばかりでなく，その可能性が非常に高くなるとの信念が必要だった。機械にかかわりのない分野でも，同じようなことが進行していた。ロバート・ベイクウェルと彼に従う育種家たちは，メンデル遺伝を知らずに，動物の選択育種で大きな進歩を遂げることができた。19世紀の終わりには，改良された牛や羊や豚が生まれていた。この例からも，産業啓蒙主義が製造業に限られないことが分かる。

命題的知識の狭隘な基盤からどのように新しいテクニックが生まれるかを示す一例が，高い評価を受けているコート（Cort）のパドル法のテクニックである[26]。この発明には本当の意味での科学はほとんど関与していなかったとはいえ，自然

---

25) ジョン・ブラウン（1735-1788）というスコットランドの医師は，ブラウン主義で当時の医学に革命を起こした。それは環境によって生じる神経と筋肉のシステムの興奮が過度であるか過少であるかによって，全ての病気が起きると想定していた。ブラウンは瀉血療法に関心を持たず，彼の患者をアヘンとアルコールとよく味付けした食物の混合物で治療した。彼の名声は国際的だった。ベンジャミン・ラッシュ（Benjamin Rush）はこのシステムを合衆国に伝え，1802年にはこの問題の多い見解が原因でゲッティンゲンの医学生の暴動が起き，これを鎮圧するのに軍隊が必要となった。ブラウンは，フランス革命とナポレオン戦争による死者以上の人数を殺したとされている（McGrew, 1985, p. 36）。

26) ホールは，私がコンピタンスと呼ぶものにとって，それを支える「有用な知識」に精通していることが重要でないことを示すテクニックの一例として，錬鉄のパドル法を挙げている。重要なのは，どのようにするのかを知っているか知らないかということだけである，と言う（Hall, 1978, p. 101）。

現象に関する事前の知識に大きく依存していた[27]。コートは銑鉄を錬鉄または棒鉄に変えるうえで,「黒鉛(plumbago)」(これはフロギストン理論からきた用語で,今日の炭素である)を除去することが重要であると十分に認識していた。問題は全ての炭素を除去するまで,溶融した鉄を液状に保ち,結晶化するのを防ぐために十分な高熱を供給することだった。コートは,コークスを使った反射炉が高温を生むことを知っていた。彼はまた,熱した金属を,溝切りしたローラーの間に転がすことにより,その組成がより均質になることも認識していた。コートがなぜ,どのようにして,こうした事前の知識をかの有名な発明へと写像できたのかは,正確には分かっていない。しかし他の多くの製鉄業者たちが同じような軌跡をたどった事実は,彼らが共通のプールから情報を引き出していたことを意味している[28]。それでもなお,石炭と鉄では,手工業を基礎にした暗黙のスキルが仕事のさらなる細部ではとくに重要であったし,こうしたインフォーマルなスキルを伴わなければ,これらの産業では,コード化できる知識が十分でなかったことを銘記しておく必要がある(John R. Harris, 1976)。

　通常,産業革命史の一部とはされていないが,技術上のブレイクスルーを示すもう1つの実例は気球である。これは全ての大発明の中でも最も画期的なもので,歴史上初めて重力の支配を打ち破った。どうして最初にこれが思いつかれたのかは多方面から推測されている。しかし,「この技術が何世紀も前に現れなかった,明確な理由は存在しない」との意見(Bagley, 1990, p. 609)は,ようやく1766年になってから空気より軽いガスの存在をイギリスの科学者が発見したこと,とく

---

27) コートは,当時の主導的な化学者の1人であるジョセフ・ブラックに相談はしていたが,それはほかでも使われていたローラーの運転に関してであって,彼の工程の化学的,あるいは物理的性質に関してではなかった(Clow and Clow, 1952, p. 350)。ブラックはワットへの手紙の中で,コートが「科学的知識のない,普通のイギリス人」であると書いていた(Robinson and Mckie, eds., 1970 に再録)。
28) 反射炉はガラス製造に使用されており,これを初めて鉄の製造に使用したのはコールブルックデールのクラネージ兄弟(Cranage brothers)だった。パドル法についてはリチャード・ジェッソン(Richard Jesson)とピーター・オニオンズ(Peter Onions)だけでなく,クラネージ兄弟によっても試されていた。ジェッソンとオニオンズは,2人ともコートの成功の2年前に同じような特許を取っていた。孔型圧延で道を切り開いたのはスウェーデンの偉大なエンジニア,クリストフェル・プールヘム(Christopher Polhem)だった。これらの試みはいずれも大した成功は収めなかったようにみえる。再結合はある特定の方法で行なわれる必要がある。

に「可燃性空気」（水素）がキャヴェンディッシュ（Cavendish）によってはじめて分離された事実と矛盾する。この気球の発明では，情報のアクセス・コストの低下が明らかに重要な役割を果たした。1776 年から 1781 年までの間，モンゴルフィエ兄弟（brothers Montgolfier）は，プリーストリの著書『種々の空気に関する実験』のフランス語訳を読んでいたが，この本はこの兄弟に，各々異なった固有の重量をもつ「空気のような」流体（ガス）があることを紹介した。熱せられた空気が膨張し軽くなるとの知識は，モンペリエにいた医学生の従兄弟からジョゼフ・モンゴルフィエ（Joseph Montgolfier）に伝えられていた。もちろん熱気球の科学的な基礎はまだ明確ではなかった。例えばその当時の人々は，熱気球と水素気球の間に基本的な違いがあるとは見ていなかった（Gillispie, 1983, p. 16）。しかし気球の認識的基礎を確立するためにはある最低限の知識が必要であり，それを使用できる人々は，その知識へのアクセスを必要としていた。

今日の読者には「科学」がその後の技術発展に全く関係がないように見える場合ですら，18 世紀のイギリス社会で，有用な知識を持っている人々とそれ以外の人々との関係は大きく変わってしまった。このことはアクセス・コストが劇的に低下したことを示す。限界があったとはいえラヴォアジエ以前の化学は，「ある種」の知識が，仮に不完全または間違っていたとしても，いかにして新しいテクニックへの写像の手助けになるかを示す有力な実例である。この分野における卓越した人物は，スコットランドの医師で化学者のウィリアム・カレン（William Cullen）だろう。カレンは医学生たちに（英語で）講義をしたが，化学工業に関係する多くの学外者たちも彼の講義を聴講した。カレンは自分が哲学的化学者として，生産の合理化のために必要な知識を持っていると信じていた（Donovan, 1975, p. 78）。彼は薬学，農学，冶金学は全て「哲学的化学の原理の光で照らされている」と主張し，「技芸［すなわち技術］が，ある特定の物理的特性を持った物質を必要としたとき，そういう特性を持った自然の物質を我々に教えてくれるのが化学哲学である」と述べている（Brock, 1992 に引用）[29]。カレンと彼の同僚たちは，（スコットランドで魚の保存のために必要だった）塩の精製度を上げる問題と，

---

29) 同じような考え方は，『百科全書』の中の化学に関する事項の執筆者ガブリエル＝フランソワ・ヴネル（Gabriel-François Venel）も表明している。彼は，技芸と化学の進歩は互恵的で，1 つの共通の幹で結ばれていると考えていた（Keyser, 1990, p. 228）。

生石灰による漂白の問題に取り組んでいた。後者は問題があるとはいえ，塩素が登場する以前の普通のテクニックだった。この種の研究は，「哲学と実践の融合が生み出すと 18 世紀の化学者たちが信じていた効能をよく例証している」(Donovan, 1975, p. 84)。

こうした融合の大部分は，じつは不毛だった。化学の世界では，認識的基礎の拡大とそれが生む新しいテクニックの増加は，19 世紀中頃に至るまでは生じなかった (Fox, 1998)。化学の理論が実際的な技芸のイノベーションの方向を決める原理を生むだろうとのカレンの予測は，18 世紀化学の代表的人物の言葉を借りれば，「現金化した実績というよりは約束手形の性格を持つもの」だった (Golinski, 1992, p. 29)。製造業者たちは，なぜ色は褪せるのか，なぜある繊維は他の繊維よりも染料の乗りがいいのか等々を知る必要があったが，1790 年に至ってもベスト・プラクティスの化学的知識でさえ，こうした点に関して製造業者たちを大して助けることができなかった (Keyser, 1990, p. 222)。社会的な雰囲気がいかに適していようとも，ラヴォアジエの化学革命が起こるまではそれは不可能だった。ともあれカレンは，経済的目的のために Ω 型知識を増やそうとする社会運動を象徴していた。彼は科学的文化を体現する存在だった。彼が言った通りのことが実現できようができまいが，スコットランド啓蒙の文化の中にいた彼のパトロンや聴講者たちは，彼に成功するチャンスがあると信じていた (Golinski, 1988)。

長期的に見ると，このイデオロギーは成功した。カレンと彼の教え子たちは実験化学の基本ルールを作り，観察できない物質や，存在が立証できない仮定の物質を基に考えを組み立てることを拒否した。スコットランド啓蒙は他のどこよりも，産業啓蒙主義的だった。この産業啓蒙主義はジョン・ローバック (John Roebuck) のキャリアに影響を与えた。彼はエディンバラの有名な医学校を卒業していたが，彼のキャリアはイギリスの産業革命を成功させたものの多くを体現していた。すなわち彼は医者であり，鉄鋼業者でもあり，ジェームズ・ワットの蒸気機関開発の初期の支援者であり，硫酸製造における鉛工程の発明者だった[30]。

---

30) 硫酸は，製紙からボタン製造まで，多くの産業で必要不可欠な材料だった。1843 年，有機化学の創始者ユストゥス・フォン・リービッヒは，「1 国の商業的な繁栄は，硫酸の消費量で判断しうるかもしれない」と，多少の誇張を込めて述べた (Clow and Clow, 1952,

あるいはジョセフ・ブラックのキャリアを考えてみよう。カレンやローバックと同様に，ブラックも医学の研究と化学，物理学の研究を統合し，産業界にとって興味のある応用問題に繰り返し取り組んだ。その当時の科学の正統理論に固執し，化学現象の単一で万能な「ニュートン的」理論の探究に執着したため，ブラックの科学面での進歩は最終的には限られたものに終わったが，彼のキャリアは，彼の方法や科学的メンタリティと文化がテクニックの領域にスピルオーバーを起こしたことを例証している。彼はタール製造業者や鉛採掘業者，製陶業者，酒造業者などの相談に乗っていた（Clow and Clow, 1952, p. 591）。彼はグラスゴーでジェームズ・ワットと知り合っていた。彼の科学が若きワットの考え方にどういう影響を与えたのかは，現在でも議論がある[31]。しかしいずれにせよ両者の関係を見れば，命題的知識が有用なテクニックに写像されることが，そのようなチャンネルによることは明白である（Donovan, 1975）。ワット自身は何ら疑念を持っていなかった。「［ブラック博士は］喜んで私と意見交換をしてくれた，そして正しい推論の仕方，博士が私のために手本を示してくれた実験の仕方は，私の発明の進展を容易にするうえで確実に大きな助けとなった」（Fleming, 1952, p. 5 に引用）。他の進歩的な製造業者，例えばイングランド北部リーズの毛織物製造業者ベンジャミン・ゴット（Benjamin Gott），鉄鋼業の大立者リチャード・クローシー（Richard Crawshay），製陶業者ジョサイア・ウェッジウッド（Josiah Wedgwood）などは，こうした知識の潜在的な重要性を認識していた。

　科学的知識が技術に利用されるという知識の流れの直線的なモデルは，知識の流れ方を記述するモデルとしてはもちろんお粗末である。ジョサイア・ウェッジウッドに関するマッケンドリックの研究は，科学が経済に影響したという学説は，詳細に検討すると説得性に欠けると結論している（McKendrick, 1973）。近代の

---

p. 130）。

31) ニューコメン機関をより効率的なものにしようというワットの初期の試み（機械的な側面ではなくて，機関の中で作用する熱に注目した）は，ブラックの化学理論に刺激を受けていたと，ドノヴァンは書いている（Donovan, 1975, p. 256）。完璧な蒸気機関を作るためには，シリンダーはそこに入る蒸気と同じぐらい高温であるべきで，また力を十分に発揮するために蒸気は冷却されるべきだという洞察を得たのは，ブラックおよびもう1人のスコットランドの自然哲学者ジョン・ロビソン（John Robison）との交流に加えて，カレンの業績のお陰だとワット自身が述べている。これとは反対の意見の代表作はフレミング（Fleming, 1952）。カードウェル（Cardwell, 1971, pp. 41-55）も参照。

「科学」という概念に限定した時，技術に影響を与える命題的知識という考え方は，あまり支持することができない（もっとも，少数の中軸をなすケースを全く排除するわけにはいかないが）。しかし本書で提示しているような命題的知識という，より広い概念は，こうした欠陥を持っていない。事実ウェッジウッドのキャリアは，産業啓蒙主義を体現したものと考えることができる。どういう角度から見てもウェッジウッドは計量と実験に取り憑かれた人物であり，科学文献の熱心な読者だった。彼はラヴォアジエ，プリーストリ，アルマン・セガン（Armand Seguin, ラヴォアジエの最もすぐれた弟子），ジェームズ・キアを含む，多くの科学者たちと文通をしていた。ウェッジウッドはまた，リヴァプールのガラス製造業者ナイト氏（Mr. Knight）のような，彼が関心を持っている領域の職人の相談に乗っていた（ibid., p. 296）。有用な知識にはアクセスができたし，可能であれば応用ができたのである。

ウェッジウッドは典型ではなかったとの反論が出るかもしれないが，本書の主張は，そのような代表的でないものこそが技術変化のプロセスの核心をなしているという点にある。我々は，ウェッジウッド，スミートン（Smeaton），ワットを，本書の冒頭のエピグラフの中で引用されているフックの「コルテス軍」のメンバーと考えることもできる。いったん彼らが問題を解決し指図的知識の本の中に新しい章を書き上げてしまうと，他の者たちは認識的基礎を持っていなくても最後までやり抜くことができた。したがって知識の歴史的発展にとって，「平均」は必ずしも重要ではない。少数の決定的に重要な個人がこのプロセスを動かす。知識の増加の進化的性質が重要なのはこの意味においてである。自然選択モデルでは，環境さえ整えば「非常に稀な」出来事が増幅し，究極的に成り行きを決めてしまうことが歴史にとって重要であると強調している（Ziman, 2000）。

産業革命期の λ 集合の変化のいくつかは，科学に貢献した人と同一の人物によって成し遂げられた（もっとも，彼らの科学と発明の才能との正確な繋がりが，つねに明確なわけではない）。イダ・クラナキスが命名した「ハイブリッド的」あるいは二股のキャリア（Eda Kranakis, 1992）の重要性は，発明の基礎となる命題的知識へのアクセスが即座に起きる点にあり，これは，命題的知識へのフィードバックも同じである。全ての実例で，命題的知識の研究が技術を形成したように，技術が命題的知識の研究を形作る。命題的知識に貢献する者は研究に特化し，技

術への写像は他の者に任せるべきであるとする考え方は，まだ機が熟していなかった。自分の主たる名声は科学上の業績にあるという人々が発明したものの中には，化学者クロード・ベルトレ（Claude Berthollet）が発明した塩素漂白法や，当時の主導的科学者だったハンフリー・デイヴィが発明した鉱山用安全灯などがある。デイヴィはまた，農業化学の教科書を執筆し，「カテキュー（catechu）」と名づけられた熱帯植物が皮なめしにとって有用な添加剤となることも発見している[32]。数学者であり眼鏡製造業者でもあるピーター・バーロー（Peter Barlow, 1776-1862）は，1817年に『材木その他物質の強度に関する研究』を刊行したが，この本は1867年までに6版を重ねた。彼は鉄道建設や機関車の権威となり，電信の発展に貢献し，船の羅針盤の偏りを是正するのを助けた。「二股キャリア」現象の典型はベンジャミン・トンプソン（Benjamin Thompson, 後のランフォード伯）だった。彼は合衆国生まれの機械の天才で，アメリカ独立戦争の時には英国側に立ち，その後はバイエルン，ロンドン，パリで亡命生活を送った。彼は，熱が物質に流入したり流出したりする流体ではないと証明したことで最も有名である。だがまたランフォード伯は技術に関心が深く，バイエルンで最初の蒸気機関の設置に尽力し，ドリップ式濾過器を用いたコーヒー沸かし器，無煙のランフォード式ストーブ，改良型石油ランプ等々を発明した。彼は光の強度を測定する光度計も開発し，調理や栄養を改善する科学の力について書いている（G. I. Brown, 1990, pp. 95-110）。ランフォード伯は国籍や文化には無関心で，活動領域が北大西洋全域にわたる「西洋人」だった（彼は合衆国からの亡命者であるにもかかわらず，ハーバード大学に教授ポストを一つつくるために多くの土地財産を合衆国に残していた）。この点において，彼は先輩の同国人発明家ベンジャミン・フランクリンに似ていた。フランクリンは，生地フィラデルフィアと同様，イギリスとフランスでも有名になった。ランフォード伯は同じ1つの頭の中で，自然界の現象や規則性に関する知識を，人類にとって有用と考える物を創るために写像することができた（Sparrow, 1964, p. 162）。フランクリンやデイヴィと同様，ランフォード伯は

---

[32] 安全灯のためにどれだけのベスト・プラクティス科学が要求され，1815年以前の数十年間に蓄積された経験的な命題的知識がそのどれだけをすでに示していたのかは明らかではない。鉄道で有名なジョージ・スティーヴンソンが大体同じ時期に，同種の機具を設計していることは重要である。

自分の発明品で特許を取ることを拒否した。自然哲学者たちは，公開された知識という概念にすでにコミットしていたのである。もっともこれらの人々は，公共財となるはずの命題的知識に対する自分の貢献と，知的所有権保護の権利がある発明品とを区別することを学んでいった[33]。

　それにもかかわらず，18世紀におけるΩ集合の進歩の性質と速度は，1世紀前とそれほど大きく変わっていなかった。研究は依然としてアマチュアによって行なわれることが多かった。彼らの動機は好奇心と，同じような傾向の同僚や友人あるいは裕福なパトロンを喜ばせ，感銘を与えようという欲望の混ざり合ったものだった。裕福なパトロンにとっては，自分のサークルに著名な科学者がいるということは，知識の増加を支援したいという欲望と同時に，顕示的消費であったに違いない。その結果18世紀の自然哲学の研究課題は，「知者」と「製作者」の意思疎通がもっと商業ベースのもので，もっと非個人的なものであった場合に比べると，技術進歩の認識的基礎に貢献するような命題的知識の分野に焦点を絞り切れていなかった。しかしそれでも18世紀の後半には，この両者を繋ぐ架け橋は広くなり，その橋を渡ることは容易になった。間隙の両側で，啓蒙の科学者は実務家たちとの意見交換の必要性を感じていたし，実務の世界にいる人たちも学者との意思疎通の必要性を感じていた。ますます多くの人々が，行為や物の文化と，学問の文化の間には矛盾はないという結論に達していた（Hilaire-Pérez, 2000, pp. 159-60）。そのうえ，機械工や薬剤師，植木屋や牧畜業者，庭師や製鉄業者が所有する職人的・実用的知識は向上を続け，よりアクセスしやすくなっていった。

　要約すれば，1750年以降の100年間の技術的知識の変化は，3つの異なったタイプのプロセスからなっていた。第1は，自然に関する発見の自律的システムの一部として起きていた，Ω集合への「純粋な」追加である。これを背後で駆り立てていたものは好奇心または他の「内部要因」であり，経済的ニーズは，結果的にその充足を助けることはあったとしても，動機としては弱かった。有用な知識

---

33) 自分の発見した命題的知識へのオープンで自由なアクセスを主張した科学者の最も極端な例はクロード・ベルトレだった。彼は進んで自分の知識をジェームズ・ワットと共有し，漂白工程の利用法でイギリスの特許を取得しようとのワットの申し出を断っている（J. G. Smith, 1979, p. 119）。

のこのような拡大は新たな写像をもたらし，結果として技術進歩を背後から駆動する力の1つとなった。

　第2は，Ω集合およびλ集合の性格にいくつかの変化が起きて，より稠密になり（知識がより多くの人に共有されるようになったため），よりアクセスしやすくなった（より組織化され，伝達がより容易になっていった）。こうした変化は，新しい知識と既存の知識の双方のプールからλ集合への新たな写像，すなわち発明を生んでいった。例えば，一見したところ，1世紀前には考えもつかなかった最初のジェニー紡績機の中に何が入っているかを考えるのは，難しいかもしれない[34]。しかし，いったんこのようなテクニックが発見されてしまえば，それは可能なテクニックのカタログに追加され，Ω集合の一部となり，これに続く発明家たちはそれを拡張したり新しい応用法を見つけるためにこのカタログからそれを引き出して利用することができるようになった。サミュエル・クロンプトンの有名なミュール紡績機は，既存の2つのテクニックを再結合して1つの新しいものにした典型的な例である。エトルリアの陶器製造工場は，反復的に曲線模様をカットできる「バラ型回転」旋盤を採用したが，これはウェッジウッドが1767年ソーホーにあるボールトン＝ワットの工場（Boulton and Watt works）で初めて見たものであった（Reilly, 1992, p. 74）。

　こうした写像の正確なタイミングを語ることは不可能だが，密度やアクセス・コストで見たΩ集合の構造変化が何にも増して重要だった。言葉を換えれば，Ω集合の全体的な規模（何が知られているか）の変化は，その知識へのアクセスの改善に比べれば，産業革命にとっての重要度は低かったかもしれない。しかもそのプロセスは，外部からの刺激やインセンティブに対して極めて敏感だった。社会的・制度的環境は常に経済史で中心的な役割をもつと考えられてきた。私が主

---

34) アシモグルとジリボティは，「イギリスの産業革命の科学技術には目新しいものは何もないし，新しい生産方法は150年も前に開発されえただろう」との馬鹿げた主張を，賛同を示すかたちでE・J・ホブズボーム（E. J. Hobsbawm）に帰している（Acemoglu and Zilibotti, 1997, p. 716）。実際のホブズボームの主張は，科学革命は産業革命を説明できない，というものである。なぜなら，17世紀末のヨーロッパの「科学的技術」（ママ）は，その後に発展した工業化のためには潜在的に十分な水準に到達していたからだという（1968, p. 37）。これはそれでも正しくはないが，こう指摘したからといって，アシモグルとジリボティが強調した，ベンチャー・キャピタルの希少性とその供給の変化が，産業革命の開始とその時期を決定する点で重要だったとの主張を否定することにはならない。

張したいことは，ここに提示した枠組みによって，そのメカニズムがいかに作動したかにある種の光を当てることができるということである[35]。イギリスは，既存の有用な知識を技術に応用するインセンティブと，その機会の両方を提供した社会であった。その点で，技術の進化は生物の進化に似ている。環境の変化（補完するものと代替するものの利用可能性の変化を含めて）は，「休眠中の」知識を活性化する引き金となるかもしれないし，新しい環境に適応した情報をたまたま「発現」させるテクニックを選択するようになるかもしれない。

第3は，テクニックから命題的知識へのフィードバックがあったことである。大小さまざまな多数の科学上の革命は，ただ単に概念上のイノベーションだけでなく，新しい道具や新しいテクニックによっても引き起こされた[36]。著名な例は蒸気機関である。蒸気機関は熱力学法則の確立と顕微鏡の改良を招いたが，この顕微鏡の改良で細菌学が可能となった[37]。このような技術から命題的知識へのフィードバックこそ，技術の継続的進化を，1日限りの例外ではなく持続可能な常態へと変えていったのである。

知識革命

産業革命とほぼ同時に起きていたのは，今日我々が情報技術と呼ぶものの革命

---

35) この方向に沿ったいくつかの試みについては，モキイア（Mokyr, 1998c, pp. 39-58）参照。
36) この点はダイソン（Dyson, 1997, pp. 49-50）とプライス（Price, 1984a）が強調している。天文学にガリレオ革命をもたらした望遠鏡は，16世紀末に開発された厚い凹型レンズを研磨するガラス旋盤という，目立たない技術進歩によって可能になった。時代は違うが，コールタール染料を使って細胞とバクテリアを着色するパウル・エールリヒの手法は，ロベルト・コッホ（Robert Koch）が結核菌を特定する助けとなり，X線回折は大きな分子の構造決定を助けて，DNA革命をもたらした（Travis, 1989）。
37) ローゼンバーグ（Rosenberg, 1982）は，議論を「科学」に限定しているとはいえ，技術が命題的知識に与えるインパクトを強調している。しかしΩ集合の多くの進歩は，我々が「科学」とは考えないような，より良いテクニックを通じて可能になっている。こうしたものの中には，例えば，船の建造技術や航海術が向上した結果生まれた15世紀ヨーロッパの様々な発見も含まれる。プライス（Price, 1984b, p. 52）も述べているように，「測温器と温度計は，胡椒も情熱も実際には熱くないことを理解させ，人間が熱についてより明確に考える世界を創った」のである。

であった (Headrick, 2000)。知識の革命はΩ集合の性質に影響を与え，それによってその知識からテクニックへの写像が起きた。こうした変化のいくつかは科学上のブレイクスルーに直接関係していたが，ここで重要なのは，Ω集合を拡大していく方法とともに，Ω集合の情報の組織化，蓄積の容易さ，アクセスの容易さ，伝達の容易さの面での進歩である。公開された科学が花開き，見えざる大学（インビジブル・カレッジ）が勃興したこと，つまり学者のインフォーマルな共同体が国境を越えて広がり，この学者の共同体の中では，17世紀の学者や科学者が相互に緊密かつ詳細な文通を継続するようになったこと，これらが一体となって進歩を生んでいったことである。かつては暗黙知と口伝に頼っていた大量の知識が，科学や技術の著作や図面にコード化され，記述されるようになった。有用な知識は，これからはそれが生まれた国籍ではなく，その知識の固有な価値によって判断される，ということを産業啓蒙主義は意味していた。西洋の諸国民は，相互に研究し合い，模倣し合うようになった[38]。

　この結果，実際に使用されているテクニックが依拠できるΩ型知識の規模が拡大した。言葉を換えれば，農業やエンジニアリングや化学や医療等々の分野における自然現象や自然の規則性の操作は，次第に深い命題的知識に依存するようになってきた。λ集合の中に追加する指図を書く（つまり発明する）のに必要な知識と，その指図を実践していくのに必要な知識との間に違いはあるものの，多くの産業でベスト・プラクティスのテクニックを使うのに必要な知識は非常に巨大化してきたので，どんなに優れた人でも，たった1人でその全知識を所有することは不可能になってきた。こうしてアダム・スミスが考えたような分業が，技術変化における重要な要素となってきた。しかし技術の場合，分業はスミスが言ったように「市場の規模により制約を受ける」のではなく，関連する知識の広がりと人間の頭脳の限界のために必要となった。有用な知識の増加は，専門化の

---

[38] J・R・ハリスは，イギリスの採炭ですら，採炭に関してはイギリスよりもフランスから学ぶものが多いと指摘している (Harris, 1976, p. 171)。カイザー (Keyser, 1990) は，ベルトレのようなフランス人化学者の研究の質の高さと，イギリスの著述家たちの応用面での業績とを対比している。ベルトレの『染色術』の翻訳者ウィリアム・ハミルトン (William Hamilton) は，「早い時期の翻訳により外国の労働の成果を我がものにする国は，多くの利益を得るに違いない」と述べている。彼にとって，他国の業績を翻訳するのは当然のことだった。「科学的化学の技術への応用という点では，大陸の隣人は我々より優っている」からである (Berthollet, 1791, p. iv)。

進行と，専門家，コンサルティング・エンジニア，会計士，その他のプロフェッショナルの台頭を導いていった。またこれらスペシャリストたちの活動を調整する必要もますます大きくなった。ここからも，産業革命の顕著な特徴である工場制の勃興を説明する手がかりの1つが得られる。この点については第4章で詳しく取り上げる。

しばしば見落とされているのは，知識が伝播する速度と効率である。ハリスが論じたように (J. R. Harris, 1976, p. 173 ; 1998)，手工業での暗黙知の多くは熟練労働者がある地域から別の地域へ継続的に移動することによって普及したし，「産業スパイ」はアクセス技術の重要な部分であり続けた。19世紀の大部分を通じて，個人間の接触や人工物に比べ，印刷されたテキストは2次的な重要性しかもっていなかったかもしれない。また交通輸送システムでの効率性の向上のためには，アクセス・コストの削減が根本的に重要だったと考えなければならない。書かれたり印刷されたテキストは，おそらく有用な知識の移送の面では，個人間の接触や人工物に代替するものというよりは，それらを補完するものだった。フランスでは，政府が他の国から技術情報を入手するために外交チャンネルを積極的に使った。アクセス・コストが安いということは，それだけ有用な知識の流動性が高まる，ということを意味していた。そしてこの流動性はいろいろな形をとった。

この分野では産業革命後に大きな不連続が起きた，と考えるのが自然である。それは1830年代初頭の鉄道であり，約10年後の電信である。しかしリック・ショスタク (Rick Szostak, 1991) が示したように，イギリスでは移動のコストは，18世紀には道路システムの改善と，より早くより安価で，より信頼性の高い駅馬車の登場により，低下し始めた[39]。そのうえある種の情報の伝達は，電信の登場以前に，すでに低廉かつ迅速になりつつあった。フランス全土と西ヨーロッパの他の地域で行なわれていたシャップ式腕木通信は，こうした方向に向かっての第一歩だった[40]。シャップ・システムは政府の独占物であり，民間の情報伝達手

---

39) マートン (Merton, [1938] 1970, pp. 216ff.) は，17世紀末までには，駅馬車制度と郵便制度がすでに運用されていたと指摘し，この時期の社会的相互作用と情報交換が科学の発展にとって決定的に重要だったと主張する。

40) 最適状態の下では，腕木通信システムは，1ビットの情報をパリからトゥーロン〔フランス南部の都市〕まで12分で伝達できた。これに対し，メッセンジャーが馬の背に乗って

段としては使えなかったが，それは合理的かつ革新的なアプローチが知識の伝達と伝播の分野で進んでいた証拠である。郵便事業についても同じようなことが言える。(ロンドンを迂回する) クロス・ポストが1720年以後登場してきたし，イングランドとウェールズの大部分では，1764年までに郵便を毎日受け取るようになっていた。1840年に1ペニー郵便制度を確立したローランド・ヒル (Rowland Hill) の郵便制度改革までは，イギリスの郵便システムは料金が高く料率構造が複雑であったとはいえ，それ以前も長期にわたって，別の場所で生まれた知識に対する簡易で信頼できるアクセス手段を提供していた。郵便サービスは合衆国で真の革命を起こした (John, 1995)。1790年に郵便局は，人口43,000人に1事業所の割合であったが，1840年までには，大体人口1,100人に1事業所の割合となり，その後長年にわたり郵便システムは連邦政府の支所として他の追随を許さない突出した大きさを誇っていた。配達される郵便物の多くは日刊紙で占められていた。

アクセス・コストの低下面で同じように重要な役割を演じたのは，情報の標準化であった。個人間のコミュニケーションが起こるためには，共通の用語が不可欠である。ブレスナハンとトラテンベルグのよく知られた言い方では (Bresnahan and Trajtenberg, 1993)，言語は究極の汎用目的技術である。言語は別の技術を生む技術を提供してくれる。言語は文化の一側面であり，知識から技術への経路に影響を与え，したがって長期的には経済的なパフォーマンスにも影響する。言語は効率的なコミュニケーションの基準であり，記憶装置や他の人間から知識を引き出そうとする場合に必要となる。それでは，経済発展を引き起こす文化の構成要素として，言語という有用な知識はどのくらい重要なのだろうか？

17世紀および18世紀において，ヨーロッパの技術や科学の著作は，ラテン語から各地特有の言語へと切り替わっていった。この結果，おそらく多くの製造業者たちはそうだったが，古典語教育を受けていない者ですら，それらにアクセスできるようになった。必要な者たちにとって，ヨーロッパの他の言語を知らない

届けた場合，丸2日はかかった。1820年，100シグナルの通信をパリからボルドーまで送るのには95分かかった。1840年には，これが半分の時間に短縮された。1つの「シグナル」が，何万という選択肢を持つコードブックからピックアップされたことを考えれば，100シグナルは大変な情報量だった。光学通信は最盛期には5,000マイルに達し，530の中継局をもっていた。詳細についてはフィールド (Field, 1994) 参照。

ということは乗り越えるべき障害だった。例えばスミートンは、フランスの水力学の理論家たちの論文を読もうとフランス語を独学したし、オランダの風力利用をじかに研究するためにオランダに旅行をしている。ワットはヤーコプ・ロイポルト（Jacob Leupold）の研究を読めるようになろうと、ドイツ語を学んだ。もちろんこうした外国の知識に対する開かれた態度は、文化的な変化のみならず需要をも反映していた。いずれにせよ、これは産業革命前の世紀の西ヨーロッパの文化におけるアクセス・コストの低下傾向を示している[41]。確かに言語とその使用は環境の変化に適応しうる。今日の中国語の書き言葉も、伝統的な「文語体」から大きく変わってきている[42]。

最も一般的に言及される科学革命の帰結は、自然哲学およびそれに伴う技術面でのコミュニケーションにおいて数学の利用が増えたことであり、これは基本的にガリレオと関係がある。ガリレオが、宇宙という書物は数学の言語によって書かれており、数学なしには一言たりとも理解できないだろう、と書いたのは有名である。それにもかかわらず重要なことは、たんに数学がより発達し、より有用になるということだけではなく、それを利用するかもしれない人々、たとえばエ

---

41) コミュニケーション手段としての言語の重要性と、単語と事物の間に正確な対応関係を持った、数学を手本として合理的に設計された言語の必要性は、フランス啓蒙の中心人物エティエンヌ・ボノ・ド・コンディヤック（Etienne Bonnot de Condillac, 1715-80）がとくに力説したことだった（例えば、Rider, 1990 参照）。

42) しかし、著名な中国学者ダーク・ボドは、言語が科学や技術の知識の興隆と普及の障害になり得るとの驚くべき主張をしている。彼は正確な情報を伝達するうえでの中国語の本来的な弱点と、それに組み込まれた保守的メカニズムとを指摘している（1991）。彼の見解を要約すれば、中国語は中国での有用な知識の増加にとって、3つの点で障害になってきた。第1は、文語と口語の間の大きなギャップである。このため書かれた文書はかなりの訓練を受けないとアクセスしにくく、その結果学者や科学者によって蓄積された有用な知識を職人や技術者が引き出して使うのを困難にしてきた。第2に、単語の語尾変化や句読点がないことが、テキストの意味をかなり曖昧にしてきた。ボドの批判者は、この曖昧さの多くはその文脈が分かっていれば解決されると指摘しており、これは正しい指摘である。しかし重要な点は、効率的なコミュニケーションは、こうした文脈なしでもできる限り多くの技術情報が提供できなければならないということである。ボドはまた、文語の中国語は恐ろしく保守的な強さを持っていると指摘する。これが時間と空間を越えた文化の統一を創ってきたのであり、それはヨーロッパにおけるダイナミックな多様性のまさに逆であるとも指摘している。19世紀の政府高官が西洋の野蛮人を記述する方法は、比喩の点でも例示の点でも、2000年前の漢代の政治家が使ったであろう方法に非常に似ている（Derk Bodde, 1991, p. 31）。

ンジニアや道具製作者，設計者，化学者，砲術の将校たちのアクセスが向上したことである[43]。ピーター・ディア（Peter Dear, 2000）は，ガリレオと彼の仲間たちが，数学の社会的地位を，単なる実践の道具から自然哲学と同列の地位にまで引き上げるために激しく戦ったと主張している。いったんそれが達成されると，数学という命題的知識と産業との間の架け橋は，その両側で強化されていった。とはいえ新しい技術の台頭やその応用面での数学の役割については，論争が続いている。エドワード・スティーヴンスは，数学は記述的ではあっても説明的ではないと主張し，「数学の法則が現実を記述する場合，それは不確実であり，数学の法則が確実である限り，それは現実を語っていない」とのアインシュタインの言葉を引用している（Edward Stevens, 1995, pp. 58-62）。ここで見逃されているのは，言語としての数学の役割であり，複雑な関係を簡潔で明瞭に伝達する手段を生んだコミュニケーションの道具としての役割である。アイゼンステインは，数学的記号の統一が「教授たちを計算の達人たちにより近づけた」と書いている（Eisenstein, 1979, p. 532）。すでに見てきたように，化学においても，科学革命はより良い表記法への運動を生み，これがさらなる理解のしやすさとよりスムーズなコミュニケーションへと導き，結果としてアクセス・コストの低下を生んだ（Golinski, 1990）。18世紀における計量化手法の進展と，化学言語の合理化により，それらの知識は潜在的な利用者にとって，ますますアクセスできるものになっていった（Lundgren, 1990）。

このようなコミュニケーション・システムにおけるもう1つの重要な構成要素は，一連の度量衡の標準化の受け容れである。18世紀中に技術は徐々に，定量的測定をこれまで以上に体系的に用いるようになり（Lindqvist, 1990），その標準化が必要不可欠となってきた。他のいかなる知識にもまして有用な知識，効率的なコミュニケーションと伝達のためには，「あなたの見たものを私も見る」という，より厳密で正確な条件が満たされることが要求される[44]。数学はこのような

---

43) もちろん算術は全ての人が理解できる国際語である。だが同時に，より高度な数学が世界を変えつつあった。例えば，マイケル・マホーニー（Michael Mahoney, 1990）は，以下のように指摘している。17世紀に数学者が世界を何らかの形の微分方程式で表現できるようになったため，機械論的世界観と運動を定式化した科学が劇的に変化した。この進歩は数学の見方の劇的な変化を含んでいたが，しかし，これがいったん受け容れられると，この方法は物体間の関係を表現する極めて優れた方法であることを示した。

目的のための言語の1つであり，もう1つは，数量的な尺度と標準だった。フランス革命とナポレオン時代の大陸におけるメートル法の導入は，共通のコードを確立し，一部に深刻な抵抗はあったものの，その後それは普遍的に受け容れられるようになっていった[45]。合衆国とイギリスは独自のシステムに固執する道を選んだ。18世紀にはこれらの国の大部分の人々は，ポンド制という一般に受け容れられた尺度を使っていて，1758-60年に標準ヤードが作成され，英国下院に預託された（Headrick, 2000, ch. 2）。1824年にイギリスは，既存のシステムの多くを成文化する帝国度量衡制度を制定した[46]。標準化は以前から何回も試みられたが，それには近代国家の強制的な権力と調整能力とが必要だった。

このように度量衡法はかなり重要だった。もしも限界アクセス・コストを低く保とうとするなら，計測および標準の統一はΩ集合にとって決定的に重要な性質の1つである[47]。技術的知識をコード化し標準を提供する多くのシステムが，啓蒙時代に考案され，改善された。ヘッドリックは最も重要なシステムの2つについて述べている。その1つが種を系統的に分類するリンネの体系であり，もう1つは，ジョン・ドルトン（John Dalton）が考案し，1813-14年にイェンス・ベルセリウス（Jöns Berzelius）によって簡素化され，今日の形へと改善された化学の新しい命名法である[48]。しかしこれ以外にも有用な考えが標準化に使われた。

---

44) 偉大な文学にとって標準化されたスペリングなど必要がないのと同様に，科学的なイノベーションにも統一的な標準など必要ないとの反論もあるだろう（Pyenson and Sheets-Pyenson, 1990）。しかしこの見方は，標準化がアクセス・コストを低減し，伝播や応用を容易にする点を見逃している。
45) 1799年に成立したメートル法は，多少の修正はあったもののフランス政府が1837年に完全な形で生き返らせた。1840年以降，メートル法がフランスで唯一法的に規定された単位系となった（Alder, 1995参照）。
46) ウィトード・クラは，啓蒙と18世紀の度量衡標準化の試みとを関連づけ，度量衡の乱立がもたらした「無秩序」は耐え難いものだった，と論じている（Witold Kula, 1986, pp. 117-19）。度量衡改革には明らかな政治的，財政的理由があったとはいえ，大部分は意図しない副産物として，知識伝達の合理化をもたらした。
47) ラトゥール（Latour, 1990, p. 57）は多少誇張を込めて，「科学や技術の普遍性は認識論の決まり文句だが，度量衡法はこの神秘的な普遍性を実践的に達成したものである」と述べた。
48) 元素の周期律表の完成は，ようやく1869年にメンデレーエフ（Mendeleev）によって達成されたが，元素を順序づけて体系的に配列する初期の試みはラヴォアジエにまで遡る。1817年ドイツの化学者ヨハン・デーベライナー（Johann Döbereiner）が，当時分かっていた元素を三組に分類する方法を示し，化学者たちに他のパターンの探究を促した（Scerri,

1784年にジェームズ・ワットは，33,000ポンドの重量を1分間に1フィート持ち上げるのに必要なエネルギーの量として1馬力を定義した。あまり知られていないがこれと同じくらい重要なものに，トーマス・ヤング（Thomas Young, 1773-1828）の業績がある。彼の弾性係数（1807年）は，棒を引き延ばして当初の長さの2倍にするのに必要な，ポンドで測った応力の下での物質の抵抗を計測したものである〔原文ママ〕[49]。さらには1人の男性が1日の間に成し遂げると期待される物理的な仕事の量を，正確に計量化する試みすらあった（Ferguson, 1971；Lindqvist, 1990）。

知識へのアクセスを合理化するうえで大きな重要性をもったのは，ファーガスン（Ferguson, 1992）が「視覚化のツール」と呼んだものだった。ファーガスン（1992），スティーヴンス（Stevens, 1995）等々が繰り返し強調したように，機械に関する知識や設計は，主に空間認知とその表現に依存している。ただしこのことは主に機械には当てはまるが，産業革命で同じように中心的役割を果たした化学や生物学のプロセスについては必ずしもそうは言えない，ということは付け加えておくべきである。機械を図解する技芸(アート)は昔からあり，16世紀の後半には確立していた。しかし当時ベッソン（Besson, 1578）やラメッリ（Ramelli, 1588）が出版した多くの技術図案を含む大著は，現実というより理念上の機械の描写であり，遠近法を欠いていた。『百科全書』の図版集と80巻にのぼる『技芸大事典』（1761-88年）になって，機械の図解法ははじめて完成に近づいたといえる。これらの著作が技術変化を刺激した程度は「小さかったかもしれない」とファーガスンは考えている。劇的な変化を引き起こしたと彼が見ているのは現実の機械ではなく，ヤーコプ・ロイポルトの『機械の現場』（1724-39年）のような，あり得べき機械の動きを描写した業績なのである（Ferguson, 1992, p. 135）。ファーガスンは既存の技術的知識へのアクセスの重要性を過小評価している。そうしたアクセスはテクニックの改良や，再結合により全く新しい「ハイブリッド」を生むため

1998参照）。
49）ヤングの業績は，複雑かつ記述が不十分であったため，当初は忘れられていたかもしれないが，産業革命期には重要な知識を普及させる方法があり，彼の業績はトーマス・トレッドゴールド（Thomas Tredgold）の教科書（当時，エンジニアたちに広く読まれていた）を通じてエンジニアの共同体へとたどり着いたし，『ブリタニカ百科事典』（*Encyclopaedia Britannica*）の項目にも入った。

の要となるのである。ともかく 18 世紀は「機械の描写」の面で大きな進歩を遂げ，18 世紀の中頃までには専門の製図術が体系的に教授されるようになっていた（Daumas and Garanger, 1969, p. 249）[50]。それに加えて 1768 年から 1780 年の間に，フランスの数学者ガスパール・モンジュ（Gaspard Monge）が画法幾何学を発展させて（Alder, 1997, pp. 136-46），これが建物の図学的表現や機械設計を数学的に精密なものとした[51]。オルダーの表現によれば，「あるものの表現の仕方によって，そのつくり方がどう変わるのか理解する第一歩となる」（p. 140）。モンジュの精緻な図法がエンジニアリングの実際面に及ぼしたインパクトは，最初は地味なものだったかもしれず，機械の製図や正射図法は，モンジュの業績が出る前から個々独立にエンジニアたちによって使われていた[52]。私が主張したいのは，「ものの表現の仕方」は Ω 集合を体系化する 1 つの方法だということ，そして機械の知識の視覚的体系化が啓蒙期に顕著な進歩を遂げたということである[53]。このようなことは全て「社会的に構成されたもの」であり「文化的な慣行」であるということを指摘した点で，オルダーは疑いなく正しい。にもかかわらず，ある種の社会的に構成されたものが，知識へのアクセスや知識の普及に，他のものよりも役に立つということを否定するのも難しい。確かにいかなる装置も図面だけから複製することはできないし，ワットが自分で用意した図面からフランスのエン

---

50) オルダー（Alder, 1998, p. 513）は革命前のフランスの機械製図を 3 つに区別している。第 1 は，何千とある作業場であり，そこでは経験を積んだ職人が弟子たちに手書きの製図を教えていた。第 2 は国立学校であり，そこでは製図の教師が基礎的な幾何学を教えていた。第 3 は高度な工科学校で，そこでは機械製図が数学者によって教えられていた。
51) モンジュのテクニックは，3 次元のものを 2 次元にする問題を本質的に解決すると同時に，形を構成する部分とその対象の輪郭との関係を描写した。
52) モンジュの業績は（軍事機密として）長い間公表されず，ようやく 1795 年になって出版された。軍事以外の技術進歩に及ぼしたモンジュの影響は，イギリスで著作が翻訳され出版された 1851 年より前には限られていた。ブッカー（Booker, 1963, p. 131）は，モンジュの仕事はあまりに理論的なレベルのものだったので，「実務家のイギリス人」にとって直接的にはそれほど役立つものではなかったと述べている（Belofsky, 1991 も参照）。
53) 革新的で興味深い論文の中でラトゥール（Latour, 1990）は，近代の科学技術の台頭は，情報が 2 次元空間で表現されることで，操作し加工できるようになったからであるとしている。彼はこうした表現を「インスクリプション」と呼び，頭脳の役割が過大視されてきたと指摘する。そして知識を処理する頭脳の力は，現実の世界を扱うのか，あるいはその表現を扱うのかに依存すると言う。オルダー（Alder, 1998）はこれほど高踏的ではないがより意味のある言い方で，グラフ的表現は「ぶ厚い」（複雑な）現実を「薄っぺらな」（つまり，理解できる）ものにするメカニズムであると主張している。

ジニアが蒸気機関を組み立てようとした時，いくつかの部分はうまく組み合わせられなかった（Alder, 1997, p. 146）。だがこうした設計図は，何ができるか，何ができたかを人々に明確に語っていて，それが拠って立つ力学的原理についても明確に語っていた。このような知識へのアクセスなしにはどんな器用さも機械に関する直観も，大きな進歩を実現できなかっただろう。それに加えて，こうした正確な製図が標準化と互換性とを可能にし，結果として第2次産業革命の特徴をなしたモジュール化へと導いたと，オルダーは指摘している。

蓄積された有用な知識を利用して生産ができるくらいアクセス・コストは低廉であらねばならないとすれば，「知る者」と「行なう者」との間に，社会的なコンタクトがなければならない。技術には暗黙の，コード化できない知識がありすぎるので，書かれた文字と設計図面だけで全てをやり遂げることはできない。労働者，職人，エンジニアと，自然哲学者，科学者（この言葉は1830年代までは存在しなかった）とが社会的，言語的な溝で隔てられている社会では，有用な知識から経済的厚生を増進するようなレシピやテクニックの集合へと，継続的に写像をつくっていくことは困難だろう。学識のある科学者と職人の間の社会的なギャップの橋渡しは，近代科学の起源を説明するためには使われたが，いくつかの例外を除き，産業革命の説明では重要視されなかった（例えば，Eamon, 1990, pp. 345-46；Cohen, 1994, pp. 336ff.）ことは興味深い。もしも「知者」が，自分たちの知識が問題解決の手助けとなる分野で実践的な問題に取り組むことを良しとせず，エンジニアや企業家たちとコミュニケーションを持つ努力をしないならば，「製作者」は Ω 集合へのアクセスに困難を感じるだろう。

この溝の深さは，ヨーロッパ内では国によりかなり異なっていたとはいえ，溝がなくなったところは無かった。ギリスピーは，フランスの技術面での業績があまり芳しくない理由を「フランスが近代世界におけるギリシャを再現していたこと，そして学問のある人は明確かつ本能的に科学の領域と実践の領域とを区別していたこと……こうした態度においてフランスの科学者は，他の国，とくにイギリスの科学者たちに比べて，より厳格だった」という事実にある，と指摘している（Gillispie, 1957, p. 403）。それにもかかわらず中国や古代に比べれば，このギャップはヨーロッパのどこにおいても小さかったように見える[54]。フランスにおいてすら，ベルトレ，シャプタル（Chaptal），ゲイ=リュサック（Gay-Lussac），

シュヴルール（Chevreul）といった科学者たちは，現実的な問題に鋭い関心を持っていた。ラヴォアジエが指摘したように，彼らは科学愛と彼ら自身の名声の向上という動機に基づいていたのだとしても（Gillispie, 1957, p. 402 に引用）。もし仮に科学者たちが「純粋」だとして，つまり認識的動機のみに基づいていたとして，産業者たちがもっぱら物質的な利益追求という動機に基づく「経済人」だとしても（もちろんこれは馬鹿げた過度の単純化だが），貪欲な守銭奴が，高尚な隣人の生み出した命題的知識にアクセスできる限り，このことは必ずしも技術進歩の障害とはならなかっただろう。それだけではなく，国による違いも，それほど問題にならなかった。知識が国境を越えて容易に移動できる限り，科学と技術の両面における「優位性」も，一時的なものだろう。もし仮に全ての理論家がフランスに住み，実際的な企業家が全てイギリスに住んでいたとしても，抽象的な知識はフランスからイギリスに移動し，ここで技術に転換され，やがて機械か，その機械の操作方法を知っている人間を通じて，大陸へ戻っていただろう。これが大雑把に言って，1760年から1850年の間に現実に起きたことである。

　もちろんこの話は，「知者」の研究が当面は応用領域がまったく思いつかないようなこと（例えばユダヤ教のラビ〔の研究〕のような）ばかりではないことを前提にしている。16世紀以後，自然哲学者たちは工業や農業で見られる難しい問題にますます興味を示すようになってきた。エドガー・ツィルゼル（Edgar Zilsel, 1942）が最初にこの現象を強調した。彼は大体1550年頃がそのターニング・ポイントだとしている。1541年に他界したパラケルスス（Paracelsus）の著作には，こうした精神が浸透していた。彼の著書の大部分はドイツ語で死後出版されている。こうした現象へと駆り立てたものが，「商業資本主義の勃興」といったような社会的変化だったのか，宗教の変化だったのか，アイゼンステインが1979年に主張したように，印刷術がもたらしたアクセス・コストの低下だったのかは分からないが，とにかく現実に変化が起きていた。このような深部での転換は，大陸移動のようなゆっくりした速度で進行した。ベーコンの影響力のある著書での

54）中国の科学技術の大家ですら，中国の職人たちが科学的には理解していない経験的な手順を遂行していくうえで，極めて優れていたことは認めざるをえない。エンジニアリング面での実際の仕事は，「常に無学か十分な教育のない職人や親方職人によって実行されていて，彼らは自分たちと『ホワイトカラーの文人』とを分断している厳しいギャップを越えて上昇することはできなかった」のである（Needham, 1969, p. 27）。

表現が，数十年の間に産業革命のような技術面の大変動につながったと考えるべきではない。しかしすでに見たように，1800年ぐらいまでに命題的知識と指図的知識の間の相互作用は決定的な段階に達しており，ベーコンの夢がますます現実味をおびてきていた。これこそが産業啓蒙主義の本質だった。

この結びつきの存在は否定し難い。何よりも重要なのは，命題的知識に従事する人間とそれを生産に応用する人間とのギャップが，1700年までに最も小さくなっていただろう国がイギリスであり，それが18世紀の間にさらに小さくなっていったということである。歴史的な問題は，エンジニアや職人たちがこの科学革命を「促進した」かどうかとか，産業革命が科学によって「引き起こされた」かどうかということではない。実践面に携わっている人間が，新しいテクニックの認識的基礎として役に立つ命題的知識にアクセスできたかどうかということである。新しい進路を決めたのは，2つのタイプの知識の間の強い補完関係であり，絶えざるフィードバックなのである。すでに述べたように，今日我々が「科学者」と見なしていい多くの人々は，発明を行なうためにΩ型知識を直接活用してきた。しかしながら，多くの発明家たちは相対的に教育を十分受けておらず，新しいテクニックの基礎として何らかの知識を必要とした時に今までにもまして容易に，その知識にアクセスできたのである[55]。独学のエンジニアや化学者たちが成功できたのは，必要とした情報が書かれた文章や雑誌に，彼らが容易にアクセスできたからである[56]。もしもフォーマルでコード化された知識が必要なら，

---

55) リチャード・ロバーツ（Richard Roberts）のキャリアを考えてみよう。彼は産業革命期の最も多才な機械工と言われてきた。ロバーツは科学者とは程遠い存在で，科学教育も受けていなかった。彼の名声は主に，1825年の自動ミュール紡績機の発明に拠る。この機械は，1770年代から1780年代に発明された紡績機を自動化したもので，はるか後の1914年まで数十年間にわたって，イギリスの紡績業のバックボーンとなった。ロバーツは数々のΩ集合の一部にアクセスして理解し，その知識をうまく行く新しいテクニックに写像するという，超人的な能力を持った万能の機械の天才だった。1845年，彼は電磁石を作ったが，これはこの種のものとしては最も強力だったので賞を受け，マンチェスターにあるピール・パーク博物館に設置された。最初にこのプロジェクトの提案を聞かされた時，彼はよくあることだが，自分は電磁石の理論や実際については何の知識もないが，何か見つけてみましょうと答えた（Smiles, [1863] 1967, p. 272）。この時代では，エンジニアが何かを「見つけ」たいと思えば，ロバーツがやっていたように，専門家と話をしたり，多くの科学論文や刊行物や百科辞典やエンジニアリングの教科書をみることができた。

56) ランカシャーの最も成功した色着け師で染色の専門家の1人ジョン・マーサー（John Mercer, 1791-1866）は全くの独学者だったが，1852年には王立協会のフェローに選出さ

個人的な接触を通じてアクセスできた。解剖学者であると同時に才能豊かな企業家でもあったウィリアム・クック（William Cooke）が，あるドイツ人の講義の影響を受けて電気通信の研究を始めた時，彼は最初にマイケル・ファラデーに相談に行き，次いで経験豊富な電気の研究者チャールズ・ホイートストーン教授（Professor Charles Wheatstone）を訪問した。ホイートストーンとクックのコンビは1837年に，電信で初の特許を取った。2人のパートナーシップは感情的対立で終わりを迎えたものの，面白いのはこの諍（いさか）いの解決をしようと仲裁に入った人間が，この発明が事業化可能であることが示された研究の功績はホイートストーンにあり，その知識を応用した功績がクックにあるとしたことである（Morus, 1998, p. 214）。

　1世紀前の技術史家たちは，産業革命をもたらした主役は個人の発明家だと思っていた。その後このような英雄主義的解釈は棄却され，制度やインセンティブや需要や要素価格といった，経済的・社会的要因を強調する見方が優勢となってきた。しかし決定的に重要な要素は，才能あふれた個人でもなければ，大衆を支配した非人間的力でもなく，知識の交換を基礎にして創造的な共同体を形成したせいぜい数千人程度の小さな集団の人々だった。エンジニア，機械工，化学者，医師，それに自然哲学者たちが，知識へのアクセスを主要目的としたサークルを形成した。このエリートたちのネットワークは，個々の会員はともかく，知識がいつまでも拡大していく繁栄の基礎になりうるという認識と並んで，必要不可欠なものであった。教育や人的資本を技術進歩と関連づける近代的な経済理論は，識字率や学校制度のような広範囲にわたる現象とともに，上述のような小規模な創造的共同体の重要性を強調する必要がある。

　こうした創造的な共同体の活動で中心的な重要性をもつインフォーマルな人的接触は，科学協会やアカデミーやフリーメイソンのロッジやコーヒーハウスでの講義やその他の会合の場で生じていた。その中のいくつかは，科学者やエンジニアと，指図を実践に移したりテクニックを使う人間との間で，知識交流を円滑にする目的をもっていた。Ω集合内での知識の流通や普及も同じくらい重要であり，

　　れている。もう1人の独学のエンジニアはイートン・ホジキンソン（Eaton Hodgkinson, 1789-1861）である。彼は材料の強度の専門家であり，鉄の梁の強度の決め方に関する古典的な論文（1836年）は，土木技師たちに広く利用された。

このため王立協会や，1771年にスミートンによって設立されたシビル・エンジニア協会（Society of Civil Engineers）といった団体には大きな意義があった。イギリスでは19世紀中頃までに科学や技術に関する団体が1,020もできており，会員数は約20万人に達していた（Inkster, 1991, pp. 73, 78–79）[57]。

有用な情報へのアクセスは識字率や読み物の入手可能性によっても決まる。少なくともイギリスに関しては，産業革命の期間中，識字率の上昇は比較的ゆるやかであったことがひろく知られている（Mitch, 1998）。しかし人々が実際に読まない限り識字率自体は特別有用というわけではない。技術変化のためには人々が，何をどれだけ読んだかが重要である。産業革命における少なくとも2つの著名な発明が，読み物の入手可能性を拡げた。1つはロベール式抄紙機（1807年頃イギリスでブライアン・ドンキン（Brian Donkin）が応用した）であり，もう1つは，1812年にドイツ移民フリードリッヒ・ケーニヒ（Friedrich Koenig）が発明した蒸気機関を利用した円筒式輪転印刷機による，印刷技術の改善だった。貸本屋の発展および本の価格低下により，読み物は広い範囲で入手可能となった[58]。新聞は種類も発行部数も着実に増えていった。もっとも産業革命期は，目覚ましい増加ではなく，着実な前進の期間だった（Black, 1994）。もちろんこう言ったからといって，人々が新聞の中に実際に機械の記述を見つけたという意味ではない。自己言及的というΩ集合の構造を前提にすると，そもそも知識にアクセスする以前に，そういう知識が存在するということを知る必要がある。あるテクニックがどこかで使われたということを知れば，その探求を始めることができる。その点で，新聞，雑誌や「一般向け百科事典」までもが，重要な機能をもった。断片的

---

[57] ロンドンの王立研究所（Royal Institute in London）は，明らかに，有用な知識を公衆の間に広める意図をもっていた。ジェイコブとリード（Jacob and Reid, 2001）は，マンチェスター機械工学学校（Manchester Mechanics' Institute, 1825年創設）のような機関は科学を大衆化し，工場労働者に専門知識を持つことを奨励するための重要な手段だったと指摘している。この学校は連結器や調速機での歯車の働きとか石膏や蠟の鋳込みといったテーマの講演会を行なっていた。

[58] フェラントは，移動図書館（circulating library, フランスでは cabinets littéraires）の勃興に注目し，コーヒーハウスでも本が読める店があったことを指摘している（Ferrant, 2001, p. 188）。印刷業界もますます広がる市場の要求に応え始めた。例えば皮表紙は徐々に布表紙に取って代わられていったが，これは本を「より高尚でないもの，より近寄り難くないもの，より荘厳でないもの」にしていった。

知識に基づいてより適切な質問をする能力もまた，知識へのアクセス技術の進歩の一種である。それがなければ，生産者たちは何を探したらいいのかさえ，分からない。正確な質問を発することができ，誰に訊いたらいいかが分かれば，答えの半分以上は分かったようなものである。

それに加えて，関連した知識や有用な知識へのアクセスは，専門家以外の者にとっても容易になった。アクセス・コストの低下に大きく寄与したものは，アルファベット順またはテーマ別に並べた一般向け百科事典の増加だった。百科事典自体は古くからあるアイディアで，1254年にはヴァンサン・ド・ボーヴェ（Vincent de Beauvais）が『自然の鑑』（*Speculum*）を完成していた。科学革命の時期までに，既存の知識を引き出せるのはそれらが体系的に分類されて配列されている場合だけであるという考え方が，広く受け入れられていた。こうしたプロジェクトを企てる際にもっとも説得力があったのが，よく知られているようにフランシス・ベーコンだった[59]。項目をアルファベット順に並べることを最初に試みたのは，ルイ・モレリ（Louis Moréri）の『歴史大事典』（1674年）である。その約15年後に，アントワーヌ・フュルティエール（Antoine Furetière）が『汎用辞典――一般的なフランス語の古語・新語並びに学問・技芸用語をすべて収録』（1690年）を発行したが，これはベーコンが求めたように，技術と科学に重点を置いていた。英語で書かれた有用な知識の最初の百科事典は，技術的な問題を扱ったジョン・ハリス（John Harris）の『技術辞典』（1704年）である。これを継承した英語の事典のうち，最も有名なのがイーフレイム・チェンバーズ（Ephraim Chambers）の『百科事典』（1728年）であり，何回も版を重ねた。おそらくハリスの本が，有用な知識を効率的に配列する際のプロトタイプとなった。『技術辞典』は歴史と伝記に弱かったが，醸造，ローソク製造，染色に強かった。同書には数百枚の絵が入り，相互参照や索引も付いていた。ヘッドリックの言葉を使えば，これは「手

---

59) ベーコンは有名な『ノヴム・オルガヌム』（*Novum Organum*）の中で，同時代人マタイアス・マティーニ（Mathias Martini〔マッティアス・マルティニウス Matthias Martinius〕）（1606年）と同様に，プラトン的な考え方に従った知識の体系化を主張した。ベーコンのインスピレーションは「百科全書派」に知られていた。ダランベール（d'Alembert, [1751] 1995）はディドロとともに，結果的には知識の体系化でベーコンとは違った方法を選択したものの，「イギリスの不朽の大法官」〔ベーコン〕を「我々が主君と認める偉大な人物」だとした（pp. 74-76）。

軽で効率的な参照ツール」だった。啓蒙時代の代表作はディドロの有名な『百科全書』であり，ここには何千という詳細な技術論考と立派な図版が収録されていた[60]。ヘッドリックも指摘しているように，『百科全書』の編集者たちは，作業場を訪れ，最も熟練した職人たちにインタビューをした後，有用な技芸を入念綿密に記述した。項目数は概略 72,000 にのぼったが，この中には石造建築技術（33 頁），ガラス製造（44 頁），製粉場（25 頁）というような，平々凡々としたトピックスを長々と扱ったものもあった。こうした論考には，多くの鮮明な版画が付いていた。そのうえ，『百科全書』はベストセラーになった。同書は 30 巻で 1 セットになっていたが，初版は 4,000 部売れた。多くの海賊版や翻訳版も計算に入れると，25,000 部には達しただろう[61]。ディドロとダランベール（d'Alembert）のこの作品は，広く真似された。『ブリタニカ百科事典』は，英語で書かれたこの種の百科事典の中で最も有名なものである。その初版は，ウィリアム・スメリー（William Smellie）たった 1 人によって書かれた，比較的小さなプロジェクト（3 年間で 3 巻）で，1771 年に登場した。この事典も，科学，有用な技芸（アート），医学，ビジネス，数学に重点を置いていた。しかしすぐにはるかに大部の後継版が現れ，扱う範囲を拡大した。ドイツでも同類のものが追随出版された。それはヨハン・テオドア・ヤブロンスキー（Johann Theodor Jablonski）の『普遍辞典』（1721 年；1748-67 年）に始まり，1809 年から刊行の始まった大部の『ブロックハウス百科事典』と，1769 年から刊行の始まった『経済技術百科事典』で最高潮に達したが，後者が完成した時には，221 巻に達していた（Pinault Sørensen, 2001, p. 444）[62]。

---

60) ディドロは『百科全書』の「技芸」の項目の中で，技術的知識の「公開性」を強く主張した。彼は秘密主義と混乱した用語法を非難し，継続的な進歩の鍵として有用な知識へのより容易なアクセスを訴えた。そして「［機械的な］技芸の言語」によって，コミュニケーションを容易にし，技術に関する記述情報の正確性を高め，「軽い」「大きい」「中ぐらい」といった曖昧な用語の意味を確定することを求めた。この高い目標は『百科全書』では，（おそらく不可避的に）部分的にしか達成できず，技術に関する複数の項目の記述は，細部や強調点でバラツキがあった。技術上の表現に関する研究の最近の要約はパンナベッカー（Pannabecker, 1998）参照。

61) 興味深いことに，アダム・スミスと同様に「百科全書派」も，目の前に迫った産業革命に全く気がついていなかった。「産業」の項目の執筆者ルイ・シュヴァリエ・ド・ジョクール（Louis Chevalier de Jaucourt）は，「産業」は変化が以前より緩やかで，ショックはもっと穏やかな段階に入ったように見えると書いている（Lough, 1971, p. 360）。

62) ヨハン・ベックマン（Johann Beckmann）の『技術入門』（*Anleitung zur Technologie*）（1777

第 2 章　産業啓蒙主義　83

あの驚嘆すべきアンドリュー・ユーア（Andrew Ure）は，1839 年に『技芸製造業鉱山辞典』を刊行したが（もっぱら化学に特化した初期の版は 1821 年に現れている），これは工芸（クラフト）やエンジニアリングの技術的な細部を，版画やイラスト入りで 1300 頁にわたって記述した分厚い本であり，第 4 版（1853 年）までには，2000 頁に膨らんでいた。

　ヘッドリックの言葉によれば，技術論考は富裕な新興ブルジョワ階級の「知的なのぞき見趣味」に等しく，百科事典や選集が彼らの知的な武勇を誇示する高価な道具以上のものであったかどうかには，疑問が残る。百科事典類の中に含まれていた知識は，その刊行の時点ではすでに陳腐化しているか，刊行の直後に陳腐化していたものがよくあった。また別の場合には，有用な技芸に関する本は，学者の世界での評価を第 1 に考える学者たちによって執筆された。彼らは現場で何が起きているのかを注意深く検討するよりも，過去の権威を引用することに傾きがちであった（J. R. Harris, 1976, p. 169）。時には同じ本の中の記事が相互に矛盾していて，読者を混乱させたりもした。それでもこれらのプロジェクトの全体は，知者は製作者を尊敬すべきで，製作者は自然哲学者の指導を受け，相談に乗ってもらうべきであるという，産業啓蒙主義の典型ともいうべきディドロの信念を繰り返し強調した。こうした考え方が，実践的な技芸の体系的な研究の威信を高め，自然を研究する者と，それを操作する者との間の知的，社会的な溝を狭めることとなった。21 世紀の読者から見れば幼稚なものに見えるかもしれないが，当時のベスト・プラクティスの命題的知識が全ての人々に利用可能となったのである。

　もちろん，私は百科事典の記事 1 つから工芸が学べるなどと主張しているのではない（もっとも，『百科全書』の中の記事のいくつかは，確かに料理本のレシピのように読めたのだが）。こうした記事は読者に，λ 集合の基礎にある Ω 集合の大きさと限界を教えてくれたし，読者は，どこまでがすでに知られているかを理解できれば，その詳細をどこからか探し出すことができた[63]。記事の配列順序は，アク

　　年）は，Technologie という用語を使った最初の著作だった。ベックマンは 1770 年代にゲッティンゲンで「テクノロジー」の教授になった。
63) 1783 年，ルーアンの商工会議所は，『大百科辞典』の中にある，亜麻を梳くために使われているある道具の記述が不正確であることを批判して，道具製造業者に訂正を促した（Hilaire-Pérez, 2000, p. 158）。トーマス・ブランチャード（Thomas Blanchard）は，1820 年，彼の旋盤の特許申請書の中で，不規則な形を創り出すカムの運動は，『エディンバラ百科

セス・コストを極小化するような形式に周到に準備されていた。アルファベット順は必ずしも新しい考え方ではなかったものの，有用な情報をそのような方法で組織化するという考え方は極めてラディカルだった[64]。このシステムは，その論理的な延長線上にあるアルファベット順の索引とともに，最初の検索エンジンとみなされるべきだろう。とはいえこのシステムは，『国富論』の初版を参照する読者なら検証できるように，産業革命の時点までは，とても完全と言えるようなものではなかった。漢字がアルファベット順にできないこと，そして中国語の百科事典類における有用な知識の組織化は不便で扱いにくい，ということも付け加えていいかもしれない。百科事典や技術マニュアルでは相互参照が始まったが，これはハイパー・テキストの18世紀版である。

　有用な知識をカタログ化する別の方法もあり，それらはとくにフランスで現れた。百科辞典や「辞書」の類は，多種多様なテキストブック，マニュアル，どこか他で使われているテクニックや装置を集めて編集したものなどによって補完された。初期の実例としては，ジョゼフ・モクソン（Joseph Moxon）の1683年の『手工業の原理』がある。また，この種の最大のものはフランスの王立科学アカデミーが編纂した大部の『技芸と職人芸の記述』かもしれない[65]。技術データやエンジニアリングのデータを専門的に編纂したものも登場してきた。例えば，

　　辞典』の記述とディドロの百科全書に負うとした（M. R. Smith, 1977, p. 125；これらの百科辞典の記述が本当にブランチャードを触発したかどうかについてはCooper, 1991, pp. 83-84参照）。著名な科学者トーマス・ヤングは，子どもの頃，隣人の書斎にあった『学問技芸事典』に触発された（Musson and Robinson, 1969, p. 166）。若い頃のマイケル・ファラデーは，『ブリタニカ百科事典』の中で読んだ電気の項目に魅了されたが（Thompson, 1898, pp. 5-6），それは後に大きな結果を生むことになった。ジョン・マーサーのフォーマルな化学に対する興味は，ジェームズ・パーキンソン（James Parkinson）の『化学入門』によって目覚めた。パーキンソンは自然哲学者兼医者であり，パーキンソン病の発見で有名である（Nieto-Galan, 1997, p. 5）。

64) 全ての百科辞典や便覧がこのフォーマットに従ったわけではなかったが，そうでない場合，辞典類は関連のないテキストブックの連続となり，利用目的によっては非効率的だが，それでもなお比較的アクセスし易い知識がふんだんに詰め込まれたものとなった。その一例がシャルル＝ジョゼフ・パンクーク（Charles-Joseph Panckoucke）の『体系百科全書』（*Encyclopédie Méthodique*）である。これは1780年代に構想された巨大な百科辞典であり，刊行は半世紀以上にわたり，本文だけで157冊，5,943以上の図版を収録していた。

65) このセットは，当時フランスで実施されていた実質上ほとんど全ての手工芸を記述した13,500ページの本文と1,800以上の図版を含み，記述を「現実的で実践的」にするためにあらゆる努力が払われた（Cole and Watts, 1952, p. 3）。

1734 年にオランダで発行された風車についての詳細な記述（『素晴らしく完全な水車の本』 *Groot Volkomen Moolenboek*）などがある。トーマス・ジェファーソン (Thomas Jefferson) はこれを 1 冊購入していた (David, 2001)。ジャック＝フランソワ・ドマシー（Jacques-François Demachy）の『蒸留技術図解』(1773 年)（『技芸と職人芸の記述』の中の 1 冊として発行された）は，「竈の建設と蒸留の仕方の詳細な記述で溢れたレシピ本」(John Graham Smith, 2001, p. 6) だった。農業の分野では，収穫高，作柄，栽培法といったトピックスごとに，データを几帳面に蒐集編纂したものが一般的だった[66]。モンジュとラザール・カルノー（Lazare Carnot）の理論的な労作に続いて，理工科学校(ポリテクニーク)の人々が，機械の運動を機能によって分類する方法である運動学を発展させ，ジャン・アシェット（Jean Hachette）の『機械学要論』(1808 年) と，それに似た要覧に結実した。19 世紀中頃までには，ヘンリー・T・ブラウン（Henry T. Brown）の『507 の機械的運動』(1868 年) のような参考書が，膨大な知識をカバーするに至っていた。

1815 年からの数十年間に，技術文献の紛れもない急増が起きた。あらゆる産業分野で，網羅的な技術総覧が登場した。こうした技術文献の増大は需要側の要因はもちろん，供給側の要因にもよっていた。伝達すべき有用な知識がますます増えていたのである。それと同時に，それが正しいかどうかは別にして，この有用な知識に十分にアクセスできればそこから多くのメリットが得られると，ますます多くの製造業者たちが感じるようになっていた。トーマス・トレッドゴールド（Thomas Tredgold, 1788-1829）は，鋳鉄の強度や，木工，水力学，蒸気機関の原理に関し，立て続けに著作を発表した。ジョン・ファレイ（John Farey）の『蒸気機関論』は 1827 年に登場し，比較的教育程度の低い機械工でもアクセスできる実際的なマニュアルを意図していた (Woolrich, 2000)。機械学の分野では，ジョン・ニコルソン（John Nicholson）の『イギリスの機械工』(1825 年) は，実質上ほとんど全ての機械を記述し，製造のための指図を付けて，カタログ化した。こうした仕事を，「科学」と混同する者はいないだろうが，しかし，1815 年以後

---

66) 個人のデータ収集プロジェクトで当時最大のものの 1 つが，アーサー・ヤング（Arthur Young）のものだった。彼はイギリスおよび大陸の農業実践の何百という観察を集めていた。しかし彼の結論が，時々データが示すものと矛盾することもあった (Allen and Ó Gráda, 1998 参照)。

のこうした著作の増加は，命題的知識と指図的知識との間の新たな相互依存の関係が現れたことを例示しており，これが18世紀に起きた，「ちょっとした新発明の波」が衰微してしまうのを阻止したのである。

産業への応用による成功の確率は相対的に低かったにもかかわらず，こうした知識の体系化は化学の分野にも拡がっていった。全ての物質について特性を記したものを蒐集し編纂すれば，それらを産業で利用できるようになるだろうと信じられていた。こうした信念はJ・P・マケール（P. J. Macquer）の有名な『化学辞典』（1766年）のような化学編集物を数多く生んだ。『化学辞典』はすぐに英語，ドイツ語，イタリア語，デンマーク語に翻訳された。多くの百科事典や編集物が相次ぎ，アントワーヌ・フルクロア（Antoine Fourcroy）の権威ある『化学知識の体系』（1800年）で最高潮に達した。この本はラヴォアジエの新しい化学を，元素，塩基，酸，塩という概念を中心に体系化した。クロード・ベルトレの『染色の技術』（1791年）は，1世代にわたる染色技術を要約していたし，彼の『化学静力学』（1803年）は，「18世紀全体の化学的思考の要約であっただけでなく，……19世紀が解決すべき問題をも呈示した」（Keyser, 1990, p. 237）。ウィリアム・パートリッジ（William Partridge）の『羊毛，木綿，絹の染色に関する実用的論考』は，1823年にニューヨークで出版され，30年間にわたって，「最もポピュラーな全ての染料が……料理のレシピのように公開されている」標準的なテキストブックであり続けた（Garfield, 2001, p. 41）。

カタログ化され，整理された情報（今日我々が「データ」と呼んでもよいもの）を求める18世紀の渇望の1つの例が植物園の増加だった。フランスの王立植物園や有名なロンドンのキュー・ガーデンなどがそうである。キュー・ガーデンは50年近くにわたって，ジョセフ・バンクス（Joseph Banks）によって運営された。バンクスは世界の隅々から植物の標本を集めてきた。リンネ式動植物分類法は，急速に増大していく自然現象のカタログに秩序を与えたので，ガーデニング（経済活動の1つとして過小評価されているが）にとって重要性は計り知れなかった。

特に興味深いのは，物理的な世界に関する情報を解釈する1つの方法として，統計が登場したことである。ニュートン的な世界観は決定論的であって確率論的ではなく，世界が意味する不確実性に自然科学者たちは不安を抱いていた。だがすぐに，自然現象の規則性を定式化するためには，確率論的なアプローチが必要

であることが認識された[67]。そのメカニズムは完全には理解できていないうえ，必要な情報を全て入手できているわけではないからである。ギーゲレンツァーたち（Gigerenzer et al., 1989, p. 44）が指摘するように，当然ながら統計的なアプローチを採用した領域は，数が多すぎたり，1つ1つ理解するには場所的に遠すぎたりする対象を扱う領域だった。遂にはこの分野は，純粋な物理現象へと広がり，それはマクスウェル（Maxwell）とボルツマン（Boltzmann）の業績で頂点に達した。部分的にしか理解されていない自然（および社会）現象の経験的規則性が，かりに例外が許されながらでも，原則（ルール）であることが示されれば知識は堅牢になりうる。こういうかたちで推論ができるという考え方，そして大きなサンプルから得られた知識は，どれほど細部にわたる個人的経験にも勝るという考え方も，啓蒙主義のもう1つの産物だった。人口動態，医学，犯罪，公衆衛生などは，明らかに統計学が応用できる分野だったが，やがてそれは，例えば農業のように応用が有用な他の分野にも広がっていった。こうしたΩ集合の増大は，当然ながらいくつかの明確に定義されたテクニックへと写像されていった。この点については，次に見ていく。

　こうした有用な知識の組織化は，全てに意味があったのだろうか？　産業革命の技術面のリーダーたち，スミートン，ワット，トレヴィシック，ウィルキンソン（Wilkinson），モーズリー（Maudslay），ロバーツなどが，技術の問題に関して博識であったことに，疑いの余地はない。あまり光が当てられていない人々もまたそうであり，これらの人々の貢献が積み重なって，最後に大きな差異を生んだのである。そのうえイギリスでは，企業家や貴族院の貴族を含む教養のある多くの人々が，マーガレット・ジェイコブの言葉を借りれば「非常に優れた技術的なコンピタンス」を持っていた。1825年から50年頃までには，有用な知識へのコミットメントが，エリート層から中産階級へと拡大してきた。1828年に，ある観察者はこう述べている。「あらゆる町で，否，ほとんど全ての村ですら，電気機械（エレクトリカル・マシーン）やメッキ槽や蒸留器や坩堝や地質学者のハンマーを持った，学識のある人間が歩き回っていた」（Inkster, 1976, p. 287に引用）。

---

[67] 全知全能の神だけは無限の知識を持っているから確率論を必要としないが，無知な人間はある程度の誤差項をもつ知識を必要とするとの洞察は，ラプラスの3巻本『確率の解析的理論』の中で初めて定式化された（T. Porter, 1986, pp. 71-73 参照）。

こうした「科学」への親近感，さらにはより広義の技術的知識や有用な知識への親近感が，一体どこまでイギリスの創造性に影響を与えたのかということについては，多少議論がある。全てのコード化された知識は確かに，器用さ，視覚と手の協調，「これでうまく行く」といった感覚など，暗黙の，言葉で表現できないスキルで補完される必要があった。暗黙知と，フォーマルな視覚的，言語的知識は，代替的ではなく相互に補完し合うものと考えるべきである。言葉で考えない機械工や設計技師たちは，言語表現と，視覚化や経験を基にした空間的で機械的なスキルとの間の非通約性に，しばしばフラストレーションを感じていた[68]。しかしこうしたスキルはしばしば，他人から得られた知識，あるいは著作から得られた知識によって，方向づけられるのである。ある種の技術的な装置にとっては，ともかくそれがうまく行ったという知識や，どうしてそうなったのかについての非常に大雑把な輪郭だけでも，熟練したエンジニアや医師や化学者や農業者にとっては十分だった。彼らは，細かい点を自ら埋めていくことができた[69]。イギリスに比較的豊富に存在したのは，エドワード・W・スティーヴンス（Edward W. Stevens, 1995）が「テクニカル・リテラシー」と呼んだもので，それは読み書きの能力に加えて，表記法や空間的で図形的な表現の理解力だった。こうしたスキルはイギリスでは徒弟制度を通じて伝授された。この制度の中では，伝授と真似とが絡み合い，コード化できる知識が暗黙知とパッケージ化されていた。技術

---

[68] 暗黙知の重要性はジョン・R・ハリスの業績に基づき，ファーガスン（Ferguson, 1992）によって再度強調されてきた。18世紀中頃あるフランス人著述家が「これらの活動で人間を訓練することができるのは，目と実践だけである」と書いたように，フランス人はこれに気づいていた。

[69] 蓄積された「既存」の知識へのアクセスが困難な例として，2つの事例がしばしば引き合いに出される。1つは，ヴィットーリオ・ゾンカ（Vittorio Zonca）の『機械と建物の新しい劇場』（1620年）の1冊が，ジョン・ロンブ（John Lombe）に気づかれないままオックスフォード大学のボドリアン図書館の開架式書架に眠っていたことである。ジョン・ロンブはこの本に書かれている生糸に縒りを掛ける機械に関する知識を手に入れようと，イタリア旅行に2年間も費やしたが，彼はこれを自分のお膝元で発見することもできたのである。もう1つは，中国語に翻訳されたユークリッドの初等幾何学の写本が，13世紀の中国皇帝の蔵書庫に存在したが（Needham, 1959, p. 105），中国の天文学者たちは明らかにこれに気づいていなかったということである。ゾンカの逸話は，通常，実地の経験と個人の目による観察の重要性を証明する材料として引用されている。だが機械がどのような形をしていて，それがどのように動くのかに関する事前の詳細な知識があれば，ロンブによる応用が極めて容易になっていたのではないかどうか，なお判断できない。

の応用が大量のフォーマルな知識を必要としない限り，この制度はイギリスにとってうまく機能した。命題的知識からテクニックへの正確な写像は複雑な形をとった。正規(フォーマル)の技術教育，エンジニアリングの教科書，百科事典，その他アクセス・コスト引き下げの面での発展では，フランスとドイツがイギリスよりも先を走っていたように見える点は注目に値する[70]。しかしこうした観察は，私がここで展開している主張の反論にはならない。イギリスでの産業革命の成功は，驚くほどフランスでの数々の発明に基づいていた。塩素漂白やガス灯からジャカード織機に至るまで，イギリスはインスピレーションを得ようと貪欲にフランスに目を向けた。馬鹿馬鹿しいほどにまで単純化して言えば，フランスはΩ集合に強かったのに対し，イギリスはλ集合に強く，写像関数がイギリス海峡を橋渡しした，と言えるだろう[71]。

この2つの国の決定的な違いは，命題的知識から指図的知識への写像に政治構造が影響を与えるその影響の仕方にあったのかもしれない。フランスでは多くの場合，国家の支配者とそれに反対する者の両者が，エンジニアリング知識は国家の利益や政治目的によって促進されそれに奉仕すべきものだと見なしていた。一方イギリスでは，全般的に見ると，当時のエンジニアや科学者が関心を持ったλ集合の部分集合は，はるかに産業，商業にかかわっていた。同じ頃，フランス政府はすぐにその後進性に気が付き，ジャン＝アントワーヌ・シャプタルが「自然の秩序の転倒」と呼んだものを逆転させるために，種々の措置を取った（Jacob, 1998, p. 78 に引用）。シャプタルはナポレオン政権下の内務相だったが，彼はイギリスの産業面での成功は優れた「機械についての知識」や，「知者」と「製作者」の間の緊密な結びつきによるものと確信していた（Jacob, 1997, pp. 182-83）。この

---

[70] 定期刊行物の価値がその主題や研究のレベルや流通の範囲に比例するのは当然だが，18世紀に発行されていた科学雑誌の過半数がイギリスやフランスではなく，ドイツでだったことは驚くべきことである。「実のある定期刊行物」の 61 ％ 以上はドイツで発行されていて，フランス，イギリスは各々 10.7 ％，6.9 ％ だった。ドイツの科学雑誌は比較的短命だったから実質的な差はこれより小さかったが，こうした点を修正しても全体像は変わらない（Kronick, 1962, pp. 88-89）。各種の科学協会の会報類に関しても国ごとに同じような差があったが，雑誌ほど大きくはなかった。イギリスが著しくリードしていた唯一の分野は，「翻訳と要約」の範疇だっただろう（pp. 114-15）。

[71] フランスとイギリスの他の科学や技術の発展径路の詳細については，モキイア（Mokyr, 1998c）参照。

点でのフランスのイノベーションは，工学学校に加えて産業博覧会の組織化であり，それによって技術的知識が効率的で凝縮された形で伝播していった。こうした差異はたんに程度とタイミングの違いにすぎず，西ヨーロッパを東ヨーロッパや中東と比較すれば小さな問題だったが，西ヨーロッパ内での違いの多くを説明するには十分だと思われる。

　要約しよう。18世紀の知識革命は，新知識の台頭だけではなかった。違いをもたらしたのは，新知識へのより良いアクセスだった。いくつかの例で研究者たちは，産業革命前の数世紀の間に目新しいことがどれだけたくさん生まれたかを誇張し，産業革命の技術面での成果を過小評価する傾向があった[72]。事実，バロック時代のエンジニアリング知識はある種，注目すべき成功をみていたし，レオナルド以外にも綺羅星のごときエンジニアや発明家が，数々の貴重な工夫を考案したことが知られている。例えばコルネリウス・ドレベル (Cornelis Drebbel)，シモン・ステヴィン (Simon Stevin)，ジャンバッティスタ・デッラ・ポルタ (Giambattista Della Porta)，ロバート・フック (Robert Hooke)，ブレーズ・パスカル (Blaise Pascal)，ゴットフリート・ヴィルヘルム・ライプニッツ (Gottfried Wilhelm Leibniz) 等々を考えてみれば分かる。しかし彼らに続く一般のエンジニアや機械工たちが彼らの知識にアクセスすることは，非常に困難なままだった。彼らの知識が，選ばれた聴衆にしか披露されないか，または全く公開されなかったからである。啓蒙は，こうした知識へのアクセス・コストを劇的に引き下げるプロセスをスタートさせたのである[73]。18世紀の知識革命，つまりΩ集合の構造変化は，優れたテクニックがより迅速に拡散するという点で，進化の過程をより効率的にした。優れたテクニックが広く伝播し，検証される方法が改善されたからである。フランスの王立科学アカデミーは，工芸品に関する『技芸と職人芸の記述』の出版に当たり，ベスト・プラクティスの方法を選ぶことに力を注いだ。方法の改善

---

72) したがってファーガスン (Ferguson, 1992, pp. 63-64) は，現代の自動車エンジンは電気関係の部品とマイクロプロセッサーを別にすれば，大部分はレオナルドが生きていた時代に知られていた部品でできていると述べている。だが化石燃料を燃やすことによって熱を仕事に変えるというエンジンのコンセプト自体は，明らかにレオナルドの時代には存在しなかった。

73) 科学史家は，有用な知識を社会全体に広める点で決定的に重要なコミュニケーションや相互作用のパターンが啓蒙の歴史の中に見られることに気づいている。例えばゴリンスキ (Golinski, 1992, p. 6) やステュアート (Stewart, 1992, 特に8章) 参照。

ではなく記述に力を入れたものの，現に「自然科学の灯火」を運んでいる人々による有用な技芸の記述は，λ型知識へのアクセス・コストを劇的に引き下げた。科学的な訓練を受けたより多くの頭脳が自分たちのスキルを現実的な問題に向けたというただそれだけのことが，技術進歩を促進した可能性もある。

結局のところ，発明のかなりの部分は再結合によって生まれている。それはΩ集合の中の，時には遠くバラバラになっている部分を一緒にして，何か新しいものを作るということである。これこそが，なぜ低廉なアクセス・コストがΩ集合からλ集合への新たな写像のきっかけとなるうえで重要なのかを説明する，主な理由の1つである。極端に言えば，再結合は目のくらむような発明のスピードに至ることができる。発明の速度は組み合わせの関数であって，これは指数関数よりも増加速度が速いからである（Weitzman, 1996）。コートのパドル法もクロンプトン（Crompton）のミュール紡績機も再結合だった。これほど有名ではない例を挙げるのも困難ではない[74]。ある要素は全く新しいという場合もあるから，フランソワ・ジャコブとともに「創造は再結合である」と言い切るのは誇張かもしれない（François Jacob, 1977, p. 1163）。だが技術革新の多くが，まさにこうした活動によって成り立っているのは事実である。だからこそある特定の自然現象やそのプロセス，あるいは使われているテクニックについて，どこまで分かっているかをチェックし，それらを新しい応用分野へ移植しうるような，効率的でアクセス可能な，有用な知識の供給源が重要なのである。

発明は一種の認識的なプロセスであるから，何が技術的に可能かを知ることにより，アクセス・コストの低下はさらに大きなインパクトを持ちうる。ラウダンは，発明は基本的に問題解決過程とみなせると主張する（Laudan, 1984）。私は問題解決は利用可能な認識的基礎とそれへのアクセス・コストに依存する，と主張してきた。しかしラウダンはその先を問題にして，独創的で創造的な個人は，解決できるかもしれない全ての問題の中の，いったいどの問題に努力を傾けるのかと問いかける。これに対しては，市場や他の装置が潜在的な発明家に対して発する，私的および社会的なメリットに関するシグナルが回答の1つの論拠となるは

---

74) リチャード・ロバーツの多軸旋盤は，管状のブリタニア橋に使われた錬鉄板にリベットの穴をあけるために，ジャカード型の制御メカニズムを使っていた（Rosenberg and Vincenti, 1978, p. 39）。

ずである。しかしそれに加えて発明者は，問題が「解決可能」だと信じなければならないし，こうした事前の信念は，過去にどういう問題が解決されてきたか，ということに依存するはずである。このため産業啓蒙主義の指導者たちが提唱してきたように，どこかで行なわれている実践に簡単にアクセスできることが，ベスト・プラクティスの伝播のプロセス同様，新しいテクニックの源泉としても役に立ったのである。

結　び

　経済的進歩の歴史的な説明，とくに産業革命とその後の展開の説明には，有用な知識の概念を明確に組み込むことが必要である。産業革命は産業啓蒙主義に引き続いて起きたが，これはイギリスだけの現象ではなく西洋全体での現象だった。ヨーロッパでそれらが起きた順序，イギリスのリーダーシップ，盛んに議論されてきたフランスとオランダの後進性などは，第二義的な現象である。Ω集合の拡大と伝播およびアクセス・コストの変化をもたらした知的，社会的展開は，世界全体とは言わないまでも，イギリスよりももっと広い範囲に普及した。技術は同じ密度で普及したわけではなかった。「西洋」のある地域は，イノベーションの時流に乗り遅れた。それには種々の理由があり，スペイン，アイルランド，オランダ，これらは全て「西洋」社会だったが，それらは何らかの形でイノベーションに抵抗したことが分かっている[75]。命題的知識であれ指図的知識であれ，有用な知識の変化は，イギリス，フランス，ドイツ，それにスカンジナビア諸国の多種多様な源から生じ，この源泉国から急速に，北大西洋地域の社会へと拡散していった。この意味で産業革命は，これに先行しきっかけとなった産業啓蒙主義と同様，一種の西洋的な出来事だった。

　産業革命が実現したのは，たんにそれ以前には存在しなかった機会の創出だった。だがそこには，各社会に機会の利用を強制するようなメカニズムが存在しなかった。イギリスは，真っ先にその機会を利用したにすぎなかった。その意味で

---

[75] 最も不可解な事例であるオランダの分析については，モキイア（Mokyr, 2000a）参照。

産業革命はイギリス的な出来事であった。しかし，イギリスのリーダーシップは，産業革命が起こるための必要条件ではなかったし，1815年以後のヨーロッパに現れた，競争と国家的嫉妬の渦巻く世界で長期にわたって存続しうる均衡状態でもなかった。

　今日の「情報・通信技術革命」のお陰で限界アクセス・コストは，著しく低下し，多くの地域では実質上ゼロにまで下がっている。「知識経済」という考えは，文字通りにとればもちろん誇張がある。人々は依然として食糧やハードウェアを必要とし，誰もが，大学院生ですら，知識のみによって生きることはできないからである。しかしアクセス・コストの加速度的な低下は，今日，いっそうの技術進歩に向かって水門を開いた。これはただ単にインターネットといった単一の技術進歩のお陰ではなく，Ω集合の規模の拡大とともに知識へのアクセス・コストを低下させる種々の変化を通じてである。産業革命当時と今日では類似点と同じくらい相違点もあるので，こういった歴史的なアナロジーに頼り過ぎるべきではない。もう1つの驚くべき結論は，同時代の人々にとって，自分たちの世界がいかに劇的に変化しつつあるか，その際の重要な要素は何なのか，技術の変化が未来をどう創っていくのか，ということを理解するのは極めて難しいということである。アダム・スミスからデイヴィッド・リカードに至るまで，当時の偉大な頭脳は，目の前に迫った変化について，ほんの少ししか分かっていなかった[76]。これはもちろん，現在においては当てはまらない。とはいえ，知識経済が本当に「ニュー・エコノミー」なのかどうかは，まだ深刻な論争点ではある。ステュアート・カウフマン（Stuart Kauffman）が述べているように，ポジティブ・フィードバックと自律的，自己増殖的変化の世界，非線型ダイナミックスの世界においては，「予想がつかない」のである。

---

76) これは当時の他の著述家についてはいっそうそうである。どれほど同時代の著述家たちが産業革命に気づいていなかったかについては，モキイア（Mokyr, 1994cおよび1998c）参照。

第3章

産業革命とそれを越えて

> ワットとアークライトの発明は，直ちに，個人にはもちろんのこと国家にも大きな繁栄をもたらしたのであり，したがって生活工芸品や各国の国内政策の面に大きな飛躍をもたらしたと考えるべきである。前例のない莫大な富，予想もしなかった無尽蔵の富，労働節約を目的として機械を配列した巧みなシステムによって獲得されたこの富が刺激となって，製造業のあらゆる分野で，無数の発明，発見，改良が促され，製造業を現在のような完成の域へと高めたのである。
> ———ジョン・ニコルソン，1826年

はじめに

18世紀後半の第1次産業革命期に生きていた人々の大部分は，劇的で後戻りのできない変化の時代のただ中に生きているとは気づいていなかった。技術変化がもたらす便益や，それが約束するものの大部分にはまだ思いが及ばなかった。アダム・スミスは，1776年に彼の周囲で起きていたイノベーションのもたらすインパクトに気づいておらず，成長過程が終われば，経済は「もはやそれ以上前へは進まず」，賃金も収益も低水準になるだろうと信じていた。アダム・スミスの説に従ってナポレオンがイギリスを紡績工や蒸気機関工の国ではなく，小売店主の国と呼んだのは有名な話である。だがワーテルローの戦いの時点までにこの認識は変わっていた（Mokyr, 1998c, pp. 3-5）。『ニューヨーク・トリビューン』紙の編集者ホレス・グリーリー（Horace Greely）は，1853年に，「我々は，工業とスキルがもたらす，美麗にして壮観な結果を全世界に広めた……我々はより高度な生活手段と道具を民衆に広めた」と宣言した。これらはある程度までは，預言的な言葉だった。技術進歩が消費者の利益に適うようになったのは，ようやく第2次産業革命になってからだからである。19世紀末までには，『19世紀の勝利と驚異』や『驚くべき時代の真の鏡』の著者，ジェームズ・P・ボイド（James P.

Boyd) は，世界の生活や文明に最も影響を与えた発明と進歩により，「19 世紀は……今までの全世紀を合わせたものに，勝るとは言わないまでもそれに匹敵するだけの勝利を達成した」と結論づけた（M. R. Smith, 1994, pp. 5-7）。

　「革命」といった用語は歴史家によって乱用されがちである。こういう用語は注目を惹く。本も売れる。しかしこうした用語に歴史的な内容があるのだろうか？　特に経済史では，メロドラマのような用語は評判が悪い。経済史という学問分野は，かなり非ドラマティックな傾向があるからだ。近代の経済成長を駆り立てる要因の大部分は，徐々に，ゆっくりと，ほとんど気づかれずに作動する。技術的な考えの普及，資本の蓄積，経済制度の変化ですら，非常に目覚ましいということは稀である。真に劇的で，汎用的な発明が起きた時はいつでも，経済の生産性全体に及ぼすインパクトが実感されるまでには何年もかかった。第 1 次産業革命は，人類の経済史において農業の発明以後の分水嶺的出来事と見なされ，ドラマに満ちた同時代のフランス革命と一緒にして語られてきた。しかし今日では，産業革命は 1815 年以前では経済成長にはささやかな影響しか与えなかったことや，最初の蒸気機関の登場から 1 世紀以上を経ている 1840 年以前においても，実質賃金や生活水準には実質的に影響がなかったことが示されている。これと同様に第 2 次産業革命についても，経済に対する影響が十分に顕在化するまでには時間がかかり，その効果がはっきりと現れるまでには，20 世紀の大半を要した。推定される第 3 次産業革命の象徴であるコンピューターは，いまだ生産性や産出量に関しては，明らかに，希望と期待に十分応えていない。

　今日では産業革命を，持続的経済成長率を突然に著しく引き上げた連続する出来事ととらえる学者は少ない（Mokyr, 1998c）。1 人当たり所得や経済的厚生に及ぼした影響の大部分は，ゆっくりと現れ，しかも長い期間にわたった。とはいえ技術進歩と 1 人当たりの成長との間のダイナミックな関係は，厳密に把握して測ることは難しいものの，近代経済史の中心的な部分である。経済成長のうち技術が主導する部分をどのように特定するか，我々は確信がもてずにいるが，しかし，歴史上前例のない（しかもかなり過小に評価されている），20 世紀の世界における所得の増加は，技術変化なしには起こらなかったことはまず確かだと言える。したがって「産業革命」は，社会が所有する知識と経済を動かしている制度的な規則とに基づく，その社会の技術的な潜在能力(ケイパビリティ)を基準に評価する方が，より有用で

あるように思われる。こうした技術的潜在能力の中には，より多くの財とサービスを生産する能力が含まれるが，しかしそれと同様に技術的潜在能力は，例えば病気を予防し，若者を教育し，情報を伝送して処理し，また大きな単位で生産を調整する能力といった，経済的パフォーマンスの標準的な尺度では十分に計測できないような側面にも影響を与える。これらの基準からみれば，1990年代がひとつの産業革命となっていることを否定するのは難しい。我々は産業革命をこうした潜在能力という観点から評価しなければならない。ただしそのマクロ経済効果は，多くの場合非常に遅れて顕在化するのである。

第1次産業革命

　産業革命の経済的な重要性は，1760年から1790年までの「奇跡の時代」に発明されたカラクリにあるというよりは，イノベーションの過程にこそある。イノベーションは1800年もしくは1820年以後も収穫逓減に陥ったり，尻すぼみにはならなかった。この尻すぼみ現象は，ヨーロッパ（そして非ヨーロッパ社会）が過去に一連の大発明（マクロ・インベンション）を一時的に経験した時に繰り返し起きていた。1750年以前の環境において，技術進歩は「持続的な」経済成長を生むことに失敗していた。問題はその理由をどう説明するかである。

　18世紀になるとそれまでの経済成長を妨げてきたネガティブ・フィードバックのメカニズムが弱まった。マルサス的なネガティブ・フィードバックの基礎である資源の制約について考えてみよう。E・A・リグリー（E. A. Wrigley, 2000）は，産業革命の本質は，木材や動物の力を動力とした経済から，化石燃料や鉄のような埋蔵資源を利用した無機物的，鉱物的経済への移行であると主張している。有機経済では，エネルギーや原材料を地球と，地球が吸収する太陽光から得ているので，それらが固定要素となり収穫逓減をもたらす。これに対して無機経済は人口圧力に対してそれほど脆くはない。とはいえ有機経済から無機経済への移行はそれ自体説明が必要である。

　「制度的なネガティブ・フィードバック」が弱まったという点の説明はもっと複雑である。各々の社会で企業家は次の二者選択に直面する。それは総所得を増

大させることなしに，あるいは減少させてでも自分たちの所得の取り分を増やす政治的機会を利用することを通じて金を稼ぐのか，それとも社会便益をもたらす技術的または商業的な機会を利用して豊かになることを通じて金を稼ぐのか，という選択である。啓蒙は，いろいろな方法でレント・シーキングや相手のスキに付け込む行動に比して，「生産的」活動をより魅力的にする政治的変化を生み出していた。ノースとワインガスト（North and Weingast, 1989）は，イギリスの名誉革命が，制度上決定的な重要性をもつ転機だったと指摘している。アメリカ革命とフランス革命，それにスコットランド啓蒙に触発された自由貿易運動の勃興はこうした変化の一部だった。この歴史的な現象は極めて大きな経済的重要性を持っており，本書ではそれを等しく扱うことはおそらく不可能である。しかし，それ自体は，社会の知識基盤を変えることがなかったならば，持続的な経済成長の原因とはなりえなかっただろう。主に制度的な変化に基礎を置く成長の場合，政治的な破局によってそれが簡単に逆転されてしまうことを念頭に置く必要がある。ローマ帝国の繁栄は帝国の衰退とともに消滅したし，金本位制下の国際経済で勃興したグローバル経済からの利得は，1914年の運命の夏とともに消滅した。こうした悲惨な逆転現象は，有用な知識の拡大を基礎にした成長過程でも完全には排除できないが，しかしこのような成長は，明らかにこうしたショックに対して強靭である。

　1750年以前は，使用されているテクニック，あるいは使えることが分かっているテクニックの大部分は，極めて狭隘な認識的基礎に立っていた。初期の Ω 集合の大半は，フロギストン理論や病気の体液理論のように不当に低く評価される傾向はあるものの，これらが多くの使用可能なテクニックの基礎を形成していたのである。産業革命の基礎を形成した有名な発明は，使われているテクニックの認識的基礎を拡げ，深めることになった。我々の基準によれば，科学革命が直接に達成した技術的成果は目覚ましいものではない。産業革命の初期の発明が厳密な意味での科学の支援を欠いていたというルパート・ホール（A. Rupert Hall, 1974）の見解には，魅力的なところが多い。だが前述したように，こうした見方は技術の知識基盤を限定的に定義し過ぎている。命題的知識は我々が「有用な」知識と呼ぶ多くの知識を含んでいるが，しかしその大半は，「科学」というよりは職人的な知識である。潤滑油の品質の善し悪し，異なる木材の堅さと耐久性，

鉱物資源の所在地，貿易風の方向，家畜の強壮さと必要な食餌の種類などがそれにあたる。産業革命の直前，近代的な意味における「科学」がまだ揺籃期にあった時点で命題的知識を構成していたのは，こういうものなのである。このような知識はうまく行っていたが，継続的な進歩を助ける力は限られていた。

　1800年頃の数十年間のうちに，化学，機械工学，エネルギー利用，材料科学，医学の進歩は，Ω型知識のインフォーマルな部分およびフォーマルな部分を継続的に拡大した。この中には――これに限らないが――ラヴォアジエ，プリーストリ，デイヴィ，ドルトン，ファラデーと彼らの同僚たちの著名な科学上の進歩が含まれる。ジョン・グラハム・スミスによれば，フランスにおける王政復古時までに，産業に対する科学の有用性を論じたベーコン主義的な文献のトーンは，勧告から称賛へと変わっている (John Graham Smith, 2001, p. 1)。この有用な知識の拡大の一部は，自己増殖的になっていた。とはいえその多くの部分は，技術進歩から科学やエンジニアリングへのフィードバックに帰すことができるだろう。

　それでも1850年以前までは，「フォーマル」な科学の技術への貢献はそこそこに留まった。19世紀前半の技術進歩の多くは，ヘンリー・モーズリー，ブライアン・ドンキン，ブルネル一家（the Brunels），スティーヴンソン一家，リチャード・ロバーツ，ニールソン（Neilson），それに彼らの仲間たちなど産業革命の偉大なエンジニアたちが生み出したセミ・フォーマルで実践的な知識から来ていた。19世紀初期のフランスでは，ガスパール＝ギュスターヴ・コリオリ (Gaspard-Gustave Coriolis)，ジャン＝ヴィクトル・ポンスレ (Jean-Victor Poncelet)，ルイ・ナヴィエ (Louis Navier) という「ポリテクニークのビッグ3」のエンジニアたちが，機械工学と土木工学をフォーマルな科学で基礎づけ，実践的なイギリス人よりフォーマルな理論で，実際的なアイディアを支援した (Buchheim and Sonnemann, 1990, pp. 190-92)。ドイツでは，1840年代に発行されたフェルディナント・レッテンバッハー（Ferdinand Redtenbacher）が，その著書で，フランスの理論家の理論的な洞察を機械製作と水力に応用していた。ヴェンゲンロートのような研究者たちは，こうした定式化（フォーマライゼーション）が本当に生産性上昇に寄与したか，疑問を呈している (Wengenroth, 2002)。そして記録によれば，例外はあるものの，フォーマルな理論による経済的成果の大部分が理論の発展から数十年遅れることを示唆している。

しかしこのような制約条件は，命題的知識とテクニックの間の相互作用が技術発展の背後にある原動力であるという主張を無効にするものではない。フォーマルな科学にだけ注目してしまうと，大部分の実践を見逃すことをそれは示しているのである。2つのステレオタイプの戯画化——1つは，無知なアマチュアの発明家が，霊感と全くの幸運により偶然大きな発明をするというもの，もう1つは，学識ある科学者の学問的に厳密な論文が，応用科学者やエンジニアに利用可能な自然の規則性を教えるというもの——は，歴史的視点が欠けている。この中間で，曖昧だが次第に明確になっていく作動の過程を理解した器用で才智にたけたプロフェッショナルたちが，半ば方向も定まらず，手探りの試行錯誤を行なってきたのである[1]。彼らは雑然として定義も曖昧な一群の有用な知識を使って，ときどきは成功を収めたがその頻度が徐々に上がってくることに喜びを感じていた。有用な知識のうちの一部はフォーマルでコード化されていたが，一部は「これはうまく行くが，こっちは駄目だ」という形の口頭で伝えられてきた命題的知識（Ω集合の中の）であり，それらが「これが正しいやり方だ」としてλ集合の中に写像されるのである[2]。アイディアではなく指図がものを動かす。初期のテクニックの適用は極めて曖昧なアイディアを基礎にしていることも多かった。しかしテクニックを実行していくと，なぜあることがうまく行くのかがますます良く分かるようになり，そこからどうしたらもっと効率的にできるか，どうしたら他のこともやらせることができるのかが分かるようになった。なぜそうなるのかも分からずに，機械の作動や電気信号の通過を観察することは，科学の訓練を受けた頭

---

[1] ジョサイア・ウェッジウッドによるジャスパーウェアの発見は，10,000個の試作品に基づいていた。マッケンドリックはこれを，「考えられるあらゆる混合が試され，可能性のあるあらゆる結合がテストされた」と評している（McKendrick, 1973, p. 286）。しかしウェッジウッドは，労力を要するこのプロセスを科学が効率化するだろう，それが自分の生きている間に実現しなくても，将来はそうなるだろうと本能的に感じていた。

[2] どのようにこれが起きたかが，フランスの化学者クロード・ベルトレによってうまく描写されている。「操作［つまりテクニック］の状況を説明できることがしばしばある。それは長年の試行錯誤によって改良されてきた闇雲な仕方によっている。我々はそこから余計なものを全て取り除く。複雑なものは単純化する。他のプロセスで役立ったものを別のプロセスに移入する際に類推を働かせる。それでも我々には説明ができず，全ての理論をもってしても理解できない事実が山のようにある。したがって，我々は技芸のプロセスを詳しく記述することで満足せざるをえない。無益な説明を試みるのではなく，経験がその問題に光を投げかけてくれるのを待つのである」（Berthollet, 1791）。

脳を刺激した。この意味で技術は，ローゼンバークの用語を使えば，Ω型知識の増加のための「焦点を合わせる装置」の役割を果たした（Rosenberg, 1976）。

産業革命はどのくらい革命的だったのだろうか？ 現代の経済史家は，継続性を転換と同じくらいに強調してきた。有機経済から鉱物経済への変化は，1750年以前の何世紀にもわたって起きていた[3]。蒸気機関は劇的にみえたが，水力はいたるところで無生物的動力の大きな部分を供給し続けてきた。綿を紡ぐことと，機械で織ることはともに革命的ではあったが，その他の繊維（羊毛，麻，生糸）で使われていたテクニックは，最終的には全てが変革されたとはいえ，変化は非常に緩慢だった。衣服の製造や婦人帽製造は，19世紀に入ってからも手作業による家内工業に留まった。コート式生産工程は錬鉄に革命をもたらしたが，工業向けの安価な鉄鋼生産は1850年代に至るまで手が届かないままであったし，鉄器類は19世紀に入っても小規模な職人技的な部門にとどまった。互換性のある部品，連続的な流れ作業，標準化された製品の大量生産など，製造業技術における大きな変化は，1815年までには多くの人々の頭に浮かんではいたが，19世紀の後半に至るまで，経済的に意味を持つ規模で実現されることはなかった[4]。19世紀の中頃まで，イギリス経済の大部分はほとんどこれらの影響を受けなかった。生産性の上昇率は小さく，1人当たり所得の増大は1830年までは非常に緩慢で，1840年代の中頃まで実質賃金はほとんど上昇しなかった（Mokyr, 1998c）。

それにもかかわらず，1760年から1800年までの西ヨーロッパで起きた技術変

---

3) 18世紀後半の鉄鋼業における木炭燃料から石炭燃料への転換は，この種の転換の最初だと考えられることがあるが，実際にはこれは「実質上，最後」の転換であると，ジョン・R・ハリス（Harris, 1988）が指摘している。石鹸精錬，醸造，ガラス製造などの産業は，何世紀も前に石炭に切り替えていたし，家庭暖房（燃料の最大の用途）は，中世の時代に石炭に依存するようになっていた。

4) 有名なポーツマスの滑車製造機は，イギリス海軍向けに木製の歯車と滑車（ブロック）を作るために，1801年頃ヘンリー・モーズリーがマーク・ブルネル（Marc Brunel）とともに考案した。これは自動式で，緊密な協業と整然とした分業が図られ，それは近代的な大量生産工程に似ていた。そこでは10人の労働者のチームが，それよりも10倍も多い労働者を雇っていた伝統的な生産方式よりもはるかに大量かつ均一な製品を生産していた（Cooper, 1984）。フランスのマスケット銃生産における互換性の最初の応用については，オルダー（Alder, 1997）参照。精密エンジニアリングの誕生における機械工具の役割に関する「古典的な著作」には，ローゼンバーク（Rosenberg, 1976）がある。初期の機械式紡績工場の連続流れ作業工程は，チャップマン（Chapman, 1974）が強調している。

化は，新しい指図的知識の生成という面で新時代を予告していた。指図的知識は次第に，偶然や幸運の結果ではなくなってきた。その結果 1820 年代には，もう 1 つの発明の「波」と，概念上のブレイクスルーが目撃された。これはおそらく「驚異の年」の典型的発明ほどには壮観でもなければ先駆的でもないものの，減速や減衰を阻止する第 2 波を生むことになった。こうした数々の小発明（ミクロ・インベンション）が初期の発展を延命させて安定させたが，それが可能になったのは拡大を続ける認識的基礎に依存できたからであり，その認識的基礎の拡大の多くは意図的な研究の結果だった。認識的基礎の面での進歩はその後に続いたものと比較すると華々しくはなく，したがってあまり注目されなかった。だがラヴォアジエと彼の後継者たちによる大きな前進のほかに，熱力学，鉱物資源の所在に関する理解，機械工学，電流，水力学，土壌管理といった無数の分野で進歩があった。

1820 年代の λ 型知識における最も著名なブレイクスルーの中には，溶鉱炉における燃料費を急減させたジェームズ・ニールソンの熱風炉（1828 年）と，1820 年代末にリチャード・ロバーツにより完成された自動ミュール紡績機とがある[5]。エネルギー生産の分野では，エンジニアたちの巨大なチームによる，1820 年代の高圧蒸気機関の設計と変速機の継続的改良とがあり，これが 1828 年のジョージ・スティーヴンソン（George Stephenson）の機関車へと導いた。同様に第 2 の波を代表するものに，ミシェル＝ウジェーヌ・シュヴルール（Michel-Eugène Chevreul）の業績があった。シュヴルールは脂肪酸の性質を発見し，石鹸とロウソクの製造を技芸から科学に変えた。彼は「ゴブラン染色工場」の責任者として，染色と色彩化学そのものに関心をもっていた。染色の化学に関する当初の研究は，「ゴブラン」における彼の前任者クロード・ベルトレによって実施されたが，ベルトレの仕事が政治活動によって中断され（Keyser, 1990, p. 225），その計画の実現がシュヴルールの肩に降りかかってきたのである。

有用な知識の突然変異が偶然ではなく，方向性をもつようになってきたという意味で，イノベーションの過程が徐々に「非ダーウィン的」になってきた，ということができるかもしれない。以前はインフォーマルかつ職人的で，したがって

---

[5] ニールソンのブレイクスルーは，溶鉱炉の燃料消費を 3 分の 2 も削減した。彼はグラスゴー大学で履修した化学の課程で触発され，知識を得た。ここで彼は気体の膨張に関するフランスの化学者ゲイ＝リュサックの研究について学んだ（Clow and Clow, 1952, p. 354）。

認識的基礎としては限界があったΩ型知識の多くの分野に，ますます科学の方法が持ち込まれてきた。こうした変化はかなりの程度まで内生的なものであり，産業面のニーズの関数でもあった。しかし奇妙なことに，Ω型知識の体系的な増加の多くの部分は，フランスとドイツで成し遂げられた。とくに大陸が革命期の社会的・政治的な混乱から脱却した後，それが顕著になった。1820年以後の重要な発明のいくつかは，幸運の結果ではなく，学識のあるエンジニア，化学者，機械工たちの集中的な努力の結果生まれた。だがこの期間に生み出されたアイディアのいくつかは，第2次産業革命の開始を告げる1860年以後にならないと実現しなかった。

第2次産業革命

1860年以後に登場したテクニックは，19世紀の最初の3分の2世紀までに大きな進歩を遂げた応用科学の成果であるという見方は，ひろく受け入れられた常識になっている[6]。これはある種の産業では確かな事実である。1820年代から1830年代のフォン・リービッヒ（von Liebig）とヴェーラー（Wöhler）の研究に続く有機化学の前進なしには，1860年以後の化学工業の発展を想像することはできない。企業内研究開発（R&D）所は新しい技術を生みだす当時の最大のイノベーションだが，それは初めて1860年代のドイツの化学企業で出現した[7]。事実，新たなΩ型知識の結果として登場してきたある種のテクニックは，有用な知識をさらに拡大していく手段となった。こうして命題的知識と指図的知識という2つのタイプの知識は，相互に補強し合っていった。第2次産業革命の先駆けとなったかもしれない発明，ウィリアム・パーキン（William Perkin）による1856年のアニリンパープル染め（モーブ）の発見は，準備のできていた頭脳に舞い降りたとはいえ，幸運の賜物という色彩が強かった。しかしそれが産業界の化学者

---

6) モワリーとローゼンバーク（Mowery and Rosenberg, 1989, p. 22）は，もしも科学上のブレイクスルーの密度を基準に，15年間を選ばなければならないとすれば，1859年からの15年を凌ぐ期間はないだろうと主張している。

7) 最初の企業内「研究所」は1868年に遡るとされている。この年にハインリヒ・カロ（Heinrich Caro）がルートヴィヒスハーフェン（Ludwigshafen）のBASFに施設を開設した。

と学界の化学者をかつてなく密接にする始まりとなり，遂には，1869年にドイツ人カール・グレーベ（Carl Graebe）とカール・リーバーマン（Carl Liebermann）による，アリザリン染料の発見をもたらした。命題的知識の集合におけるブレイクスルーの転換点になったのは，1865年のドイツ人化学者アウグスト・フォン・ケクレ（August von Kekulé）によるベンゼンの分子構造の特定であり，これ以後，合成染料の探究はより簡単で迅速になった。ベンゼンは数十年前から知られており，したがってその化学構造の発見は既存のテクニックの認識的基礎の拡大を示す典型例である。その結果はイノベーションの持続的継続であり，これが1世紀前であればイノベーションがスローダウンしただろうが，そうはならず，化学者たちがその問題に一斉に取り組み，合成染料の化学的性質を解明していくにつれ，イノベーションは勢いを増し，正真正銘の激流となっていった（Fox and Guagnini, 1999, p. 34）。もちろん，とはいえ，通常そうであるように古いものが存続する場合もあり，しかもしばしば存続不可能に思える場合でさえそうなることがあった。試行錯誤や幸運や直観による発明が，自然界のより徹底した理解によって完全に置き換えられたわけではなかった。そのうえ，いくつかの産業の特定分野で研究開発が重要ではあったものの，フォックスとグアグニーニ（Fox and Guagnini）が言うように，研究所は突出した事例に過ぎず，大部分は実践と経験と幸運に基づいていた。

　ここでは第2次産業革命期の技術進歩全体をサーベイすることはできない。その代わりに2，3の実例を挙げることが，この期間のテクニックとその認識的基礎の間の微妙な相互作用を説明する手助けとなるかもしれない[8]。ここに提示する議論の多くは，19世紀の鉄鋼産業史で叙述されている。「金属産業は，冶金学という科学の発展があっても，当初はほとんど変化しなかった。理解が始まったにすぎなかった」（Gillispie, 1957, p. 405）というギリスピーの見方は，鋳鉄と錬鉄と鋼の違いが炭素の含有量の違いにある（J. R. Harris, 1998, pp. 214-20）という1786年の3人のフランス人学者（ベルトレ，ヴァンデルモンド（Vandermonde），モンジュ）の発見を念頭に置いている。この発見が直ちに製鉄工程に影響を与えることはなかった。Ω集合からλ集合へ直結する「直線的（リニアー）」モデルは，こうした発

---

[8] より詳細にはモキイア（Mokyr, 1999）参照。次のウェッブ・サイトでは英語で読むことができる。http://www.faculty.econ.northwestern.edu/faculty/mokyr/.

展を把握する正確な記述とは言えない。

 1856年のベッセマー法はおそらく第2次産業革命期における典型的な発明だが,「鉄の冶金学に関して極めて限られた知識」しか持っていないと自認する男によって開発された[9]。ヘンリー・ベッセマー（Henry Bessemer）の知識はこのように限られたものだったため,典型的なベッセマー炉の吹入は,彼の言葉によれば,「自分ではそのような結果を予想もしていなかったので,私にとっては天啓」だった（Carr and Taplin, 1962, p. 19）。にもかかわらずこの工法の発展にとっては,その直前の半世紀の認識的基礎の増加が決定的に重要だった。自分の工法が成功したのに他の同種の実験が失敗したのは,彼の使った銑鉄が偶然にもリンを含んでいなかったからである,ということを認識できるだけの化学的知識をベッセマーは持っていた。彼は適切な段階で炭素を加えることで,炭素と鉄の正しい混合物,つまり鋼を得ることができた。しかし彼は,鉄からリンを取り除くテクニックを思いつくだけの知識を持っていなかった。この問題を解決する,いわゆる基本工程は,その20年後に発見された[10]。しかもその時の認識的基礎は,ベッセマーの知識よりもはるかに広かった。そしてこのことは,ロバート・ムシェット（Robert Mushet）という経験豊富な冶金学者が,ベッセマー鋼は過剰な酸素を含んでいること,この問題がマンガンと炭素と鉄の混合物でできた脱酸剤を加えることで解決できることを示した時に証明された。ベッセマー鋼とそれに関連した小発明は,ドナルド・カードウェルの言葉によれば,「科学と技術の境界領域研究としての冶金学の確立」（Donald Cardwell, 1994, p. 292）へと導いた。ベッセマーとムシェットの業績に続く数年間にジーメンス＝マルタン法による製鋼法が完成し,ヘンリー・クリフトン・ソルビー（Henry Clifton Sorby）は,鉄が固体となって結晶を作る際の変化を発見し,微量の炭素や他の構成物質を加えた時に鋼の性質や硬度がどのように変化するかについての関係を発見した（Higham, 1963, p. 129）[11]。

9）この実例はアローラとガンバルデッラ（Arora and Gambardella, 1994）でも使われている。
10）ベッセマーのその後の人生は,狭隘な認識的基礎しか持たない発明の危険性を証明している。彼は「ベッセマー」蒸気船の建造で巨額の資金を失った。この蒸気船は船酔いを防止するため,大広間の周りに安定装置を備えていたはずだったが,彼は船酔いにひどく苦しみ,船酔いの強迫観念に取り憑かれた。
11）ソルビーの業績は,既存技術による認識的基礎の拡大の典型的な実例である。彼は鉄と鋼

エネルギー利用もこれと同じようなパターンを辿った。我々が今日認識する意味での蒸気機関，つまり管理された方法で熱を仕事に変える装置は，最初のニューコメン機関以来存在していた。しかしその運動の背後にあって効率性を支配している物理学は適切に理解されていなかった。機械に関する優れた直観が健全な実験方法と結びつけば，ある点まではフォーマルな科学の代替となり，ジェームズ・ワットがあら削りで不恰好な装置を，産業の普遍的な動力源に変換する手助けとなった。19世紀の最初の数十年間には，リチャード・トレヴィシック，アーサー・ウルフ（Arthur Woolf）とその後継者たちが，よりコンパクトな高圧蒸気機関を創り，これが数十年後に輸送革命を起こした。しかし蒸気機関の効率を分析し，説明することを助けるような認識的基礎は存在しなかった[12]。蒸気機関の仕組みの説明では最高の権威だったジョン・ファレイは，1827年においてすら，蒸気機関を熱機関ではなく蒸気圧機関と見なしていた。蒸気に関する最も影響力のある著作の1つ，フランソワ・マリー・パンブール（François Marie Pambour）の1837年の著書『蒸気機関の理論』も同様である。これは標準的な教科書とされ，ドイツ語，英語に翻訳された。この著書はエンジニアや職長向けの本だったが，かなりの数学的素養を要求した（Kroes, 1992）[13]。1824年，フランスのエンジニア，サディ・カルノー（Sadi Carnot）は高圧のウルフ機関と

───

の既知の特性が，高温下で変わる金属の結晶構造によってどのように生まれるのかを発見した（C. C. Smith, 1960, pp. 181-184）。しかし1860年頃のベッセマーとジーメンス＝マルタンによるブレイクスルー以後の応用冶金学における最も重要な経済面での前進は，1878年のギルクリスト＝トーマス式製造法の開発である。これはベッセマー鋼を作るために使われる物質からリンを除去する方法だった。この〔方法の〕発明者シドニー・トーマス（Sidney Thomas）はアマチュアの化学者であり，バークベック・カレッジの化学課程を聴講し，ベッセマー法からリンを除去した者は一財産築くことができるだろうと講師が言ったことに触発された（Carr and Taplin, 1962, p. 98）。

12）狭隘な認識的基礎に依拠した発明の興味深い実例の1つがスターリング・エンジンである。スコットランドの牧師ロバート・スターリング（Robert Stirling）が1816年にその特許を取得した。このエンジンは閉鎖再生サイクルを採用しているので，原理的には熱力学的に最適となりうるが，この原理が完全に理解されたのは19世紀の中頃になってからであった。スターリング・エンジンは適切な環境下なら生き返るかもしれない，休眠状態にある有用な知識の1つと信じられている。例えば http://www.sesusa.org/. 参照。

13）1878年になっても，ロバート・サーストンはパンブールの本について，こう書くことができた。「この本は一般的な読者にとっては難解すぎるし，多くの一人前のエンジニアにとっても読むことが困難である。だが熱機関の力学に関する学術論文としては大きな賞賛に値する」（Robert Thurston, 1878, VII章）。

旧型モデルの間の効率の差を観察した後，蒸気機関の原理，つまり熱効率は温度差の関数であるということを初めて解明した。おそらくこれは，イギリスとフランスの間の分業の典型とも言うべきものだろう[14]。次の大きな一歩を推し進めたのはイギリス人のジェームズ・ジュール（James P. Joule）で，彼は仕事から熱，熱から仕事への変換率を示した[15]。ジュールの業績とカルノーの業績は，後にドイツ人R・J・E・クラウジウス（R. J. E. Clausius, エントロピーの発見者）によって調整が推し進められ，ウィリアム・トムソン（William Thomson, 後のケルヴィン卿）によって「熱力学」と名づけられた科学の新分野が登場した（Cardwell, 1971, 1994）[16]。

しかし実際の蒸気機関が拠って立つこうした認識的基礎の拡大も，それがエンジニアリング面に応用されなかったとすればほとんど意味がなかっただろう。旧型の機関が改良され，新型が新たに創られた。『蒸気機関の手引き』の著者ウィ

---

[14] サディ・カルノー『火の動力についての考察』（Carnot, [1824] 1986）。ロバート・フォックスは序文の中でこう指摘している。動力エンジニアリングのあらゆる分野で，フランスの技術はイギリスの後塵を拝しているように見られているが，フランスのエンジニアリングはイギリスよりもはるかに理論的であり，だれもが熱機関の理論に関心をもっている，と。以下のように言及しているのも興味深い。今日では有名なカルノーの本はフランスでは全く無視され，また聞きと翻訳でイギリスに知られた。そこではマンチェスターのウィリアム・フェアバーン（William Fairbairn）やグラスゴーのロバート・ネピア（Robert Napier）といった巨大な蒸気機関の建設者たちがいて，フランスより彼の業績に対する関心が高かったのである（Crosbie Smith, 1990, p. 329）。カルノーの著書は未完成で，当初ほとんどエンジニアたちの役に立たなかったが，1840年代にウィリアム・トムソン（ケルヴィン卿）に再発見された。

[15] 実践的な知識の増加が命題的知識の誕生にどのように影響を与えるかが，ジュールの経歴に良く表れている。ジュールは工業州ランカシャーに生まれ育ち（彼の父は醸造所の所有者だった），ある歴史家の言葉によれば「工業都市マンチェスターで実務的な人間として育って，電磁気モーターの『経済的な』効率に関心を寄せていたのは疑いなかった……彼は経済学者やエンジニアの言葉や関心を明らかに自分のものにしていた」（Morus, 1998, p. 187.『 』は原著者による）。ザイマン（Ziman, 1976, p. 26）が述べているように，熱力学の第1法則はラプラスやラグランジュ（Lagrange）のような数学者の手でニュートン力学から簡単に導き出せたかもしれないが，それが公けのものとなるにはエンジニアたちのコスト計算が必要だった。

[16] 熱力学の実験と理論を統合する研究はその後数十年間にわたって，とくにスコットランドとフランスのミュルーズで続けられた。フランスでは繊維製造業者ギュスターヴ・アドルフ・イルン（Gustave Adolphe Hirn）が科学者たちを率いて自分の工場で蒸気機関のテストを行ない，エネルギー保存則を証明することができた。

リアム・ランキン（William Rankine）はエンジニアたちに熱力学へのアクセスを可能にしたし，スコットランドの蒸気機関では，蒸気機関の効率は作動時の温度の幅に依存するというカルノーの原理をうまく活用していた[17]。ランキンは科学と技術の間の新しい関係を発展させた（Channell, 1982, p. 42）。彼は3つの種類の知識を区別した。つまり純粋に科学的な知識，純粋に実践的な知識，そして，確立された理論の実践への応用である（Smith and Wise, 1989, p. 660）。

2世紀半も前に公表されたベーコン的理想とは違って，ランキンは少なくともある産業部門でその当時広まりつつあった現実を描写していた。彼は膨張効果について研究した結果，シリンダーを加熱するために蒸気ジャケットを使用するよう勧めるに至った（これは以前試みられたことがある，見捨てられていたテクニックだった）。ランキンの学生の1人ジョン・エルダーは，1850年代に船舶用の二気筒複式機関を開発し，これは帆船に対する蒸気船の勝利を決定的にした。この文脈で好奇心をそそられるのは，1862年にアルフォンス・ボー・ド・ロシャ（Alphonse Beau de Rochas）が発行したあまり知られていないパンフレットである。これは，カルノーの原理は全ての熱機関に適用しうること，そして最も効率的なシステムは四ストローク・サイクルであることを理論的に証明していた。その後間もなく，N・A・オットー（N. A. Otto）はガス内燃機関に取り組み始め，1876年には同じ四ストローク・サイクル原理を基礎にした特許を申請した。しかし明らかにこの2つは，独立した出来事だった[18]。

技術の認識的基礎の拡大がテクニックの出現とその後の継続的な改良をもたらした第3の事例は，電気通信である。フランスの大物理学者シャルル＝オーギュスタン・ド・クーロン（Charles-Augustin de Coulomb）のように，18世紀の多くの科学者たちは，磁気と電気は無関係だと信じていた。1819年にデンマーク生まれの学者ハンス・エルステッド（Hans Oersted）はコンパスの針を電流が流れてい

---

17) ランキンは新しい科学の発見がエンジニアたちにも利用できるようにと4冊の教科書を書き，当時の誰よりも科学とエンジニアリングの間のギャップの橋渡しに貢献した。彼の『応用機械工学の手引き』は1858年から1921年までに21版も版を重ね，『蒸気機関の手引き』は，1859年から1908年までに17版も版を重ねた（Cardwell, 1994, p. 335, 529）。

18) オットーはボー・ド・ロシャの業績を知っていたことを強く否定した。そしてロシャの業績が広く知られていなかったため，大部分の研究者はオットーの主張が妥当だと考えている（L. Bryant, 1967, p. 656）。

る導線に近づけてみた。するとコンパスの針は電流に対して右方向を指した。こうして電気と磁気が関係していることが分かったのである。電磁気はいったん発見されると，ウィリアム・スタージョン（William Sturgeon），マイケル・ファラデー，なによりジョセフ・ヘンリーの研究によって，正統的な研究対象に変わった。彼らの研究は逆に，サミュエル・モールス（Samuel Morse）およびクックのパートナーであるホイートストーンの研究の認識的基礎となった。最初の海底ケーブルは 1851 年にドーバーとカレーの間にトーマス・クランプトン社によって敷設された。これは技術上の勝利であり，その後 37 年間にわたって使用された。今までのいかなる方法よりも早い速度で情報を送るために，磁化した針の上の電流を使うというアイディアは，典型的な意味で大発明（マクロ・インベンション）だった。当時の人々はこの新発明を「ベーコン卿が予言したように，この自然を征服し，自然の力を人間の意思のままに使えるものに変えることは，人間がこれまで夢見てきたことであり，超自然的力の何千倍ものことを実現した」と称賛した（Morus, 1998, p. 194 に引用）。

　だが長距離電信にはそれに続く多くの小発明（ミクロ・インベンション）が必要だった。海底ケーブルは制御が困難な技術だった。信号波は弱くなったり，遅くなったりすることが多く，通信文はひずんだりゆがんだりした。さらに悪いことには，ケーブルは当初は摩滅に耐えられなかった[19]。ケーブルの絶縁と防護は改善しなければならなかったし，静電容量の問題（長距離ケーブルでは歪みが増加）も克服しなければならなかった。電信が本当に役に立つようになるには，その前に電気インパルスの送信の物理学が理解される必要があった。ここでもまた，テクニックはかなり狭い認識的基礎のままスタートした。だがこの発明のもつ経済的，政治的重要性のために，基礎となる Ω 型知識は重要課題となった。このテクニックとその基礎となる知識の発展は一体となって進んでいった。物理学者，とくにケルヴィンは，この技術に極めて重要な貢献をした。ケルヴィンはハイブリッド型の経歴をもつ

---

[19] 1861 年以前に敷設された 17,700 km のケーブルのうち，その年に運用できたのはたったの 4,800 km で，残りは失われた。1858 年の夏，ヴィクトリア女王とジェームズ・ブキャナン大統領が大西洋横断ケーブルを使ってメッセージを交換したのは有名だが，この大西洋横断ケーブルはその 3 ヵ月後に機能を停止した。この失敗が原因となって，ケルヴィンは電信の問題を研究するようになった。これは技術が Ω 型知識の増加を導くというフィードバックの良い実例である。

典型的な実例であり，彼の経歴の中では，技術が科学によって支えられていたのと同じ程度に，技術が科学を形作っていた（Kranakis, 1992；Smith and Wise, 1989）。彼はシグナルと抵抗，誘電率，および距離の間の関係を支配する原理を解明し，銅の抵抗率と絶縁材料であるガッタ・パーチャの誘電率とを計算した。彼はまた，特殊な検流計やサイフォン・レコーダー（これは自動的にシグナルを記録した）や，シグナルを鋭敏にするために主パルスに続いて直ちに短い逆パルスを送るテクニックを発明した（Wise, 1998；Headrick, 1989, pp. 215-18）。こうした発明は最高度の数理物理学を基礎にしており，認識的基礎はとても完全とは言えなかったものの（ケルヴィンはマクスウェルの電磁気学には抵抗していて，エーテルという重さのない物質が電磁波の媒体だと信じていた），海底ケーブルによる電信や磁気を使う機械へのケルヴィンの貢献は非常に重要だった（Smith and Wise, 1989，特に 19 章と 22 章）。こうした科学と技術の緊密な共同作業の中で，電信は明らかに第 2 世代の技術となった。そこでは，より広範な認識的基礎が発明のプロセスを，試行錯誤法よりも迅速で効率的なものにしていった[20]。ハイブリッド型の経歴を持つもう 1 人の例は，1851 年に検眼鏡を発明した物理学者ヘルマン・フォン・ヘルムホルツ（Hermann von Helmholtz）である。彼はこの発明を完成させるのに必要な物理学と生理学の両方の知識を持っていた。

第 2 次産業革命期の新技術の全てが広範な認識的基礎を必要としたとか，それに依拠していたと考えるのは間違いだろう。命題的知識と指図的知識の間の複雑な関係は，この期間の先駆的な 2 つの発明であるアスピリン（1897 年に発明された）と発電機（1865 年から 1880 年の間に完成）との大きな違いによって例証される。アスピリンの認識的基礎は非常に狭かった。1763 年，イギリスの牧師エドマンド・ストーン（Rev. Edmund Stone）は柳の樹皮に注目した。彼はこれがマラリア熱の治療に役立つのではないかと考えた。柳はじめじめした所に育つので，神は病気が発生した場所に治療薬も植えたと考えたからである（Porter, 1997, p. 270）。1820 年代に至るまで，この「洞察」について大したことは起きなかったが，この時期になって化学者たちはこれに再び興味を持ちはじめた。柳の樹皮の

---

[20] 1866 年の大西洋横断ケーブルの成功の後，ケルヴィンは「抽象的な科学は結果を生むのを加速する傾向があり，試みと失敗の繰り返しに任せておくよりも……より早く，結果の利益を世界にもたらす」と指摘した（Smith and Wise, 1989, p. 683 に引用）。

有効成分はサリシンであることが認識され，1835年にカール・レーヴィッヒ（Carl Löwig）がサリチル酸を単離した。この物質の化学構造は知られていたものの，大きな副作用のため医療的な価値はほとんどなかった。しかしフェリックス・ホフマン（Felix Hoffman）がサリチル酸のアセチル化合物を偶然発見した時，副作用は除去された。後にアスピリンとして知られるようになったが，この化合物は驚くべき薬だった。それは大きな副作用もなしに良く効き，安価に製造できた。彼の雇用主であるバイエル社（Bayer）は思いがけない大成功を収めた。だがどのようにして，なぜアスピリンが効くのかは，誰にも分からなかった。アスピリンの生理学的な作用の仕方が明らかになったのは，ようやく1970年代になってからで，既存のテクニックの認識的基礎の拡大に伴い，さらなる応用が可能となった[21]。認識的基礎が拡大するにつれ，実験の回数は減り，研究も少し効率的になった。しかしまだ道のりは遠かった。パウル・エールリヒ（Paul Ehrlich）のサルヴァルサンは梅毒に有効な治療を提供したが（1910年），この薬は「エールリヒの606」として知られていた。それまでに605個の化合物が試され失敗したからだった。同じような経験的，実践的方法は，20世紀初めの最も画期的な発明，フリッツ・ハーバー（Friz Haber）のアンモニア固定法においてさえ使われた。認識的基礎の急速な拡大にもかかわらず，第1原理から最適な物質を設計するためには，基礎になる触媒の原子構造に関してほとんど何も分かっていなかったからである。BASF社のアルウィン・ミッタシュ（Alwin Mittasch）の研究室は，1922年までに，触媒として4,000種以上の異なる物質を試していた（Smil, 2001, p. 96）。

発電技術については，いくつかの原理が解明されるまで商業的な進展は起こらなかった。狭い認識的基礎の上に立つファラデーの発電機の発見は，1831年に機械的な手段による電気の発生の可能性を証明してみせた[22]。技術者たちが数十

---

21) 先駆的な仕事は，ジョン・ヴェーン（John Vane），ベンクト・サミュエルソン（Bengt Samuelsson），スネ・ベリストレーム（Sune Bergström）によって行なわれた。彼らはアスピリンがどのようにしてプロスタグランジンの形成を妨げるのかを示した。この洞察に続いて，アセトアミノフェンやイブプロフェンといった他の鎮痛薬や抗炎症薬が開発された（Landau, Achilladelis, and Scriabine, 1999, pp. 246-51 参照）。

22) 最初の実用的な発電機は，1年後パリのイッポリト・ピクシー（Hippolyte Pixii）によって作られた。奇妙なことに，ファラデー自身はその後すぐに機械による発電に興味を失ってしまった。

年にわたって取り組んだ技術上の問題は，電気を経済的に採算がとれるような量と価格で生産することだった。それができるまでは，当時の人々が電気の商品化について希望的観測を述べたり，何人かの歴史家がそう主張していたものの (Morus, 1998, p. 192)，電気の使用は電気メッキと電信に限られていた。各種の実験的な構想は電気に何が「できる」かを示していた。しかしジョセフ・ヘンリーらによって作られた電磁気による原動機も，1849年に舞台照明やトラファルガー広場の照明のために使われたアーク灯も，長続きした成功ではなかった。光源としての電気，または蒸気に置き換わるものとしての電気という希望を実現させるテクニックの認識的基礎は存在していなかったのである[23]。電気の進歩が依拠する認識的基礎が現れたのは，理論的な自然科学からではなく，産業自体と実践的なエンジニアリングからだった (König, 1996)。

　電信の先駆者であるクックとホイートストーンは，1845年に磁石発電機の特許権を取った〔原文ママ〕。それより数年前にジュールは，磁石発電機が力学的エネルギーを電気に変換すること，そしてそれまで信じられていたように磁気が電気に変換されるのではないことを証明した。この洞察が決定的に重要だったのは，その時点までに蒸気機関が生んでいた巨大なる力学的な力を電気エネルギーに変換できるという発想だった[24]。基礎になる物理現象の全てが1865年までに解明されたわけではなかったが，ジュールの業績はそれがどうすれば可能かを示していた。ファラデーからちょうど1世代後，1866-67年に起きた自己励磁の原理の発見は，1870年代初めの巨大発電機の建設を可能にし，必然的に電気革命をもたらした[25]。電気技術は有機化学と同様，19世紀に登場した新しい種類のλ型知識を代表しており，それらでは最小限必要な認識的基礎が以前のものに比べ

---

23) 物理学者ジェームズ・ジュールはエネルギーの理論的基礎に対しては画期的な貢献をしたが，最終的には電気の将来に対して展望を捨てた (Morus, 1998, p. 190)。
24) ジュールが醸造家で科学のアマチュアだったことを考えたとしても，ジュールの主張や彼が何をしようと苦労しているかを，ほとんどの物理学者が理解しなかったのは奇妙なことである。幸い若きウィリアム・トムソンが，その重要性を認識した数少ない人間の1人となった。トムソンは長年にわたりジュールに協力した。
25) 自己励磁式発電機による発電は，同時的，独立的な発明の実例の1つである。それはヴェルナー・フォン・ジーメンス (Werner von Siemens)，チャールズ・ホイートストーン，C・F・ヴァーリー (C. F. Varley) 等によって行なわれた。最初の実用的な発電機は1870年代の初め，Z・W・グラム (Z. W. Gramme) によって作られた。

はるかに大きかったのである。エジソン自身は科学者ではないが，彼は数理物理学者フランシス・アプトンと，電気工学の博士号を持つヘルマン・クラウディウス（Hermann Claudius）を雇っていた。しかし電力発生の基礎にある「正確な」物理過程は，ずっと後になるまで実際には理解されていなかった[26]。

人間の栄養に関しては，最も重要な発見が土壌の栄養素を扱う領域で起きた。農業の初期の時代から，畑に肥料をやり植物をリサイクルすると収穫が向上することは知られていた。施肥は古代ギリシャ・ローマ時代に実践されており，中国では広く普及していた。窒素固定力のある植物は，大昔からあらゆる農業文化圏で栽培されてきた。問題はこうしたことが極めて狭い認識的基礎に依拠していたことだった。その結果，多くの農業のテクニックは，植物の生育に必要とされる無機成分をとり戻すうえで非効率だった。このため伝統的な農民の間で広く使われてきた，麦わらや茎を焼く慣行は，窒素を土壌に戻すというより，大部分を大気中に放出して失うことになっていた（Smil, 2001, p. 24）。

大雑把に言って第2次産業革命期は，土壌化学の謎が解けた時期だった。窒素は1830年代に不可欠の成分の1つとして特定され，フォン・リービッヒは有名な最少律，つまり植物の生育は最も希少な必須無機成分の量で制約されるという法則を確立した。ほとんど同じ時期に，大気ではなくマメ科植物が土中の窒素の源であることが分かった。だが窒素を固定するバクテリアの重要性が理解され，窒素肥料を得る工程を見つける必要性が認識されたのは，ようやく1880年代になってからだった。認識的基礎が狭かったにもかかわらず，伝統的なテクニックは数千年間にわたって明らかに合理的にうまく行っていたが，それがなぜ，どのようにうまく行っているかが分かるまでは，拡張や改良の役には立たなかった[27]。

---

26) ヴォルタ電池の認識的基礎は堅牢化が進まなかった。これは何が電池を機能させているかについて，科学者たちが化学的理論と反化学的（「接触」）理論に分かれていたからである（Kragh, 2000）。ネルソンとローゼンバーグ（Nelson and Rosenberg, 1993, pp. 7-8）は，エジソンがランプの中の熱したフィラメントとワイヤーの間の溝を越えて流れる電流を観察したことを指摘している。もちろん，エジソンは電子の動きを観察しているとは思っていなかった。電子の存在は20年後に仮説として提起されることになる。

27) 窒素を固定し貯蔵する伝統的な方法には，それに関連する深刻なコストの問題もあった。肥料としての堆肥や下肥の使用は深刻な寄生虫病の発生をもたらし，窒素を取り込むために育てられるいくつかの豆類は収穫量が少なく，食べる前に長い準備と調理が必要だった（Smil, 2001, pp. 36-37）。

この認識的基礎は現在なお拡大途上にある。いずれ遺伝子工学がDNA操作によって，マメ科以外の植物でも窒素を固定するように「調教された」バクテリアを開発するかもしれない。

同じように曖昧なプロセスは手術の技術にも当てはまる。手術の技術は，19世紀中頃に2つの目覚ましい発展を見た。1つは1840年代終わりに麻酔が使用されたことであり，もう1つは，1865年以後における手術器具の消毒である。手術器具の消毒は，歴史上最も単純で安価な，命を救う発明の1つだが，少なくとも過去2回，医学界を説得することに失敗していた。これは通常，1840年代のオリバー・ウェンデル・ホームズ（Oliver Wendell Holmes，裁判官となったオリバー・ウェンデル・ホームズの父親）とイグナッツ・ゼンメルヴァイス（Ignaz Semmelweis）の貢献とされているが，このアイディアは約20年後にジョセフ・リスター（Joseph Lister）によって復活されるまで，抑圧されてきた。しかし消毒という考え方自体は，18世紀にまで遡る[28]。医師が検屍解剖を行なった後，手を洗わずに産科の診察を行なうことにより妊婦に産褥熱を起こさせるということは，1843年ホームズによって，またその数年後ゼンメルヴァイスによって発見された。しかし断固たる反対にあって，ホームズはその考え方を放棄し，ゼンメルヴァイスは汚名を着せられてウィーンから追放された。このアイディアに対する抵抗は，病気を伝染させたことを認めたくない医師からきていたと通常考えられている。だが問題の一部は，ホームズとゼンメルヴァイスが，なぜ消毒というテクニックが有効なのか分かっていなかったことにある。ホームズとゼンメルヴァイスの失敗とその後のリスターの成功との違いは，1860年代までにこのテクニックの認識的基礎が拡大したことであった。外科医と産科医が，なぜ，どのようにして患者に感染させるかを，人々が理解するようになったのである[29]。リ

---

[28] スコットランドの医師アレグザンダー・ゴードン（Alexander Gordon）は，すでに1795年には，産褥熱は医師または助産師によって伝染する汚染物質と関係しているかもしれないと書き，手を洗うことを勧めていた。ホームズの1843年の論文はゴードンの研究を引用している。

[29] リスターの発見の経緯はよく知られている。彼は偶然パストゥールの発見を耳にしただけで，実際にはその重要性を理解した最初のイギリス人医師ではなかった。パストゥールの論文を最初に読んだのはグラスゴーでのリスターの同僚の1人トーマス・アンダーソン（Thomas Anderson）という化学の教授であり，彼がリスターの関心を促したのだった。リスターは直ちに，石炭酸による処置が感染を減らすという自分の信念に，パストゥールの

スターの発見も，直ちに受け容れられたわけではなかった（とくに合衆国では）。しかし1870年代の終わりまでには，彼の勧告は標準的なテクニックとなっていた。殺菌法の物語は，新しいテクニックが当初の懐疑や抵抗を克服する際に，認識的基礎の堅牢さがいかに重要であるかを示す格好の例である。1870年代と1880年代には実験と統計のテクニックが向上し，科学者が自分たちの仲間を説得し，最後には第三者を説得するレトリックの力は，より効果的になっていった。

　この知識の追加が持つ意味は大きかった。医師たちはもはやアポリネール・ブーシャルダ（Apollinaire Bouchardat, 1808-86）の助言に従って，1人の妊婦の出産から次の妊婦の出産まで数日間待つ必要はなくなった。石炭酸の手洗い薬で自分の手を洗うだけで十分だったのである（Latour, 1988, p. 48）。病原菌と接触感染に関する理解は，病院の建築にも変化をもたらした。1つの大きな共同病棟を作る代わりに，伝染性の病気を持つ患者は一般病棟と繋がってはいるが，そこから完全に隔離された小さなエリアに入れられた（Goubert, 1989, p. 133）。妊婦には殺菌された防疫区画が与えられた。19世紀後半になっても出産の際，あるいはお産の床についている際に母親が死亡するリスクは，イングランド全体では目立って低下しなかった。だが同じ時期に，病院での妊婦の死亡率は著しく低下した（Loudon, 1986）。病院と田舎の家庭において妊婦の死亡率の差が拡大していたこと（田舎では，助産は「無知な助産師」が行なった）は，家庭内と，その他の集団内で行なわれた医療行為とを区別することがいかに重要であるかを示している。病原菌の発見は病院に入院した女性の生存率を高めたかもしれないが，イングランドの全女性がその恩恵に浴するまでにはさらに30年の歳月を要した。

　1850年以後の経済成長をもたらした新しい知識はどこから来たのだろうか？フォックスとグアグニーニはその先駆的な著作の中で以下のことを強調している（Fox and Guagnini, 1999）。19世紀後半になると，エンジニアたちは多くの分野で，実験を減らし，より方向性を明確にした「研究開発（R&D）」（この言葉を19世紀に使うのはやや時代錯誤であるが）に従事し始めた。古い技術の狭隘な認識的基礎

　　　研究が理論的な正当性を提供してくれると悟った（Nuland, 1988, pp. 363-64）。消毒法が無菌法や煮沸や高圧蒸気滅菌処理に取って代わられていった時，リスター自身のテクニックは急速に陳腐化していった。こうしたいっそうの改善は，認識的基礎が当時十分に広がったために可能になったのである。

の制約が払拭され，発明家たちが，必要とする命題的知識にますますアクセスできるようになっただけで，多くの進歩が起きた。確かに多くのテクニックは依然として狭い認識的基礎の上に立っていたが，さまざまな産業で次々に知識基盤が拡大し，技術進歩の速度は早まり加速していった。ここで，これまでの章で提起してきた問題に立ち返ってみよう。技術進歩の速度は，なぜスローダウンして減衰し，やがて前よりは高い新しい状態に至って停止してしまわずに，加速し累積していったのだろうか？

その答えは，この時代のΩ型知識とλ型知識の共進化が，これまでとは異なったダイナミズムを持ったということである。それが結果的に有用な知識の集合に，根本的な不安定性をもたらした。こうした変化が起きた時期を正確に確定することはできないし，また産業ごとに異なっていたが，徐々に西洋全体に広まって行き，20世紀初めまでには，農業，運輸，採鉱，医療，製造業など，経済のほとんどの領域をカバーするようになった。

初期の段階と同様に，命題的知識と指図的知識の間の相互作用は双方向的だった。新しい（そして時には古い）命題的知識は，ますます新しいテクニックに写像するようになっていった。しかしこの写像は20世紀の中頃に流行した，理論から応用科学へ，そこからエンジニアリングへ，さらにそこから技術へと続くきれいな流れを描く，科学と技術の直線的モデルと混同すべきではない。発明をもたらした命題的知識の多くは実践的でインフォーマルで経験主義的だったとはいえ，時とともにそれはフォーマルでコンセンサスに基づくもの，つまり今日我々が「科学」と考えているものになっていった。有用な知識のもう1つの流れ，つまりλ集合からΩ集合への逆流は，2つのタイプの知識の間にポジティブ・フィードバックをもたらし，継続的に相互が補強し合う状態をつくりだした。このポジティブ・フィードバックのメカニズムはさまざまな形態をとった。その1つは通常見られるもので，いったんあるテクニックがうまく行くことが分かると，この知識自体がΩ集合における既知の自然の規則性に関するカタログに追加され，それによってさらに拡張され，応用されて，追加的要素としてλ集合の中に統合されることが可能になるというものである。このプロセス自体は継続的な技術変化をもたらしそうには見えない。

別のフィードバック・メカニズムは「焦点を合わせる装置」としての技術，と

いう考え方である。ここでは技術は，エンジニアや科学者に明確に定義された問題をただ単に提示し，いっそうの写像が可能と思われる領域に，彼らの関心を集中させる[30]。指図的知識から命題的知識へのこの種のフィードバックの古典的な実例はすでに述べた，蒸気機関の操作から生まれた理論的な問題に対する内発的な対応としての熱力学の台頭であり，長距離電信の問題に触発された電気に関する研究である[31]。

　この種のフィードバック・メカニズムで，あまり知られてはいないが，経済的厚生にとって同程度の重要性を持つ事例の1つが，食品の缶詰技術と細菌学の発展との間で働いた相互作用である。食品の缶詰は産業革命の最中の1795年に，ニコラ・アペール（Nicolas Appert）という名前のフランスの製菓業者が発明した。アペールはシャンパンの瓶の中に食品を入れ，コルクの栓をゆるくして熱湯の中に浸し，その後でコルク栓をきつく打ち込んでみると，食品が長い期間保存できることを発見した。このテクニックがなぜ，どのようにうまく行っているのかについてアペールは知らなかったし，1810年にブリキ缶によって食品の保存法を完成させたイギリス人の競争相手も知らなかった。食品の腐敗の原因が微生物であるという考え方の決定的な証明はずっと後になってからだった。この食品の缶詰のテクニックは，狭い認識的基礎に基づくテクニックの典型例だと言える。食品の缶詰製造は，何が食品を腐らせるのかをめぐる，長期にわたる論争を生み出した。1864年，フレデリック・クレイス・キャルヴァート（Frederick Crace Calvert）は，フォートナム・アンド・メイソン社から借りた実験用の保存食の缶詰を使って，腐敗の真の原因は「隠花植物または動物の胞子または胚種」であるということを王立技芸協会での一連の講演の中で主張した（Thorne, 1986, p. 142）。この論争は，1860年代初めのパストゥールの研究までは決着がつかなかった。

---

30) とくにローゼンバーク（Rosenberg, 1982）参照。もちろんエンジニアリング知識は，時折実践そのものの中で発展することもあり，経験から知識を得た実務家が「現場」で起きていることを詳しく述べることにより，認識的基礎を広げようとしている人々に材料を提供することもある。このような知識の逆流の興味深い実例に関しては，ケーニヒ（König, 1996）参照。

31) ノートン・ワイズ（Norton Wise, 1988）は，「仲介する機械」という概念を定式化することにより，ローゼンバーグの考え方を言い換えている。蒸気機関と電信は方法は違ったが，ケルヴィンが熱力学と電磁気学を研究する際に，自身の研究プログラムを定式化する助けとなった。

パストゥールはアペールの業績を知っており，ワインの保存に関する自分の研究もアペールの手法を応用したにすぎないことを認めていた。そうだとしても，自然発生の不可能性に関する彼の業績は，なぜ缶詰のテクニックが有効であるかという問題に明快な決着をつけることになった。空気が決定的な要因でないことが立証されたのは，ようやく1890年代になってからだった。ある種のバクテリアは空気を必要としなかったのである。食品の缶詰に関する認識的基礎は広がり，それとともにテクニックも改善された。風味や食感を損なう度合を最小限に抑えつつ，各種の食品を保存するための最適の温度が，サミュエル・プレスコット（Samuel Prescott）とウィリアム・アンダーウッド（William Underwood）というマサチューセッツ工科大学の2人の科学者によって解明された[32]。この話の全体が，命題的知識と指図的知識の両者がいかに相互を豊かにし合うかを適切に証明している。

λ型知識からΩ型知識へのフィードバックがうまく行ったまた別のチャンネルは実験，つまり実験用具と研究設備と実験のテクニックである（Dyson, 1997, pp. 49-50；Price, 1984a, b）。我々の感覚は「メソコスム」と呼ばれる，宇宙のかなり小さな一部分に限定されている。我々は，遠すぎるもの，小さすぎるもの，可視光線の波長域にないものなどは見ることができない（Wuketits, 1990, pp. 92, 105）。これは我々の他の感覚についても，非常に正確な計測を行なう能力，視覚やその他の感覚上の錯覚の克服，それに我々の頭脳の計算能力などについても同じである。技術の1つの意味は，進化の過程で人類に課されたこのような諸々の限界を乗り越え，我々が見たり聞いたりできない自然現象を知るのを助けることである。それはプライスが「人工的な啓示」と呼んだものである（Price, 1984a）[33]。

Ω集合の進歩の多くが，新しい研究テクニックの助けを借りて達成される。この新しい研究テクニック自体，λ集合の比較的小さな進歩であることが多い。例えば望遠鏡を生んだ16世紀末のレンズ研磨の改良であったり，あるいは試験

---

[32] ウィスコンシン大学の科学者H・L・ラッセル（H. L. Russell）は，エンドウ豆の処理温度を華氏232度から242度に上げることを提案した。こうすることで腐敗缶詰の比率が5％から0.07％に引き下げられた（Thorne, 1986, p. 145）。

[33] デレク・プライス（Derek Price, 1984b, p. 54）は，ガリレオによる木星の衛星発見は，人間が深く賢明な思考抜きで他の人には全く手の届かなかった発見をした，史上初めてのことであると述べている。

管内での微生物の培養の発展である（細菌培養用のペトリ皿は，1887年，コッホ（Koch）の助手R・J・ペトリ（R. J. Petri）によって発明された）。プライスは，こうした知識の進歩が「偶発的」だと感じている（Price, 1984a, p. 112）。事実，西洋でレンズや道具にガラスが広範に使用されたこと自体，何か偶然に起きたこと，一種の「思いがけない出来事」だった。おそらくそれは，ワインや珍しい建築技術に対する需要の副産物だった（Macfarlane and Martin, 2002）。かなりユニークなこの物質へのアクセスがなかったなら，西洋における命題的知識の発展は違ったコースを辿っていただろう，と言ってもいいように思われる。

　同じことが正確な時計にも当てはまる。正確な時計はしばしば，自然現象を測定する際の核心となる器具とされてきた。観測や測定の改善は新しい自然現象を明らかにする。いったんこうした自然現象が知られると，それをさらに操作することができるようになる。大気圧という概念は，1643年のトリチェリ（Torricelli）による気圧計の発明と1650年のゲーリケ（Guericke）による真空ポンプの発明なしには，検証が困難だっただろう。このように道具から知識へ，知識から道具へというポジティブ・フィードバックのループが，蒸気力利用の発展をもたらした。トラヴィスは有機化学工業で開発された道具と細胞生物学の進歩との関連を，詳細に説明している（Travis, 1989）。ここで見たような命題的知識と指図的知識との結びつきは，当初は全く違う目的のために生みだされたアイディアを応用することによって科学的なテクニックが発展する，実例のいくつかである。これらの現象は技術進歩の多くが偶発的で偶然の性格を持つという観念をさらに裏打ちする（Rosenberg, 1994, pp. 251-52）。そしてこのダイナミズムは，生物学上の概念である「外適応」，つまり自然選択に適した形質が，本来の機能とはまったく違う使われ方をすることを想起させるのである（Gould and Vrba, 1982）。

　産業革命期ですら，人工的な啓示の実例を多数挙げることができる。その1つは機器製作者の仕事であり，最も良い例がジェシー・ラムズデン（Jesse Ramsden, 1735-1800）である。彼は数々の新しい精密な機器を考案し，その中には各種の経緯儀（セオドライト），高温測定計（ガスの膨張を計測する），望遠鏡の改良，前例のない正確さをもつ数学的定規のための目盛り機がある。こうした業績が最も大きな影響を与えたのが地理学の分野だったことは興味深い。その極みはラムズデンが製作した大経緯儀（グレイト・セオドライト）であり，これはイギリス陸地測量部で役立った。かくして測量機器

は急速に進歩し（1784 年にはフランスの科学者ジャン゠シャルル・ド・ボルダ（Jean-Charles de Borda）がこれに対抗する機器を考案した），地図製作の正確性は安全で効率的な航海や，観測，軍事面などで必要不可欠だったが，それによって1780 年代に劇的な改善をみた。λ 型知識がどのように Ω 型知識にフィードバックされたかを示す別の例は，化学の分野にある。ラヴォアジエと彼の協力者たちは，より高度な実験ができる実験器具を考案して使用していた[34]。アレッサンドロ・ヴォルタ（Alessandro Volta）は 1800 年に，電流を生む銀と錫との円板を交互に接触させずに重ねた円板の堆積（電堆）を発明した。ヴォルタの電池は間もなくウィリアム・クルクシャンク（William Cruikshank）によって，商業規模の生産が始まった。ハンフリー・デイヴィが開発した電気分解という新しい手段で化学者たちは次から次へと元素を単離できるようになり，ラヴォアジエとドルトンが輪郭を素描していた地図の細部を埋めていくことができた。デイヴィが述べたように，ヴォルタの電堆は，「ヨーロッパ中の実験者たちにとっての目覚まし時計のベル」の役割を演じた（Brock, 1992, p. 147 に引用）。

　地質学と炭鉱業との相互作用も考察に値する。18 世紀中頃は，石炭の試掘と探査はまだまだ組織的な活動とは言えず，民間伝承と呼ぶのがふさわしい程度の認識的基礎に依拠していた（Flinn, 1984, p. 70）。より優れた探鉱方法を開発する必要にせまられてウィリアム・スミスは地質学の知識を深め，地層の中に発見される化石をベースに，地層を同定し記述する高い能力をえた。地層の成層には自然の規則性があるという考え方（大陸では広く普及していたが，スミスは知らなかった）から，初めての地質図が生まれた。この中には「世界を変えた地図」（Winchester, 2001）と言われる，スミスの著名な『イングランドとウェールズ，それにスコットランドの一部を含む地質図』（1815 年）がある。これは石炭の探鉱や採掘が依拠する認識的基礎を拡大することになった[35]。この例については命題

---

34) 有名な数学者ピエール゠シモン・ド・ラプラス（Pierre-Simon de Laplace）は器具装置類の熟練した設計者でもあり，熱量計の設計を手助けし，それは 1783 年にラプラスとラヴォアジエの共同執筆による有名な論文「熱に関する研究」に結実した。この論文は呼吸が燃焼に類似しているとした。18 世紀の終わり頃の化学革命の多くは，ヴォルタの測気管のような新しく開発された器具によって可能になった。これは空気の成分を計測するために 2 本の電極を入れたガラス製の容器で，水が化合物であることを示すためにキャヴェンディッシュが使った。

35) デイヴィスは，「スミスが確立した地層学の法則は普遍的な応用性をもっており，この科

的知識と指図的知識との間の相互作用がどのような機関を通じて起きたのか，それを可能にした制度的な環境は何だったのかを正確に追跡できる[36]。地質学と鉱業との融合が成果を生むには長い年月を要したものの，鉱山技術の認識的基礎の拡大は，イギリスが石炭供給源を枯渇させつつあるという多くの警告が誤りである論拠を提供することになった。

1830 年のジョセフ・J・リスター（Joseph J. Lister, 有名な外科医の父）による近代的な複合顕微鏡の発明は，もう 1 つの良い実例となるだろう。リスターはアマチュアの光学機械製作者であったが，彼の革命的なレンズ研磨法は球面収差を除くことにより，解像度を大きく改善した[37]。彼の発明は顕微鏡使用を楽しい気晴らしから真剣な科学活動へと変え，その結果パストゥールやコッホやその弟子たちが，自然発生説を否定して細菌理論を確立することを可能にしたが，この点については後で述べる。細菌理論は人類の歴史における有用な知識の最も革命的な変化の 1 つであり，予防と臨床の両面で，多数の新しい医学的なテクニックを写像することになった。実際に起きた相互作用の速度と強度はゆるやかで，それほど急激ではなかったが，加速していき，18 世紀末までには自律的となっていた。現在のところ，新しい科学機器製作者たちは有用な知識の進歩の面で過小評価されており，名もない英雄のままである（Rosenberg, 1994）。

技術が命題的知識に「フィードバックされる」第 3 の道は技術の説得法（レトリック）である。テクニックは「正しい」か「間違っている」か，ではない。テクニックはうまく行くかどうかであり，それによってそのテクニックの認識的基礎である命題的知識を確証するか，拒絶することになる。Ω 型知識の堅牢性の度合いは，その知識が受容される際の説得法（レトリック）的慣行に対し，利用可能なエビデンスがどの程度適合しているかによって，多様な段階がある。実験室の技術は推測や仮説を，受け容れられた事実へと変換し，教科書に記述されてエンジニアや医師や農民が利用でき

学における彼の手法は今日でも炭田や油田の野外地質学で使われている」と述べている（Davis, 1942-43, p. 93）。
36) こうした機関は，通常はニューキャッスル文芸哲学協会（1793 年創設）のような地方の特殊な協会で，名称とは違って採鉱技術と地質学に特化していた（Porter, 1973 参照）。
37) この発明は数学的な最適化によって球面収差を極小化するレンズの組み合わせを見つけることに基づいており，平均的な像の歪みを 19 ％ から 3 ％ へと大きく減らした。リスターは赤血球細胞を最初に見た人物と言われている。

るようにする。だが命題的知識の一部は，たんにその知識を基礎にしているテクニックが実際にうまく行くことによっても検証できる。ウェッジウッドは製陶所の中での自分の実験が，友人のジョセフ・プリーストリの理論をテストしていると思っていたし，ラヴォアジエを含む専門の化学者たちが彼に助言を求めていた。19世紀には新たに生み出された Ω 型知識に対する一般的な信頼は，それを基礎にしたテクニックがうまく行っているという否定し難い事実によって強化された。昆虫が病原性の微生物の媒介生物かもしれないことを生物学者が発見すると，昆虫退治というテクニックが広範に受け容れられた。黄熱病やマラリアを撲滅するこうしたテクニックの成功は，伝染のメカニズムに関する仮説にとって最もよい確証となり，この仮説が広範な支持を獲得するのを支えた。

　もし仮に Ω 型知識と λ 型知識との間に増幅的な相互作用がなかったなら，過去にそうであったように，ある時点で認識的基礎の有限性が設計図帳の拡大に制約を課すことになっただろう。認識的基礎の拡大がなければ，テクニックの継続的な発展は遂には収穫逓減に陥るだろう。自然現象の理解が部分的で，そしておそらく表面的なものにとどまるからである。もちろんどこから収穫逓減が起きるかを正確に述べるのは容易でない。さらに事態を複雑にしているのは，テクニックが一定の認識的基礎に依拠している場合でも，再結合によって複合的なテクニックになりうることである。したがって潜在的な発明家が，実用化されているテクニックのカタログに十分安価にアクセスできれば，認識的基礎が一定な時ですら，技術的な創造性が持続することもある。とはいえ認識的基礎が広がらない時には，技術進歩はいつかスローダウンするだろう。いったん Ω 集合と λ 集合の間に十分なポジティブ・フィードバックが働くようになると，経済システムのダイナミズムを予測することは難しくなり，当初の定常状態から恒久的に発散していくこともありうる[38]。

　共通の知識基盤へのアクセスの増大が第2次産業革命の技術進歩を促進した触媒だったことは，厳密には立証できない。しかしそれを支持するかなりの量の歴

---

[38] ヒーラット・ヴァーメイ（Geerat Vermeij, 1994）のような進化論理論家やステュアート・カウフマン（Stuart Kanffman, 1995）のようなシステム分析家が指摘してきたように，このような形で相互に影響を与え合う二重系は臨界点に達し，動学的に不安定になって均衡点から乖離を始める。

史上の証拠を集めることはできる。その一例は，大きな発明の多くが同時に生まれていることである。1つの新しいテクニックがある1つの認識的基礎に依存しており，その認識的基礎が共有された領域に置かれて多くの発明家が安いコストでアクセスできるなら，複数の発明家がほぼ同時に同じことを思いつく可能性が高まる。有用な知識がますますアクセスしやすく，広く行きわたるにつれ，同じような発明が同じ時期に複数の発明家によって独立に行なわれ，時には彼らが数日程度の差で，次々に特許庁の扉を叩くことが起こるのも驚くに当たらない[39]。第2次産業革命は科学を基礎とする産業に依存していたと一般的には言われるが，何人かの研究者はこれと同程度に，産業を基礎とする科学に依存していたと主張している。これはλ集合からΩ集合へのフィードバックを意味している（König, 1996）。

すでに述べたように，テクニックの基礎として受け容れられる知識の「種類」，および命題的知識が検証され堅牢になるメカニズムもまた1830年以後に変化した。第2次産業革命の1つの重要な要素は，自然の規則性を確立する手段として統計的な手法がますます認められ，受け容れられるようになったことである。統計の使用は18世紀に始まってはいたが，有用な知識の源泉として統計的データの正統性が高まったのは，1820年代および1830年代のアドルフ・ケトレ（Adolphe Quetelet），エドウィン・チャドウィック，ウィリアム・ファー（William Farr），ヴィレルメ（Villermé）と彼らの協働者たちの業績に始まる[40]。1815年以後統計学は盛んになり，統計に関する団体があらゆるところで設立され，西洋の全ての政府が体系的な，センサスやその他のタイプの統計データを多かれ少なかれ集め始めた。このような経験的方法が，臨床医学の面で重要なブレイクスルーを導いた。

---

[39] 同一の発明が各々独立にかつ同時に生まれる現象は，しばしば需要条件がイノベーションに影響することを支持する材料だと解釈されてきたが，同じ命題的知識の基礎を利用する発明家の能力も，明らかにそれに対するもう一つの説明となる。空気力学の原理と新しい材料科学（これが非常な高温に耐えられる合金の製造に写像された）を基に，フランク・ホイットル（Frank Whittle）は初のジェット・エンジンを開発し，このイギリス・チームと並行して，ハンス・フォン・オハイン（Hans von Ohain）やマックス・ハーン（Max Hahn）といったドイツ人たちが，同じ知識から，多かれ少なかれ，同一の写像を行なったのである。発明の重複性に関する文献についてはマートン（Merton, 1961）参照。

[40] 1830年以降のヨーロッパで統計的方法が勃興した様子については，とくにポーター（Porter, 1986）およびカレン（Cullen, 1975）参照。

第3章　産業革命とそれを越えて　123

それはC・A・ルイス（C. A. Louis）が指導した統計調査によって瀉血療法の有効性に疑いが投げかけられたことや，コレラと発疹チフスは水を通じて伝染することが発見されたことなどである（Lilienfeld, 1978; La Berge, 1992）。統計的な証拠（「データ」）は，背後にあるメカニズムがよく分かっていない場合でも説得を可能にする，新しい研究の手段となった。多数のケースで生じていることが示されれば，説明できない外れ値があり，規則性を説明するメカニズムが分かっていないという意味で知識が「浅い」場合でも，自然の規則性は「堅牢」化されうる。こうしたアプローチは，公衆衛生の認識的基礎の拡大をもたらした。ヴィレルメやチャドウィックたちは，高い罹病率や死亡率が貧困と関係していることを示した（Hodgkinson, 1968; Mokyr, 1996）。それが分かれば，有効な治療法が発見されるのを延々と待たずに，次の一歩として病気の爆発的な発生を防ぎ死亡率を低下させるテクニックへと進むことは当然だった。統計学はまた農業や生産性の決定要因の研究にも使われた。そのうち，ロザムステッドにあったジョン・ベネット・ローズ（John Bennet Lawes）の実験農場が，最も有名である。

　その先には再び人間の知識と，それが機能する制度的な環境との間の，より高次元での相互作用とフィードバックがあった。制度的なフィードバックが1750年以前のようにネガティブに作用したならば，技術進歩は短命に終わっただろう。第2次産業革命期で最も成功した経済ではこの関係が最も効率的だった。この両者を橋渡しした機関はよく知られている。大学，理工科学校，公的研究機関，博物館，農業試験場，大手金融機関の調査部門である。有用な知識へのアクセスの改善はさまざまな形態をとった。安価で広く流布した刊行物が知識を広めた。技術的なテーマは西洋のあらゆる国の学校のカリキュラムに浸透していった（もっとも第1次産業革命のリーダーだったイギリスは，ヴィクトリア期の最後の数十年間にはその勢いを失っていった）。西洋世界全体で，教科書，専門誌，技術百科，技術便覧があらゆる分野で登場し，「ものごとを調べる」のが簡単になった。専門家の専門職化は，ある有用な知識を必要とする者は誰でも，その知識を持っている人を探す，あるいは誰がその知識を持っているかを知っている人を探すことができるということを意味していた。学術専門雑誌は1660年代に初めて登場し，18世紀後半には専門用語を翻訳できる専門家の手助けを借りればΩ型知識にアクセスできる1つの重要な手段となった。学術論文を要約，抜粋して紹介するレ

ビュー論文も登場し始めたが、これはアクセス・コスト削減の明白な実例である。

この進歩の背後にある原動力は、より多くのことが知られたことだけでなく、制度と文化が共同して、知識基盤へのより良い、より廉価なアクセスを可能にしていったことだった。19世紀の技術は、産業資本主義の新しい諸制度と共進化していった。制度面の進化は多様な形態で、それぞれのダイナミズムに従った。例えば1825年の泡沫会社禁止法の廃止は、それによって利益を得ようとする政党間の権力闘争の結果であった（Harris, 2000）。近代的経営の創出は、故シドニー・ポラードのまだ乗り越えられていない優れた研究が立証しているように、数多くの困難に遭遇した（Pollard, 1965）。しかし全体としては、技術から制度へのフィードバックはポジティブだった。レント・シーキングや非生産的行動はどんな人間社会からも消えることはないが、1815年以後の西洋では、それらは様々な面で効率を高め生産性を引き上げる企業家的行動にインセンティブを与える自由市場経済のイデオロギーに、ますます圧倒されていった。その数十年間がそうだったように、小発明に努力と資源を投入し、新しい有用な知識を活用することこそが、競争的産業資本主義の特徴なのである（Baumol, 2002）。

第2次産業革命期の技術的知識と制度の共進化はすでに指摘されてきた。ネルソンがその典型的な実例、とくに19世紀最後の数十年間における合衆国の大企業の成長を指摘しているが（Nelson, 1994）、これは大量生産と連続的生産という大量処理技術とともに進化してきた。フォックスとグアグニーニは先駆的な著作の中で、実用性を志向する研究室が学術界で増加したことを挙げ、それらが産業界の組織と協力関係を強め、実りある相互作用を強化することで、技術的な応用と小発明の絶えざる増加を生むようになっていったことを指摘している（Fox and Guagnini, 1999）。これ以外にも多くの実例が挙げられる。例えば、資本を大量に必要とする初期の鉄道事業とともに登場したイギリスの資本市場の奇跡的な拡大や、公衆衛生が一般の人々の健康に与える影響の認識から生まれた地方自治体運営の変化などがある（Cain and Rotella, 2001）。しかし共進化は必ずしも意図した結果を速やかにもたらしたわけではなかった。イギリスのエンジニアリング業界はベスト・プラクティスのΩ型知識を使ってエンジニアを訓練することが難しく、科学とエンジニアリングの間の繋がりはどこよりも緩くかつ弱いままに留まった。1870年、イギリス土木学会の委員会は、「エンジニアの教育は……従事している

エンジニアに対する徒弟制度という単純な教育課程で果たしうる。……『理論的な』知識が絶対必要と考えるのは，イングランドの習慣ではない」と結論づけた (Buchanan, 1985, p. 225 に引用)。少数の個人，とくにグラスゴー大学のウィリアム・ランキン教授は，理論と実際の橋渡しを進めるよう強く主張したが，その彼がこの学会の会員資格を剥奪されてしまったことは示唆的である。イギリスの大学でエンジニアリングが尊敬に値する学問分野となったのは，ようやく19世紀の終わりになってからだった。

　ヨーロッパの他の地域では，研究と教育を統合した総合大学や工科大学が出現し，Ω集合の規模の拡大とアクセス・コストの低下を急速に進めた。マーマンが非常に説得力のある良い実例を提供している (Murmann, 1998)。彼はドイツ帝国の化学工業における技術と制度との共進化を描写している。ドイツでは染料，爆薬，肥料の新技術が，研究開発施設，高等教育機関，研究開発能力のある大手企業の成長との絶えざる相互作用の中から生み出された[41]。このように，制度が，アクセス・コストの主要な決定因子であり続けた。Ω集合からλ集合への写像を理解するためには，誰が誰と話をし，誰が何を読んでいたかを問う必要がある。しかしドイツの例を見ると，この点での進歩は一貫性を欠き，しかも複雑であることが分かる。そのため諸国間の系統だった違いを説明する原因としては，慎重に考える必要がある。有名なドイツの工科学校（テー・ハー）は，フランスの理工科大学（ポリテクニーク）に相当するが社会的な地位は大学よりも低く，1899年までは工学の学位や博士号を授与することは許されなかった。実践的でテクニック志向の実業学校についても同じことが言え，この学校も古典教育を中心としたギムナジウムに比べて地位が低かった。大学では多くの研究がなされていたが，それらが科学を実業的課題に応用する意図で行なわれたとは言えない。ジェームズは，ドイツの「驚異的な優位性」は，科学者たちが応用しうる結果を探したからではなくて，「ドイツの科学者たちが頭の中に何の目的も持たずに広範な実験を行ない，その後，自分たちの新しい情報が応用しうることを発見したために」実現したのだと主張している (James, 1990, p. 111)。これはやや誇張のように思われるが，それにもかかわらず，Ω型知識の増加は意図や方向づけがあったためだと過度に強調し過ぎないよ

---

41) 最も有名なのは前述した1869年のアリザリンの発明である。これはBASFの研究部長カロと2人の大学人グレーベおよびリーバーマンの共同研究の成果だった。

う，慎重であるべきだろう。その多くは行き当たりばったりであり，それに技術的な重要性を与えたのは陶汰のプロセスであった。この点からも，有用な知識の増加の進化的な性格が再確認されるのである。

第3次産業革命か？

　第1次世界大戦の開始に続く約半世紀は，少なくとも次の3点から見て奇妙な時代である。第1に，この期間は影響の仕方は違うものの，多くの先進工業国の成長と生産性に影響を与えた大きな政治的，経済的激変の時代だった。第2に，それらを除いても，デロングが最近思い起こさせてくれたように，20世紀は前例のない成長の時代だった（DeLong, 2000）。第3に，この成長の大部分は技術に起因しているが，それ以前の数十年間に比べて1914年から1950年の期間には，真の大発明（マクロ・インベンション）は少なかった。科学と有用な知識全般は指数関数的なペースで拡大を続けたが，この時代は実際には画期的な新しい発明をほとんど生まなかった。小発明（ミクロ・インベンション）が絶えず続いたことが1914年から1973年までの経済成長の背後の駆動力となった。驚くべき現象は，こうした数々の小発明が収穫逓減に入り始めるまでに非常に長い期間を要したことであり，それらが生産性したがって生活水準の向上に与えた影響が，いたるところに広がったことだった。技術進歩の継続性，持続性の主な原因は，1914年時点で「すでに存在した」テクニックの認識的基礎（いくつかは実際貧弱なものだった）の拡大であり，それが経済の拡大と生産性の上昇のための絶えざる機会を与えていた[42]。薬品や合成物質の場合のようにその認識的基礎が狭隘な場合には，進歩はたどたどしく，思いがけない幸

---

[42]「ニュー・エコノミー」に関する最近の新聞記事からの以下の引用文を考えてみよう。「もちろん，コンピューターはその核心にある。だがそれは，19世紀末から20世紀初めに起きた産業面の飛躍に匹敵するような黄金の未来を紡ぐ魔法の機械ではない。当時は電気モーター，電球，内燃機関，石油，天然ガス，それに無数の新しい化学物質の全てが登場し，経済を再編成し，それを極めて生産的に造り変えていった。例えば電気モーター1つだけでも，工場の組み立てラインと大量生産を可能にした」。1914年以降の期間については，このような「産業の飛躍」が確認されていない点に注目すべきである（*New York Times*, 2000年10月8日，ルイス・ユーチテル（Louis Uchitelle）の「生産性の上昇の中に，『ニュー・エコノミー』の証拠なし」を参照）。

運に依存した。機械や電気や冶金のように，その認識的基礎が広い場合には，進歩は絶え間がなく，連続的であった。

したがって，20世紀の技術進歩は，1914年までの歳月の間に確立された軌道を，その後の長い期間にわたって辿ることになった。自動車，化学，エネルギー，エンジニアリング，食品加工，電信と無線通信，それに合成物質の分野で，1914年以後の発展はおもに，「小発明」とみなされるべきである。小発明は20世紀が次第にR&Dと呼ぶようになったもの，つまり組織的に方向づけられて実践された新知識の探求の結果として生まれてくる傾向がある。

20世紀の最も重要な展開は，モワリーとローゼンバークが「イノベーションの制度化」と呼んだもの，つまり，法人企業，大学，政府が行なうR&Dの登場による，発明プロセスの質的変化である（Mowery and Rosenberg, 1998）[43]。この展開が独立した個人の発明家を不要にするかどうかが，長期にわたる結論の出ない論争の主題となってきた（Jewkes, Sawers, and Stillerman, 1969）。20世紀に起きたことを公平に見ると，技術とそれが影響を受ける諸制度とは，これまで述べてきたような形で継続的に共進化し続けてきた。いくつかの産業では，技術の変化は企業内研究に有利だった可能性もある。とくに大規模な施設が必要不可欠な化学や自動車産業でそうだった。だが技術の性質と環境要因が変化するにつれて，その関係も変わってきた。20世紀は技術変化の性質と速度がともに，政治によって能動的に決定された世紀だった。政府は戦略的な理由で研究に投資し奨励した[44]。合衆国では軍事が連邦レベルのR&Dの大半を占め，連邦政府はR&Dのかなりの部分に資金をつけた。その他の国では，政府と他の関連機関が同じくらいに重要だった。20世紀の技術史の大部分は，R&Dにおける民間と公的部門の「最適な組み合わせ」の絶えざる探究として記述することもできる。その基本的なディレンマは，どんな経済学者にもよく知られている。命題的知識の市場には専有可

---

43) ここにもまた，明確に19世紀起源のものが存在した。ドイツの巨大な染料メーカーや，GEやアルコアといった合衆国の大会社は，技術の最前線を押し拡げる場として企業内研究所や大学を設立したが，こうしたアイディアが経済全体へ拡散するのは緩慢で漸進的でしかなかった。

44) モワリーとローゼンバーク（Mowery and Rosenberg, 1998, p. 28）は，第2次世界大戦中のマンハッタン計画，抗生物質，合成ゴムといった巨大研究プロジェクトが，「巨大R&D」が社会的厚生を高める潜在能力を証明したという，1945年以後の時代のアイロニーに注目している。

能性の問題があるため，原理的に民間部門は R&D に過小投資になるというものである。だが市場経済でも指令経済でも，政府機関は「勝者の選別」が下手であったし，民間のテクニックに貢献したとしても，偶然にそうなっただけであった。

20世紀はそれまでと質的に違う時代であると広く信じられているが (DeLong, 2000)，消費者に新製品，改良品を提供し，全要素生産性の前例のない上昇の原因となった技術の大部分は，多少準備段階的なものだったとしても，1914年の時点ですでに存在していた。すでに述べたように，1914年から50年の間の画期的な大発明の数は比較的少ない。もちろん原子力は大発明のトップにランクされるだろう。原子力は，ある種の技術では最小限必要な認識的基礎が非常に大きくなったことを示している。当然量子力学と原子物理学が命題的知識の集合の主な拡大理由であり，原子力の利用は全く不連続的なもので，原子力は普及と小発明という通常のパターンを辿らなかった。テクニックの改善は続いたが，初代の核分裂炉や熱中性子炉のコストは化石燃料を駆逐するほどには下がらず，安全性や再処理問題が解決困難なまま残った[45]。産業革命以後のいかなる技術にもまして，原子力発電は政治的な反対の的になった。これについては後に論じる。核融合は無限のエネルギーを低コストで産出する可能性を秘めているが，現在までのところ，水素爆弾を除けば，失敗している。その理由は，極度の高温下の物質を扱うために要求される，最小限の認識的基礎が得られていないからである，と言えるのかもしれない。

量子物理学は抵抗が少なかったが，それは理解するのが困難で，少なくとも当初はその応用が押しつけがましくはなかったからだろう。現代の情報通信技術の多くは何らかの形で，量子物理学に属する認識的基礎に依存している。テグマークとホイーラーは多少の誇張を込めて，今日「合衆国の GNP の推計約30％は量子力学が可能にした発明を土台にしている」と見積もっており，この中には全てのマイクロプロセッサー，レーザー，MRI が含まれる (Tegmark and Wheeler,

---

[45] 20世紀の最後の四半世紀のもう1つの大きなブレイクスルーであるバイオテクノロジーも同じような問題に遭遇しているが，理由は全く違っている。この分野のブレイクスルーは，1759年以降のいかなる技術進歩に比べても重要であるかもしれないが，クローニングは言わずもがな，これまでのところ穀物の遺伝子組換えでさえ，人口のかなり大きな部分の信頼を得るには至っていない。

2001, p. 69)。

　20世紀の前半におけるもう1つの主要な大発明は，抗生物質である（Kingston, 2000）。これもまた通常ではない軌道を辿ったが，その理由はまったく異なっていた。抗生物質が作用するのに最小限必要な認識的基礎は，ある特定のバクテリアが存在し，それが病気を引き起こすという知識だった。この細菌理論なしには，アレキサンダー・フレミングのペニシリンの発見は起きなかっただろう。それがなければ彼は，自分のカビがバクテリアを殺すことを認識できなかっただろうからである。しかしある種のカビにはバクテリアを殺す性質があり，伝染病と戦うために動員できるかもしれないというフレミングの発見が偶然だったというのは有名な話である。幸運の女神は，ハワード・フローリー（Howard Florey）とエルンスト・チェーン（Ernst Chain）の受け容れ準備が整った頭脳に微笑んだ。彼らは不純物を取り除いてペニシリンの大量生産をすることができたのである。抗生物質が製造できるという知識が命題的知識に追加されると，すぐに他の抗生物質の開発が続いた。認識的基礎はまだ狭かった。当時は抗生物質がどのように細菌を殺すのかを誰も正確に知らなかったというのが，妥当な表現だろう。ペニシリンの分子構造でさえ，完全に理解されたのは1949年になってからだった。近年になってようやく，ペニシリンのような物質がバクテリアを殺す方法が解明され，そのことが，分子の側鎖を置換しバクテリアの抵抗を打ち負かす可能性をもたらした（Nicolaou and Boddy, 2001）。21世紀に入ってからも薬学における多くの業績は，「棚の瓶を全て試してみる」式のアルゴリズムを体系化しコンピューター化したものに従っている。他の技術との違いは，抗生物質が殺虫剤と同様，ネガティブ・フィードバックのメカニズムの影響を受け（突然変異により，有害物質に対する免疫ができてしまう），しばらくするとその有効性が弱まってしまうことである。その結果，感染症との戦いにおける勝利は一時的であり，個々の戦いでは勝つものの，人類は細菌との戦争に勝てないということも考えられる。

　もちろん1914年以後の数十年間には，その他の大きなブレイクスルーもあった。それには例えば，ジェット・エンジンや接触分解法や，ナイロンのような人造繊維の登場などが挙げられるかもしれない。だがこうした発明の多くは，全く新しいテクニックというよりは「既存の」テクニックの改良である[46]。こうした改良や拡張は（もちろんその多くは大きな進歩だが）それらが依存する命題的知識

の継続的な拡大のおかげであり，また「近代科学」がその知識をより堅牢にしていったから可能になったのである。自然の規則性や「原因」を確定する実験的方法や統計的方法はより洗練され，厳しいテストや批判に晒された後でコンセンサスを得た命題的知識は，新しい指図的知識の探索の基礎となった。

　1920年代のたぶん最も不連続的なブレイクスルーは，生理学の分野で生じたものだった。そのうちの1つは，1922年のインシュリンの発見と動物の膵臓からの抽出であり，これが糖尿病の治療を可能にした。もう1つは，微量要素（1920年にビタミンと呼ばれた）が，栄養不足によって引き起こされると考えられていた病気の防止に大きな役割を演じているという認識の高まりだった。栄養に関する命題的知識は直接テクニックに写像された。それは微量要素を十分に摂取できるように，マーガリンのような製品に添加するといった食品産業のテクニックだけでなく，家族の食事の準備の際の家庭のテクニックとして使われた。

　20世紀前半の進歩の多くは，1914年以前に解明されていた要素を組み合わせた「ハイブリッド」な発明だった。モーターを回転させ，真空管を作動させ，物を熱するという電力の使用原理は，ラジオ，食器洗い機，電気掃除機，扇風機，その他ほとんどあらゆる家庭電化製品に組み合わせることができた。他にも1914年以前の発明は，1950年まで，またそれ以後も，工業発展の大きな基礎となった。内燃機関とその兄弟分のディーゼル・エンジンは，ともに1914年にはすでに使用されていたが，やがて蒸気機関に代わって主な動力源となっていった。

　化学工業の場合は，もう少し複雑である（Arora, Landau, and Rosenberg, 1998参照）。合成物質産業の基礎になる科学，つまり化学の多くは1914年にはまだ登場していなかった。セルロイドやベークライトのような少数の合成物質は，非常に狭隘な認識的基礎の上に立って開発されていた[47]。とはいえ，1914年以前にい

---

46) 大発明の定義は，そのテクニックの最終形が多数の非連続的で補完的なブレイクスルーに起因する可能性を排除しない。最もよい例は蒸気機関である。それはおそらく，ワットによって往復型（複動式）シリンダーと分離凝縮器が付加されるまでは完全でなかった。ジェット・エンジンやプラスチックを同様に考えるかは，論者それぞれの好みの問題のように思われる。

47) ベークライトは1909年に特許が成立し，1910年以降，商業的な規模で生産されるようになったが，その化学式が確立されたのはその20年後だった。ローゼンバーグは，パイロット・プラントが必要なのは，科学的知識だけでは全ての疑問に答えられないからだと指摘している（Rosenberg, 1998b, p. 212）。

くつかの真の大発明が起きていた[48]。だがナイロンやポリエステルのような大量生産物を大規模に生産する産業への前進は，高分子化合物の化学構造を1920年代に発見したヘルマン・シュタウディンガー（Hermann Staudinger）による認識的基礎の確立を待たなければならなかった。それに続く新素材の開発はこの化学の前進に決定的に依存していた。化学工業の範囲は戦間期に飛躍的に拡大し，合成アルコールと合成燃料，塗料，石油化学的な有機原料，新薬，写真材料などが生産されるようになった（Murmann and Landau, 1998, p. 47）。だが石油化学の「黄金時代」が始まったのは1945年になってからだった。同じようなダイナミズムは航空力学にも当てはまる。この分野では，技術的成功に対応して認識的基礎が拡大を続け，それが設計面でのいっそうの推進力となった。ライト兄弟が空を飛んだのは1903年だったが，航空力学の偉大な理論家ルートヴィッヒ・プラントル（Ludwig Prandtl）がゲッティンゲン大学の教授に就任する前のことだった[49]。プ

---

[48] こうした大発明のうち，1909年にフリッツ・ハーバーと彼の同僚たちによって完成された，大気中からアンモニアを固定するテクニックは，現代史における記念碑的業績の1つに数えられるべきである。ヴァーツラフ・スミル（Vaclav Smil, 2001, p. xv）の推計では，ハーバー＝ボッシュ（Harber-Bosch）の発明がなければ，世界人口の5分の2は存在しなかっただろう。このような反事実的な推論は，歴史の「書き直し」を精確に特定しない場合つねに多少危険だが，硝酸塩が肥料産業にも爆薬製造業にも決定的に重要な要素だったことには疑問の余地がなく，大気中からの固定は，農業のみならず，第1次世界大戦を長引かせた点でも大きな影響をもった。また石油の熱分解法は石油の中の長鎖炭化水素を，ガソリンのような短鎖でより重要なものに変える技術だが，1913年，スタンダード石油の研究員ウィリアム・バートン（William Burton）によって初めて産業目的で採用された。接触分解法は1920年代にユージン・フードリ（Eugène Houdry）によって開発され，工程を著しくスピードアップした。

[49] 初期の航空力学の知識の多くは，理論的というよりは経験的なものであり，例えば揚力や抗力の係数表は各々の翼の形ごと，角度ごとに調べられた。基本的なことは19世紀の初めにジョージ・ケイリー（George Cayley）が詳しく述べていた。ライト兄弟は自分たち自身の公式を計算するために当時の刊行物（とくにオットー・リリエンタール（Otto Lilienthal））に依存していたが，結果として当時の主導的な航空エンジニア，オクターヴ・シャヌート（Octave Chanute）と緊密に協力することとなった。ライト兄弟の1903年のキティホーク（ノースカロライナ州）でのパイオニア的な初飛行の直前まで，シャヌートは彼らにアドバイスを与えた（Crouch, 1989）。だがライト兄弟が工学の熱心な消費者であり，彼らの偉大さが写像関数にあったことは明らかである。なおライト兄弟が依拠したΩ集合があまり堅牢ではなかったことは，付け加えておくべきかもしれない。1901年，天文学者兼数学者のサイモン・ニューカム（Simon Newcomb，ベンジャミン・フランクリン以来，初めてフランス学士院の会員に選ばれたアメリカ人〔原文ママ〕）は，「1匹の虫」以上のものを乗せた飛行は不可能だろうと言った。海軍のチーフ・エンジニア，

ラントルが経験ではなく科学に基づく翼の設計や、揚力と抗力の正確な計算法に関する専門的な研究を出版したのは、1918年だった（Constant, 1980, p. 105；Vincenti, 1990, pp. 120-25）。プラントルの後になっても、航空機設計での全ての進歩が認識的基礎に依拠して第一原理から導きだされたのではなく、機体を接合する際の皿頭リベットの最適な使用法の探究や、着陸装置を設計する最善の方法などで、試行錯誤という昔からの方法が広く使われ続けた（Vincenti, 1990, pp. 170-99；Vincenti, 2000）[50]。

20世紀の生産性上昇の多くの部分は、生産技術の熟成とプロセス・イノベーションの結果だった。これらについても、多くの基礎的アイディアは1914年頃にすでに存在していたが、組織の規模や細部の正確性での進展が続いた。その結果、組織化の方法に不断の変革が起きていった。とくに目覚ましかったのが製造テクニックにおける大量生産方式だったが、サービス業や農業の分野にも広がった。良かれ悪しかれ、こうした変革は「アメリカ式製造システム」として知られるようになり（実際にはその歴史的起源は複雑だったが）、他の工業国へ不可避的に伝播した。これらの変化を「技術的」と考えるか、「組織的」と考えるかは、たんに言葉の意味の問題かもしれない。重要なのはこれらの変革が、原材料や機械エンジニアリングの拡大を続ける認識的基礎に依存しながら、その実現を可能にする道具や機械を生産する資本財産業の能力と共進化していったということである。

テクニックの近代化はいくつかの要素に分解できる。第1の要素は、生産工程を交換可能にする「ルーティン化」である。組立て、溶接、塗装、梱包などの生産工程は、製品は異なってもますます同一になっていった。これは明らかに人的

ジョージ・メルヴィル提督（Admiral George Melville）もニューカムの見解に賛同した（Kelly, 1943, pp. 116-17；Crouch, 1989, p. 137）。発明者自身ですら、全く確信が持てずにいた。よく引き合いに出される発言だが、ウィルバー・ライトは、意気消沈した様子で彼の弟に向かって「今後1000年の間に、人間が空を飛ぶことはないだろう」と述べた（Kelly, 1943, p. 72）。

50) アルミニウムは加熱と急冷の後の1週間の間に徐々に硬化するが、この硬化の過程は1909年、アルフレッド・ウィルム（Alfred Wilm）によって偶然に発見され、その後、全ての航空機製造でのアルミニウム使用へと繋がっていった。冶金学者たちによる時効硬化現象の説明は難航し、ほんの部分的な認識的基礎を解明するだけに何年もかかった（Alexander, 1978, p. 439）。

資本やスキルの専門化を促進するという意味をもつ展開であった。第2の要素は「モジュール化」である。部品は許容範囲の非常に狭いレベルまで同一になり，したがって完全に交換可能になった。18世紀の初めにクリストフェル・プールヘム（Christopher Polhem）が明確にして以来，モジュール化の利点は理解されてはいた。しかしそれを一般的に普及可能にした精密工学には工作機械が必要で，それが利用可能になったのは20世紀になってからだった[51]。モジュール化は，ある特定の種類の製品を全て統一した基準に適合させる「標準化」と密接に関係している。標準化はモジュール化と同様，生産段階だけでなく耐久財のメンテナンスでも役に立つ。あるT型車を修理できる者なら，どのT型車も修理できるようになる。これはまた，カタログと価格表によるマス・マーケティングにとっても必要不可欠だった。大量生産はまた，連続的な流れ作業を通じた「加速化」を伴った。連続流れ作業では雇用主が労働者の生産スピードを決めることができたが，それは連続的な物理的工程や化学的工程（製粉や精製）はもちろんのこと，組立てや家畜の処理などの解体を伴う生産工程でも起きた[52]。最後に，ある種の分野には「小型化」（スペースの節約）の傾向がある。それは小型モーターの設計や，最近の精妙なナノエレクトロニクスで頂点に達しようとしているマイクロエレクトロニクスの分野で生じてきた。

　生産組織の変化と並行して，労働の専門化が進行した。それには複雑な傾向が見られる。すでにマルクスが指摘したように，生産のルーティン化は，基本的に熟練労働を単純化し，特化していない同質的な労働を雇用し，操作が簡単という意味でますますユーザー・フレンドリーになっていく機械を使って単純作業を行なわせる生産を意味している。だが20世紀に入ると分業はますます高度化し，高度に専門化した無数の仕事や作業を生んだ。分業や専門化の利点は，アダム・スミスが『国富論』を書いて以来，様々に論じられてきた。

---

51) ハウンシェルは，ちょうどフォードが組立てラインというテクニックを導入した1913年に，機械産業ではおそらく史上初めて，常に精度の高い製品を大量に生産できる機械が製造できたと述べている（Hounshell, 1984, pp. 232-33）。
52) 時間節約となる技術進歩の重要性を強調しているフォン・チュンゼルマン（Tunzelmann, 1995）は，生産のスピードアップのために少なくとも4つの構成要素が必要なことを明らかにした。それは作業速度のアップ，より信頼性が高く修理の容易な設備による作業停止時間の減少，次の工程へ移るまでの時間の短縮，別の作業工程へ切り替えるまでの時間の短縮である。

原子力と抗生物質に加えて，20世紀における最も目を見張る大発明は半導体だった[53]。これら3つはすべて1940年代に登場したが，とくにエレクトロニクスは，他の発明との再結合とともに，命題的知識と指図的知識との間の不断のフィードバックが持続的で連続的な成長を生んだ唯一の分野である。その成長は今日まで全く減速する兆しが見られず，多くの人々が「ニュー・エコノミー」の先駆けであると信じている。ヘルプマンとトラテンベルグは，半導体のイノベーションの特殊な性質を指摘している (Helpman and Trajtenberg, 1998)。それは，他のテクニックと再結合する能力，川下のイノベーションとの補完性，そしてその結果としての多くの応用分野への浸透性であり，それらは汎用技術（GPT）と呼ばれるにふさわしい。19世紀後半の電気の登場以来，これに比肩できる大発明は少ない。それぞれ別の発明の大きな一群が登場し，それらが相互に再結合し，個々の構成要素の能力をはるかに超えるシナジー的なイノベーションを生む傾向を持っていた。1955年頃に真空管は，ウィリアム・ショックレー（William Shockley）がその数年前に発明した接合型トランジスターに取って代わられた[54]。1980年代から1990年代には，このハイブリッド・マシーンが高速の集積回路と結びつき，次いでマイクロプロセッサーがレーザーや光ファイバー，人工衛星，ソフトウェア技術と結びつき，さらには高密度RAMを可能にした材料科学やエレクトロニクスでの数々の新しいブレイクスルーと結びついた。いわゆるICT（情報通信技術）革命はコンピューターと同一ではないし，コンピューターにもそのような意味はない。「コンピューター」の生産性への影響に関する1990年代の議論も，そのため的外れである。1950年代から1960年代におけるメインフレーム・コンピューター，それに初期のパーソナル・コンピューター（当初はタイプライターや卓上計算機とさほど違うものではなかった）ですら，多くの使用目的が

53）コンピューターの歴史は本来的に古くなりやすいが，いくつもの優れたコンピューター史が書かれている（例えば，Campbell-Kelly and Aspray, 1996参照）。

54）すでにネルソン（Nelson, 1996）の定評のある論文が触れているように，トランジスターはここでの概念のよい例である。その認識的基礎は，半導体物質としてのシリコンの振る舞いに関する規則性だった。1931年のA・H・ウィルソン（A. H. Wilson）の業績は，それを量子力学の術語で説明したことだった。だが理論の多くの部分は，ショックレーの1949年の著書でようやく完全に理解されるようになった。ショックレーはその中で，接合トランジスターが，なぜ，どのようにうまく行くのかを示した。ネルソンが述べたように，「この理論自体が発明なのだった」(p. 170)。

あったとはいえ，現実には革命的な汎用技術ではなかった。

　歴史家が同時代の出来事を，ずいぶん昔に起きたことのようにある種の展望をもって分析する時には，常に性急で軽率であるようにみえる。しかし上述の議論は，半導体にかかわる一群の発明とその応用が，将来の歴史家たちからも1つの大発明と見られることを示している。これらは2つの産業革命と同様，前の時代と区別される不連続性を示している。真の技術上の大転換が起こるためには，蒸気動力や電気や化学工学でみられたように汎用技術以上のものが必要である (Rosenberg, 1998a)。知識の創出と利用における重大な変化が起きなければならない。情報革命の持つ意味は，我々が今まで新聞で読んだり，図書館で調べていたことをコンピューターの画面で読むといったことではない。それはあらゆる種類のコード化された知識に対するアクセスの限界費用（コスト）が劇的に低下することである。大きく改善されたコミュニケーションと，知識の貯蔵とアクセスのためのコスト低下が転換点だった，ということになるかもしれない。

　ICTの意義は，たんに生産性に対する直接的なインパクトだけにあるのではなく，それが「知識技術（ナレッジ・テクノロジー）」であり，知識へのアクセス・コストを変えることから，現在使われている全ての他のテクニックに影響を与えるところにある。これは，第1章で論じたように，Ω集合の決定的に重要な性質の1つである。命題的知識の集合が20世紀に達成した巨大な広がり（そして現在も指数関数的な速度で増加し続けている）を前提とすれば，さらなる専門化と狭い分野の専門知識化の進行は不可避である。一個人が既知の命題的知識の1つを安いコストで探せるような検索エンジンは決定的に重要だが，過重な負担を回避するために，情報を分類し評価する別の技術が必要不可欠になりつつある。事実，アクセス技術の変化なしに有用な知識が従来の伸び率で増え続けたら，情報管理の難しさから収穫逓減が始まってしまうに違いない。結局のところ1つの不変な固定要因が存在する。それは人間の頭脳である。人間の頭脳の柔軟性には目を見張るものがあるが，社会的知識のうち各個人が所有できる部分は，時間の経過とともに，たとえ総量としては増加するとしても，比率としては低下していく。現在の有用な知識の規模に対処する唯一の道は専門化である。知識に関するさらなる高度な分業の進行は，人間同士，さらには人間と記憶装置とのより良いアクセス関係を必要とする。インターネットはこのプロセスの頂点のように見えるかもしれないが，実際には過

去数十年間，蔵書目録，データベース，「メッドライン」のようなオンラインのアクセス手段といった，コンピューターを基礎にした情報の形で，アクセスの改善が続いている。(新しい指図を書く人は言うまでもなく)技術上の指図を実行していく人々の，全てではなくても何人かが，有用な知識へのより多くのアクセスをもとめるにつれて，必要な知識を見つけ，アクセスし，分類し，評価し，フィルターにかける手段が決定的に重要になってくる。

情報技術のこの側面が，我々の時代では技術的創造性の未来を握っている。20世紀末がユニークなのは，知識の規模が巨大化してアクセス・コスト削減技術に依存するようになり，それなしでは今までのような速度で前進できなくなっていることである。インターネットとその「検索エンジン」は，この情報革命の1つの要素に過ぎない。同様に重要なのは，制度的な要因である。つまり，専門職化の拡大および専門性のフォーマル化と一体になった，説得法および受容可能性の社会的慣行の確立である。ものごとを知るリソース・コストだけが知識へのアクセスの容易さを決定する唯一の変数ではない。それと同時に，情報の信頼性の問題がある。

アクセス・コストの低下は新しいテクニックの急速な普及に役立つ。それはただ単に，知識の存在が分からない限り新しいテクニックが使えないからではない。多くの場合，ユーザーにはその人特有のニーズと使用法があり，テクニックを自分の特殊な条件に合わせる必要があるからである。このことは農業に該当するが，サービス業や製造業にも同じように当てはまる。どこか別の場所に書かれた指図に基づくテクニックを実行する人は，その過程で生じる疑問に答えてもらう手段を必要としており，多くの場合，それは迅速で安価な通信手段を使って回答してもらうことができる。

そのうえアクセス・コストの低下は，もう1つの現象，すなわち技術的ハイブリッドと再結合（技術的複合と呼んでいいかもしれない）を通じて技術の進歩を促進してきた。λ集合の中の各々のテクニックを分析の1つの「ユニット」だと考えると，それは他のユニットと相互に作用し合って，全く新しいものを作り出すことができる。現代の大部分の装置類は，このような知識の複合された束が，数十，時には数百集まっている[55]。

既存のテクニックが再結合して新しいテクニックになるとの考え方は，決して

新しいものではない（Weitzman, 1996）。だが我々の枠組みの中では，このことは深い意味を持っている。テクニックは他のテクニック全体と合体する（これをハイブリッドと呼んでもいい）のみならず，指図と認識的基礎の部分集合を移入し，自分自身のものと結合すること（これは再結合と考えた方が適当かもしれない）ができることを意味している[56]。ハイブリッドと再結合は全く同じというわけではない。内燃機関とプロペラとグライダーを合体して飛行機を作ることと，自転車修理の基礎にある機械の知識を飛行機製造の際に生ずる特定の問題解決に応用することとの間には，概念上の違いがある[57]。しかしいずれにしても知識へのアクセスの改善は，ベスト・プラクティスのテクニックが広く使われるようになる可能性を高めるだけでなく，これらの複合型イノベーションの登場を生むことになるだろう。

だが知識への「アクセスの改善」とは，正確には何を意味しているのだろうか？ 公開領域に置かれた科学的知識ですら見つけ出す必要があり，専門家に解釈してもらう必要があり，実際に使用するためには再処理する必要がある。近年

---

55) 技術の「組換え」の程度は，不完全とはいえ，他の特許の引用や特許申請の中での科学文献の引用から近似できる。特許の引用はかなり研究されていて，最近の研究では，あまり関連性を持たない他の特許への言及が多数あることが示されている。この情報は特許権所有者の事後的な調査から得られるべきなので，ここでの結論は残念ながら小さなサンプル，しかも1993年だけのサンプルに基づくものになる。とはいえランク1（関係がない）からランク5（緊密な関係がある）までランクづけした場合，引用の44%がランク2を越えていないということは驚くべき結果である。このデータは1993年の特許についてなので，インターネット登場以前である（Jaffe, Trajtenberg, and Fogarty, 2000 参照）。

56) 他の技術と容易にハイブリッド化できるテクニックとして「汎用技術」を定義できるように（電力の場合に明らかである），「汎用知識」はまた多数のテクニックの中に写像でき，それらの再結合を可能にする知識と考えることもできる。この点で私はリチャード・R・リプシーに負っている。

57) 多くのテクニックには再結合の可能性がある。西洋の歴史では，時計作りがこの種のスピルオーバー効果を持つテクニック集合の最もよい例であるかもしれない。時計製造の知識はあらゆる種類の精密機械や精密機器への道を切り開き，時計製造者の何人かは重要な発明を行なっている。置時計製造者として訓練を受けた有名な発明家ベンジャミン・ハンツマン（Benjamin Huntsman）は，坩堝鋼技術の創始者であり，ジョン・ケイ（飛び杼を備えた織機を発明したジョン・ケイとは別人）は，アークライトが水力紡績機を開発するのを助けた。銃の製造も同様の役割を演じており，例えばジョン・ウィルキンソンの中ぐり穿孔機はワットがシリンダーを作るのを助けた。現代については，半導体が依拠した理論が改良熱電素子やベル研究所の太陽電池の源泉になったと，ネルソンは指摘している（Nelson, 1996, p. 171）。

経済学者たちは，マイケル・ポランニーの暗黙知と形式知の対置に戻ってきた (Cowan and Foray, 1997)。現代の技術はよりコード化が進み，通常のチャンネルからアクセスしやすくなっているかもしれない。しかし21世紀でさえ，記憶装置からは簡単に入手できず，それを所有する人を雇うことによってしかアクセスできない暗黙知が大量に存在する。現代のICTは暗黙知を所有する人を探し出すことを容易にし，もし可能なら，臨時にその人を雇うこともできるようにした。「ジャスト・イン・タイム」の専門知識を持った技術コンサルタントや下請け業者が多数登場してきた。その1つの理由は，現代のICTによってどこへ行ったらこの知識が見つかるかを知るのが簡単になった（あるいはもうワン・クッション入れて，こういう知識はどこへ行ったら分かるかを知っている人を見つけるのが簡単になった）ということを私は示唆したい。

近年の情報技術はまた研究のための新しい手段を作り出し，その結果，指図的知識から命題的知識への極めて強力なポジティブ・フィードバック効果を生むようになった。繰り返し述べてきたように，いまだに知識のかなりの部分は，現象の背後にあるメカニズムの把握よりは，非常に複雑な現象のカタログ化で成り立っている。発明はいまだに情報に基づく体系的な実験という，実践的かつ経験的なプロセスであり，何がうまく行くかを探すことであるにとどまっている。新薬を発見する過程は，ホフマンやエールリヒの時代ほどには幸運や直観に依存しなくなったとはいえ，今なお戦略よりも「力わざ」に依存することが多い。蛋白質の分子構造は非常に複雑なので，高度に洗練されているとはいえ，何がうまく行くかを探して観察するという，旧来の素朴な方法が今なお使われている。遺伝子や蛋白質や，気が遠くなるほど複雑なその相互作用に関するデータベースは，ペタバイト（メガバイトの10億倍）単位のコンピューター・メモリーを必要とする。分子生物学は自然界に関する知識を拡げ，それを基礎にした現代の薬剤の研究開発は「ガイド付きの発見」と呼んだ方がいいかもしれないが，それは依然として，伝統的な経験に基づく発見テクニックの現代版である。エンジニアリングでもコンピューターは必要不可欠となった。かつては微分方程式を解くことの難しさが，理論モデルをエンジニアリングに応用する際の制約となっていた。賢い物理学者とは，解く必要がないように，解けない方程式のパラメーターを再配置できる者のことであると言われてきた。コンピューター・シミュレーションはこ

うした困難を回避し，厳密な閉形式解が存在しない場合に要素間の関係を知ることを助け，ベーコン的な自然を「拷問する」究極の実例を示しているのかもしれない[58]。近年のシミュレーション・モデルは拡張されて，化合物が人間の体に及ぼす影響を含むまでになっている。コンピューターとその認識的基礎との間の相互補強関係が，どのように吸引域を離脱しコントロール不能なスパイラルとなって好循環を生み出すかを見るのは，容易なことである。このような不安定性にこそ，経済成長における「有用な知識」の役割に関するクズネッツのビジョンの特徴がある。しかし ICT が国民所得統計に及ぼす効果を直接的に探ることは，『百科全書』が 18 世紀のフランスの経済成長に及ぼした効果を探るのと同じ程度に，無益なことだろう。

有用な知識と経済成長

生産性や経済成長において知識革命が持つ意味は，技術変化の経済学や生産性測定研究の中心的課題となっている。だが奇妙なことに経済学者たちはこれまで，知識進化の「ブラックボックス」の中には立ち入っていない（F・M・シェーラー，リチャード・ネルソン，ネイサン・ローゼンバーグなどの少数の例外はあるが）。そうではなくて，一般的に生産性の測定は，技術進歩を外生的なものとして扱っている。内生的な成長モデルはブラックボックスを開けようと試みてきたが，ブラックボックスの中に別のブラックボックスを見つけたにすぎなかった。ここで定義したような人間の知識の分析は，このブラックボックスの内部を理解するためのささやかな一歩である。進化心理学者（Nelson and Nelson, 2002）や進化的認識論者（例えば，Plotkin, 1993；Wuketits, 1990）の多くによって論じられてきたように，

---

58) 今なおより強力なコンピューターの開発が待たれている，解決が最も困難な多くの問題がある。統計的に等方性を持つ乱流（乱気流を高度に理想化し単純化したもの）の直接の数値シミュレーションは，レイノルズ数（密度，速度，飛行機の大きさの変数）の 3 乗に比例する。乱気流を最も単純化した形で近似して今日の最速のコンピューターでシミュレーションを行なうと，5000 年はかかるだろうと言われる。この点に関しては，私の同僚であるノースウェスタン大学応用数学部門のモシェ・マタロン（Moshe Matalon）の助力に負っている。

人間の知識はより大きな進化的パラダイムの一部として分析しうるし，分析される必要がある。こうした試みは経済学の分野でも，1982年にネルソンとウィンターによって開始されたが，しかし現在までのところ，経済史の分野にはほとんど応用されていない。だがこの分野での限界生産物はとくに大きいように見えるのである。

命題的知識と指図的知識との間の相互作用は19世紀に入って強くなった。それは今までにはなかったポジティブ・フィードバックのメカニズムを創出した。しかもそれは，ヘレニズム時代の科学者間や宋の時代の技術者間には存在しなかったし，17世紀のヨーロッパにすら存在しなかった。その意味において，クズネッツの洞察の正しさは完全に証明されている。1850年以後の数十年間に登場した有用な知識は，真に「社会的なもの」だった。しかしこの「社会」は，グローバルではなかったが，国際的だった。これに対する抵抗や制度が持つ惰性を克服できた社会は，かなりの代償を払うかもしれないが，「このクラブに参加」することができた。形は非常に違うが，日本とロシアも参加を決断した。

知識の経済史が示しているのは，総産出量の数値やその生産性上昇率という観点からの分析を重視することが，長期にわたる急速な経済成長を理解するうえであまり役に立たないかもしれない，ということである。そのような見方では，過去2世紀の間の最も大きな発明のいくつかが持つ「経済的」なインパクトを，ほとんど完全に見失ってしまう。デロングはその1つの理由をあらためて述べている（DeLong, 2000）。所得や生産性の計測では，全く新しい製品の出現を適切に扱うことができない。所得のラスパイレス指数は，過去のある年のバスケットを計測し，それが今日いくらになるかを問うている。つまり現在の生活水準を過去のそれと比較し，今日の「我々」の所得で，当時どれだけの買い物ができたかを問おうとしている。しかし技術進歩の大事な点は，たんに財がより廉価に生産できるようになったことではない。もしそれだけのことだとしたら，このような指数は技術進歩を正確に計測していることになるだろう。しかし実際には，昔なら想像さえできなかった新しい消費財が登場し，それらが経済的厚生の直接の比較を無意味なものにしている。我々はこうした観点で，第1次産業革命から第2次産業革命へ，さらには20世紀への進歩を見ている。19世紀初めの産業革命は，新しい消費財をあまり多数生み出さなかった。1830年の消費バスケットは，1760

年当時とそれほど大きく変わってはいなかった。しかしそれは1914年には，もう当てはまらなくなった。そして20世紀末には，それまで思いもよらなかったニーズを満たす新製品（ウォークマンやインターネット・サービスのプロバイダー）や，昔は満たされなかったニーズを満たす新製品（レーザーによる視力矯正手術）が，加速度的な速度で登場し続けている。伝統的な計測では進歩が過小評価され，それによって成長率を過小評価することになる。

そのうえ商品は変わっていくし，定量化が非常に困難な形で改良されていく[59]。ある側面では，定量化は困難である。摩耗度の改善とか，維持・修理が簡単になるとか，使いやすさの改善などがその中に入る[60]。さらには，多様化と選択の幅が広がること自体が厚生の向上であることや，現代の技術がモジュール化した部品から消費者が自分用の最終製品を「デザイン」できるマスカスタマイゼーションを可能にしたことなどは，繰返し指摘されてきたところである（Cox and Alm, 1998）。

---

[59] 極めて適切な例をデロング（DeLong, 2000, p. 7）が紹介している。1895年に『ブリタニカ百科事典』の価格は35米ドルであった一方，現在ブリタニカの印刷版は1,250ドルで，労働コストでみると約1/4になっている。だが『ブリタニカ百科事典』のCD-ROM版は，たったの50ドルである。この2つをどう比較すればよいのか？　内容的にはこの2つともが同様に，世界の姿を網羅的で信頼するに足るものとして描写していると仮定すれば，CD-ROM版は値段が安い上に，いくつかの大きな利点をもっている。保管に場所をとらず，必要な情報へのアクセス時間は少し短く，便利である。そのうえより強力なイメージ（ビデオ画像）と音声も伴っている。要するに，1895年時点で高速のコンピューターを持っていた読者なら，どうみてもCD-ROM版を選好しただろう。

[60] この点は，照明の実施コストに関する先駆的な研究の中で，ノードハウス（William Nordhaus, 1997）が不十分ながら強調しており，消費者にとっての利益は，通常の方法では過小評価されてしまうという彼の結論を補強するものとなっている。ローソクや石油ランプから電灯への転換は，1ルーメンあたりで見てより安価だということだけではなかった。それと同時に，電灯はスイッチの切り換えが簡単で，火災事故発生の可能性を小さくし，ちらつきを減らし，不快な臭いや煙を出さず，光の向きを変えるのが簡単だった。

第4章

技術と工場制

　　近代の工場制の導入は，非常な広範囲に及ぶ結果を伴っていた……工場制手工業は，消費者の住居および消費者自身とも切り離された場所での労働者の雇用を意味していた。
　　　　　　　　　　　　　　　　　　　　　　　────マックス・ヴェーバー，1923年

　　毎朝何百万という人間が1つの建物（自宅）からもう1つの建物（職場）へと向かって進み，毎夕，逆方向へ向かって進む，という光景は，今後半世紀の間に，異常なことと思われるようになってしまうかもしれない……通勤は時間と，建物の収容能力の浪費である。自宅である1つの建物が日中空っぽで，もう1つの職場である建物は通常，夜中は空っぽである。こうしたことは，我々の孫たちの眼には，異様なことと映るかもしれない。　　　────フランシス・ケアンクロス，1997年

はじめに

　技術は本当のところ，我々の生活や幸福に何をもたらすのだろうか？　過去2世紀における技術革命の歴史では，技術がたんに産出量と生産性と所得で近似される経済的厚生だけに影響したかのように記述されている。もちろんこれらは技術進歩のうちで最もよく理解され広く研究されてきた側面ではある。しかし技術進歩は，さらに重要な意味をもつかもしれない別の側面にも影響を与えていた。それらの中には，基礎的な生産単位の最適規模と生産が行なわれる場所の問題がある。また反対にこうしたことが，「仕事」が特殊な場所で遂行されるのかどうか，したがって家庭と会社が物理的に分離されるのかどうかを決定することになる。

　教科書的に言えば，1760-1830年の産業革命は「工場の勃興」をもたらした。この種の全ての歴史的「事実」と同様，これは単なる近似にすぎない。現実には産業革命に先立って多数の大規模な企業が存在したし，古典的な「産業革命」以前ですら大きな製造所（plant）で働いていた人々がいた。とはいえ産業革命が消

費単位（家庭）の生産単位（工場）からの物理的な分離の進行を意味していたことには，疑問の余地はない[1]。「工場（factory）」という用語の中には2つの経済現象が混在している。その1つは，従来の職人や家内労働者を1つ屋根の下に集めたということである。労働者は同じ屋根の下で，多かれ少なかれ彼らが今までやっていたのと同じことを継続して行なっていた。それが自分の家庭から離れた場所でだったという点だけが異なっていた。これは手工業的工場（manufactories）と呼ばれることがある。もう1つの現象は，生産技術のより急激な変化を伴っていて，機械化と固定資本への相当な投資と，厳しい監督および厳格な規律が組み合わさった製作所（mill）として知られるものである。もちろん実際には，こうした明快な2分法はあてはまらない。新しい製造所（plant）の大部分はこの2つの「理念型」の混合であり，「手工業的工場」の相対的重要性は長い年月をかけて低下していった。

　本章の目的は，以下を示すことにある。知識と技術は工場の出現を促進した大きな要因だったが，それはこの2つが，情報の移動と対比される，人間の移動の相対的なコストと便益を決定したからだった。ロナルド・コース（Ronald Coase）とオリヴァー・ウィリアムソン（Oliver Williamson）は，企業の存在を説明するために「取引コスト」を提唱したが，こうしたコストが取引コストと重なるのは一部だけである。企業（firm）と製造所（plant）との現代的な区別をしっかり認識しておく必要がある。私がここで主として関心を持っているのは，仕事が遂行される場所の問題である。重要なのは所有とか組織それ自体ではなく，場所なのである。

　企業に関する標準的な理論では，企業は不確実性や日和見的な行動を減らすために，外部とのフォーマルな契約を企業内の職階制で置き換え，インセンティブを設定して行為主体から効率的な反応を引き出すとされている。企業は労働者を

---

1) マックス・ヴェーバーは，本章冒頭のエピグラフで引用しているものの，こうした側面を強調した最初の人物というわけではなかった。ポール・マントゥーは産業革命に関する現在でも第一級の著作（初版は1905年に出版された）を，次のような言葉で始めている。「近代的な工場制は，18世紀の最後の3分の1世紀にイングランドで始まった。当初からその影響はすぐに感じられ，非常に重要な諸結果を生んだので，いち早く革命に喩えられた。これほど広範囲に及ぶ諸帰結を伴った政治革命はほとんどなかったと，確信を持って言えるかもしれない」（Paul Mantoux, [1905] 1961, p. 25）。

雇うこともできるし，供給者との間で1回限りの取引もできるし，長期にわたって繰り返されるような関係を結ぶこともできる。だがこの理論では，生産が行なわれる場所を完全に特定することができない。労働者が家庭で働くか，1か所に集まって働くかは，人間を移動させる場合と情報を移動させる場合とを比較した費用対効果に依存するし，産出物の構成や資本−労働比率の変化に依存する。そしてこの変化が，工場や企業に労働者が出勤する必要があるような生産活動と，そうではない生産活動に対する労働需要を変えていく[2]。人間を輸送するコストと情報を伝達するコストはともに，過去2世紀の間に低下してきたが，この両者の比率の変化が複雑な形で生産の場所に影響を与えてきたのである。

技術と製品構成が変化した結果，集中のメリットが今までとは違った方向に向かって動きつつあるのかもしれない。集中のメリットは，生産を行なうのに必要とされる知識の規模と複雑さに直接的に関係している。この知識（または，「コンピタンス」）は，あるテクニックに含まれている指図を実施していくのに必要なものである。これはテクニックを発明し，開発し，設計する際の認識的基礎となる知識とは異なっている。技術の改良の一面は，複雑なテクニックをよりユーザー・フレンドリーなものとし，ある意味では単純労働化することにより，テクニックをより実施しやすくすることを含んでいるかもしれない。

産業革命以前でも大企業は広くみられた。しかしそこで働く従業員の大部分は家内工業（cottage industry）で働いている家内労働者であり，仕事の多くは前貸し（プッティング・アウト）によっていた。このシステムでは，「企業」（つまり，商人企業家）が原材料，中間製品と，多くの場合工具や装置までも所有し，物理的な生産だけを各家庭にいる労働者に外注していた。こうした「家内制（domestic system）」は，もしも原材料と道具の間の補完性が高ければより効率的だったかもしれない。だが資本市場は未発達だった。オリヴァー・ハート（Oliver Hart）とサンフォード・グロスマン（Sanford Grossman）たちの企業理論が示すように，この世界では所有権に管理や意思決定といった他の権利が伴っていた。その結果，商人企業家また

---

[2] 最近の論文の中で，ラマロー，ラフ，テミン（Lamoreaux, Raff, and Temin, 2002）は，情報コストと輸送コストが経済活動が起きる場所とその組織を決定すると述べ，これらのコストが時間とともに全て一様に低下することを懸念している。だが企業組織の変化は，決して一方向的ではない。この現象の1つの原因は，彼らが適切に指摘しているように，新たな調整テクニックの登場である。

は資本所有者は，何を，どうやって，どれだけ生産するかを決定できただろう。しかし技術的には大部分の場合，1か所に集中して生産を行なう必要性は少なかったかもしれず，このため大きな製造所を持たない大企業が存在したのかもしれない。

　産業革命前の西ヨーロッパでは，大部分の労働者が自営農民か熟練職人であり，「企業」と「製造所」と「家庭」を区分することは無駄である。より大きな企業の一部に組み込まれた人々には前貸しが解決策であった。これに対し，問屋制が存在する1つの条件は，労働の対価を出来高払いで支払うことだった。家庭での労働では，時間のモニタリングが不可能だからである。定説では工場，工業都市，工業での賃労働あるいはプロレタリアートなどは全て，18世紀の最後の数十年間と19世紀の前半に生まれたことになっている。実際はこの移行は長期にわたり，いつまでも終わらなかった。しかし我々の知る限り1914年までには，労働力の大部分はもはや家庭では働いていなかった。

　20世紀の終わり頃に，振り子は逆方向に振れ始めた。テレコミュート（telecommute）の信奉者たちが，適切なネットワークで結ばれた家庭が再び仕事を行なう主な場所になるという，産業革命前の状態への回帰を予測し始めた。「距離の死」は今後，生産は「いかなる」場所ででも行なわれるようになることを意味しているのかもしれない。したがって，従業員がどこか中央の施設に集まる必要性が減少していくのかもしれない。もちろん喧伝されている工場の死を云々するのは時期尚早かもしれないし，ましてそれを予測したり，未来を思い描くことに加わったりするのは，私の目的ではない。そうではなく，本章では工場制（factory system）の出現の原因と結果を再評価することを提案したい。そしてこの過程における技術変化の役割を整理し，近年における逆転現象の始まりを吟味し，これらの結果のいくつかを，現代的な政策的意義を持つ諸問題に適用してみたい。

産業革命と工場の勃興

　産業革命以前の製造業は，フランソワ・クルーゼの言葉を借りれば，産業資本家なき産業だった（François Crouzet, 1985, p. 4）。これはまさに独立した熟練職人に

当てはまった。彼らは自分の家族および家族に組み込まれた少数の徒弟の助けを借りて，自分自身の責任で働いていた。何らかの形で資本家に雇われた労働者もまた，大部分は自分自身の家庭内で働いていた。マックス・ヴェーバーはこの点について，次のように明快に述べていた。すなわち，近代の工場の際立った特徴は，「工場内の労働の規律であり……それに技術的な専門化と調整，それに人力以外の動力が結合されていた……作業場，労働手段，動力源，原材料が，たった1人の同じ人間の手に集中した。この結合は18世紀以前にはほとんど見られなかった」(Weber, [1923] 1961, pp. 133, 224)。

すでに述べたように産業革命前に大規模な製造所が全くなかったわけではない。例えばポラード (Pollard, 1968) は工場の勃興に関する優れた著作の中で，イギリスの3つの大規模製造所について述べている。これらの製造所では，1750年以前でもそれぞれ500人以上の従業員が雇用されていた[3]。全産業の中で最も「近代的」だったのは，生糸の撚り合わせだったのかもしれない。1718年にトーマス・ロンブ (Thomas Lombe) によってダービーに建設された生糸製作所は，300人の労働者を雇い，5階建ての建物の中にあった。ロンブの特許の期限が切れると，ロンブの製作所を手本にした大きな製作所が他の場所にも建設された。これと同じくらい有名なのはクロウリー製鉄所である。これはミッドランズのストーブリッジ（バーミンガムからさほど遠くない処）に1682年に建てられ，ピーク時には800人の従業員を雇っていた。しかしこれらの例外的な企業は，近代の工場とは全く異なっていた。仕事の多くは職工長たちに外注され，彼らは自分の家または作業場で鉄を作った。アンブローズ・クロウリー (Ambrose Crowley) は，労働者の監督，監視，仲裁のシステムを作り上げた点で例外的だった[4]。溶鉱炉を使った製鉄，醸造，造船，鉱業，製紙，建設業など，いくつかの産業では以前から家庭外で生産が行なわれてきた。これらの産業では，家庭的な規模では経済的な生産が行なえなかったからである[5]。1770年以前にも繊維産業では，監督者が

---

3) タン (Tann, 1970, p. 3) は17世紀の多数の大きな作業場について述べているが，それらは「例外的なケース」だとしている。
4) フリン (Flinn, 1962, p. 252) の洞察力に富んだ伝記は，クロウリーの会社を「小人時代の巨人」と呼び，彼の大規模な産業組織の成功例に続くものは1世紀後までなかったと述べている。
5) 最も規模の大きかった企業の1つは，ウェールズのニース炭鉱だった。炭鉱業はその性質

いる作業場での生産が，デヴォンの毛織物業やキャラコの捺染業で見られた (Chapman, 1974)。しかしヨークシャーの羊毛，ミッドランズの金属といった産業では，集中化された作業場での生産は全体のほんの2, 3の工程だけであり，我々が現実の「工場」について連想する統制や規律が存在することはごく稀だった。可能な場合，仕事は家庭で働いている小規模な熟練職人たちに外注され，規模の経済性が重要な時には，彼らは協同組合を作って協力し合った[6]。したがって初期のこうした工場ですら，家内制と家庭外での生産の必要性との，妥協の産物だった。

　このように，産業革命は工場制を「発明」したのではなかった。しかし徐々にだが容赦なく，産業革命は未だかつて存在しなかった分野で工場を創出していった。大部分の企業では，家内制から工場制へと突然切り替わるということはなく，機械化が進み，技術的な複雑さが増してきて，労働者を1つの屋根の下に集める価値があるようになるまで，いくつかの工程は家内労働者に外注され続けた。綿工業が，この混合工場制の良い実例を示してくれる。1760年当時，綿工業は圧倒的に家庭が担う産業だった。しかし水力紡績機械が全てを変えてしまった。クロムフォードにあったリチャード・アークライト（Richard Arkwright）の工場は約300人の労働者を雇っていた。アークライトはまた，スコットランドでニュー・ラナーク製作所の設立を支援したが，そこでは1815年には，1,600人の労働者が雇われていた（その大部分は建物内で働いていた）。このような大きな企業は，たぶん，例外だった。しかし1800年までには，イギリスには約900の綿紡績工場ができ，その3分の1は50人以上の労働者を雇う「製作所（mill）」であり，残りは一握りの数の労働者を雇っている小屋兼作業場（workshop）だった。しかも後者の零細作業場ですら，家内規模よりは大きかった。ミュール紡績機の発明，とくにそれが蒸気機関と結びついてからは，企業規模の分布状況が変わった。1790年代の初めでは，綿紡績製作所の大部分が雇用者数10人以下の小規模なもので，300人から400人程度の労働者を擁するアークライト型の製作所は少数

　　上，家庭外への出勤が要求された。炭鉱夫ですら家族同伴で雇用され，賃金は出来高給だった。そのためある意味では多くの炭鉱労働者を，下請け業者と見なすことができるだろう。
6) したがって西ヨークシャーの毛織物業では仕上げ工程で動力装置を必要とし，共同組合形態で行なわれていた（Berg, 1994b, p. 128）。

だった。それが1830年代の初めまでに，マンチェスターの平均的な製作所で約400人の労働者を使っていた。この数字は推測や同時代人の証言などでなく，適切な統計をもとにした推計による。それまでの非常に巨大な製造所や非常に小さい製造所は，150人から400人の労働者を擁する中規模の製造所によって置き換えられた。この時点までには，家内紡績業者はすでに消滅してしまっていた。

　綿工業の他の工程のいくつかも，急速に工場化した。綿を梳く工程，捺染，漂白は全て工場に吸収されてしまった。しかし織布工程だけは違っていた。発明家たちはいろいろな機械式織機を実験してみたが，1820年代に至るまで，力織機は有望でなかった。この時まで織工たちは，手動式織機を使って自分の家庭で機織りを行なっていた。彼らは工場によって脅かされなかっただけではなく，当面は繁栄を続けていた。1820年代以後の力織機の普及に伴い，家庭内の機織りは急速に消滅していった。そうして手織りの織工たちはとても勝ち目がないと感じ，工場に就職していった。

　木綿以外の繊維産業でも，工場化は進行していった。毛織物業では紡ぐ工程は早い時期に機械化され，急速な工場化への移行という点で，綿工業と同じような軌跡を辿った。しかし毛を梳く工程は機械化が難しく，家内または小規模な生産者にまかされていた。撚り糸を紡ぐ工程までが工場内で行なわれるようになる19世紀中頃になってはじめて，それは工場に組み込まれた。ここでもまた，生産のある段階が工場内で行なわれる一方，他の段階は家庭内で行なわれるという「混合」システムを見ることができる。工場化は羊毛の場合，木綿よりもさらに遅れたが，それは梳かれた羊毛を紡ぐ工程の機械化が難しかったからである。亜麻紡績では，フランスで発明され，1825年頃にイギリスで採用された湿式紡績法を使った大規模工場が登場した[7]。だが亜麻布の手織り機は19世紀の後半まで存続し続けた。全体として見ると，家内生産から工場生産への移行は繊維産業において最も劇的だったが，この部門においてすら完全な移行には1世紀以上を要したのである。

　その他の産業では，移行は目覚ましくはなかった。1760年までにいくつかの

---

7) イングランド北部の都市リーズのジョン・マーシャル（John Marshall）はイギリスの代表的な亜麻紡績業者であり，彼の大製作所は世界的に有名だった。この建物の建築家は，エジプト中部のカルナークにある一階建ての神殿をもとに設計した。

大規模企業が存在しており，またいくつかの理由で，家内製造業が延々と長期間にわたって存続し続けたからである。これは特に製鉄業の場合に当てはまる。1750年頃には少数の大規模な製鉄所はあったものの，製鉄業の大部分は小規模経営であり，作業の多くは鍛冶屋や釘製造業者の自宅に隣接した小さな鍛冶場で営まれていた。しかし，1785年頃のコートによるパドル法の発明が錬鉄業の姿を変えてしまい，精錬工程の大規模生産を効率的にした。いくつかの新しい製鉄所は前例のない規模のものとなった。ウェールズのサイファースファ製鉄所は1810年には1,500人，1830年には5,000人を雇用していたし，ダウレイズ工場もこれに匹敵する規模だった。だが同時に金属器具やエンジニアリング業では，小規模な作業場が圧倒的に多かった（Berg, 1994b）。刃物，玩具，兵器，釘，バックルなどをつくるシェフィールドやバーミンガムの金属加工業では，大規模工場は稀で，生産の多くは小規模な作業場や家庭内で行なわれ，より大きなものは散見されるだけだった。

　このように見てくると，労働者が1つ屋根の下に集められ，規律と監督に服して働く工場制の勃興は，過去との重大な断絶ではなかったと感じられる。産業革命がもたらした非連続性は，時にはあまりにも誇張されてきた。それは「資本主義的」な生産の始まりではなかった。それ以前からあった問屋制を非常に職階制的に，かつ厳しく管理して運営することもできた。それはまた，機械化された生産の始まりでもなかった。中世の時代から多種多様な機械が広く使用されていたのである。そのうえ産業革命以前の製造業は，多種多様な技術的ニーズに対応できる組織形態を生んでいた。例えば分業はかなり高度なレベルで行なえたし，現に行なわれていた[8]。しかしそれにもかかわらず産業革命は，家庭が生産の有力な場としての地位を失っていく過程の始まりを画することとなった。これが真実だとすれば，人々が働いた場所が20人の作業場だったか，400人の工場だったかは，ひょっとすると重要ではなかった。この変化が持つ福利厚生面やその他の経済的な影響こそが，広範囲に及んだのである。

---

8) さらにバーグ（Berg, 1994b）は，分権的な組織形態はイノベーションに適していて，「フレキシブル・スペシャライゼーション」を実行している小規模企業が工場の代替になり得たと主張している。

工場化の意義

　場所的な単位としての近代工場の増加は社会的に大きなインパクトを持ったが，それを最初に認識して記述したのはマルクスだった。マルクスは「疎外」という概念を創造し，工業プロレタリアートの台頭の歴史的重要性，従順で順応性のある労働力を形成する必要性，そして労働者が見知らぬ人々と交わり，作業現場の苦労と工場の時間の強制に耐えながら人生の大きな部分を過ごすことの意味を強調した[9]。現代の多くの著述家たちはマルクスの見解を鸚鵡返しに繰り返している[10]。

　工場の増加が厚生面で家庭に及ぼす影響は，マルクスが関心を持った社会現象の領域を越えている。この中には通勤の社会的なコストも含まれる。工場の初期の時代の通勤の頻度や平均通勤距離などはほとんど分かっていない[11]。都市での大量輸送機関が出現する前は，労働者が通勤する唯一の方法は徒歩だった。それが通勤距離を制約し，多くの工場長たちはいわゆる「工場村」の中に労働者が住む場所を提供しなければならなかった。しかしこうしたことは都市部では稀だった。技術変化がもたらした通勤時間の増加は，国民所得統計では十分に把握できない形で，全体的な厚生を低下させた。通勤によって多くの人々が余暇を失ったからである。通勤の時間コストが高賃金によって埋め合わされている限り，こうした厚生面のコストは他の人々が負担した。しかしそれでもなお，社会全体としては，誰かが払わなければならなかった。通勤時間の変化はGNPそれ自体の計

---

9) 産業革命前のいくつかの産業で行なわれていたように，工場労働者を家族単位で雇うのは良い考えのように見えたかもしれない。こうした慣行はごく普通に見られたと何人かの著述家が主張したが (Smelser, 1959)，他の研究者たちはそれが労働力全体のごく小さな部分で起きたにすぎないことを証明してきた (Landes, 1986, p. 610, n60)。

10) ポラードは「労働者の側には，1つの大きな建造物の中に集まりたい強い欲求はまったく存在しなかった」とのアシュトンの簡潔なコメントを，「滑稽と言ってもいいほど控えめな表現」として引用している (Pollard, 1986, p. 105)。

11) イギリス議会文書 (Parliamentary Papers, 1831-32) に引用されている通勤距離は，印象的である。たっぷり1時間は歩く距離のところに住んでいるという労働者の証言が，繰り返し現れる (pp. 5, 19, 95, 98, 350, 365)。この距離がごく普通だったのかどうか結論づけるのは，この資料では難しい。どちらにしても通勤の時間コストは，産業革命前にはほとんどなかった社会的費用を表していた。

測を「歪め」ないが，余暇が通勤時間に置き換わることは，集計量を変化させないで厚生の水準を変えるだろう。こうした歪みは1850年以前は小さく，所得増加との対比で見れば，おそらくその後もさほど大きくはなかっただろう[12]。だが通勤時間の突然の増加は，経済的厚生という点では大きな意味を持ったに違いない。

関連はするが工場の増加に伴うこれとは異なった厚生の減少は，余暇と所得との間の選択がほとんどできなくなったことである。以前の体制下では基本的に，家内労働者は余暇と所得とのトレード・オフ関係で基本的にどんな選択もできた。所得を犠牲にすれば，好みに応じて労働を減らす選択もありえたのである。いったん労働者が工場体制の下に置かれると，この選択の自由は大きく制約された。当時はパートタイムの従業員は稀だったし，欠勤は通常罰金や解雇の原因となった。より少ない余暇とより高い賃金の組み合わせですら，それが「問答無用（オール・オア・ナッシング）」の選択となれば，明らかに厚生の減少となる[13]。余暇の量を選択できなくなったことに加え，労働者は余暇を取る「タイミング」も決められなくなった。工場制は時間配分をも統制し，個人の好みや時間選好の柔軟性には余地が残されなくなった。そのうえ工場が，機械の速度に追いつくように，より早く，より勤勉に働くよう労働者を駆り立てている限り，労働者は「仕事中」に取れる余暇を削減されて，いっそう選択肢を奪われることになった。工場所有者は，例えば許可なく部屋を離れるなど，労働者の休憩時間外に行なっていいことといけないことを厳しく制限した。こうした形での労働者の自由度の低下は，家庭内で所得と子どもの面倒をみることなどの家庭内サービスとを同時に生産する機会が容赦なく削減されることで，ますます進んだ。家庭内でマルチ・タスクを行なっていく機会の喪失は，厚生の尺度としての所得統計にさらなる上向きの偏りを与えることになった。

---

12) ノードハウスとトービン（Nordhaus and Tobin, 1973, p. 521）も同じ主張をしている。彼らの著書は国民所得勘定を，近代化の途上に見られる多くの両義性に合わせて修正する数少ない試みの1つである。

13) もちろん実際には，労働者は「問答無用」という厳しい管理方法から予想されるものよりも，もっと自由度の高い選択の自由を行使することができた。欠勤に関してしばしば聞かれる苦情，特に「（日曜日に遊びすぎた翌日の）聖月曜日」の常習的な欠勤は，労働者を条件づけるには何世代もかかったことを示している。とはいえ資料が示すところでは，月曜日を休む習慣は19世紀までに減少していった（Voth, 1998）。

もちろんそのうえに，家庭と比べた場合の工場の非金銭的な特徴がある。実際の工場の状況にはバラツキがあり，「暗くて，悪魔的な製作所」や巨大な炭鉱所が，大部分の労働者を雇用していたわけではないものの，騒音が激しく危険な新設の製作所への移行は，おそらく大部分の労働者の厚生を減少させただろう。もしも工業都市や工業村での工場労働や工場生活が，より酷く，危険で不愉快なものになっていたのであれば，実質賃金の上昇は，それらを補塡する差額だと解釈されるべきだろう[14]。ところが実質賃金が全国的に目覚ましく上昇したとする証拠は，疑問視されてきた（Feinstein, 1998）。もしも実質賃金が目立って上昇しておらず，一方で労働条件が悪化しているとすれば，全体として経済的厚生が減少した可能性は排除できない。

　労働者はなぜ強制もされないで，自分たちの効用を減少させるような工場での労働に自発的に同意したのか。これは経済学者にとっては，一種の論理パズルである。多くの労働者には差額の補塡として工場や炭鉱勤務の割増手当が支払われ，住居，子どもの教育，さらには乳牛のようなものにまで給付金が支給された（Chapman, 1967, pp. 159-60）。これらでは不十分な場合，工場所有者たち，とくに田園地帯にある工場の所有者たちは，貧困家庭の子どもや救貧院から「借りてきた」孤児たちに依存した[15]。しかしそれらを超えて産業革命の経済的ロジックが意味したのは，仮に工場労働が以前よりも労働者の暮らし向きを悪化させたとしても（家庭内に留まるより悪くはなかったとはいえ），労働者は結局工場で働くしかなかったかもしれないということである。多くの工場労働者予備軍の機会費用は，彼らが家内工業で稼げる水準で決まっていたからである。しかしこの機会費用は，工場との競争により急激に低下し，大部分の場合1850年までにはこの選択肢自

---

14) この影響は，ジョン・ブラウン（John Brown, 1990）の優れた論文で計測されている。彼は実質賃金の上昇にもかかわらず，「実質上，生活水準の改善は少なくとも1840年代まで，多分19世紀の前半まではなかった」と結論づけている（pp. 612-13）。

15) 救貧法当局と製作所所有者との間のいくつかの取引は，奴隷貿易そのものだった。1796年のサミュエル・オールドノウ（Samuel Oldknow）による，クラーケンウェル教会区からの70人の子どもの購入などがその例である（Mantoux, 1928, p. 411）。救貧院の労働力を求めて近隣の田園地帯をくまなく探し回るため，人集め業者が送り込まれた。これらの子どもたちの中には，国の反対側の端から連れてこられた子もいた。ある種の産業資本家にとって，貧しい徒弟は安価で満足のいくものだったが決して自発的とは言えない労働形態だったことを，このことは示している。

体がもはや存在しない状態になっていた。製品価格の容赦ない引き下げにより，工場は家内労働者の収入を減少させ，家内労働者（およびその子孫たち）に家業を放棄させ，工場で働く道を探すか，他国へ移住するかを迫った[16]。

労働者を家庭から引き離したということは，人的資本の形成がこれまでとは違うルールに従い始めたことを意味していた。工場制が勃興する前は，教育と職業訓練や人的資本形成に関心を持っている経済主体は，本人を除けばその両親だった[17]。しかし工場の増加により，雇用主が労働力の教育と訓練にますます積極的な関心を持つようになってきた。工場の固定資本とそれを運営するのに必要な人的資本との間には，明白な補完性がある（Galor and Moav, 2001 参照）。資本家階級が開始した労働者の訓練が，産業革命とともにますます重要になっていったことを示す証拠がある。1750 年頃に供給が潤沢だったスキルは，大部分は鍛冶屋のスキルであって，数学的な計器製作者のスキルではなかった。機械は，イギリスにおいてすらこのような希少なコンピタンスを要求していた[18]。

だが教育の大きな部分は技術に関するものではなく，社会的・道徳的なものだった。家庭という場で労働時間を過ごしてきた労働者は，命令に従い，他人のスペースや財産権を尊重し，時間を厳守し，従順で冷静であるべきことを教えられなければならなかった。初期の産業資本家は，労働者を社会的に条件づけるためにかなりの時間と労力を費やした。とくに中産階級の価値観や態度を教える場所として開設された日曜学校は，工場制が要求するインセンティブに対して労働

---

16) こうした帰結を示すモデルは，工場における労働生産性が家内工業よりも高いことだけを前提条件としている。このような産業革命の一般均衡モデルの論証は，モキイア（Mokyr, 1976）参照。

17) 大規模問屋制産業は，通常低レベルのスキルしか必要としなかった。より熟練した職人は，多かれ少なかれ独立していた。

18) ジェームズ・ワットはしばしば自分の労働者にいらいらし，ソーホーの人間は正確さに欠けるとか，目に余るような誤りや大失敗を起こさずに会社を辞めることは決してない，と不満をもらしていた（Pollard, 1968, p. 206）。新しい綿工業がどの程度の訓練を必要としていたのかは明らかではない。粒よりの紡ぎ手の中には，獲得に長期間を要するスキルを持つ者も確かにいたが，彼らは通常例外的だった（Mitch, 1998, p. 261）。イギリスの職人は中世の遺産である 7 年制の徒弟制度という既存の制度を活用して自分の弟子を育て，増加しつつあった近代的な部門のニーズも満たしていた。工場もまた「異動」，つまり労働者をある仕事から別の仕事へ移すローテーションを行なっていた。このような人的資本の蓄積システムは，工場長たちが期待するほど迅速で効率的にはうまく行っていなかった。しかし当時としては，他のどの国よりもうまく行っていた。

者を敏感にさせようとし,「下層階級に勤勉さとか敬虔さといった習慣を身につけさせ」ようとした (Mitch, 1998, p. 245)。それと同時に,「企業特有の」人的資本（その企業のコア・コンピタンスのために必要な,工場の訓練から得られるスキル）と,読み書きの能力や,勤勉・従順といった中産階級の価値観のような,労働者がどこへでも持って行ける「一般的な」人的資本との間に,ギャップが生じていた。このため工場長たちは学校に補助金を出し始めたが,ほとんどの場合,生徒の家庭もそのコストの一部を負担するよう要求された。工場長の中には,労働者と長期契約を結んだり,5年から12年にわたる証文を取り交わした者たちもいた (Chapman, 1967, p. 173)。

家庭から工場への移行には,競争の性質の変化という,より微妙な問題も伴っていた。企業が生産を行ない家庭が消費を行なう古典的な世界では,企業はシュンペーター的な意味で相互に競争を行なっている。ここでは,ベスト・プラクティスとなるテクニックを採用した企業が繁栄し拡大する。非効率なテクニックを選択した企業は市場のシェアと利益を失い,遂には衰退し消滅していく。巨大で競争力がある企業であっても無能なオーナー/経営者は,企業が倒産するか,資産が他の人に買い取られ,従業員が他の企業に引き抜かれていくのを見ることになる。この種のダーウィン的メカニズムは,家が製造所で,家庭が生産の単位となっている家族企業の世界では,うまく機能しない。家庭は大きくなりすぎることができないし,はっきりした退場のプロセスも存在しないからである。非効率なテクニックを使っている家庭は収入も効用も低いかもしれないが,そこでの悪いテクニックによる運営がダーウィン的な意味で排除されていくのは,極端な場合に限られている[19]。家庭企業も種々の市場で相互に競争はしていたものの,効率の違いを排除するメカニズムはうまく働かなかった。同業組合などで起きたように,各家庭が相互にじっくりと観察し合い緊密に意見交換を行なう機会があれば,社会的な学習と模倣とが,技術選択の転換へと導いたかもしれない。より効率的かつ勤勉な生産者はより高い収入を享受した。しかし,彼らもまた急成長

---

19) 問屋制の下で資本を所有し最終製品を販売する企業家は,スキルの低い労働者のために資本の稼働率や製品の品質という点でかなりのコスト負担があり,またそれらの労働者の質に応じて出来高給の賃金率を変えることができない場合には,もっと効率のいい労働者を雇うことを選好するだろう。

したり，急速に増加することはできなかった[20]。非効率だったり怠惰だったりした家庭企業も，その非効率性が破滅的な程度にまで達しないかぎり，「消滅」しないということも，往々にしてみられたことである。

「規模の経済性」が新しいテクニックを学習する際に働いたとすれば，家庭企業はより不利な立場に立ち，家内生産者だけで成り立っている経済での新技術の普及スピードは緩慢になるに違いない。このような問題はある程度までインフォーマルなネットワークによって克服され，世紀の後半には協同組合によって克服された。そのうえもし仮に何らかの方法で自分たちの所得が他の家庭よりも低いということが観察できたとしても，それが選択したテクニックの違いからなのか，あるいは単なるレントの差（自分たちでは変えることのできない家庭の資源の賦存量の違いによる所得格差）なのか，簡単には区別することはできなかった。1つ屋根の下に全ての労働者を集めることは，労働者の生産性の違いを直接比較することを可能にし，教育やより効果的なインセンティブによる問題の改善を可能にした。工場長たちは，適切なテクニックを選択しない場合には倒産するかもしれないことを知り，最も効率的なテクニックを選択するよう労働者を鞭打つ（時には文字通り）こともできた。

経済史という現実の世界では，ものごとがこれほど極端になることは稀だった。都市の職人たちは知識を持ち寄り，使っているテクニックを比較し合った[21]。産業革命の初期段階では，工場で使われていた慣行はかなり多様で，非効率なやり方をふるい落とすこと自体不完全なプロセスであった。しかしそれでも工場制の勃興は競争的な環境が差し迫ってきていることを表していて，より効率的な資源配分やベスト・プラクティスなテクニックの採用のスピードアップを促進した。

---

20) ある程度まで機能する「ダーウィン的」メカニズムが1つあった。非常に成功した有能な職人は，他の競争相手よりもより多くの弟子を惹きつけ，したがって優れたスキルを弟子たちに伝えて，長い間には劣った競争相手を駆逐するだろう。
21) 最近の研究によれば人的資本の質を高め伝承することが，少なくとも初期段階では，都市部の手工業ギルドの主な目的だった（Epstein, 1998）。だが産業革命前の数世紀の間に製造業が田園地帯に移動していくにつれ，手工業ギルドはこの役割の多くを失い，イノベーションにとっての障害として機能するのが一般的となっていった。

工場化の説明

　そもそも工場はなぜ勃興したのだろう？　私はここで，生産に関する知識基盤の拡大が工場の勃興と密接不可分であるという説を示したい。もちろん私は，本書で使われているような「知識」が唯一の説明であると主張するつもりはないが，それは今まで十分に重視されてきたとは言えない。そのうえ，この説明は他の学説と相互に影響し合い，他の説と統合することもできる。

　今日我々が工場の勃興と呼んでいる前例のない現象の説明は 3 つある[22]。第 1 の説明は，固定費用と技術的・物理的な意味での規模と範囲(スコープ)の経済に依拠するもので，それが製造所 (plant) の効率的な最小規模を家庭内よりも大きくしたのではないかというものである。第 2 の説明は，現代の企業のミクロ経済学から導きだされたものである。それは情報の非対称性と分業とにより，分権的な家内工業の生産コストが高くなり新しい技術の登場がモニタリングの費用便益を変え，自己モニタリングのインセンティブを変えたとするものである。第 3 の説明は，労働者を 1 つ屋根の下に集めて監督下に置くことにより，労働者の働きが良くなるというものである。以下，この 3 つの説明を簡単に概観し，次いで第 4 番目の説明を提示してみたい[23]。

固定費用と規模の経済性

　製造所の規模の変化の最も分かりやすい説明では，新しい技術が生産単位の最適規模を変えて，規模に関する収穫不変を収穫逓増にした，とする。ある種の設備は純粋に物理的な理由から，労働者が住む小屋の居室に納まるような小型のモデルでは同じ位の効率が得られないので，大規模な製造所を必要とした。パドル法による錬鉄生産，水力機関や蒸気機関，生糸撚り機，化学工場やガス工場などは，いずれも比較的大規模な生産単位を必要とした。暖房，照明，動力供給，保

---

[22] この問題はチャールズ・バベッジ (Charles Babbage, 1835) の「大工場の原因と結果について」と題された章の中で，明瞭な形で提起されたことを述べておくべきかもしれない。

[23] 以下に述べるうちのいくつかは，モキイア (Mokyr, 1998c) からの援用である。より精緻で詳細な文献調査は，ジェラティ (Geraghty, 2001) 参照。

安，装置のメンテナンス，貯蔵施設，在庫管理などは全て，技術面で規模の経済性が働く分野だった。それに加えて，マーケティングやファイナンスなど非技術的な面でも規模の経済性があったが，こうした利点の多くは企業レベルのものであって，製造所レベルではなかった。またこうしたことはある程度までは，産業革命以前でも問屋制企業によって解決されていた。したがってこの見方によれば，生産現場に違いをもたらしたのは，大規模機械の導入だった[24]。

　機械化や他の技術変化は，製造所レベルでの固定費用の増大を意味していた。固定費用が重要になるや否や，雇用主は労働者の監督に関心を持つようになる。労働者の怠慢や労働供給の不安定性は固定資本の稼働率を引き下げ，雇用主の費用負担が大きくなるからである[25]。この説明によれば，工場の勃興は完全に技術的な出来事だったということになる。もちろん，「固定費用」は異質なもので構成されていた。もし，暖房と照明のある部屋が労働者を惹きつけ，そこに比較的廉価な生産設備を据え付けるだけでよくて，原材料や部品が支給され，ある程度の指図が与えられるとすれば，最も起こりそうなのは，労働者が設備を借り，自分の裁量で働き，労働時間も自分で選択するような仕組みであり，これは19世

---

24) かなり以前にアッシャーは，「機械が工場を，成功した普遍的な組織形態にした……機械の導入が最終的に，工場の規律を労働者に受け容れさせることになった」と書いた（Usher, 1920, p. 350）。ランデスはこの主張を明快な表現で言い換えた。「イギリスで工場を成功させたのは，願望ではなく筋力だった。つまり機械と蒸気機関だった。これらが利用できるようになって，我々は初めて工場を持つようになったのである」（Landes, 1986, p. 606）。小規模生産が1830年代まで，さらにそれ以後も生存できたと強く主張したマクシーン・バーグでさえ，工場制への移行は「動力を使用する急速な技術革新と結合した分野では，はるかに早いペースで進んだ」と結論づけている（Berg, 1994b, p. 207）。

25) この洞察は現代の理論に基づくものではない。カール・マルクスは有名な一節で，ある産業資本家が経済学者ナッソー・シーニア（Nassau Senior）に語った次のような言葉を引用している。「ある労働者が自分の手鋤の使用を止めれば，その間18ペンス相当の資本を無駄にする。4人のうちの1人が工場を離れれば，その男は10万ポンド要した資本を無駄にする」（Marx, [1867] 1967, Vol. I, pp. 405-06）。グラスゴーの綿紡績業者ウィリアム・スミスはこう述べた。「前開きの婦人用上衣製造業者［典型的な家内工場で，せいぜい2，3人の労働者しか雇っていない］が自分の椅子から立ち上がって新鮮な空気を吸うと，彼女の仕立てが少し遅れる，ただそれだけである。彼女に仕える他の人がいるわけではない……しかし綿紡績製作所では彼女たちが付き添わなければならない全ての機械が動き続けている……多くの人が一緒に集まっている時には，規律を少し厳しくする必要がある……工場長の利益がこれら従業員の注意力に依存しているからである」（Great Britain, 1831-32, p. 239）。

紀に入ってからも，イギリスで見られた。他方，もし原材料も設備も高価かつ複雑であれば，工場規律（労働時間が決められ，作業は統制され，異なった仕事をこなす際の時間や労力の配分も管理される）の要求される状態が，ますます常態になるであろう。

情報コストとインセンティブ

しかし話はこれで終わるわけではない。もしも上述の通りだとしたら，機械化と「手工業的工場」への転換との間に強い相関関係が見られるはずである。バーグ (Berg, 1980)，ジョン・S・コーエン (Jon S. Cohen, 1981)，ショスタク (Szostak, 1989, 1991) など多くの研究が，技術転換と機械化は，集権的な作業場の設立のためには必ずしも必要でなく，その設立は18世紀の最後の30数年間に出現した数々の大きな発明に先立って起きていたと主張してきた[26]。取引コストの節約という理由だけで，工場は家内工業（問屋制だろうが独立経営だろうが）より効率的であり，そのため工場の勃興は止められなかった，とする学説もある (Williamson, 1980)。だがこれらの単純過ぎるアプローチでは，おそらく歴史的な現実を正しく捉えることはできないだろう (S. R. H. Jones, 1982, 1987 ; Szostak, 1989)。家内制は何世紀も生き残り，その消滅には非常に長い時間がかかったのである。家内工業ではかなり高度で洗練された分業が行なわれていて，各家内工業同士は距離的に近接していた事実は，物理的な取引コスト説を根拠薄弱なものにしている。各種の産業研究（例えば，S. R. H. Jones, 1987）も，機械化の進展と技術が工場勃興の主要な理由であることを確認している。ただこれらの研究は，機械化がどのようにして工場を生み出したのかをほとんど説明していないし，技術的なブレイクスルーのない中で，なぜ集権的な作業場が登場したのかを明らかにしていな

---

26) バーグ (Berg, 1994b, pp. 196-7)，ハドソン (Hudson, 1992, p. 28)，ショスタク (Szostak, 1989, p. 345) は，羊毛や陶器や金属から手織りばたや編物など，事実上家内工業と同じテクニックを使いながら集権的な作業場を建設した産業をいくつも挙げている。クラークはピンの製造を含むある種の産業では，集権的な作業場で整然と労働の分業が行なわれていたが，規律や時間厳守を強制することが非常に少なかったことを示している (Clark, 1994, p. 155)。ローゼンバーグとバーゼルは，「当時の時代精神は，革命的な性格をもつ機械が登場する前に，経営を集権化することだった」と感じている。蒸気機関や半自動式機械が発明されていなかったら，「工場長はいっそう厳しい管理統制を行なっていただろう」(Rosenberg and Birdzell, 1986, p. 186)。

い。

　この問題への回答の一部は，情報の経済学，とくにプリンシパル＝エージェント問題からえられる。雇用主が最終生産物の品質と数量を適切に査定できて，しかも労働者の生産性に相互効果がない（したがって，1人の労働者の努力は，他の人の産出物に影響しない）場合には，問屋制産業で一般的に採用されていた出来高払いでこの問題は解決される。それぞれの労働者が単純な道具を使って同質的な製品を作っている世界では，雇用主は労働者の努力を促す方策に関心を持たない。非効率な労働者はその出来高に応じて，自動的に罰を受けるからである[27]。出来高に賃金が比例することが，「非常に強いインセンティブ」を提供する。労働者は各人の選択に基いて，それ相応の努力を投入するだろう。しかし高価な設備が導入され，その設備の使用やメンテナンスには細心の注意が必要で，製品の品質は重要だが，それを計測することが雇用主には難しい複雑な世界では，雇用主はただ単に労働者の労働の成果だけでなく，従業員の働きぶりのモニタリングや統制を欲するようになる。努力を褒めることはインセンティブの設定を意味するが，家内制では労働投入（何時間働いたか，どれだけ努力したか）を観察することが不可能だった。問屋制を運用していた商人企業家は，それに少しでも関心があるなら，産出物から労働投入を推測するしかなかった。時間給を支払いたいと思った雇用主は，労働者を工場に集めるしかなかった（もちろん，雇用主は工場でも，ある種の労働者には出来高で支払うこともできた）。なぜ彼らはそうしたかったのだろう？

　エドワード・ラジアー（Edward Lazear, 1986）は，その優れた論文の中で，雇用主の時間給と出来高給との選択に貢献する条件を分析している。彼のモデルによれば，いったん固定資本を使った生産が始まれば，雇用主は労働者が投入する努力に関心を持つようになる。そのとき固定設備の所有者は，出来高給を支払って品質調整後の産出量をモニタリングする費用を負担するか，あるいは時間給を支払って投入を直接モニタリングするかの，どちらかを選択せざるをえなくなるが，後者を工場の外で実施するのは不可能だった[28]。モニタリングの費用が製品ごと，

---

27) もちろん家内制の「中では」機織り親方や同種の熟練職人は，家族構成員や徒弟たちの仕事の質に関する十分な情報を持っており，そのため「工場の中で織るよりもいいと考え」られた（Partridge, 1823, p. 19）。

労働者の活動ごとに異なったことを考えると，出来高給と時間給の使われ方に非常な多様性があったとしても驚くには当たらない。ラジアーは，出来高給で努力と給料が直接に比例するのに対し，時間給の採用では最低限度の努力の投入が条件で，事実そうなっていた，と言う。またこの議論に以下の点を加えることもできる。労働者の機会費用よりも少しだけ高い賃金を払いつつ，投入する努力がある水準以下に落ちた場合には解雇すると脅せば，時間給は，労働者の最適な努力の水準と両立させられるだろう。

　出来高給と問屋制の世界での生産性の測定は，2つの困難に直面する。その1つは，労働者には品質や仕上げで手抜きをし，雇用主による検収を困難にすることによって，収入を増加させるインセンティブが働く。これは典型的な情報の非対称性の問題である。労働者はどこで「騙せるか」を知っていて，最も単純な工程以外では産出物の品質や数量の雇用主によるモニタリングが高くつくようにすることができた。ラジアーによると，時間給では雇用主が作業場で起こることを直接管理することによって品質をモニタリングすることでそれは避けられる。また，同じレベルの賃金と努力で，会社の望むレベルの品質と数量の組み合わせを達成するように，労働者を説得できる。

　家内制が遭遇したもう1つの困難は，雇用主が固定資本を所有している場合（問屋制では決して一般的ではなかったが増えてきていた），所有者には自分の財産（機械）を使う労働者を監督する必要があったことである。当時多くみられた苦情の1つが，（通常資本家のものだった）原材料を労働者が掠め取ることだった（Styles, 1983）[29]。品質管理と同様に原材料の掠め取りも，つまりは情報の非対称

---

28) モニタリング費用の標準的な問題に加えて，ラジアーは次のことを指摘している。出来高給の支払いには分類機能があり，労働者の能力が非常に非均質的な場合に出来高給を払うことには，産出物のモニタリング費用が一定とすればよりいっそうの意味がある。この文脈で言えば，巨額の資本費用または巨額の物的資本が必要な企業は，混合型の賃金，つまり物的な資本費用が大きければ大きいほど，産出物からは独立した（つまり時間に依存する）部分をより大きくする賃金体系を採用するだろう。

29) バーグ（Berg, 1994b, p. 226）参照。産業革命の時代には，社会的なコントロールが徐々に家内工業に押し寄せていた。1777年から1790年に成立した一連の法律では，表向きは掠め取りを抑制するために，雇用主が労働者の施設内に立ち入って作業状況を検査することを認めた。アンウィンは，この頃までには「小規模な親方の独立性は，時間の選択以外には大して残されていなかった」と結論づけている（Unwin, 1924, p. 35）。

性の問題だった。織工に支給した撚り糸の正確な量を計って，それを最終的な産出量と比較することには，それ自体コストがかかった。またこの評価は平均的な欠陥発生率や原材料の損耗率と対比して行なわれなければならないが，つねに雇用主がそれを直接見ているわけでもなかった[30]。設備がより高価でかつ精巧になった時，例えば初期のジェニー紡績機のように労働者の家庭に設置できるほど小型ではあっても，通常の手動式紡ぎ車と比べるとはるかに高価であった時，雇用主は労働者がその機械をどのように操作しているかをモニタリングする必要があった。そのため雇用主にとっては，出来高払いが可能な場合でも，産出物だけではなく投入物をもモニタリングすることがますます有益になった。労働者の働きぶりを観察することも重要になってきた。それは，原材料の掠め取りと同様，労働者が高価な機械を壊したり，他の労働者の邪魔をすることによって，雇用主に損害をあたえるからである[31]。ジェラティがそれらをうまく描いている。「産業革命が進行するにつれ，典型的な産業労働者の職務は，とにかくできるだけ多くを生産するという単一の目的から，製品の品質や工場の高価な資産の維持にも注意を払う必要のある多面的なものへと形を変えた」(Geraghty, 2001, ch. 3, p. 40)。

もちろん「出来高払いは割に合うか？」という問いの裏には，アルチアンとデムゼッツが提起した典型的な「チーム生産」の問題がある (Alchian and Demsetz, 1972)。もしも産出物に対するそれぞれの個人の貢献度を明確にできないのならば，労働者たちが適切なインセンティブを持ち，怠けないというだけのために，

---

[30] もちろん工場制の導入が掠め取りを完全に排除できたわけではないが，それは雇用主が予防策を取ることを可能にした。ロバート・オーウェンは，スコットランドのラナーク製作所で働き始めた時，「盗みはごく一般的で，その程度たるや途方もなく破壊的なまでだった。十分な利益を上げるために，私は盗みができないようなあらゆる種類の監視方法を採用した……［そして］損失が直ちに発見されるようなプランを考えた」(Robert Owen, [1857] 1920, pp. 79, 111)。

[31] この問題は，ホルムストレームとミルグロム (Holmström and Milgrom, 1991) によって分析された標準的なマルチ・タスクのプリンシパル＝エージェント問題だと考えられよう。彼らによれば，企業にとって難しい問題は，モニタリング費用が活動ごとに異なる場合に，労働者の努力と時間を彼らの様々な任務の間に割り当てることである。ある1つの活動における一人のエージェントの能力の測定が困難であるならば，他の活動での労働者の強いインセンティブを生む意味がほとんどなくなってしまう。したがって，従業員が設備を扱う方法，彼に与えられた未完成品を扱う方法をモニタリングすることが困難であればあるだけ，出来高給を払うインセンティブは弱くなる。

監督とモニタリングが必要になる[32]。それに対し，工場では労働者に時間給を支払う選択肢があった。労働の限界生産物が測定困難だったり，労働者がそれをコントロールできない場合にはこの方法が必要になる。労働者から最大限の努力を引き出し，設備の保全を含む様々な課題の間に労働者の努力を適切に割り振るように種々のインセンティブを設計すれば，時間給は補完できる。

しかしこれらの議論では，工場の勃興が説明できない。なぜ1780年以後に「チーム生産」が重要になってきたのか，それはなぜ，例えば1世紀前ではなかったのか？ これに対する答えは，新しい技術がチームによる生産をより必要とした，ということでなければならない[33]。こうした変化の一部は，巨大な綿紡績製作所やポーツマスの滑車生産工場で使われていたような連続流れ作業生産（ブロック）の導入によるものだったし，またより精緻でより密接に統合された分業体系によっていた。連続流れ作業では工場長が全生産工程の速さを決めたので，彼の個々の労働者の監督と統制への関心は明白になった。これがなければ，最も遅い労働者が生産の速さを決めてしまうからである[34]。

このように理解すれば，工場の勃興は技術変化の間接的な帰結である。なによりも新技術は，より多くの固定資本を必要とし，また同じ設備を多くの労働者が共同で使用するため，品質調整後の純産出量に対する限界貢献度の計測をより一層困難にした。消費者需要も工場制への移行を促進した。ショスタクは，18世

---

[32] この問題の定式化は，ホルムストレーム（Holmström, 1982）によって提示された。彼は「モニタリング」の必要性は，観察できない労働者たちの行動がゼロではない限界生産物をもたらすという事実から生じると指摘した。

[33] アルチアンとデムゼッツは技術の発展が企業の役割を大きくするだろうと指摘し，「効率的な動力源の開発に伴い，動力源に近いところで織り，チームで生産に従事するのが経済的になった」と，多少歴史事実を無視した形で付け加えている（Alchian and Demsetz, 1972, p. 784）。彼らは蒸気機関の発明により，動力源を共同で使用することがチーム生産をより重要にしたと指摘する。しかし彼らは「企業」と「作業場」を混同しており（前貸しをする商人は明らかに「企業」である），織物の歴史を誤解している（集中的動力源の登場だけでは，工場制織物業は誕生しなかった。それは1820年代における動力織機の複雑な機械的問題の解決だけでは，工場が誕生しなかったのと同様である）。とはいえ，工場の勃興に関する彼らの直観は正しい。

[34] 連続流れ作業は既に初期のアークライト型の工場でごく普通になっていたが，この点では，綿紡績業は典型的ではなかったかもしれない（Chapman, 1974, p. 470）。初期の工場の圧倒的多数ではバッチ生産が原則で，連続流れ作業が製造業で広まったのは，ようやく1870年以降になってからだった。

紀後半の輸送コストの低下がイギリスで市場の統合を進めたと指摘している（Szostak, 1991）。彼によれば統合された市場では，標準化された品質の生産物への消費者の欲求が高まったという。消費者が簡単に検証できる品質にこだわる時には，投入物のモニタリングが重要になる。労働者はより均一な製品の生産を期待され，最終生産物の種々の面での品質の違いを，より小さな範囲に収めるように期待された。雇用主は最終生産物のバラツキを心配することになるが，これはただ単にバラツキが大きいと品質の平均を計測することにコストがよけいにかかってしまうからだけではなく，バラツキがあることそれ自体が，製品の品質の一種になってしまうためである[35]。

労働者の努力

スティーヴン・マーグリン（Stephen Marglin, 1974-75）は，1つ屋根の下に集めることで，労働者を家庭内で働くに任せた場合よりもより長時間働かせようとしたことが，工場を勃興させたと主張し，マルクス主義の伝統を復活させた。出来高給は限界生産増による工場収入よりも低かったから，労働者をより長い時間働かせれば，それだけ資本家の収入は増加したと彼は主張する。この見方は左翼の標準的な理論とあまり変わらない。こうした考え方によれば，工場制は，雇用主が労働者に対してより厳しい管理を行ない，より多くの利潤を搾り出すことを可能にしたことになる。この解釈では，技術進歩は「主な」原動力でなくなる。巨大工場での規律と監督は，新しい技術環境に適応するためではなく，産出量と利潤を増大させる手段だった。技術進歩は社会的な統制強化の副産物だった。この主張が適切に論破された（とくに Landes, 1986 参照）後，クラークによって再び息を吹き返したことは興味深い（Clark, 1994）。巧みだが究極的には最終的な結論を留保した議論の中で，クラークはマーグリンの見解を全く新しい観点から捉え，工場規律が自己統制を欠いている労働者からより多くの努力を引き出すために導

---

35) ラングロワ（Langlois, 1995）は，製造業者がますます拡大を続ける市場に向けて，より多くの規格品を生産するにつれ，彼らの固定費用の中には，そのために設計された特殊工具，例えばジグとネジを作るためのダイスや，その他の標準化された部品が含まれるようになってきたと論じた。言い換えると，より拡大した市場と規格品の産出が，アリン・ヤング（Allyn Young）の有名なハンマーのようなものを作る価値を生んだ。これは彼自身が言っていたように，1本の釘を打つためだけなら用のないことだったのである。

入され，それによって労働者は「自己を強制して」より勤勉に働き，より高い収入が得られるようになるという[36]。クラークの主張は，かなり巨額の固定資本投資が行なわれていて（なぜならこの場合，労働者がより働くようになると，資本家は資本コストを増加した産出量に負担させて，労働者により多くの賃金を支払うことが可能になるからである），かつ，製造業での固定費用の増加が新しい機械に拠っている（つまり，技術的に決まっている）場合にのみ有効であることも，付け加えておいたほうがいいかもしれない。したがって，クラークの理論もまた，技術主導説に帰着する[37]。

これらの説明はそれぞれ両立しないのではなく，むしろ相互に補強し合いシナジー効果を生む。組織の力と技術の力とが相互に作用しあって，それぞれの要因が単独で働いた以上に，総体として工場の利点を高めたのである（Geraghty, 2001）。こうした相互作用の簡単な実例は，労働者の監督における規模の経済性である。この場合労働者の投入をモニタリングするためのコストが規模の大きさに比例しないため，収穫逓増を増幅する。

知識の分業

専門化と分業が3つの異なるプロセスを通じて経済進歩をもたらすことをアダム・スミスが信じていたことはよく知られている。それは労働者が自分に割り当てられた仕事にますます精通すること，仕事に精通することでやり方を改善して

---

[36] クラークの論文は，トーマス・シェリング（Thomas Schelling, 1992）に従ったデイヴィッド・レイブソン（David Laibson, 1997）などの理論的研究の原型となった。シェリングの論文は経済学者に対し，動態モデルにおける自己規制やプリコミットメント的な行動の問題を再度提起した。このような選好は，なぜ合理的な行為主体が自発的に自分の選択を制限するのかを示している。この研究の多くの部分は貯蓄の問題を扱っているが，それを労働供給の問題に拡張できない理由はないように思われる。とはいうものの，イギリスの労働者の側におけるプリコミットメント的な行動，すなわち自分の選択を慎重に制限する行動を示す直接的証拠は少ない。

[37] 企業についてのグロスマン＝ハート・モデル（Grossman-Hart model）によって，規律の必要性に関する別の解釈を定式化できる。通常の状態では，全く資産を所有しない従業員に，効率的に業務を遂行させる必要がある。19世紀初頭の労働者の全てが金銭的なインセンティブに対して十分に反応するようになったわけではなかったので，過酷な規律という形での強制の要素が，（特に子どもの労働者に対しては）効果的なインセンティブ構造に代わるものとなった。

いく労働者の能力が高まること，1つの仕事から別の仕事へ移動することに伴う時間を節約できることの3点である。アダム・スミスの分業論は，チャールズ・バベッジによって再度採り上げられた。バベッジによれば，専門化はたんにアダム・スミス的な理由で有用なだけではない。労働者はそれぞれが異なった資質を持っているので，ある仕事に対して必要以上の能力を持つ者にそれをやらせることは浪費になる。仕事と（外生的な）能力との最適なマッチングが，効率を上げる鍵である（Babbage, 1835, pp. 175-76；Rosenberg, 1994, pp. 28-29）。

　どの説明を採るにしても，分業それ自体で工場の出現を説明することはできない。家内制もまた，ある点までは分業に適していた。例えば生産の最適規模からいってすべてを家庭内で行なうことが現実的ではない場合には，必要とあれば家庭から離れた場所に大規模な作業場を作り，そこで生産の特定の工程（例えば，羊毛の最終仕上げ）を行なうこともできた。中間生産物を労働者から労働者へと運ぶコストは無視できるものではなかったが，それは労働者を1つ屋根の下に集めることに伴う大きなコストとも比較すべきだろう。また家内制の下では，従業員の住居費は彼らの負担だったのに対し，初期の工場所有者の固定費用の大部分は地代だったのである。しかし製造業で連続的流れ作業がますます一般的になってきた19世紀の後半になると，地代の割合はますます工場制に有利になっていった。

　アダム・スミスとバベッジの説を合わせても，専門化という現象は十分に説明できない。だが時を経るにつれ，使われているベスト・プラクティスのテクニックを稼働させるためには，ますます知識やコンピタンスが必要となっていった。テクニックを稼働させるのに必要な最低限のコンピタンスの水準を決定するのは何だろうか？　技術の認識的基礎を一定とすれば，ますます複雑化する指図やより高度な機械は，より高い水準のコンピタンスを必要とした。このようにしてイノベーションは，分業に対するニーズ，したがって大きな製造所に対するニーズを生み出していった。新しいテクニックの最初の導入に続いて認識的基礎が広がり，なぜあるテクニックがうまく行ったのかを人々がよりよく理解するようになると，多くの場合，技術の進歩と改良は「ドミナント・デザイン」の登場を確かにもたらした。ある1つのテクニックの寿命の中では，年数の経過とともにそれを稼働させるのに必要な最小限のコンピタンスは低下していく。そしてテクニッ

クはよりユーザー・フレンドリーになり，コード化されやすくなっていく（そのためにはより広範な認識的基礎の創出が必要になるのだが）。有用な知識はますます人工物または機械の中に「埋め込まれ」て行く。そして発明家の知識がより深くかつ高度になればなるほど，それを設計し製作するのに必要である有用な知識と，それを稼働させるのに必要なコンピタンスとの間のギャップは大きくなっていく。自動車を運転したりコンピューターを動かすことは，当初はとんでもなく難しかったが，やがて何百万という人々がこれらの機械にアクセスできるようになっていった。操作する人々がそれらを修理できなくても，ましてや設計することなどできなくてもである。ギャバン・ライトがかつて述べたように，我々はその極限に，技術が天才たちによってデザインされ，それを無知な者が動かすという経済を思い描くこともできる[38]。とはいえ産業革命の初期の段階では大部分の機械はオーダーメイドであり，その運転，修理，保守等々には社内の専門知識や暗黙知が必要だった。技術情報（他の形の情報は言うまでもない）の量が増加することによって家庭規模の企業は，今日我々が情報オーバーロードと呼ぶものの影響を受け始めた（Bresnahan, Brynjolfsson, and Hitt, 2002）。工場の場合，当初は所有者やパートナーのスキルや知識に依存し，次いで機械工，修理工，薬屋，大工，目立て師，職長その他の専門家が重要になった。これらの専門家が十分にいる限り，他の作業員たちのスキルは生産性にとってあまり重要ではなかったこともあり得る。

　1760 年以後，製造業で要求される最低限のコンピタンスの水準が上昇していくにつれ，効率的な生産のためには，家庭が所有できる知識量よりもはるかに多くの知識が要求されるようになってきた。とくに新しい設備や新しい材料は，かなりの試行錯誤と経験を必要としたし，それでも後年入手可能になった「既製品」の水準にはほど遠かった。このことは早い時期から認識されていた。毛織物業に関する 1806 年の議会宛て報告の中ではこう述べられている。「小規模製造業の親方たちは，かなりの資本を持つ業者に比べて必要な試験を行なう余裕がない。

---

38) エディンバラでアダム・スミスの同業者だったアダム・ファーガスンは，1767 年に「多くの機械による技芸は何ら能力を必要としない……盲信と同様，無知が産業の母である……したがって，製造業は頭脳が最も使われない場所で繁栄する」と書いた（Schaffer, 1999, p. 129 に引用）。

新しい製品を発明したり，完成させたり，既製品の完成度をさらに高めていく際には，リスクや，さらには損失までもが不可避的に生じるものだが，それを負担する余裕もない。……これとは逆に工場所有者たちは，通常巨額の資本を持ち，すべての労働者を自分の直接管理下においているので，やろうと思えば試験を行ない，危険な賭けに出て……新製品を導入したり既製品を改良して完全なものにすることができる（Great Britain, 1806, p. 12）。」

ここでの固定要因は資産だけではなく，人々が情報を学習して保持する能力もまたそれにあたる。そして生産のために必要とされるコンピタンスが個々の労働者の通常の能力を越える時には，専門化が不可避となる。専門化の利点は，知的資質の違いによって倍加する。知識が分割され専門化された世界では，最も頭のいい労働者には最も複雑な知識を割り当てることができる。生産が単純で，限られた数の経験則に要約される限りは，1つの家庭でも知るべきことをすべて理解して，それに伴う利点をもった生産単位として有効に機能することができるだろう。しかし産業革命とそれに続く1760年以後の技術発展は，個々の家庭の能力を超える水準のコンピタンスを要求する多くの生産工程へと至った。

この点はハロルド・デムゼッツ（Harold Demsetz, 1988）によって最初に認識され，次いで，ゲイリー・ベッカーとケヴィン・マーフィー（Becker and Murphy, 1992）が定式化し精緻化した。それらは企業の役割の新しい解釈にほかならない。彼らによれば，個々の労働者が知りうることには限界があることを前提とすると，企業が所有しなければならない全体としてのコンピタンスは管理可能な大きさに細分化され，労働者の間に分割されて，労働者たちの行動は経営者によって調整される[39]。デムゼッツが述べているように，「知識……を基に生産をしようとするが，自分自身ではその知識を所有していない者は，その知識を（より多く）所有している者の『指示』に従わなければならない。指示が教育の代わりになる

---

39) 企業内での知識生成活動（すなわちR&D）の文脈の中で，パビットとシュテインミューラーが同様なことを主張している（Pavitt and Steinmueller, 2002, pp. 15-16）。彼らは不確実性と多くの暗黙知が「物理的，組織的に近くにいること」を必要とし，それが企業の知識生成機能と生産・マーケティング機能との効率的な調整を保証していると指摘する。この調整に必要なスキルは，それ自身暗黙知で，そのため高度のイノベーションに依存する産業ではミーティングや対人接触が重要なものであり続ける。だがこのことは，他の場所で働いている個人に外注することが効果的ではないということを意味しない。

（つまり，知識そのものの移転の代わりになる）のである」(Demsetz, 1988, p. 157)。分業が市場の規模に制約されるというアダム・スミスの説に加えて，分業はベスト・プラクティスとなるテクニックを実行し稼働させていくのに必要な知識集合の規模によって制約される。要するに，それぞれの労働者が自分の職務を遂行するのに必要なことを知っているだけではなく，必要な時にはいつでも他の者が質問できるように全知識の特定の部分集合も扱えなければならない。情報の非対称性は企業にとって「問題」なのではなくて，企業の運営にとって不可欠な方法なのである。知識の専門化は「情報の非対称性の問題を悪化させる」だけでなく，情報の非対称性を必要としている (Kim, 2001)。全ての者が全てのことを知ることはできないし，その必要もない。企業にとっての組織上の問題は，知識を必要とする者に対して，その知識を所有している者が，完全かつ誠実にそれを開示するよう保証することである。全労働者を1つ屋根の下に集めての，相互作用と個人的な接触は，情報の最大の帯域幅を確保して，情報が完全かつ確実に伝達される機会が極大になることを保証した。製造所内では行為主体たちはお互いを知り，信頼することができるだろう。それが知識を共有する効果的な方法の1つとなった。情報伝達において距離が決定的な重要性を持つ限り，近くにいることの便益にはコストとトレード・オフの関係があった。

このモデルからは，最低限要求されるコンピタンスが少ない限り製造所は小規模となり，それに伴う利点も家内工業と一致することが予測される。要求される最低限のコンピタンスがそれより大きくなると，知識の分配のための高度で効率的なネットワークか，あるいは異なった生産単位の設定が必要となるだろう。直接的なコンタクトが主な情報共有のテクニックだった時代には，限界アクセス費用は1つの製造所の中で極小となった。実演や模倣より，生産の技術的な細部を正確に記述したりコード化したりすることの方が難しい場合には然りであった。このような場合，工場は技術的知識の貯蔵場所となり，個々の労働者にとってはこの知識にアクセスする際の限界費用は大きく減少した。しかし工場だけがこの問題に対する唯一の解決策というわけではなかった。機械工，修理工，エンジニア，熟練労働者といった専門家たちの組合も，技術的知識の交換場所として機能した。その場合技術的知識は水平方向に移転したし，親方・徒弟関係を通じて垂直的にも移転した。こうした組織の外には，互酬性と信頼関係に基づく知識交換

メカニズムとして機能するインフォーマルなネットワークが存在した。こうしたネットワークは協力関係を必要とし，そして常にタダ乗りをする者や脱走者が「侵入」する脅威に晒されていた。工場はこのタダ乗りの問題に対する解決策を提示していた。このモデルは，個人的な接触以外の方法（例えば頻繁な電気通信など）により知識が人々の間で共有・信頼される場合には，企業は生き残れるかもしれないが，大きな作業場の必要性は低下するかもしれないと予測する。

このようにして家内制は大規模製造所／企業によって取って代わられた。それは労働者を1つ屋根の下に集め，労働を専門化し，労働者間の知識の交換をうまく調整するようになった。このような製造所は未熟練労働者に加え，専門家を雇った。それらはエンジニア，修理工，機械工，薬屋，職長，そして指図を理解し，設計図を読み，故障を直すことができ，各々の職務にどの工具が必要かを知っている，器用な従業員などである。もちろんこうした知識は，「工場長」や企業家本人からも供給された。ワットはソーホーにあるボールトンの製造所で働き，蒸気機関の製造を直々に監督した。情報交換の代替的な手段が少なかった時代には，企業が知識の分業を実践しようとすれば，個人間の直接的な接触が不可避だった。そのうえバベッジがすでに指摘しているように，こうした企業内の専門家は他の多数の労働者のために働いたので，専門化は不可避的にさらなる規模の経済性を生んだ。繊維機械がますます複雑化するにつれ，修理工の親方が率いる大規模な機械修理場が繊維工場内に出現した。産業革命が全体として，スキルに対する需要を増加させたのか，あるいは減少させたのかは難しい問題である。工場は機械に関する「新しい」技術的なコンピタンスを必要としており，これはゼロから創造されなければならなかった。そしてそれはおそらく，スキルの分布の偏差を大きくした。

こうした解釈を裏づける証拠を提示するのは決して容易ではない[40]。企業レベルのミクロ的研究では，複雑な機械を使用し「工場」に分類される企業の圧倒的

---

[40] 新しいスキルのいくつかは，たんに成功した労働の細分化の結果に過ぎず，ボールトンやウェッジウッドなど当時の最も成功した工業部門の企業家たちは，「生産における実質上あらゆる優位性を，巧妙な分業の利用から得ていた」とポラードは述べている（Pollard, 1965, p. 210）。彼が描いているような従業員を見つけ出して訓練することの難しさを前提にすれば，ここに暗黙に示されているモデルは，明らかにアダム・スミスではなく，ベッカー＝マーフィー（Becker-Murphy）に近い。

多数が，保守要員という専門家を抱えていたことが示されている。機械工，修理工，エンジニア等々である[41]。産業革命の初期段階ではある種の専門家が払底していて，専門技術者の不足を嘆く多くの証拠が存在する。イングランドには正規(フォーマル)の技術学校や訓練所がなかったため，産業革命の初期段階では，こうした専門労働者の多くが，スコットランドとか外国から移入された。ソーホーにあるボールトンとワットの大工場では，蒸気機関を設置したり修理したりする，多数の「エンジン屋」が育成された。他の機械については，必要とされる能力が大工や鍛冶屋といった通常の職人のスキルを越える場合には，大部分の企業は昔からの徒弟制度を使って，自分の労働者の訓練を行なわざるをえなかった。スキルを持った労働者の不正な引き抜きを訴える声が広く聞かれた。そのため事業を移転させる企業家たちは，スキルを持った専門家を一緒に引き連れて行った（Tann, 1970, p. 81 ; Pollard, 1965, pp. 197-205）。専門的な職務の多くは監督者によって遂行されたが，大規模製造所では隣接した場所に機械修理所を持つ場合が多く，そこで専門工が道具や部品の修理を行なった。

　1841年の大ブリテン島のセンサスは詳細な職業分類を初めて提供したが，残念なことに，例えば「綿紡績工」といった職業を報告しているだけで，その人間がミュール紡績機を操作していたのか，修理工だったのか，機械工だったのか，という点には関心を払っていない。センサスの中の何百とある職業分類の中で，唯一条件を満たすように見えるものは，「エンジニアおよびエンジン労働者」（エンジン製造者とは別）である。工業が盛んな州の専門化の進展度を見る簡単な検証は，ある州のエンジニア数を「商業・貿易・製造業」の全男性雇用者数で割り，それを大ブリテン島全体の比で割ってみればいい。この値が1であれば，その州のエンジニア比率はイギリス平均と同じということを意味する。我々は，1851年のセンサスについても，オリジナルの記録のサンプルと，ジェイソン・ロングが整理した職業分類（Jason Long, 2002）を基にして計算してみることができる[42]。

---

41) ジェラティ（Geraghty, 2001）は，大部分は19世紀前半の日付けを持つ原史料のサンプルから次のことを発見した。工場と見なせる35の企業のうち，10社が複雑な機械を使っていた証拠があるが，それらが独立した保守部門を持っていた明確な証拠はない。20社は複雑な機械を使用し保守要員を擁していた。4社は両方とも持っていなかった。1社は保守要員を持っていたが，機械については証拠がなかった。言うまでもなく証拠がないということは，たんに証拠の質を反映しているだけで，それ以上ではなかったかもしれない。

表1 イギリスにおける専門職の相対比（1841年，1851年）

地　方	エンジニアとエンジン労働者，1841年（商業と製造業の比較）	専門職，1851年（ロングのサンプル）
ラナーク	1.96	1.97
ランカシャー	1.19	2.27
ヨークシャーウェストライディング	0.71	3.12
スタッフォードシャー	1.88	0.88
ミドルセックス	0.73	0.52
チェシャー	0.79	1.30
グロスター	1.17	0.52
ウォリック	0.53	0.69
ノーフォーク	0.27	0.13
ケント	1.02	0.57
デヴォン	0.08	0.66
エセックス	0.34	0.21
リンカーン	0.32	0.47
ウルトシャー	0.55	0.34

出典）1841年：Great Britain (1844)；1851年：ジェイソン・ロング教授より提供。

結果は表1に示した通りである。

　それぞれが全く違う指標であることを考えると，表1の2つの列の数字が完全に整合することを期待するわけにはいかない。しかし全体としては，主要な「工場州」を含むこの表の上から3分の1の州では，この比率は下から3分の1の州よりもはるかに高い。下から3分の1の州は農業地域であり，ここでの「商業・製造業」の労働者は主に小売店主や熟練職人である。合衆国については，ロス・トムソンは最近の研究で，1830年代には「印刷，鋸裁，紡績，紡織，時計製造，銃製造，床板製造をしていた」企業は，「機械の保守や点検や修理のスキルを持っていなければならなかった。多くの企業が機械工(マシニスト)を雇っており，彼らは，きわ立ったスキルと職能と，そして工場内に空間的な居場所を持ち，これが彼らを他の労働者とは区別していた」と結論づけている（Ross Thomson, 2002, p. 6）。

　ベッカー＝マーフィーの理論や情報の非対称性論はともに，人間を移動させる

42）1851年のイギリスのセンサス（Great Britain, 1852-53）で公表された職業分類は，工場内での専門知識の増加という仮説を検証する目的には全く役に立たない。この職業表は，生産される最終生産物やサービス，あるいは主な原材料の工程の特徴によって労働者を分類しており，労働者を任務や責任によって分類していない。したがって例えば綿紡績業の機械工とエンジニアは，紡績業の非熟練労働者と一緒の分類に入れられていた。

コストと比較した知識を移動させるコストの重要性を指摘している。労働者を家庭から工場へ移動させるコストは大きかったが，家庭にいる労働者を監督し，調整し，指図をすることには，さらにコストがかかった。こうした相対的なコストは労働の場所を決める1つの要因にすぎないが，それは情報技術や運輸技術の外生的な変化が，労働が行なわれる場所に与える影響の大きさをも示している。より正確に言うならば，ベッカー＝マーフィーの「知識の分業」アプローチを使った労働の場所の決定は，専門化によるメリットと，情報の伝達と人間の移動の総費用の比率に依存することになる。専門化によるメリットは，テクニックを実施するのに必要なコンピタンスの複雑さと精巧度に依存する。

単純なテクニックの世界では，たった1人の生産者が独力で働くことも可能である。この場合にも固定費用や収穫逓増の問題があるとはいえ，生産者が自宅以外の場所で働くことに情報上の理由はない。テクニックが複雑になり，1つの家庭で全てのコンピタンスを持つことができなくなると，専門知識を協調して交換することが避けられなくなるだろう。1800年あるいは1850年の技術史的な文脈では，こうしたことを効果的に行なう唯一の道は直接に会うことだった。大部分の知識を迅速に移動させるコストが，通常，非常に高かったからである。この意味で工場制は明快な解決策となった。規模の経済性の効果がさほど大きくはなく，情報の非対称性や出来高給の問題も比較的重要でなかったとしても，工場は勃興してきただろう。また最低限要求されるコンピタンスの水準が低い時でも，規模の経済性や高いモニタリング・コストが存在するなら，工場は存続するだろう。「いかなることであれ，もっともな理由が4つも」存在することはないかもしれないが，工場の勃興に関しては，少なくとも3つの理由がある。

そのうえ知識は，空間を越えて伝達されなければならないだけではなくて，時間をも越えて伝達されなければならない。全ての進化論的モデルと同様，知識に関するモデルでも，知識は，損耗を免れない保持者の中にあることを考慮しなければならない。新しい世代の者に引き継がない限り，知識は絶滅してしまう。産業革命以前の経済は，2つの並行する知識伝達機構をもっていた。親から子どもへと，親方から徒弟へである。このようなシステムは，ベスト・プラクティスのテクニックを稼働させるのに必要とされるコンピタンスが比較的限られていて，しかもそれが世代間であまり変わらず，1つの分野の知識を他の分野に適用する

ことから得られる利益が少ない時代には，うまく機能した。しかしこうした前提条件は1750年までに失われ始め，1850年までには多くの産業において時代遅れとなった。この時までに，こうした知識が時代を越えて伝達する単位として，工業的製造所（industrial plant）が機能し始めていた。それで新入りたちはベテラン労働者との直接のコンタクトや観察し模倣することで，「職場内で」仕事を学んでいた。ここから「異動」やローテーションを通じた学習の慣行もでてきた。多くの技術的知識がコード化され文書化されて行くにつれ，時間を越えた知識伝達メカニズムとしての企業の重要性はある程度低下したが，暗黙知が企業コンピタンスの重要な構成要素である限り，その時間を越えた伝達は製造所の主たる機能として残った（Howells, 1996）[43]。

　技術進歩の加速化は，家内労働者をますます不利な立場へ追い込んだ。ライフサイクル上での学習の段階が終わった後で新しいテクニックが利用可能になると，家内労働者がそれに遅れずについて行くコストは，大規模製造所に比べてはるかに高くなる。1つの建物内の多数の労働者に新しいテクニックを広めて実施させることは，その労働者が自分の家庭内に留まっている場合に比べてはるかに迅速かつ安価である。教育の重複は避けられるし，何よりも重要なのは，労働者たちが相互に教え合うことである。飲み込みの早い者（若者の場合が多い）が最初に新しいテクニックを身に着け，それを広める手助けをするだろう。家庭規模で自給自足的な小家屋をベースにした工業では，そのような知識拡散のメカニズムはより高価なものになるだろう[44]。

　確かに企業が依拠する知識の多くはコード化できるので，技術マニュアルやエンジニアリングの教科書や百科事典等の，この時期利用可能になりますます増大してきた諸文献を使って調べることは可能であり，他の企業を含めた外部の情報

---

43) ポラードは，不断の技術変化に伴って経営上と組織上で要求されることが変化することについて述べている（Pollard, 1968, p. 124）。彼は経営上の改善は技術変化を「超え，またそれに対する」ものと見なしており，この両者の直接的な因果連関を十分に認識していない。現代の研究は，まさにこの点を確立した。組織上の変化と技術変化の間には，強く直接的な補完関係があったのである。組織上の変化がどのように技術変化の便益を高め，また技術変化がどのように組織上の変化に同様の影響を与えるかについての詳細は，ジェラティ（Geraghty, 2001）参照。
44) 外注では技術上の秘密の保持はもちろん不可能である。実際工場の中には，ただたんに生産工程の秘密を守るために設立されたものもあった（Chapman, 1967, p. 39）。

源にアクセスしたり購入したりもできただろう。しかし新しい技術が要求するものの多くは，まだコード化されていなかったり暗黙知であったので，売ったり買ったり，本や定期刊行物から入手したりすることが難しかった（Cowan and Foray, 1997 ; Cowan, David, and Foray, 1999）。そのうえコード化された知識へのアクセスには，それが存在はしているということ，そしてどこで見つかるかのコード化されていない知識が必要だった。もちろんコード化された知識を読んだり，理解したり，応用したりする能力が必要なことは言うまでもない。これらは全て，全体的に見れば暗黙のスキルだった[45]。暗黙知は，単独の組織として取得するには高いコストがかかったが，大規模製造所はそれを所有する専門家を雇ったり育成したりすることができたので，個々の家内工業よりもアクセスの容易さという点で有利な仕組みだった。

　現代の経済学者たちは進化経済学や組織論の伝統に従って，企業を「知識を持っている」単一の単位として扱っている[46]。企業は「企業としてのコア・コンピタンス」を持ち，「組織としての慣行」を持っている[47]。しかし，こうした議論は逆にすることもできる。企業（正確に言えば製造所）の最適規模は，こうしたタイプの情報を企業間で取引するか外部から獲得するコストと比較した，自社内での情報のアクセス・コストと，競争的な世界でベスト・プラクティスな経営を行なっていくのに必要な知識（「コンピタンス」）の総量の関数である。通信技術を所与とすれば，最新のテクニックを使用（改善は言うまでもなく）するのに必要な知識量の増加は，家庭規模の企業が非現実的になったことを意味していた。

---

45) コーワンとフォーレイ（Cowan and Foray, 1997）はこの点を適切に述べている。彼らはコード化された知識へのアクセスのために暗黙知が必要なこと，そしてこの両者はいろいろな形で補完関係にあって代替関係に立つものではないことを指摘している。
46) サーベルとザイトリン（Sabel and Zeitlin, 1985）およびスクラントン（Scranton, 1997）参照。これらの理論家の中で最も鋭敏な一人であるパオロ・サヴィオッティはこう書いている。「企業は自社の生産目的に有用と思われる外部知識の一片を探すために……外部環境を注意深く調べる。そのような有用な知識の一片が見つかった時には，企業はその知識を内部化し，自分のものにする……知識を学び自分のものにする企業の能力は，企業が以前から持っている知識に依存する」（Paolo Saviotti, 1996, p. 175）。企業にはサヴィオッティが「知識基盤」と呼ぶものがあり，それがその組織で使われる集団的な知識を構成している。
47) この点に関する多くの文献が，パビットとシュテインミュラー（Pavitt and Steinmueller, 2002）およびティースたち（Teece et al., 1994）によって巧みに要約されている。

とはいえ異なった形態の組織間での技術面や情報面での利点と弱点のトレード・オフは非常に多面的で，多様な組織形態の生存と共存を可能にした。典型的な大工場はそうした組織形態の1つにすぎなかった。もう1つの形態はもっと小規模な企業（多くの場合，自分の家庭で働いている職人たち）のクラスターである。彼らは近接した場所で働き，インフォーマルな協同組合のチャンネルを通じて知識の交換を行なっている（Piore and Sabel, 1984）。チャンドラーたちが描いた規格品の大量生産というイメージは，特化した生産を行ない，柔軟性や機敏性が要求される多くの産業を無視している[48]。大工場と家内職人は，産業組織の両極端であるにすぎない。リヨン，シェフィールド，北イタリアの工業地域のように，ヨーロッパの多くの地域には複雑なネットワークが存在し，そこでは家庭と工場とが多種多様な形態で結びついていることが観察されている。

　大規模製造所／企業は，技術的知識の不完全な市場の代わりとなっている[49]。そのような市場が当時存在しなかったと言うつもりはない。産業革命期のイギリスには，コンサルティング・エンジニアとか器具製作者，工作機械製作者など，多種多様な独立の発明家や機械工などがいた。その中ではジョン・スミートンとかジョセフ・ブラマー（Joseph Bramah）が最もよく知られている。彼らからアドバイスが得られ，実際に彼らのような人々はそのために雇われた。有名なボールトンとワットの企業は，後年はソーホーの工場で多くの機械を生産するようになったが，とくにその初期は，ある種のコンサルティング企業とみなされるべきだった。こうしたコンサルタントには，さらにその前身があった。すでに1718年までに，鉱山技師のヘンリー・バイトン（Henry Beighton）はニューコメン機関の運転に関するアドバイザーとして自立していて，その需要は多かった（Stewart,

---

[48] こうした企業の中には規模の大きいものもいくつかあったが，その他の企業は中ないし小規模だった。スクラントンは，「特殊品生産」では1923年に至っても「規格品」（大量）生産に匹敵するくらいの労働者を雇用していたことを示している。スクラントンの研究の中には，この種の特殊品生産の多くがかなり大規模な工場以外の場所で行なわれていたことを示す証拠はないが，彼の業績は，19世紀末にはチャンドラー的な高度な「流れ作業」的大量生産が原則になっていたとの見方に対する中和剤となっている。

[49] 企業の役割は何にもまして特化した暗黙知の「現場」であることにあるとの考え方は，いわゆるネオ・シュンペーター学派の多くの人たちによって提唱されてきた。例えば，サヴィオッティ（Saviotti, 1996）；アントネッリ（Antonelli, 1999）；ノーテボーム（Nooteboom, 1999）などを参照。

1992, pp. 246-46)。社内の機械工では間に合わない場合，企業はエンジニアリングや他の専門知識を外部から購入せざるをえなかった。当時の企業家は，ボールトンとワットのために働くコンサルティング・エンジニアのように，ある特定の職務のために専門家を雇うか，または仕事を外部の下請けに出した[50]。こうした外部のプロのコンサルタントの中には，有名なイギリスの「石炭目利き(コール・ビューアー)」なども入る。彼らは炭鉱所有者に最適な場所や炭層の構造などについてアドバイスをしただけではなく，18世紀に炭鉱で使用されていたニューコメンの蒸気ポンプの使い方についてもアドバイスしていた（Pollard, 1968, pp. 152-53）。「シビル・エンジニア（civil engineer）」という用語は，スミートンが造った造語である。彼は技術的なアドバイスを必要とする多数の人に「コンサルティング」サービスを提供することに，人生の大部分を費やした人物だった。当初シビル・エンジニアは機械技師（mechanical engineer）も兼ねていたが，機械や蒸気機関の増加につれて，機械技師は独立した別のカテゴリーとなっていった[51]。19世紀の中頃には，一流の科学者ですら産業コンサルタントやアドバイザーの役割を引き受けるのが日常茶飯事となっていた（Fox and Guagnini, 1999, p. 18）。それにもかかわらずコンサルタントの利用は限られていた。コンサルタントが持っていたのが一般的な知識なのに対し，しばしば企業特有の知識が必要だったからだけではなく，そこには信用や信頼の問題があったからである。

　当面している仕事の多くにとって，知識の店頭売買は適切ではなかった。今日

---

50) ソーホーのボールトンとワットのところで訓練を受けた機械工は，その専門知識のために，イギリス中で引く手あまただった。ソーホー出身者だけが特殊なソーホー計算尺の使い方を知っており，ここでの徒弟期間は「全ての企業への推薦状」だった（Pollard, 1968, p. 207）。

51) 1815年以後の偉大な機械技師のリストには，産業革命期の技術発展を持続させた発明家が何人も含まれている。例えばウィリアム・マードック（William Murdock）である。彼はガス灯の発明者の1人で，ジェームズ・ワットの最も才能に富んだ副官だった。またリチャード・ロバーツは驚くべき才能をもった，自動ミュール紡績機の発明者だった。さらにアーサー・ウルフは複式蒸気機関の発明者で，ヘンリー・モーズリーは多くの新しい工作機械の製作者であるとともに，イギリス海軍の帆船用の部品生産に大量生産方式を応用した最初のエンジニアだった。加えてジョージ・スティーヴンソンとロバート・スティーヴンソンは鉄道で有名で，ブライアン・ドンキンはタコメーターと缶詰食品用のブリキ缶の発明者で，ジェームズ・ナズミスは蒸気ハンマーの発明者，ブルネル一家は造船業者兼エンジニアだった。

と同様当時においても，技術的知識は一般的な関係や原理の理解と，ある産業や製品，企業が採用した一連のルーティンなどに特化した局所的問題とが結びついていた。こうした技術的ルーティンがより特化かつ局所的であり，その知識が暗黙知的なものであればあるだけ，生産は，社内からの専門知識の供給に依存せざるをえなくなる。こうして知識をプールすることがますます有効になっていった。サービスの分野でも知識の分業は一般的になってきた。医学知識は比較的コード化が進んでいるにもかかわらず，医師たちは専門知識がプールされている病院に魅かれるようになっていった。弁護士や建築家，それに教師たちも，一部は同じような目的から大きな組織を形成したり，同じような機能を果たす専門の協会や同業組合を作っていった。

産業革命以後の工場

1760年以後に芽生えた工場制は，産業革命後の数十年間に実を結ぶようになった。すでに述べたように，1つ屋根の下への労働者の集中は，人間の移動と比較した情報移動のコストと便益に依存している。1850年以前は，こうしたコストにほとんど変化はなかった。工場の出現は主に，生産技術の変化と，それに付随した知識の分業の便益の増加に起因していた。これらの変化は1860年以後のいわゆる第2次産業革命の期間中に加速化した。一方この時期には，人間と情報を移動させる技術で大きな発展が起きた。19世紀の後半には通信技術と情報技術でブレイクスルーが生じたのである。電信，後には電話が登場した。社内での情報の流れを容易にする多数の経営機器が登場した。気送管，謄写版，拡声装置，タイプライターなどがそうである[52]。それにもかかわらず生産性の上昇という面では，人間を移動させる方が有利だった。汽車，電車，自転車，内燃機関を

---

52) 事実，ラマロー，ラフ，テミン（Lamoreaux, Raff, and Temin, 2002）が主張したように，1914年以前の通信面での改善は，企業がより遠い地域で生産物を販売することと，生産を大規模製造所に集中することにより規模と速度の経済を利用することを可能にした。とはいえこのような本質的にチャンドラー的な解釈は大量生産と，サプライヤーや特殊なニーズに応える他の企業のフレキシブル・スペシャライゼーションとの間の複雑な関係を捨象している。

使った自動車などが，情報移動と比較した人間移動のコストを引き下げた。

　生産技術は引き続き大規模組織に有利だった。チャンドラー的な大企業は，しばしば言われているように19世紀の終わりの数十年間に目立つようになってきたが，その登場には技術的な要因が最も重要な役割を演じていた。それらの中には鉄道もあった。鉄道は次世代の大企業の標準モデルになっただけでなく，規格品のより大きな市場を創造した。鉄鋼，運輸，化学といった第2次産業革命に関連する多くの産業では，小企業や家内企業は全く存在できなくなった。それに加えて，交換可能な部品と組立てライン上での連続的な流れ作業を基礎にした大量生産を含む，生産のモジュール化の進行が，多くの産業において，大規模製造所（大企業化と同じかどうかは別にして）を不可避なものとした。

　しかし，効率的な生産の最小規模を引き上げた，単純な技術的要因が話しの全てだったわけではない。1つには，ある種の技術進歩は製造所の最適規模を小さくしたし，少なくとも費用曲線をかなりの程度フラットにした。こうした中で最も重要なのは電力である。電力は大量に購入しなくてもよくなり，家庭規模の小企業でも，大量使用に伴う割引は別として，大規模な競争相手と同じような条件でエネルギーが購入できるようになった。他の発明品も同じような方向に向かっていた。輸送の分野では，船舶の最適規模の拡大や，鉄道では明白な規模の経済性はあるものの，家庭規模の業者による輸送サービスの提供を可能にした自転車や自動車など輸送の民主化と比較される必要がある。

　したがって大工場化への移行は，大規模生産の信奉者たちが想定してきたよりももっと緩慢だったし，ニュアンスも微妙に違っていた。第2次産業革命期の企業規模の研究は，19世紀に入ってからも非常に規模の小さい経営体が生き延びていたことを示している[53]。こうした論争の障害となる統計上の困難は，大部分の産業センサスや人口センサスでは，家庭で働いている人々や家庭に付随する小さな作業場で働いている人々が数えられていないことである。例外的にフランスのセンサスだけが，これらの人々を isolés〔孤立している人々〕と呼んでいて，

---

53) 1851年のイギリスのセンサスは，家内工業規模の企業が消滅とはほど遠いことを示している。調査回答を出した全親方数（129,002）のうち，半数以上（66,497）は雇用者が5人以下，このうち41,732は雇用者数ゼロで，親方1人で働いていた。1871年のセンサスも似たような結果を示している。そのうえ回収は不完全であり，非常に小規模か，1人だけの企業の数は少なめに出ている（Musson, 1978, p. 68）。

表2 フランスにおける工場労働者と家内労働者（1906年）

業　種	家内労働者数 （千人）	家庭外労働者数 （千人）	家内労働の比率 （%）
食品加工	37.2	293	11.3
化学	1.4	116.9	1.2
ゴム・製紙	2.6	78.1	3.3
印刷	5.2	91.1	5.4
繊維	162.4	686.1	19.1
衣服製造	890	441.8	66.8
麦わら加工・かご	13.6	19.6	41.0
ガラス・陶器	3.1	153.1	2.0
石材加工	12.9	24.7	34.3
皮革	122.2	155.3	44.0
木材・木工品	200.5	361.6	35.7
鉄鋼	0	73.6	0
金属加工	93.7	552.5	14.5
貴金属・宝石	4.5	23.9	15.8
合計	1,550.0	3,071.5	33.5

出典）France (1910), pp. 188-93.
注）算出数値は，「孤立して働いている」労働者と1人以上の労働者を雇っている会社で働く労働者を示している。この表では，「事業主」という範疇が除外されている。これらの「親方」の多くは徒弟や召使いを雇っている小さな職人経営なので，この方法では家内労働者の数が過少に表される。

このような孤立して働いている人々の数を正確に報告している唯一の国だった。1906年のフランスのセンサスでは，フランスの製造業の労働力の約33％が孤立して働いていたと推計されている。これらの人々はかなりの程度まで自分の家庭内で働いていたに違いない[54]。1906年のフランスにおける製造業労働者の産業別の比率の要約は，表2に示してある。1895年のドイツの産業センサスは，「商工業（Gewerbe）」全体の雇用者数1,054万人，そのうち独立して働いている労働者数は188万人（全雇用者数の17.8％，製造業雇用者数752万人の25％）だったと報告している[55]。

---

54) キングホーンとナイ（Kinghorn and Nye, 1996, p. 95）が指摘しているように，1906年のフランスのセンサスは人口センサスの一部であり，調査員たちは全ての小規模組織を数え上げることに総力を上げた。
55) これらの数字には重大な過少計算が反映されているのかもしれない。バーデン地方に関するより詳細なデータは，労働者6人のうち1人が，労働者がたった1人しかいない工場で働いていたことを示している。これらのデータが利用できたのは，ミュンヘン大学のイェルク・バーテン博士（Dr. Jörg Baten）のお陰である。

統計局が実際よりも少なく数えていたこと，首尾一貫しない定義を使っていたことにより，西ヨーロッパの工業国の企業の平均的規模にはかなりの混乱が生じた。この混乱はキングホーンとナイ (Kinghorn and Nye, 1996) によって整理されたが，彼らはこうした統計上の脱漏が，ドイツは技術的に進んだ大規模製造所の国だという不当な評価を導いたと主張している。定義を明確にした慎重な前提に基づいて抜け落ちた会社数を調整してみると，第1次世界大戦前の10年間のドイツでは，雇用者数1人から5人の企業が全体の95％に達し，これらの企業が雇用する労働者数は全体の67％に達していた。合衆国ではこのような企業の比率はより小さく（91％），これらの企業が雇用する労働者数の比率も33％だった[56]。キングホーンとナイは，「企業の規模は，狭義の生産技術の要請に対する対応であるだけではなく，組織上の考慮に対する対応でもある」と結論づけている。しかしこのような「組織上の考慮」もまた，技術の関数である。それは企業自身の生産技術ではなくても，管理者が労働者とコミュニケーションをとったり，外部のサプライヤーや顧客とコミュニケーションをとるために使う技術，さらには労働者がお互いにコミュニケーションをとるために使う技術である。

　すでに述べたように，人間を移動させる技術の変化が，（人を移動させるコスト／情報を移動させるコスト）という比の分子を決める。その結果1850年から1914年の間に，労働者を大きな工場や百貨店や大きなオフィスや大きな「製作所」に集めることが，急速に進んだのである。

将来の展望

　かつて『USA Today』紙（2000年7月5日, p. B-1）は，「多くの会社が建物を持つ習慣を止めつつある」という見出しを掲げ，それに続く記事では企業のリストを示し，それらでは社員たちが自分の家庭で仕事をし，会社に集まるのは年に数回だけだと書いていた。電話による会議，Eメール，それにインターネットが，会社の会議室や冷水器に取って代わり，家庭のリビング・ルームの快適さが会社

---

[56] 1906年のフランスのセンサスでは同様な調査が実施されており，異なった国の間の平均的な企業規模を比較することができる。

の個室を脅かし始めた[57]。フランシス・ケアンクロスは賢明で情報豊かな著書の中で,「通信の価格低下は,人々がどこで働き,どこで生活するかに影響を与えるだろう。仕事と家庭の間の昔の境界線は消滅するだろう」と述べている（Frances Cairncross, 1997, p. 234）。こうした現象を描写するために,未来学者のアルヴィン・トフラー（Alvin Toffler）は,1980年に「テレ＝コテッジ」という新語を造った。この言葉は,1750年以前の時代〔家内工業〕との明確な関連性を示している[58]。近年,物理的な距離と情報伝達コストとの関係は弱まった。インターネットはその1つの要因にしかすぎない。それ以外にも,長距離電話のコストの急低下や,携帯電話ネットワークの急成長があげられる[59]。

もちろん「距離は消滅した」という考えを,文字通り受け取るわけにはいかない。人々が家庭で働くとしても,誰かが物的な財を運搬しなければならないし,大部分のサービスはしかるべき場所で提供される必要がある。「バーチャル」な活動がどの程度まで物理的なプレゼンスに取って代わりうるかは技術が決めるだろう。通信コストや情報処理コストの急低下が集積の利益を減少させるのか増加させるのかは,まだはっきりしない。集積の経済の凋落がインターネットと電話料金の低下によるかどうかには,今までのところ賛否両論がある。旅行と遠距離通信が代替関係にあるという仮説には疑念が持たれている（Mokhtarian and Salomon, 2002）。多くの場合,この両者は補完関係にある[60]。そのうえ旅行は所得弾力性が高く,新しい技術が経済成長を生むにつれ,旅行に対する需要は増加

[57) ラマロー,ラフ,テミン（Lamoreaux, Raff, and Temin, 2002, p. 46）は,特定の調整メカニズムではインターネットが与えるインパクトは大きくなると指摘している。しかし彼らは財の市場における役割に焦点を合わせており,労働市場や,商業情報と対照的な技術情報の交換を含むコミュニケーションには注目していない。

58) 私がここで工場に関して展開している主張は,都市の将来に関する議論と同質である。ガスパーとグライーザー（Gasper and Glaeser, 1998）およびモクタリアン（Mokhtarian, 2000）は,対面コミュニケーションは多くの場合,遠距離のコンタクトを「補完する」ものであり,したがって,都市は近代的な情報技術の下で生き残るだろうと指摘している。産業革命は前例のない都市化の動きを引き起こしたものの,都市集中の波は工場勃興の前に起きていたとの事実を,不必要かもしれないがここで付け加えておきたい。

59) 情報技術の増加と職場の組織との関係は,ブレスナハン,ブリニョルフソン,ヒットが研究している（Bresnahan, Brynjolfsson, and Hitt, 2002）。ここで強調したい点は,情報革命のコミュニケーションの側面であって,情報処理の面ではない。

60) モクタリアンとサロモンが指摘しているように,携帯電話はその設計上,人間の移動を補完する（Mokhtarian and Salomon, 2002）。

しそうである。したがって、テレコミューティングが交通混雑解決の万能薬であるかどうかについては、多少疑問が残る（Mokhtarian, 1997, 1998, 2000）。ククレリーズ（Couclelis, 2000）が主張したように、情報処理の面における急激な改善は活動の細分化へと向かっている。仕事はますますコマ切れの時間単位の中で処理され、余暇活動の中に散りばめられ、時には余暇活動と仕事がマルチ・タスクで処理されてしまっている。

それにもかかわらず、多くの仕事は厳格な職場の外で遂行されうるだろう。テレコミューティングと在宅勤務に対する関心は新しいものではない。www（ワールド・ワイド・ウェッブ）が登場する前に、すでにロバート・クラウトがその利点と欠点を論じている（Robert Kraut, 1989）[61]。システムとしての「工場」は、活動の物理的な中心的場所としては後退しつつあるだけでなく、ある一定の時間に仕事を開始して、ある一定の時間に仕事を終了し、仕事と余暇の間に明確な一線を画すという、時間を仕切る制度としての役割も減少しつつある。仕事は時間的にも場所的にも拡散し、労働者が仕事と余暇のトレード・オフを、自分の好みに応じて調整できるようになる。在宅勤務の厚生面での意義は、工場制で払わされたコストの反転である。通勤時間が減り、余暇と労働のトレード・オフの調整はより柔軟性を増し、労働と家事サービスの生産はより組み合わせやすくなる[62]。多くの労働者にとっては、自分が労働する物理的な空間をデザインし管理する自由も、同じくらい重要かもしれない[63]。

1970年代以降の技術進歩がたどってきた方向性は、家内生産の方向への部分的回帰を、極めて論理的なものにするはずだ。1つには、人を移動させるコストと比較して、情報を送ったり受け取ったりするコストが急速に減少してきた。一

---

[61] 家庭で働く選択肢の将来にクラウトが悲観的なのは、企業と組織には仕事を調整する必要があり、したがって労働者は出社する必要があり、家庭を本拠にした雇用はこうした調整の必要性が低い職業に最も適しているとの仮説に基づいている。彼はこのような調整の必要のない「ルーティン」な仕事は非常に稀だと感じ、情報技術の進歩が他の多くの仕事で、労働者の出社を不必要とするかもしれないという可能性にはあえて触れなかった。

[62] とはいえこの点に関しては、19世紀の人口動態との間に大きな非対称性がある。当時は小さな子どもをかかえた片親世帯は非常に稀だった。

[63] あるテレコミューターは、自分のホーム・オフィスでテレビを低い音量でつけたままにし、あたかも室内に他の人がいるかのようにして、自分のホーム・オフィス内に「彼女にふさわしい雰囲気を創った」と報告している（*New York Times*, 2000年11月2日, p. D-8）。

方，通勤にかかる総費用（時間を含める）は減っていない。市内や郊外の高速道路は20年前と同じくらい混雑しているし，公共交通機関は目立った改善を見ていない。通勤をより楽しくすること（例えば高品質のカーステレオやウォークマンの登場，エアコンの効いた車など），あるいはより生産的にすること（例えば携帯電話やラップトップ・コンピューターの登場など）の面での改善はあった。しかし全体としてみれば，通勤者や旅行者に関する産業の技術進歩は相対的に小さい。他方，情報を蓄積し，操作し，伝達する能力は，目のくらむような速度で拡大し続け，家庭の間および家庭と会社との結びつきは，その価格の急落ぶりと同様，速度と質の面でも劇的な改善をみている。今までのところ巨大な知識のストックへのより早く，より廉価なアクセスに，収穫逓減の傾向は見られない。主にコンピューターのモニターを見て，それと会話をする労働者は，事実上，どこに居てもよくなってきている。それと同時に，正規の労働力となっている多数の既婚女性や単身の世帯主にとって，家庭外で働くことの機会費用は，家事と収入を生む仕事とをマルチ・タスク的に処理することと比較して，非常に高くなってきている。

　急増するテレコミューティング関係の文献では，こうした動向が定着しつつあると論じられている。工場制の登場後，約2世紀後に，「生産単位」という振り子が徐々に逆方向に振れつつあると示唆するのは合理的であるように思われる。正確な数字を入手するのは困難で，推計値にもバラツキはあるが，1990年のセンサスによれば，16歳以上の労働者のうち，「家庭だけ，またはほとんど家庭」で働いていた人は340万人だった（Russell, 1996）。しかし，1997年には，合衆国のテレコミューター数が1,100万人にのぼったと推計されている[64]。1999年のある時期にテレコミュートしていたアメリカ人従業員数の推計値は1,960万人となっているが，どの一日をとっても実際にテレコミュートした人の数はもっと少

---

64) この推計は，ニューヨークのマーケット・リサーチ会社FIND/SVPの依頼による調査を基にしており，AT&Tのウェブ・サイト，「テレコミュート・アメリカ」に引用されている。この数字はまたマキューン（McCune, 1998）によっても引用されている。国際テレワーク協会（International Telework Association and Council）は，1,650万人（労働力の12％）の人が少なくとも1ヶ月のうち1日は家で仕事をし，このうち930万人が，少なくとも週に1日は一日中家で働いていると報告していた（http://www.telecommute.org/twa2000/research_results_key.shtml 参照）。

なかった[65]。加えて，自営業で家庭で働いている人間が 2,140 万人いる（Miller, 2000）。

テレコミューターと独立の請負業者との間の違いは徐々に不明瞭になってきていて，ジャスト・イン・タイムの労働力利用の増加につれ，この両者の統計的推計値の解釈も難しくなってきている。私の当面の目的にとって何よりも重要なのは，どこで労働者が働くのか，ということである。最近の調査は，工業化の進んだ国ではどこでも，「テレワーキング」が広く受け入れられつつあることを示している[66]。

産業革命は最初から工場を創り出したのではなくて，工場を稀に見られる存在から，通常そこで生産が行なわれる場所へと変えつつ，家庭労働が存在できる空隙を残した。これと同じように，工場離れ現象でやがて収穫逓減が見られるようになり，労働の中心的な場所が家庭と家庭外が混在した状態となっていくことは明らかなようにみえる。食品加工から歯科治療まで，ある種の産業とサービス業では物理的なプレゼンスを必要とするだろう。しかしこの家庭と家庭外の組み合わせの比率は大きく変わっていくだろうし，この変化は約 2 世紀前に起きた反対方向への動きに似て，かなりの部分は技術によって突き動かされることになるだろう。その技術は，生産技術そのものと，従業員とコミュニケーションをとったり従業員をモニタリングしたりするために使われる情報技術の両方である。

工場の衰退がもつ厚生上の意味は，ただ単に通勤に要する時間コストの計算に

---

[65] カイーファとデイヴィッドソン（Khaifa and Davidson, 2000）。モクタリアン（Patricia Mokhtarian, 1998）が行なったシミュレーションでは，1998 年頃に労働力全体の 6.1 ％ がテレコミュートしており，どの日をとっても 1.5 ％ がテレコミュートしていることが示されている。最近ではモクタリアンは，家庭を本拠にした独立事業者を「含まない」テレコミューターの数が約 8 ％ に達しているとしている（モクタリアン教授との私的な議論に基づく）。西暦 2000 年の合衆国のセンサスは，全労働力 1 億 2700 万人のうち，家で働いている人がわずか 410 万人にすぎないと報告しているが，この数字はパートタイムでテレコミュートをしている人々を勘定に入れていないように思われる。

[66] テレワーキングの最先進国はフィンランドのようで，労働力全体の 10.5 ％ が少なくとも週に 1 回以上テレコミュートしており，次いでオランダの 8.2 ％ となっている（http://www.telecommute.org/twa2000/research_results_key.shtml 参照）。イギリスに関する 2000 年のある推計によれば，150 万人の労働者が自分自身を「技術に依存した在宅労働者」と定義しており，1 年前の 120 万人に比べて増加し，労働力全体の約 5.5 ％ に達している（http://www.analyticadial.pipex.com/twstats00 参照）。

関することだけではない。それは投入物と産出物，効率と生産性の定義にかかわってくる。合衆国における通勤コストは時間という点だけでみても，今日，ざっと見積もって約254億人時間，金額にして3,560億ドルになる[67]。さらに資本財と燃料，環境破壊といった追加的なコストが，少なくとも同じくらいの額になる。スペースの非効率利用という別のコストもある（第4章の冒頭のエピグラフを参照）。今日までのところ，こうしたコストのいずれかが減少したという証拠はほとんどない。そうではなく，1750年以後の1世紀半の間に，こうしたコストは工業化していく経済に対し徐々に押し付けられてきたのである。もちろんこれらのコストは1人当たり所得の増加が大きいため過小視されているが，もしもこうしたコストが急速に減少していけば，それらはやはり利得として計算されるべきである。

　大きかろうと小さかろうと，これらのコストは私たちの国民所得勘定の中に含められるべきだが，そういうことはめったにない。実際に国民所得勘定では，こうしたコストは産出量から差し引かれない。原理的にそうすべきであることに疑問の余地はない。集計された産出量は「純」産出物なのだから，中間投入物は差し引くべきであるという考え方を堅持するためにはそれらを差し引くべきである[68]。現在のところ，職場に行くのに必要な輸送サービスの購入は消費として扱われている。通勤時間はGNP勘定の中に入らず，余暇として扱われている。厚生という観点から見て，こうした扱いはやや馬鹿げている。経済学者は長年これを認識していたが，国民所得勘定におけるこうした項目の扱いは未解決のままになっている。「余暇」のために費やされるかなり長い時間は，余暇といった性質のものではなく，生産か消費の中間コストである。生産性上昇の証拠を捉えそこねている「ニュー・エコノミー」悲観論者は，生産性を測定する方法の分子には，新技術の最も重要な効果のいくつかが入っていないことに留意すべきである[69]。

---

67) 西暦2000年の合衆国のセンサスは，1日当たりの平均通勤時間を24分と推計している。これに時間当たり賃金の中央値を14ドルとし，1年250日，労働者数127万人を掛けると，この数字になる。しかし実際の費用はこれよりかなり大きくなる。実際の時間当たり報酬（compensation）は賃金（earning）より高く，通勤の非時間的費用もあるからである。
68) すでにクズネッツが，所得を生むコストと所得自体の間の境界線の変化は，経済的厚生の尺度としての国民総生産に対し，長期的に見て上向きの偏りを与えることを指摘していた（Kuznets, 1971, pp. 7-8）。
69) R・J・ゴードン（Gordon, 2000a, 2000b）のようなニュー・エコノミーに対する懐疑論者

通勤はちょうどショッピングのように，努力の尺度としての総産出と厚生の尺度としての総産出とを決裂させる一種の「摩擦」である。テレコミューティングとテレワーキングの急増は明確な厚生増大効果をもつが，国民所得勘定のうえのどこにも直接には出てこない。

　テレコミューティングが経済全体で見られるようになるのは遠い先のことである。家庭にいて働くことができる人々の多くが，常に家で働くというわけでもない。将来テレコミュートしている人の数がどのくらいになるかという予測には大きな開きがあり，データ伝送のコストと効率性がどうなるかに依存している[70]。技術変化は必ずしも制度としての職場を排除するものではないが，働くための通勤をますます自由選択的かつパートタイム的なものにしていくだろう。「働く」ことと「働くための移動」とを分離することは明らかに厚生を改善する。このことは，働くために移動する際の純限界効用がコストを越えている人々と，必要上やむをえず通勤する人々を分別するだろう[71]。その場合，工場またはオフィスが「居酒屋効果」と呼びうるものを提供することになると言ってもいいかもしれない。中世の居酒屋と近代的なパブは離れて働いている人々が集まってきて，相互に刺激を与え合う社会制度を提供していた。孤独がすでに国民的な悩みになっている経済，ロバート・パットナム（Robert Putnam）の用語を使えば，そこで人々

は，このような情報通信技術（ICT）の特殊な側面を見逃している。ゴードンは，鉄鋼，電気，通信，水道といった19世紀末の偉大なブレイクスルーに比べると，ICTは劇的な要素が乏しいと主張している。しかしコンピューターによる有用な知識の巨大な貯蔵庫へのアクセスや，遠くで行なわれている活動を観察し，調整し，モニタリングする能力は，仕事の場所としての家庭を復活させることができ，それに伴って思いもよらない社会的，経済的結果を派生させる。

70) モクタリアン（Mokhtarian, 1998）はテレコミューターの比率を，テレコミューティングに馴染みやすい仕事をしている人々，家で仕事をすることを好む人々，在宅勤務が雇う側の惰性や不安によって妨げられない人々，に分類している。しかし時間の経過につれ，これらの比率は上昇せざるをえない。ますます多くの労働者が「情報部門」に組み入れられるだけでなく，こうした仕事のますます多くが，家庭でできる仕事の部分を増やす情報技術と統合されるだろう。

71) ケアンクロス（Cairncross, 1997, p. 237）が予測しているように，オフィスは人々がネットワークを形成したり噂話をしたりするために集まる「クラブ」のようになり，初期の資本家たちのように，企業が従業員の士気を高めたり，会社への忠誠心を吹き込む場所，宗教的・道徳的な教義によってではなく，スポーツ・クラブや「保養所」の力を借りて，そういうことを行なうだけの場所になるだろう。

が「孤独なボウリング」をしている経済が必要としている最後のことは，会社の中にある小さく仕切られた小部屋の孤独を埋め合わせる冷水器やカフェテリアなどとともに，職場そのものを葬り去るということだろう。こうした主張に対する単純な反論は，社会的相互作用を欲している人々は，自分の好きな時間に好きな場所で，ランチや会話のために会う機会を設定できるではないかというものである。20世紀の後半の合衆国では，地域社会での生活はうまくいかなくなった。その理由の1つは，地域社会の生活と職場とが代替関係に立ち，両者が同じ時間を取り合い，同じようなニーズに応えようと競い合ったことである。もしも職場や通勤にそれほど時間や努力を要しなくなれば，人々は産業革命前の生活のような社会制度を再発明するかもしれない。Eメール友達やインターネットのチャットルームの成長に見るような，新しい社会的相互作用のかたちを創り出すかもしれない。

　この問題を調査している大部分の研究者は，労働者の間にはかなり異質な人間が混在しており，彼ら1人1人に自分の選好に応じて決めることを認めれば集計した厚生は増大するに違いないという点で意見が一致している。それに加えて，労働者は自分で組み合わせを作ることもできる。ラッシュアワーや悪天候を避けて，好きな日時にオフィスへ出勤することができ，家庭内の世話をするために在宅する，等々である。最後にこれは繰り返しになるが，家庭内で働く時には，マルチ・タスクもある程度までは可能である。もちろん子守りと料理は仕事との同時進行が考えられる2つの活動だが，このメリットは誇張されるべきではない。テレコミューターの雇用主の多くは，小さい子どもは保育所に預けることを要求している。子守りをしている労働者の総産出量が，家庭から離れた場所で仕事に集中している労働者よりも多いか少ないか，そして親の生産性が低下はしたもののまだプラスを維持しているときに，雇用主が賃金の調整ができるかどうかを考えてみるのには意味がある。何らかの出来高給に変えることは産業革命前にもあったように，この問題の解決策になるかもしれない。

　家庭を離れている際の時間使用の柔軟性は，親や世帯主にとって実際の時間数そのものと同じ位の重要性をもっているだろう（Humble et al., 1995）。家庭とのテレコミュニケーションを技術的に可能にするチャンスの増加は，ほとんど，あるいは全くコストをかけずに，家庭での家事（子守り，食事の準備等々）を増加させ

ることを可能にするだろう。しかしここでもまた，国民所得勘定のうえで家事を含まないという私たちの慣行により，こうした変化が国民所得勘定に計上されることなしに厚生を向上させることになるのである。

　ポスト工業経済がどこまで家内生産経済に回帰するかは，技術によって決まるだろう。ある種の仕事がテレコミューティングに適しているのに，別の仕事は適していないというのは当然のことのようにみえる（Handy and Mokhtarian, 1996）。だがそれは，絶えざる技術進歩，とくに情報伝送の帯域幅の拡大次第である。もしも1990年代の傾向が続けば，ロケーションの激変や労働供給の地理的な大変動の影響を全く受けない仕事はほとんど存在しそうにない。これは顔と顔を突き合わせるコンタクトが消えてなくなるということではない。もしもコミュニケーション・テクニックが改善され，許容可能な品質の「バーチャルな会合」を提供できるようになれば，場所はどこでもよくなるかもしれない。しかしその時が来るまでは，初期の工場制の勃興が，工場労働者と家内労働者の両方を雇う「混合システム」を生みだしたように，我々の経済も1週間のうち3日間は家庭で仕事をし，あとの2日はオフィスへ出勤する労働者といった組み合わせが魅力的だと思うようになるかもしれない。

　ここまで論じてきた工場勃興の4つの要因は，現代技術が将来の職場に与える影響を分析するうえで，どう作用するのだろう？　製造所レベルでの規模の経済性は消滅してしまったわけではないが，オートメーション，ロボット化，資本による労働代替のいっそうの進行の結果として，工業化が進んだ経済では製造業で雇用される労働者数がますます少なくなってきている。残った労働者も工程の自動化につれて，生産のモニタリングとか管理とかに従事している。規模の効果のいくつかは，現代の情報技術によって弱まっている。在庫は低水準に維持できるし，かつては大企業だけの特権だったメインフレーム・コンピューターの利点も消失してしまった。遠隔モニターによって監督される完全ロボット化工場が近い将来支配的になるとは思えないが，作業現場に物理的にいることが要求される労働者数は減少してきている[72]。サービスの分野でも，同じような現象が見えてき

---

72) パビットとシュテインミュラー（Pavitt and Steinmueller, 2002）は，距離の重要性の低下を招くに違いない「工場の情報化」の選択肢について論じている。ロボット化された工場運営を管理する，いわゆる知的エージェントの導入は，工場の現場に出勤する労働者の数を

つつある。20世紀には家庭規模のパパ・ママ経営の街角の商店は実質上消滅し，大規模な百貨店や専門店に取って替わられた。インターネット小売業が発足時の問題点に遭遇することは十分ありえるが，それが続いたとして，倉庫業と運送業を除けば，独立の業者に外注できないとか，家庭で働く従業員に割り振りができないものは少ない。同じことは，銀行，弁護士事務所，保険会社，それに高等教育の分野についても当てはまるだろう。

　労働者が仕事に投入する努力のモニタリングはより厄介である。新しい技術には，次の2つのうちの1つが要求される。労働者の生産性をモニタリングする能力か，それが不可能な場合には，労働者が同じ場所にいない場合でも労働者が何を行なっているかを何とかして観察する能力である（例えば，社内の遠隔操作のデジタル・カメラなどを通じて観察する能力）。情報技術の改善は産出物の計測を容易にするはずであり，したがって再び出来高給（「テレ出来高給」），つまり，下請け契約を結びプロジェクトごとに支払をするといったことを容易にするはずである。電気通信の手段によって遠隔地の労働者をモニタリングする雇用主の方の能力は，その他のモニタリング上の問題の解決の手助けになるかもしれない。労働者が何時間オンラインだったか，どういう活動が実行されたか，仕事はどのように遂行されたかといったことを，雇用主側は遠隔地から観察できるだろう。この種のモニタリングは雇用主側に，もし必要なら家内労働者に時間給を支払うことを可能にして，工場制が必要である最も強力な理由の1つを排除することになるだろう。こうして現代の情報技術は，コースの優れた学説で「企業」の必要性の根拠になっていた情報コストや取引コストを削減させる方向へ向かっての大きな一歩と

　　大幅に減らし，終局的には「灯りの消えた」工場（つまり，人間の1人もいない工場）をもたらすかもしれない。工場設備にはしばしばインターネット接続が組み込まれており，機械は遠方からモニタリングされ管理されている（*Business Week*, 2000年8月7日, pp. 78–86, "Thinking Machines" および同じく *Business Week*, 2001年7月23日, pp. 75–76, "Brave New Factory" 参照）。その一例は VEC（Virtual Engineering Composites）である。これはインターネットの遠隔操作を通じて金型製品の製造を可能にする。この技術は実質上あらゆる金型製品を，いかなる場所でも，最小限の労働者の立会いで製造できるようにする（*Time*, 2000年7月31日, p. 30. "The Revolution in a Box" 参照）。もう1つの例は，MIRS（Modular Integrated Robotized System）として知られている，ピレリ社の導入した新しいタイヤ製造技術である。そこでは年間125,000本のタイヤがオートメーション・システムで生産され，コンピューターの背後にいる3人のホワイトカラーの従業員がこのシステムをモニタリングし運営している（*Le Monde*, 2000年7月15日, p. 13）。

なる。言い換えると，情報技術が所与なら，プリンシパル＝エージェント問題は情報の非対称性問題の1つなのである。現代の情報技術が企業内で知識の配分を「対称化」するなら，情報の非対称性に対処するために考案された企業の組織構造を，より必要性の低いものにするかもしれない。

　マーグリン＝クラークは，工場を労働者の努力と生産性を高めるために労働者を管理し規律づける場所と見ている。21世紀に教育システムを通じて，労働者が自発的に動機づけられるようになれば，動機づけの問題は大きな関心事ではなくなる可能性もあるように思われる。こうしたアプローチは全ての労働者でうまく行くわけではないので，企業は家庭内で効率的に働くと期待できる労働者と，監視をしなければならない労働者とを分類することを学習しなければならないかもしれない[73]。わずかで逸話的な証拠ではあるが，それらはテレコミューティングによる生産性上昇を一様に指摘している[74]。こうした生産性の上昇が何を反映したものなのかを正確に知ることは難しい。一部は選択のバイアスによるのかもしれない。テレコミューティングから最も便益を受けそうな労働者たちこそが，最初に働き方を切り替えると考えられるからである。他の理由としては，通勤に関連した疲労やストレスの減少であり，また同僚の労働者のために気が散ったりすることが減るからかもしれない。他方でテレコミューティングの増加は，オフィスや商店に留まる労働者にマイナスの影響を与えるかもしれない。無断欠勤や離職率の変化といったことに関連する詳細な情報はない。それにもかかわらず，もし仮に生産性やそれに関連した尺度が働く場所の変化によって大きく改善しないとしても，摩擦コストの削減に起因する総社会的厚生の増大だけでも重要であ

---

73) マキューン (McCune, 1998) は，ホーム・オフィスが従業員のもつ性癖を一層助長する傾向があると主張する。ホーム・オフィスは，ワーカホリックをますます激しく長時間働かせるようにするし，やるべきことを引き延ばす癖がある人には仕事を遅らせる十分な機会を与えることになると言う。最近では「テレコミューティングがオフィスに出勤する同僚の間に憤りを生む原因となり，会社への忠誠心を弱めると考えて」，テレコミューティングに懐疑的になってきた企業がある (*Wall Street Journal*, 2000年10月31日, p. 1)。

74) あらゆる種類の推計がある。ノーテルネットワークス社では，生産性上昇率は10％と推計された (Strickland, 1999)。ハンブルたち (Humble et al., 1995) は，上昇率には10〜200％の幅があり，平均30％としているが，これはデュブリンとバーナード (DuBrin and Barnard, 1993) の結果とも整合している。マキューン (McCune, 1998) は，生産性上昇率には4％から25％の幅があると報告している。こうした数字は全て小さなサンプルを基にしたもので，不十分な管理やサンプル選択のバイアスは免れない。

る。労働の非金銭的側面の改善は言うまでもない[75]。

　最後に，知識の分業と共有の単位としての製造所やオフィスの機能は，ビジネス関係の文献で広く議論されてきた[76]。もしも従業員が大部分のコミュニケーションを電子的な媒体で行なうようになった時には，彼らを労働に駆り立てたり，隣り合わせに小さく間仕切りをした小部屋に入れても無駄であるというのは妥当なように思われる。しかし，物事はそれほど単純ではない。アクセスの容易さに加えて，製造所やオフィス内で近くに居ることは個人的な親密感を生み，それに伴う信頼感や信認の条件を生む。ボディランゲージ，イントネーション，その他全般的な態度・振る舞いは，常に人間的な相互作用の中で1つの役割を演じる[77]。コミュニケーション技術の大きな改善があったとしても，いろいろな目的のために社内専門家との直接のパーソナル・コンタクトは依然必要だろう。それにもかかわらずICT革命の多くは，シリコンバレーのような産業地帯で生まれた。しかし次の段階はヴァーチャルな産業地帯，つまり地球全体の労働者のネットワークなのかもしれない。

　遠距離コミュニケーションと比較したパーソナル・コンタクトの量は，コード化された形式知とコード化されていない暗黙知との比率に依存する。もしも新しい情報がますますコード化されて行くならば，コーワンとフォーレイ（Cowan and Foray, 1997）が示すように，非パーソナルなコンタクトを通じたアクセスが人間の物理的な接触を不必要にするかもしれない。もちろんコード化された知識へのアクセスにはコードブックが必要なのは事実であり，コードの知識自体は大部分が暗黙のものかもしれない。技術的知識へのアクセスの改善は，より広範にアクセスできるコードブックの生産を有利にするかもしれない（Cowan, David, and Foray, 1999）。しかし現代的な通信（コミュニケーション）と検索エンジンは，コード化された情報

---

[75] ノーテルネットワークス社の調査報告書では，家庭で働く従業員の90％で「仕事の満足度が上昇し」，73％が「ストレスのレベルが低下した」と回答している（McCune, 1998）。

[76] ハドソン（Hudson, 1998）はこの点を明確に述べている。「電気通信ネットワークは，今や製造業者と組立て工場，デザイナーと工場，エンジニアとベンダー，サプライヤーと小売業者，小売業者と消費者をリンクしている。今や社内に全ての専門知識を持つ必要はない」。

[77] リーマーとストーパー（Leamer and Storper, 2001）参照。19世紀末から20世紀初めにも，同じように電話が顔と顔をつき合わせた会合にとって代わり，テレコミュニケーションは輸送機関の混雑を緩和するだろうと信じられた（Mokhtarian, 1997）。

への迅速かつ容易なアクセスを可能にするだけでなく，コード化された知識を翻訳する暗黙の知識を所有する人々を探し出したり雇ったりすることをも容易にする。そうした人々を会社が雇用する必要はなく，下請け契約者とかコンサルタントとして雇うことが多い。そのうえ，自社にない専門知識へのアクセスを要求するモノを生産する必要がある会社は，生産の全工程を専門家に下請けに出してしまう傾向がある。このような垂直的統合の解体は，極端まで行くと今日我々が理解している「企業」の概念全体を危うくするかもしれない。企業はある程度まで，特定のプロジェクトのために臨時・特別に招集される事実上の「チーム」に取って代わられるかもしれない。こうしたやり方はある種の評価を維持する技術を必要とするが，これこそまさにインターネットが提供するものである。

　現代的な ICT の導入は，経済的競争力や新技術の普及を促進することになるのだろうか？　家内製造所，場合によっては家内企業への回帰は，自然淘汰が厳しくない農民や職人の世界への回帰を意味するものではないだろう。現代的な ICT は，専門性や信頼性に関する評価の確立を容易にするが，同時にそれを失うことも容易にする。誠実さの基準を確立することは，知識へのアクセスが廉価になった世界における課題の 1 つだろう。しかしながらそのような世界は，ベスト・プラクティスのテクニックに常に遅れずについて行こうともせず，どうにか生き延びていた 1750 年以前型の家内生産者を，少数ながら内包しているだろう。アクセス・コストが下落を続けると，コード化できる知識はそれが使われるところへ流れて行くだろう。それにもかかわらず，最新の情報について行けない，またはついて行く意思のない個人を，社会がどう扱っていくかは明確ではない。

　以上の議論を要約しよう。現代的な通信情報技術は，家庭と比較して「工場」がもっていた多くの優位性を弱体化させつつある。女性の労働参加の増加と通勤面での技術進歩の停滞により，家庭での生産に比した工場生産のコストが上昇してしまった。この傾向に関して予測を行なうことは難しい。特に 21 世紀のテレコミューティングの状態について確実な情報がほとんどないことを前提にすると，それはなおのこと難しい[78]。工場制の全面的な確立が遅々としていたように，工

---

[78] 1806 年のイギリス特別委員会（British Select Committee）が自信たっぷりにこう予測したことを紹介しておくのは価値があるだろう。「［家内制が］工場制によって根絶されてしまうという憂慮には，少なくとも現状では全く根拠がない，と我々は断言できる」である

場から家庭への移行も緩慢なものとなるだろうし，その理由も同じものとなるだろう。つまり大きな社会的制約となるのは，ベビーブーム世代はタイプライターや電話を使い，通勤には自動車を使いながら成長したので，このライフスタイルを変える際につらい時期を経験するということである[79]。新しいライフスタイルを完全に受け入れるまでには，通信回線が張り巡らされた家庭で育ち，インターネットがごく当たり前という労働者たちの成長を待たなければならないだろう。

　過去においてもそうだったが，扉を開けるのは技術だろう。技術は必ずしも社会にその扉を通過するよう強制するものではない。しかしながら全体としてみれば，現在起きている変化は，社会に対するインパクトの大きさにおいて，18，19世紀の工場の勃興にも匹敵する社会的な変化を意味しているのかもしれない。この2つの時代の違いは，現代においては選択の原理が働くだろうということである。家庭で働きたいと欲する労働者はどんどんそれができ，一方1か所に集まって働きたい者，あるいは何らかの理由で家庭においては生産性が上がらない者は現状を維持することができるだろう。これは19世紀の手織り職人が手にすることができなかった選択肢である。

　　(Great Britain, 1806, p. 10)。

79) 次のことが分かったという1835年のアンドリュー・ユアの言葉は，現代の経験に共鳴するところがある。「農村からであれ手工業からであれ，思春期を過ぎた人を工場で有用な働き手に転換することはほぼ不可能である」(Andrew Ure, 1835, p. 15)。

第5章

知識，健康，家庭

我々の家は，健康でいるためには十分に清潔だが，幸福であるためには十分に汚れている。　　　　　アメリカのキッチンに貼られていた19世紀のポスターの言葉

家庭の主婦の道に科学の光が当たるようになるまでは，主婦は伝統的な考え方という黄昏の道を歩まねばならない。

　　　　　　　　　　　　　　　　　ウェズレイ・クレアー・ミッチェル，1912年

はじめに

　これまで私は「テクニック」について論じてきた。テクニックとは，財やサービスを生産するために自然を操作する手順のことである。我々は一般的には，家庭が指図的知識を使い，テクニックを選択する単位だとは考えない。しかし少し考えてみれば，家庭が常にそうしたことを行なっているのが分かる。家庭は消費を行なう過程で，たんに消費財を購入するだけでなく，私が「レシピ」[1])と呼ぶ一群のテクニックを使って，それを最終的な用途へと変換している。それらの用途には，需要の根底にある生物的，心理的ニーズを満足させることから，健康や長寿に及ぼす消費の間接的効果まで含まれている。このため，「レシピ」は，企業での生産テクニックに相当し，家庭にとって利用可能な知識を表している。レシピは家庭が購入する買い物の中身から，家庭の生産関数への投入物（つまり家庭が市場で買った財）が最終サービスに変換される時の効率まで決定する。社会

---

1) レシピはテクノロジーとは区別される必要がある。テクノロジーは家庭で使われるが，しかし，家庭外で生み出される。したがって電気掃除機の発明は家庭のレシピの変化ではないが，電気掃除機の適切な使い方の習得はレシピである。以下で私は，「家庭のテクノロジー」という術語を家庭が購入したテクノロジーという意味で使い，「レシピ」は家庭が所有している知識という意味で使う。

学者は反対するものの，家庭がこのように実際に「生産を行ない」，テクノロジーを使うという考え方は，今日では新古典派経済学の理論の標準的な一部分となっている（例えば，Thomas, 1995, p. 333）。したがって本書で私が使っている意味での有用な知識は，企業だけではなく家庭にも適用できる。しかしレシピの生成と普及は，企業レベルのテクノロジーとは違ったルールに従う。こうした違いが持つ歴史的な意味は大きい。

　企業と家庭との間の最も明白な違いは，企業は希少資源，利益，最終的には自己の存続をめぐって相互に競争をしていて，効率的なテクニックの使用を強いられているということである。家庭も資源の獲得のために相互に競争するが，いったん資源配分が決まり必要な商品を購入してしまうと，消費の意思決定を行なったり，市場で購入した財を効用を高めるサービスに変換したりする時に，効率的に使う競争圧力が企業の場合ほどはかからない。もちろん全く圧力がないわけではない。家庭に関するスキルが貧弱で，効率の悪いレシピを使うパートナーたちは，結婚市場で不利な立場に立ち，再生産に失敗するかもしれない。順応と模倣は自然選択よりもっと重要だったかもしれない。つまり，社会の中で慣例となった特定の実践に家庭を従わせ，そうしなければ社会的に追放するリスクを負わせるという圧力をかけるような社会的規範が，どの時代でも発展していた。こうした社会的規範が適応度を高めるのなら，それらは社会が最適状態に向かうことを助けるだろう。しかし常にそうだったという証拠はない。喫煙，麻薬の使用，衣服の流行の変化などがそれを示している。

　適者生存が，劣ったレシピや有害なレシピを最終的には消滅させていくだろうと考えられるかもしれない。そういうレシピを使う劣悪な家政の家庭では死亡率が高くなるので，経営管理の下手な企業と同様，長期的には消えていくからである。家庭の有用な知識の垂直的な伝達が水平的な伝達や斜めの伝達よりも重要なら，家庭経営が下手な家庭の子どもは，家庭経営の下手な家政担当者（homemaker）になる可能性が高い。もしも「下手」という言葉が「適応度」，つまり生存率とか期待寿命で定義されるなら，当然自然選択はより優れた家政のテクニックをもった「遺伝系列」に有利に働くだろう。この場合文字通り，最もダーウィン的な意味での自然選択が起こる。しかし最もうまく運営された家庭におけるテクニックの「正しい」選択の中には，健康維持のテクニックの他に，避妊法も含ま

れている。したがって管理の上手な家庭は，死亡率は低いが出生率も低くなることになり，これらプラスとマイナスを合算した効果がどうなるかは分からないということを意味している（Galor and Moav, 2002）。さらに過去2世紀の間の社会的な変化がもつ1つの含意は，親から子どもへという知識の垂直的な伝達がそれほど重要でなくなってきたことである。そして最後に，こういう反論もありうる。高度に競争的な環境においてすら，進化論的モデルが示唆することは，採用されたテクニックが必ずしもグローバルに最適なものとは限らないということである。そのため単一のベスト・プラクティスのテクニックの使用より，テクニックの分散化が見られることになるのではないかということである[2]。

　家庭と企業では，競合するテクニックの選択を行なう時に使われる能力や基準が違う。家庭の場合は，種々の代替的なテクニックの効果や副作用に関するある種の事前信念を基にレシピを選択する。確かに，家事の多くは繰り返し行なわれるものなので，もしも目に見えて非効率なら改善されていただろう。ほとんど全ての家庭はパスタを何分間茹でるか学んでおり，うまく行かなければ調理済み食品を買うことも学んでいる。しかしもっと複雑な情報，とくに消費が長期的な健康に及ぼす影響などは評価が難しい。消費者が回答を求めているのは，「ある消費財のある量は，私や家族の健康にとってベストなのかどうか？」，「この財を最終目的に変換するために，私は最適のレシピを使っているのか？」といったタイプのものである。こうした知識は多くの場合複雑であり，検証が困難である。ある家庭のパフォーマンスと別の家庭のパフォーマンスを比較したり，標準的なパフォーマンスと比較したりすることも困難である。それは各家庭が他の家庭の情報をあまり持っていないからだけではなく，企業の場合の「最終損益」のような，パフォーマンスを評価する単一の基準がないためでもある。

　家庭と企業の違いは程度の差に過ぎないが，これが決定的に重要である。第1次近似として言えば，企業はベスト・プラクティスのテクノロジーが可能にすることによって制約される。例えばタイヤとかピーマンの生産のために，はるかに

---

[2] これは進化論の標準的な帰結である。最適な選択それ自体は，そのシステムが適応度地形の局所的頂点で均衡に達することを保証するだけである。最近の新たな再検討については，例えばカウフマン（Kauffman, 1995, pp. 149-89, 148）参照。進化論における最適性問題には現在コンセンサスがない。デュプレ（Dupré, 1987）の，とくにフィリップ・キッチャー（Philip Kitcher）とリチャード・ルウォンティン（Richard Lewontin）の論文参照。

優れた生産方法が知られるようになれば，ある企業がこれを採用し，そして他の企業はこれに追随するか，さもなければ消滅していくだろう。しかし家庭のレシピの知識基盤はもっと複雑である。ある種の人々は毎日運動をするし，牛肉を拒否するが，それはそうすることが健康にいいと信じているからだ。ディーゼル・エンジンに認識的基礎があるように，ニンニクを食べ，グレープフルーツ・ジュースを飲むよう指図するテクニックにも認識的基礎がある。それは自然（この場合は人間の身体）の働きに関する，あまり堅牢性のない信念（私はそれを「事前分布」と呼びたいのだが）を基にしている場合もある。しかし企業とは違って家庭の場合，こうした事前分布の検証や反証，結果の評価やランクづけは難しいだろう。観察結果が少なすぎるし，タイム・ラグの構造も複雑で知られていないかもしれない。ニンニクの消費は脳卒中のリスクを減らすかもしれないが，それは遠い将来のことかもしれないし，他の条件が不変の場合だけかもしれない。その結果，家庭のテクニックの選択は，企業の場合以上に，説得と社会教育と模倣に左右される。歯磨きからジョギング，ブロッコリーの消費まで，人々は多くのレシピを選択する。これらが何らかの形で健康を改善するという，立証されていない信念があるからだ。多くの場合，家庭でこうした事前分布を実験し，正しさを検証することは不可能である。そのため家庭は権威に従わざるをえない。全てのタバコの箱が発信している「公衆衛生局長官は……と決定しました」という考え方は，受け容れはするが検証することのできない認識的基礎を基に，家庭が行なう多くの選択のパラダイムなのである。

　合理主義と経験主義が高まったポスト啓蒙の時代に権威と伝統は挑戦を受け，人々は昔からの信念に疑問を持ち始めた。とはいえ全体的に見れば，消費者は権威に依存し続けた。ニンニクから石鹸，キニーネまで，消費財が健康に及ぼす効果の検証は，推測の問題になった。通常は，変数の数が多く，観測値の数は少なく，消費の効果は長期かつ未知のタイム・ラグを伴ったからである。第1種の過誤や第2種の過誤のコストの評価は言うまでもなく，代替的な選択肢の比較は非常に難しく，多くの消費者はレシピの選択に当たり，伝統的な知識や家庭での言い伝えに依存し続けた。こうした慣行の多くは健全なものだったかもしれない。現在その内のいくつかは，多変量解析によってその効果が確認されつつある。しかし人間を病気にする原因が分からない中で，消費者は間違いを，あきれるほど

広く，長期にわたって受け容れ続けてきた。例えば全く無益な治療やサービスを受けるといったことで，その中でもとくに瀉血は悪名高いものの1つだった。しかしながら総じて，家庭と企業は，テクニックの選択に当たって，全く違った競争圧力と情報制約の下に置かれている。そしてある種の目的関数を前提とすれば，非効率かつ劣悪に見える実践やテクニックが増殖したり，長期間にわたって続いたとしても驚くべきではない。

　私が以下で採用するアプローチは，認知限界モデルに似ている。このモデルでは消費者は自分たちの選択の結果に関する完全な情報を得ているわけではないが，全く無知だというわけでもない。これはハーバート・サイモン（Herbert Simon）の限定合理性と密接に関係する概念である。消費者は選択を行なうに際して，利用可能な知識を合理的に処理しようとする。しかしそうしようとする時に，消費者は少なくとも次の4つの面で制約を受ける。第1に，利用できるベストの知識には欠陥があるか，あるいはそれが全く間違っているかもしれないこと。第2に，ベスト・プラクティスの知識が社会の大半の人々には届いていないかもしれないこと。第3に，ベスト・プラクティスの指図的知識は堅牢性に欠けるかもしれないこと。つまり，競合する代替的なドグマ（科学的または非科学的な）が存在するかもしれず，そのため消費者の選択が困難になること。その結果，消費者はベスト・プラクティスの知識にアクセスできたとしても，ある特定の商品の健康上の利点がコストや努力に見合うものだということに納得できず，その勧告に従うことを拒否することが起きること。最後に，コストと便益の評価が，得られた結果ではなく，蓋然性の変化という形になる場合が多いので，消費者は自分の行動の確率論的な効果を評価するうえで，論理的な誤りを犯すかもしれないこと。

　家庭の知識や行動の変化は，西欧の人口史上の最大の衝撃かもしれないもの（少なくとも黒死病以後では）を説明できる。つまり，工業化の進んだ西欧における，1870年頃以後の伝染病の減少である。伝染病の減少は死亡率を低下させた。その結果，1945年以後に伝染病に対する有効な治療法が登場した時，伝染病が人口に及ぼす影響はすでに小さくなっていて，表3に示す通り，死亡率はそれ以前の何十年間にわたって低下を続けていた。成人の死亡率は19世紀のほとんどの期間を通じて低下した。しかし，西欧の多くの国の乳児死亡率は，1890年代終わりまでは高水準にとどまり，その後，1900年から1914年の間に突然3分の

表3 工業化された西洋における死亡率の指標（1850-1950年）

	誕生時余命			乳児死亡率（1000人あたり）		
	1850頃	1900頃	1950頃	1850頃	1900頃	1950頃
イングランドとウェールズ	40	48.2	69.2	162	154	30
フランス	39.8	47.4	66.5	146	136	52
イタリア	32.0	42.8	66.0	232	174	64
スペイン	29.8	34.8	63.9	204	175	64
ドイツ	37.2	44.4	67.5	297	229	55
オランダ	36.8	49.9	71.8	169	155	25

出典）Livi Bacci (1989), p. 109 ; Mitchell (1975), pp. 127-132.

1ほど低下し，1920年代中頃までには1900年当時の半分のレベルにまで低下した。

　私がこれまで述べてきた枠組みは，この事態を説明するのに極めて有効である。マッケオン（McKeown, 1976）や他の人たちが主張してきたように，所得の増加は健康を改善する財，つまり新鮮な野菜や果物，高タンパク食品，家庭の暖房，温水，清掃用品等々の消費を増大させた。それと同時に，政府の介入の増加と公衆衛生の改善が，ゴミ処理，防虫，飲食物の安全性の検査などのコストを引き下げただけでなく，清潔で安全な水の相対価格を引き下げた。相対価格の変化の全てが公衆衛生政策の結果というわけではなく，技術的な進歩もまたそれに寄与していた。飲料水の濾過および塩素消毒，冷凍船，低温殺菌技術，電気ストーブと家庭用暖房，これら全てが「健康にいい食品」の価格を引き下げた。この相対価格の低下は，経済史や人口史の研究の最も刺激的なテーマの1つとなっていて，それも当然である。事実生活水準という観点から見れば，それは歴史上最も画期的な事件の1つに位置づけられる。しかし研究者たちはこの事件を説明する際に，いくつかの例外（Mokyr, 1993 ; Easterlin, 1995, 1996）を除き，適切に技術を考慮してこなかった。医学には伝染病減少への貢献を認め難いだろうということが明らかになると，何人かの経済史家は，所得の上昇が栄養状態の向上を生んだというマッケオンの考えを支持するようになった。栄養の改善が今度は逆に，感染症を撃退する身体の免疫力を強化し，死亡率を低下させたというわけである。他の研究者，とくにヨハンソン（Johansson, 1994）およびスリーター（Szreter, 1988）はこうした考え方を拒否し，それに代わって，「有害物質に晒されることが減った」

という見方を採った。これによれば，公共事業が人間の住む環境を著しく改善して，死に至る病の発生を低下させるのに寄与したことになる。私が以下に提示する枠組みは，これら2つのアプローチの両方の要素を統合し，それに有用な知識が家庭の行動に与える影響を基礎にした第3の説明要因を付け加えるものである。これらのアプローチが論理的にどう違うのかを説明するためには，簡単なモデルを提示するだけで十分である。

家庭の知識と健康の単純モデル

ヨーロッパの死亡率の低下に対してこのモデルが提供する洞察を図示するために，ここではAとBの2つの財があると仮定する。A財は，購買意欲をそそる上に健康を増進する財（例えば，グレープフルーツ），B財はいずれでもない財である[3]。この関係を描いたのが図3である。もしも消費者が，A財の健康への効果を全く知らなければ，A財のH（健康）への間接的影響を無視して$\hat{E}$を選択するだろうから全体的な健康（H）のレベルはパラメーターを介して$\hat{H}$点になる，ということを意味している。この$\hat{H}$点は，「プリミティブ」消費と呼ぶことができる。というのは，消費者は財の直接的で当座の欲望充足だけを考えているからである。A財の健康効果を十分に認識している消費者は，A，B，H（A）を考慮して効用を極大化しようとし，健康レベルがH^{**}に対応したE'を選択するだろう。この両者の中間くらいにしようという消費者は，E^*とかE^{**}といった点を選択するだろう。

図4は，健康の改善には，現実に3つの方法があることを示している。その第1は，知識を一定として，所得を増大する方法である。もしもA財が正常財であれば，所得の上昇（E_1からE_2へのシフト）につれてA財の消費も増加し，それに伴い健康が改善される（マッケオン効果）。第2は相対価格の変化であり，B財よ

---

3) BとHが独立的であるという前提は，無害ということではない。補遺の中で示したように，もしも両方の財が不完全に理解されている形で健康に影響を与えるとすれば，学習と健康改善との間の関係は不明瞭なので，その場合「生半可な知識は危険」ということもありえる。

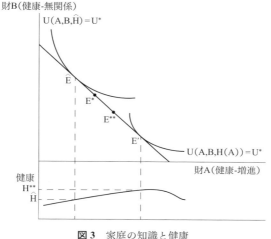

図3 家庭の知識と健康

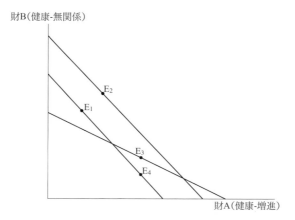

図4 死亡率低下における収入，価格，知識の効果

りもA財の方が有利になる場合である。A財にバイアスのかかった技術変化がこうした効果をもつだろう。これは下水処理や清潔な水道水や食品検査などを提供した，19世紀の公共事業プロジェクトのような場合である。これらは全て健康弾力性の高い財の相対価格の低下と見ることができ，健康を改善するような代替効果を引き起こしたと見ることができる[4]。これは図4のE_1からE_3への移動

として示すことができる。第 3 は学習効果による変化であり，消費者が B 財を犠牲にして A 財の消費を増やす場合であり，図 3 の上では E^* から E^{**} への移動である。これは図 4 では，当初の E_1 のような点から，より健康的な E_4 のような点へのシフトを引き起こすだろう。このような移動は効率の上昇に等しく，栄養，衛生教育，広報宣伝活動などの政府プログラムの投資効率が非常に高いことを意味している[5]。では過去に消費者が行なった選択をどう評価したらいいのだろうか？　その 1 つの妥当なアプローチ方法は，その当時の「ベスト・プラクティス」の科学を制約要因として導入してみることかもしれない。当時まだ誰も知らないルールに従うことができなかったからといって，過去の消費者が皆，最適でない選択をしたとは言えないだろう。しかし，これはあまりありそうもない仮定だが，当時のベスト・プラクティスの知識が健康を実際に改善するレシピの中に写像されていたら，利用可能なベストの知識を利用しなかった消費者は，実際にはもっと健康になれたはずである。多くの者がそれを利用しなかったということは驚くべきではないし，非合理的な行動の証拠というわけではない。ある時点で何かが誰かに知られていることは，この知識が誰にでもアクセスできることを意味するわけではなく，その信念が十分に堅牢で広く共有されていたことを意味するわけでもない。健康や人体に関する知識へのアクセス・コストや知識の堅牢性は，昔から今日に至るまで決定的に重要である。ベスト・プラクティスのテクニックの普及は，生活水準の向上がなくても，より良い健康，より長い平均寿命へと導いたかもしれないのである。

---

4) 相対価格の変化は，時に健康に対し意図せざる副次的な効果を生んだ。共産主義崩壊後の中央ヨーロッパの経済改革は脂肪の多い肉類の価格を上昇させ，チェコやスロバキアの人々に果物や野菜をより多く食べることを奨励することになった。この結果，コレステロール摂取と肥満の減少，そして心臓病の減少が起きた（*The Economist*, 1995 年 1 月 7-13 日, p. 42）。

5) 世界銀行の研究では，第三世界の食事における微量栄養素の不足（例えば，ビタミン，ヨード，鉄分など）は，これらの国々の GDP の 5％ に相当する損失を生んでおり，GDP の 0.3％ のコストをかければ救済できるので，投下資金の収益率は 1,600％ となると推計している。だが今日でも多くの政府は，例えば食物の中に微量のヨードを入れれば，失明やクレチン病を防げることに気づいていない。20 世紀初頭のヨーロッパは，マーガリンにビタミン D を添加することでクル病を駆逐したが，このように非常に少額の資源の組替えが，時には深刻な医学的問題に技術的な解決策を提供してくれる（*The Economist*, 1996 年 11 月 23 日, p. 100）。

実際には，家庭の行動変化と相対価格の変化を区別することは必ずしも簡単ではない。そして歴史上で観察された変化を，図4中のE_1からE_2への移動と，E_1からE_3への移動に分解するのは離れ技に近い。多くの場合，理解が進めば，需要サイドと供給サイドの双方に同時に影響を与えた。曲線のシフトはしばしば協調して起こった[6]。だがそうだからと言って，需要サイドの現象である知識の変化に反応する家庭の行動と，供給サイドの現象である相対価格や所得の変化との間に，基本的な違いがないとは言えない。

この2つを区別するためには，この問題をもう少し形式的に整理することが有益である[7]。標準的な消費者理論を少し変形したこのモデルの利点は，歴史的な資料で直接に計測できないとしても，変数そのものと，その相互関係をかなり正確に分離できるところにある。標準的な理論と同じく，消費者jは効用関数を極大化する。

(1)　$U_j = U_j(X_{1j} \cdots X_{nj}, H_j, L_E, L_D)$,

ここでHは家族の期待寿命と健康との複合変数，Xは市場で購入された財，Lはそれぞれ，余暇と家庭の仕事に費やされた時間，そして消費は通常の予算制約$\sum X_i P_i = Y$と$L_E + L_D + L_W = L^*$に従う（時間は，余暇と家事と所得獲得のための仕事に配分される）[8]。このモデルの特徴は，Hが家庭の生産関数によって決まること

---

6) いくつかのケースでは，いったん便益が認識されると技術的な問題は簡単に解決された。1つの例は温水に対する需要の増加である。ジークフリート・ギーディオン（Siegfried Giedion）が指摘したように，19世紀初頭の家庭はホメロスの時代と同様，キッチンのバケツで水を熱して温水にしていた。こうしたことは1850年頃に突然変わった。この頃に様々なデザインのボイラーが登場した。これらの中で，ルイ14世時代には利用できなかった技術的知識を取り込んでいたものはほとんどなかった。しかし，温水が衛生にとって，したがって健康にとって必要不可欠であるとの普遍的な理解が，こうした技術変化の駆動力となった。

7) より詳細な解説は，モキアとスティン（Mokyr and Stein, 1997）参照。ここでのアプローチは家庭生産の1つの特殊なケースであり，比較静学的結論の大部分は良く知られているので，ここには含めなかった。この分野での先駆的研究はベッカー（Becker, 1981）である。その優れた要約は，シグノー（Cigno, 1993）参照。初期の実例はグロスマン（Grossman, 1972）参照。

8) Hは平均余命だけを測定しているのか，それとも「健康（病気でないこと）」なのか，あるいはこれらの何らかの組み合わせなのかは難しい問題である。これは罹病率と死亡率の関係が薄れてきている今日の医療環境では，より複雑になるように思われる。伝染病が主

である。

(2)　　$H_j = E + f(X_{ij} \cdots X_{nj} ; L_D)$

あるいはより簡単な加算式にして，

(2')　　$H_j = E + \sum_i f_i(X_{ij}, L_{Di})$

E は消費バスケットからは独立の共通因子（「環境」），f は消費した財と時間を家族のより良い健康と長寿に変換する家庭の生産関数ベクトルである。家庭 j は，L_D（家事労働時間）の一部と f_i（生産関数）を使って，それぞれの財 X_i を「健康」に変換する。生産関数 f は，観測できない技術的な関係である。これは，限定合理性のほとんどどんなレベルを考えても，家庭の完全な理解を越えるほど複雑である。食品構成は摂取カロリーだけでなく，ビタミン，ミネラル，食物繊維，抗酸化物のような遊離基を抑える物質等々も考慮に入れるべきである。方程式（2）に入る X のその他の例には，暖房，清潔，子どもの世話，医療，運動がある。生産関数 f は，食物摂取と人体の免疫機構との相互作用に加え，有害な微生物や化学物質に晒された時の影響，行動や栄養摂取が心臓血管システムに与えるインパクトなども含んでいる。さらに生産関数 f は，先に述べた変換が効率的である条件（つまり，生産過程では浪費がない）を満たすと仮定されている。もっともこの仮定は，当面の目的のためには必要ではない[9]。とはいえこの生産関数 f の形は，家庭はもちろんのこと，ベスト・プラクティスの科学でも完全には分かっていない。それは非常に複雑なので，正確な形は「不可知である」と言った方が妥当なように思われる。したがって，行動は次の関数によって決定される：

　　要な死亡原因だった時代には，この区別はさほど決定的ではなかった。もっとも 19 世紀中には死亡率が低下したが，罹病率は上昇を続けたことをライリー（Riley, 1991）が示している。
9) これによって，私が意味していることは，各々の X は，H に最善の効果をもたらす分野に使用されるということである。例えば野菜や果物を購入する家庭が，これらの食品が健康増進的な物質を含むと信じているためにそうしているとすれば，その家庭は食品の過剰な調理によってそれらの物質を破壊したりはしないということである。こうした前提が必要なのは，各々の X や L_D には，各個人特有の H の水準が存在するからである。このことは，各々のレシピの決定的に重要な要素は材料の有効成分の質と量であって，調理の詳細ではないことを意味するが，それは明らかに単純化した仮定である。

(3) $\quad H_j^e = E + \sum_i [A_i - \varepsilon_{ij}] F_i(X_{ij}, L_{Di}) \quad \forall j$

ここで，H_j^e は，H（健康）の決定に関して消費者が持っている事前分布，E は消費者がコントロールできない環境。F_i は，財 X とそれに関連した家事労働 L_{Di} が結合して H（健康）を生産する場合の，ベスト・プラクティスの知識。全ての L_{Di} の総計が全家事労働の合計 L_D。ここで重要なのは，ベスト・プラクティスの知識でさえ真実からは程遠いということである。A_i は，i という財が健康に及ぼす真の効果をベスト・プラクティスの知識が把握している程度を計測するシフト因子である。したがって A＝1 なら，ベスト・プラクティス知識は，ある特定の財 X が健康に及ぼす影響を完全に理解していることを意味している。A＝0 ならば，財 X が健康に与える影響は誰も全く分かっていない，ということを意味している（したがってこの財が消費されている唯一の理由は，この財が直接的な効用をもたらすから，ということになる）。さらに各個人の知識は，ベスト・プラクティスのテクニックの登場に遅れる。ε_{ij} は，財 i に関する個人 j のテクノロジーと，ベスト・プラクティスのテクノロジーとの，個々人固有の乖離を示す値。これはその社会では誰もが実行できるベストなものと，個人が実際に実施しているものとの「ギャップ」と見るのが適切かもしれない。これは Ω 型知識を持っている人から，それを使う人への知識の普及の関数であるだけでなく，その知識の堅牢性の関数でもある。言い換えれば，消費者が実際にこうした勧告を信じているのか，ということである。科学者は乳製品が骨粗鬆症を予防し，オリーブ・オイルが心臓病を予防することをどこまで消費者に，説得できるのだろうか？　すでに述べたように，$A - \varepsilon$ は，財 X や家事労働 L_D が健康 H に及ぼす間接的な効果を，各消費者が考慮に入れる度合を測定する。したがって $A_i - \varepsilon_{ij}$ は，消費者 j が i 番目の財 X（それに家事労働 L_D）が健康 H に写像されることを知っていて，それが正しいと信じている程度を測定するもので，ここでは単純化のために，「理想型」的な事前分布からの乗数偏差と定義する。これは通常は 1 と 0 の間のどこかに来ると期待されるが，マイナスになることもありうる[10]。0 と 1 の間での $A - \varepsilon$ の

---

10) 例えば 17 世紀の医師は種々の呼吸器系疾患の治療として，タバコの喫煙を処方するのが一般的だった。現代ではマリファナが逆の例になるかもしれない。マリファナという無害で，（少なくともある種の人々にとって）良性の物質が，道徳的な理由から非健康的だと糾弾されて禁止されている。いずれの場合も，A，そしておそらく $A - \varepsilon$ もマイナスだろ

値の上昇は，利用可能な資源を移転するだけで，消費者は総効用の増大ができるということを意味している。もしも $A-\varepsilon=1$ なら，消費者はある種の理想的な基準に基づくベスト・プラクティスに従っていることになる。もしも $\varepsilon=0$ だが $A<1$ ならば，消費者は，その時代の不完全な基準に基づくベスト・プラクティスに従っていることを意味する。$A-\varepsilon>1$ となる可能性は，とくに興味深い。これはある財の消費が健康に及ぼす効果を消費者が過大評価し，最適量を越える水準まで過剰消費していることを意味する。多財モデルにおいて，ある特定の商品で $A-\varepsilon>1$ になるということは，消費者が他の財を過少消費していることを意味し，したがって，その他の財から得られる効用を減らし，不健康になる可能性すらある。(3)のような方程式を(1)に代入することにより，各々の財 X およびそれに関連した家事労働 L_D の需要関数を得ることができる。

　方程式(3)に関しては，いくつかコメントしておく方がいいだろう。第1に，消費の水準が定義できる。X^{**} は，方程式(2)を(1)に代入した後，U を極大化する消費ベクトルである。これは完全知識の世界を前提としており，そこでは全ての A は1，全ての ε はゼロであり，図3上の E'点に対応する。ここでは，科学者が全ての X と H との間の正確な関数関係を理解しているだけでなく，全ての人がその知識にアクセスし，それを信じ完全に利用しているので，予算制約は受けるものの，消費者は $U(X, H, L_D, L_E)$ を「正確に」極大化しているということを意味している。次に，$\hat{X}$ は，消費が健康に与える影響に全く無知な消費者の消費ベクトルと定義できるかもしれない。これは全ての X に対して $A-\varepsilon_j=0$ ということであり，図3上の $\hat{E}$ 点に対応する。ここでは消費は文字通り，「プリミティブ」な効用極大化であり，X が H に及ぼす効果は無視されている。消費者 j と財 i について $A_i-\varepsilon_{ij}$ とし，現実の消費を X^* と定義すると，通常，各々の財の現実の消費 X^* は，$X^* \neq X^{**}$, $\hat{X}$ である。すなわち，効用を極大化するものではないし，健康に与える影響を全く無視した消費でもない。全く無知な消費者が，たまたまある種の財 X の適正量を消費するが $(\hat{X}=X_i^{**})$，その場合 $F'(\hat{X})=0$ なら，財 X_i が健康に与える限界的な影響が 0 となる[11]。それからまた，A が極め

　　う。
11) これは，例えば効用を極大化するどんな X^* にとっても，次の条件が当てはまる場合には起こり得る。

て低い時ですら，$\hat{X}$ が適正量であったため，健康に与える平均的な影響が極めて大きい場合もありうる。消費パターンが意図せざる副産物として，高い健康レベルへと導いた歴史上の事例もある。おそらく最もよく知られた例としては，飢饉前のアイルランド人がジャガイモに大きく依存していたことが挙げられる。このためアイルランドでは，経済的には所得水準が低く，ジャガイモの栄養量に関する理論的な知識がなかったにもかかわらず，比較的健康で背の高い国民を生んだ。それからまた，もしも，ある財が $X^* > 0$，かつ $\hat{X} = 0$ を満たすなら，それは純粋健康財と呼んでもいいかもしれない。それはインチキ万能薬あるいは抗生物質のようなもので，想定される医療的効果以外には全く効用がない。ある財が $F'(\hat{X}) = 0$ を満たすなら，全く無知な消費者ですら，自分の食欲の副次的効果として，その財の健康増進効果をフルに享受することになる。

第2に，次のようなことが言えるかもしれない。$X^* \neq X^{**}$ であるのは，「セカンド・ベスト」の状態である。部分的な改善（A の上昇または ε の低下）が目的関数 H を上昇させる保証はない（上昇させる場合もあるが）。本章の補遺に単純な2財モデルによるこの命題の説明を示したが，このことは直観的にも分かる。消費者は所得を支出しなければならないので，自分の選好や一部の知識に従って，財の組み合わせを選択するだろう。ある財に関する知識を更新し，以前考えていたよりもその財が健康に良いことが分かると，この消費者はその財の消費量を増やすだろうが，必然的に他の財の消費を減らすだろう。この場合，他の財の消費を減らすことによる健康へのマイナス効果が，問題になっている財の消費を増やしたことにより得られるプラス効果よりも小さい，という保証はない。

ここに示した枠組みは，多くの点で単純化されている。それは歴史的現実から抽象したもので，そこでは家庭と個人を区別していない。しかし現実の歴史では家庭は，家族のメンバーに異なった影響を与えるような意思決定や配分を行ない，X の割り当てを決める時には，家庭内で複雑な駆け引きが起きていたかもしれない。清潔にするとか，良い家事をするための新しいレシピは，時間の点で高くつ

$$\frac{\frac{\partial U}{\partial H}\frac{\partial H}{\partial X_i} + \frac{\partial U}{\partial X_i}}{\frac{\partial U}{\partial H}\frac{\partial H}{\partial X_j} + \frac{\partial U}{\partial X_j}} = \frac{P_i}{P_j}$$

ここで，P_i は X_i の（時間コストを含めた）価格であり，$\partial H / \partial X_i = F'_i$ である。

く傾向があったので，これはとくに重要である。この時間コストは多くの場合，不釣り合いな形で女性に負担されていた。事前分布が方程式(3)の中に組み込まれている人間と，仕事を遂行する人間は，実際は異なっているかもしれない。言い換えると，方程式(3)の中でεと表示されている人間とは別の人間によって，家事労働時間 L_D が供給されているかもしれない。家族のそれぞれのメンバーがεに関して意見を異にすれば，H^e の異なった値をどうやって集計するのか明確ではなくなり，したがって，現実の意思決定がどう行なわれるのかは分からなくなる[12]。これは H 自体の性格により，さらに複雑になる。H は複合変数というよりは，実際には，家庭の各メンバーごとに規定された健康特性のベクトルをもった変数のマトリックスである。ある1人のメンバーの健康を他のメンバーの健康とどうやってトレード・オフするかは，家庭内の交渉の問題として残る。

　ここに示した新古典派的アプローチには，さらなる困難がある。家庭の意思決定モデルの構造全体が，決定論ではなく確率論的に規定される必要がある。単純なモデルは方程式(2)の確率論的性格を無視している。我々が $F'(X_i) > 0$ という時には，実際には，もし $X^* > X^{**}$ ならば $prob(H > H^*) | X^* > prob(H > H^*) | X^{**}$ ということを意味している。もしも消費者が X をより多く消費すれば，その消費者がより健康になる確率は高まるが，確実にそうなるわけではない。健康は確率変数だが，病気および死亡の確率は消費と家事によって条件づけられている。「正しい」知識さえ提供されれば，家庭がこうした確率を正確に認識して極大化行動がとれるかどうかは明らかではない。カーネマン，トベルスキーおよびその協力者たちの研究は，経済学者の間で同意がえられているわけではないが，少なくとも条件付き確率の差を評価する際に個人は深刻な心理的困難を経験し，それが上述の方程式(3)の F' の評価に際し，継続的かつ深刻なバイアスを生むことを示している。この確率は主観的なものであり，非常に広がった事前分布を持っている。起こる確率の低い出来事は，消費者の注目を惹く度合によって，過大評価されたり過小評価されたりすることが多い。一方，起こる確率の高いリスクは一

---

[12] 興味深いことに，家族のメンバーが異なった選好を持っている場合の，共通の（公共）財の消費に関する家庭内の交渉の研究では，協力的解決と非協力的解決は扱っているが，「どうしたら」共通の選好が実現できるかに関して家族の見解が異なるかもしれないという可能性は扱っていない（Lundberg and Pollak, 1997）。

般的に過小評価される。大部分の人がこうした確率の評価に当たって,「決め付け法」,または「ヒューリスティックス」を使うとの膨大な証拠があるが,これらは時には誤った推論へと導くことがある[13]。家庭の慣行について研究している人たちは,主婦たちの衛生に関する知識の状態を,「漠然とした不安状態」だとし,「……［そして］はっきり疑念を抱く人ですら,自分の立場に絶対的な自信を持っていることは稀だ」(Horsfield, 1998, p. 171) と述べている。

　合理的選択モデルを家事労働に適用するうえでのさらなる困難は,これが動学的な意思決定であること,つまり将来の便益（または苦痛の回避）を現在のコストと比較することであり,したがって暗黙のうちに,時間割引された効用モデルに依存していることである。こうしたモデルは経済学では広範に使用されているが,心理学では経験的,理論的基礎が薄弱なのである。時間整合性は特殊な形（指数関数的）の割引形態をとり,しばしば割引率の非対称性が観察されることがよく知られている。つまり将来の便益や苦痛は,時間に依存する割引率で割り引かれる。そのうえトーマス・シェリング (Thomas Schelling) が述べたように,自己管理という普遍的な問題がある。将来の便益のためにこう行動すると決めたら,そのように行動するということである。ベスト・プラクティスの選択を強いるよう自己を律する競争的な圧力がかからない家政担当者の場合,その問題はより一層大きくなるに違いない[14]。彼らの自己規律を強化する方法は,教育,プロパガンダやその他の説得方法だった。将来を割り引くために使う正しい割引率の計算

---

13) 優れた入門はカーネマン,スロービック,トベルスキー (Kahneman, Slovic, and Tversky, 1982) の中の諸論文に見つけることができるだろう。現代の研究で知られている誤りの中には,珍しくない出来事より際立った出来事により高い確率を与え,存在しない相関関係を見出す（したがって因果関係の存在を推測する）傾向がある (Redelmeier et al., 1995 ; Redelmeier and Tversky, 1995 参照)。リスクの一般的な過小評価の例に関しては,ビスクシィ (Viscusi, 1992, pp. 22-24) およびそこで引用されている出典参照。誤った推論での「決め付け法」および「ヒューリスティックス」の採用に関しては,スロービック,フィショフ,リキテンスタイン (Slovic, Fischoff, and Lichtenstein, 1982) 参照。心理学研究は以前から,個人には鮮明かつ効果的な方法で伝達された「目立つ」情報を重視し過ぎる傾向があることに言及してきた。とくに非衛生的な行動の健康効果がかなり早期に表れる時には（多くの伝染病の場合がそうだが）,病原菌の情報が労働者階級に伝達される仕方は,彼らを必要以上に清潔にするとか,家事労働に必要以上の努力を費やさせるといった方向へ,絶えず誤って導く結果を生んだかもしれない (Ross and Anderson, 1982)。

14) 詳細については,ローウェンスタインとエルスター (Loewenstein and Elster, 1992) 中の論文,特にシェリング (Schelling, 1992) 参照。

は，健康から割引率へのフィードバックにより，さらに複雑になる（期待寿命が伸びるにつれ，割引率は低下する）。とはいえ19世紀末の多くの伝染病にとっては，行動と，ペナルティとの間のタイム・ラグは，割引率の問題を2次的な問題にしてしまうほど短かく，それは今日の癌や心臓血管疾患といった病気とは対照的だった。したがって財Xの多くは，投資の意味を持っていた。というのは今日の消費が，将来の何年か先の健康に影響を与えるかもしれないからである（Grossman, 1972）。投資がもたらす健康面での将来の便益は経済主体によって割引かれる。割引要因自体が，ここでは内生変数になる。社会全体としての寿命が延びれば，各消費者は自分自身の生存の可能性が高まったと考えるだろう。主観的な割引要因は低下し，その結果，消費者は健康増進にいっそう励みたいと思うかもしれない。このため知識の改善は健康への投資に，当初のインパクト以上のポジティブ・フィードバックを生む。

　この分析が単純化し過ぎているもう1つの面は，消費者がその財の健康増進効果に気づいているとしても，その財の消費が制約を受けているかもしれない点である。ある種の財の消費に分割不可能性が存在する場合に，こうしたことが起こりうる。トイレを半分所有するということはできない，そして，トイレやキッチンを複数の家庭で共有することが，重要な外部性を生んだ。遠隔地から水道管を通して運ばれる清潔な水の供給は，個々の家庭が個別的には担えない種類のものである。多くの私的な財は，このような公共財と補完関係に立っていた。例えば水洗トイレは私的な財だが，公共的に供給される下水処理施設とか上下水道管のネットワークなしでは使用することができないだろう。食品や医薬品の安全性に関する情報も，明確な公共財の特性を持っている。したがって通常健康に良い影響を与えるいくつかの財X，例えば沼地の排水施設とか牛乳の品質検査などは，公共財的性格を持っていた。伝染病は負の外部性の典型的実例である。消費者は予防的な行動をとることにより，自分はもとより，隣人が病気に感染する機会を低減させる。

　しかしある種の財Xは市場では容易に供給されず，私的な健康というよりは公衆衛生に属するという認識が，この分析を無効にしてしまうわけではない。このことは公衆衛生の政治経済学に注目を集めるということだ。ある種の公共事業がもつ健康上の便益に気がつきその効果を確信すると，消費者は政治行動に訴え

(実際にコストを払って),政治家に対し,望ましい性質をもった財の供給を要求する。それは行動の対象を商品の市場から,政治の市場に移すだろう (Brown, 1988)[15]。政治的な意思決定者自身も学習し説得を受けるので,彼らの事前分布と,新しい知識によって彼らがどう説得され彼らが提供する公共財の構成をどう変えて行くかを表現する,上記の方程式(3)に近い関数を作ることも可能である。この場合には,イニシアティブは政治家から出たことになるが,そのプロジェクトが巨額の支出を伴う場合には,政治家はそのメリットを有権者に説得する必要がある。したがってこの分野での有用な知識の増加は,公共的な側面を持つとともに,明らかに私的な側面を持っている。しかしこの分野の研究文献の多くは,健康改善の公共的な側面にのみ注目し,家庭による私的な学習の側面をほとんど全くと言っていいほど無視してきた (Preston and Haines, 1991, p. 20 および Riley, 2001 の例外はある)。だが重要な変化の多くは,実は家庭のレベルで起きていたのである。

3つの科学革命

　前節でのモデルが示すことは次の通りである。最適消費に「真の」値が存在することは,必ずしも必要ではない。それがあったとしても,分からなくてもいい,ということである。何よりも重要なのは自分たちの周りの物質的世界について人びとが正しいと「信じている」こと,そして,自分たちの行動や生活方法が自分たち自身の身体の状態にどのように影響を与えるかということである。しかしながら,人々は真実,あるいは真実とみえるものにかなり近づくことも,そこから遠く離れてしまうこともできる。健康に影響を与えるものに関する家庭の選択は,もちろん一部は自分が知っていることに依存するが,それ以上もある。生物学者のリチャード・C・ルウォンティンが言ったように,「人々が正しい自然観を持

---

15) 興味深いことにブラウンの研究は,イギリスで体制がより民主的になったことが（つまり参政権の拡大が）,衛生状態を改善する事業を抑制したことを示している。これは中産階級の納税者が,ビジネス・エリートほどには改善に熱意を示さなかったからである。しかしスウェーデンの経験は,活発なロビー団体の存在といった他の政治的な要因が重要な相違をもたらす可能性があることを示唆している (Nelson and Rogers, 1992)。

てない理由は，物質界に関するあれやこれやの事実に無知であるからではなくて，それを知ろうと努力する時に間違った情報源に依存するからである」（Richard Lewontin, 1997）。だが重要なのは，権威のある人や信頼のおける専門家が構築したテクニックや経験則を人々が受け容れる用意がある限り，そのレシピが狭隘な認識的基礎しか持たない，つまり「正しい自然観」を持っていない場合でも，それが現実に健康を改善するなら，彼らはより優れたレシピに従うことができるということである。この点については，テクニックの認識的基礎の社会的性格に関して第1章で示した考え方が当てはまる。家政担当者はある種の指図的知識がうまく行く理由まで知る必要はない。その指図に従うよう「説得」されて，それに納得しさえすればいい。$\partial H/\partial X_i<0$（この財は健康に悪い）なら，他の面では望ましいこの財 X_i の消費を減らすべきだということを，意思決定者が信じなければならない。通常，技術変化の標準的な経済モデルの中で説得は大きな役割を演じていない。合理的な主体は自分で意思決定を行なうことになっている[16]。ブルーノ・ラトゥール（Bruno Latour, 1987）やヴィーベ・ベイカー（Wiebe Bijker, 1995）の技術の社会構成主義が，ドナルド・キャンベル（Donald Campbell, 1960）やロバート・リチャーズ（Robert Richards, 1987）のような進化的認識論者が提唱する選択モデルと合流するのは，このような文脈においてである。選択の問題は企業レベルでは極めて単純であると，経済学者たちは主張する。なぜかといえば，利潤の極大化が，アプリオリにすべてに優先する基準を提供するからである。こ

---

[16] 近代以前のヨーロッパ農業のイノベーションは，弱い競争環境にある家庭の意思決定に依存し過ぎていたので，ここで論じている枠組みに相当する。農業のイノベーションは，既存作物の高収量か，新作物の場合には高収入をもたらした。だが1つのイノベーションの帰結は，いくつかの「所得」変数が従属変数となっている方程式の中の，数ある独立変数の中の1つの変数の変化である。1つのイノベーションが利益を生むかどうかの適切な検証は，農家の目的関数に対するその偏微分の値が正かどうかにある。改善の形式的な定義は，そのイノベーションを条件とした産出物の分布が，古いテクニックを条件とした分布よりも，何らかの形でより望ましいということである。しかし彼らは，現代の研究者なら自由に使いこなせるような統計分析が利用できないどころか，実験の機会が限られていて概念化の能力もなかったことを前提とすれば，過去の時代の農家を説得して新しいテクニックを採用させることは難しかったに違いない。新しいテクニックを信奉する人は，実務家を説得する努力をしただろう。ジェスロ・タルやアーサー・ヤングといった伝道者たちは，この新しいテクニックの効能がイギリスの農家へ売却されたというような説得法（レトリック）を使った。こうした説得の努力の進展は遅々としていて，平坦な道でもなかった。農業における技術進歩は，ある警句によれば，年間1マイルの速度でしか進まなかった。

うした見方が現実的であるか否かは別の問題だが、この議論はそのまま家庭に当てはまるものではない。

それでは家庭は、膨大なメニューの中から、どうやって自分の健康にいいと信じるテクニックを選択するのだろうか？ 模倣や社会的学習はもちろんのこと、レトリック、マーケティング・スキル、政治的影響力、偏見などが力を発揮する。説得のためには、共通の立証基準、権威の連鎖、信頼のネットワーク、論理と証拠に関する受容されたルールなどを必要とする。科学によって発掘された知識以上に、対話やコミュニケーションのルールの変化が、「近代」の標識である健康や寿命の変化の背後に存在するのである。

社会史家が気づいている以上に[17]、過去2世紀の間、家庭の行動はフォーマルおよびインフォーマルな Ω 型知識に影響されてきた。それは必ずしも科学が昔よりも成功したからではなく、科学者たちが一般人の自然観にますます大きな影響を与えてきたからである。もちろん家庭のレシピに関係する命題的知識は、少数の人々によって生み出され、こうした人々の研究成果は、新しいベスト・プラクティスのテクニックを写像するのに寄与してきた。これは方程式の中のAとして示されている。Aの増加に続いて、個人の行動の変化が起きた。つまり ε の低下、ベスト・プラクティスのテクニックと平均的なプラクティスのテクニックの間のギャップが減少した。家庭の消費構成を変えさせるには、かなりの説得が必要である。(図3の) E^* から E^{**} へのどんな移動も、消費バスケットの中身の入れ替えを伴うからである。そのうえ、より清潔な家、より良い保育、より改善された食事などによるH(健康)の上昇は、より多くの家事労働を必要とした。つまり L_E から L_D への労働時間の再配分を必要とした。こうした変化に何が寄与したのか？ 直ちにベスト・プラクティスのテクニックの進歩を挙げることができる。しかし家庭が正確に何を知っていたか、何を信じていたか、どうやって行動を変えるように説得されたのかを記述するのは、はるかに困難である。方程式(3)の因子分析では、2つの要素が別々に調べられることを示している。それは病気や健康に関する権威者たちが持つ Ω 型知識の増大と、専門家が消費者の日々の行動や家庭経営に与えた影響の結果生ずる、消費者行動の変化と家庭内資

---

17) 著名な例外はトームズ (Tomes, 1990) である。

源配分の変化である。

　したがって有用な知識の変化は，1815年から1945年までの期間の家庭の行動変化に大きく貢献した。こうした変化は西洋の罹病率および死亡率の低下のかなりの部分を説明できる。だが変化の突然さが誇張されるべきではない。医学知識は驚くほど堅牢さを欠いており，ハーブ療法，民間治療，クリスチャン・サイエンスなど，多種多様な非標準的な実践が生き残ってきた[18]。

　過去2世紀の間に，3つの大きな科学革命がAの値に影響を与えた。第1は，1815年以後に始まった衛生，保健運動である。これは1830年から1870年の間に勢いを増し，ヴィクトリア期末を席巻し，不潔さと病気には相関関係があるという漠然とした認識に基づく，的は絞れていないにしろ広範囲にわたる，不潔との戦いを生み出した[19]。1870年以前の予防医学は狭隘な認識的基礎をベースにした高コストのテクニックという，教科書的実例を提供している。当時，不潔さが病気の源であるが，しかし，病気の胞子は匂いを通じて運ばれると信じられていた。そのため，換気と廃棄物除去に異常な力点が置かれた。これらはある程度までは有効なテクニックだったが，非常にコストがかかった。廃棄物除去に加えて，酢の噴霧が匂いの除去のために広範に使用された。これらはチフスやコレラのような病気には役に立たず，別のアプローチが必要だった。

　18世紀に始まった不潔との戦いは，啓蒙が生んだ統計革命から新たな力を得て，19世紀の疫学の発展をもたらした。それは消費パターンと個人的な習慣と病気との間の，長年疑われてきた密接な関係を支持するデータを提供した。この統計運動は，家庭が論理的なディレンマから脱却する1つの道を呈示した。実験室のような状態で実験を行なうことなく，ある一定のレシピが家庭のメンバーの健康に影響を及ぼすということを，どうやったら個人が検証できるのか，ということである。今日でも大きなサンプルに基づく推論は，疫学や公衆衛生の多くの研究の論理的な基礎となっている。

　この運動の起源は，1世紀以上前に遡る。とくにそれは，天然痘接種の有効性，

---

18) ヘルマン（Helman, 1978）のような医療人類学者は，生物医学的治療と，患者の脳裏に定着している「民間伝承的」療法との間には，大いなる連続性があると主張してきた。

19) 1830年以後のヨーロッパにおける統計的手法の勃興に関する洞察は，とくにポーター（Porter, 1986），アイラー（Eyler, 1979），ギーゲレンツァーたち（Gigerenzer et. al., 1989），コールマン（Coleman, 1982），カレン（Cullen, 1975）参照。

母乳養育の望ましい効果，瘴気（大気中に存在して病気を起こすと一般に信じられていた要素）の悪影響をめぐる議論などである[20]。統計学者たちが発見した経験的な規則性が，清潔さは健康を増進するという，中産階級の昔からの考え方をより強固なものにした。こうした考え方は19世紀中頃までに，徐々に社会階層の上から下へと広まっていった。だがその説得力は，統計学に対する関心が高まったことでより広まった。現在「データ」と呼ばれるものの分析は，1815年以後の数十年間からである[21]。1834年のロンドン統計協会の創設は，公衆衛生に関する統計的な研究の激増をもたらした。イギリスではウィリアム・ファー，ウィリアム・ガイ（William Guy），エドウィン・チャドウィックたちがこの衛生運動のリーダーだったが，他にも多くの人々がこれに参加していた（Flinn, 1965）。ヨーロッパ大陸では，統計運動のリーダーには『公衆衛生年報』の周辺に集まっていたアドルフ・ケトレ，ルネ・ヴィレルメ，シャルル＝アレキサンドル・ルイ（Charles-Alexandre Louis）といった名士たちも含まれていた。公衆衛生運動と統計革命の結合は，消費と行動の健康効果の認識が変わるのに極めて重要だった。1853年から1862年の間に，ロンドン統計協会で発表された研究論文の4分の1は，公衆衛生と人口統計を直接扱っていた[22]。

公衆衛生運動の統計的な研究論文の多くは，特定の伝染病の発病率と病毒性との関係に関するものだった。これらは，知識の増加（Aの増加）だけではなく，説得をも意図していた（εの減少）。説得については次節で論じるが，データの中のパターンをより体系的に探究した研究が，目覚ましい成果を上げた。統計家たちは病因や伝播のメカニズムを発見しようとする努力の中で，主要な病気の地理的，季節的，社会的なパターンの中に経験的な規則性を見出した。彼らはしばし

---

20) シーラ・ヨハンソン（Sheila Johansson, 1999）は，1700年以後のイギリス貴族社会の死亡率の低下が，伝染病予防に寄与した何らかの知識が衛生運動の開始に先行していたことを示していると主張してきた。それは天然痘や，あるいは子どものジフテリアにも当てはまるだろう。また非常に裕福な人々は，方程式(3)の中のEの高い値を選んだ。つまり病原菌にさらされる度合いの低い環境で生活していたという可能性もある。
21) この運動の起源に関しては，ラスノック（Rusnock, 1990）およびライリー（Riley, 1987）参照。この運動が持った説得力の向上に関しては，ヘッドリック（Headrick, 2001）の中で詳述されている。
22) ヘンリー・メイヒュー（Henry Mayhew）やフローレンス・ナイチンゲールのような社会改革者たちの多くは，終生，統計協会の熱心な会員だった。

ば袋小路に迷い込んだり，統計計算上の架空の産物をつかまされたりもした。しかし彼らの規則性追求の努力が，予防医学の実践にとって大きな意味を持つ疫学や公衆衛生の発展を生んだのである。すでに述べたように統計学は，何人かの人々によって提唱されていたものの，まだ勝利を得るには至っていない信念を，より堅牢化するための方法でもあった。

この方法論による大きな勝利の中には，コレラとチフスの伝染メカニズムを水が担っているという 1850 年代のジョン・スノー（John Snow）とウィリアム・バッド（William Budd）の発見がある。またジフテリアの発生と牛乳配達区域の間に相関関係があることから，牛乳がジフテリアの媒介体だとした 1878 年の発見もある（Hardy, 1993, p. 90）。臨床医学では，統計的なツールの使用が C・A・ルイスの発見に決定的な重要性を持っていた。C・A・ルイスは，治療法の評価のための「数値法」を開発し，1840 年頃には瀉血は無益であるとの統計的な「証拠」を提示して，瀉血というテクニックが徐々に死滅する道を拓いた（R. P. Hudson, 1983, p. 206）。ルイスの業績と瀉血の衰退は，統計的な方法論がいかに Ω 型知識を堅牢化できるか，それによって人々を説得し，彼らのテクニックを変えさせることができるかを示す優れた実例である。母乳による養育に関する同じような研究も，より長期間母乳で育てるように女性を説得する運動を生み出した。

テクニックが依拠する認識的基礎が狭隘であることを自覚した上で，自然の規則性の根底にある自然過程の理解がまったく不十分な場合でも帰納法的なアプローチにより規則性の確立を提唱しフォーマル化する方法論は，公衆衛生および個人的な健康のテクノロジーの面で，通常みられない成果を生むこととなった。ドイツでは，近代生理学の偉大な創始者ルドルフ・フィルヒョー（Rudolf Virchow）が医療統計のいっそうの充実を求めた。「我々は生と死を検討し，どこで死亡が多発しているかを見るのである」とフィルヒョーは主張した（Rosen, 1947, p. 684 に引用）。ヴィクトリア時代初期のイギリスでは，18 世紀の政治算術が数量的アプローチと社会改革が結びついた知識体系へと転換した。体系的経験的な観察は，仮に理論的に間違っていても，誤った推論から正しい政策的帰結を引き出すことを可能にした。これも技術変化と医学の進歩のもう 1 つの並行現象である。事実ハドソンは，1840 年以後の「保健衛生の大覚醒」は，誤った理由で正しいことを行なったという，注目に値するが，決して特別とは言えない一例であると

評している（Hudson, 1983, p. 179)[23]。これは，比較的狭隘な認識的基礎をベースに，経験的規則性の不十分な理解に依存した数多くの新しいテクニックの，典型的実例の1つである，と付言できるだろう。

　19世紀の第2のブレイクスルー（本章の用語を使えば，Aの増加）は，病気の細菌理論である。細菌学はある症状をある微生物に還元する単なる方法ではなかった。細菌理論は病気の全く新しい理解を提示したのである。それは病気がどのようにして引き起こされ，症状と病因をどう区別し，どのようにして伝染が生じるかを示した。よく知られているように，細菌理論はパストゥールによる蚕の伝染病に関する研究以後の数十年間に「発明された」のではなかった。この理論は16世紀以後繰り返し呈示されており，1840年にヤコブ・ヘンレ（Jacob Henle）がドイツでこの理論を復活させたのである。だがこの理論は医科学の傍流にとどまり，その後数十年間，ヘンレは医学の専門家の間では「時代遅れの考えを防衛するために後衛戦を戦っている」とみなされていた（Rosen, 1993, p. 277）。パストゥールとコッホに先立つ細菌理論は，堅牢さに欠けていた。それは正しかったかもしれないが，同時代の人にはそれを確認する手段がなかった。1865年以後の細菌理論の勝利は，何にもまして科学的な説得の勝利とみなされるべきである。そこでは，才能あふれる科学者たちが科学的な洞察を，かなりの学問的な威信や，科学界での権力や影響力の行使の仕方の理解とを結びつけることに成功していた（Latour, 1988）。細菌理論は，「真理」を発掘する間違いのない方法と広く認められた実験的方法に依拠していた。そのためこの方法は，一昔前であれば宗教に向けられていた盲目的な信念をもって，ますます多くの人々に受け容れられていった。したがって，この病気の新理論の詳細の多くが，その後何十年間も論争の的となり続けたにもかかわらず，力を持ち説得力をもって西洋の家庭のレシピを変えたという意味で有用な知識なのだった。

---

23) 新しい科学に抵抗した人々ですら，寿命を延ばすような提案をしばしば行なった。例えば，影響力の大きかったドイツ人医師マックス・フォン・ペッテンコーファーは，菌や爪の病気の病原菌理論に抵抗して闘ったが，ミュンヘン市における伝染病の拡大を防止するため大胆な公衆衛生政策を提唱した。結核菌の発見から18年経過した1900年になっても，ある有名なイギリス人医師は，結核の発生を減らすために労働者階級の家や生活条件の改善を勧告しつつ，「馬鹿げた結核菌探しは，論理を無視した最も馬鹿馬鹿しい十字軍である」と付け加えた（Wohl, 1983, p. 131に引用）。

1914年以前の数十年間の予防医学の革命は，命題的知識と指図的知識との間のダイナミックな相互作用を示す例証として役に立つ。この期間は病気がベクター（媒介生物）によって伝播されるとの考え方が台頭した時期であり，とくに蚊が黄熱病のような伝染病を広げるという仮説が出てきた時期だった。この危険な病気は19世紀の合衆国南部とカリブ海の多くの地域を襲った。19世紀の中頃に清潔キャンペーンが展開されていた期間に，都市内の淀んだ水や雨ざらしの汚水は減り，それとともに蚊も減った。病気の減少は悪臭の消滅によるとされた。例えばメンフィスは，衛生キャンペーンの後，黄熱病がなくなったが，認識的基礎はほとんど空っぽだったので，この経験は他では利用されなかった（Spielman and d'Antonio, 2001, pp. 72-73）。蚊がある種の病気の伝播にかかわっているかもしれないという疑いは，マラリアについてはすでに1771年にイタリア人医師ジョバンニ・ランチージ（Giovanni Lancisi）によって提起されていた。1848年にはアラバマ州モービルの医師ジョサイア・ノット博士（Dr. Josiah Nott）が，この考え方を黄熱病にも拡張した。この病気がネッタイシマカという蚊によって広がるという仮説は，1878年にキューバの医師カルロス・フィンレイ（Carlos Finlay）によって提唱されたが，彼の実験は説得力がなかった。その理由の1つは，昆虫が病気を運ぶという考え方が斬新かつ革命的すぎて，多くの医師に受け容れられなかったことにあった（Humphreys, 1992, pp. 35-36）。ようやく1900年に至って，ウォルター・リード（Walter Reed）が説得力のある実験方法で感染のメカニズムを示した（そのために3人のボランティアの生命が犠牲になった）。同時にまた，既存の文献にある多数の発見とも整合性があるという彼の解釈を示した。一方1890年代にパトリック・マンソン（Patrick Manson），ロナルド・ロス（Ronald Ross），G・B・グラッシ（G. B. Grassi）は，ハマダラカがマラリアの伝染に関与していることを証明し，1909年にはチャールズ・ニコル（Charles Nicholl）が，発疹チフスの媒介生物であるシラミを発見し，原因となる細菌そのものが分離されたのはその5年後であった。いったんこの知識がコンセンサスとなり認識的基礎となると，原因となるウィルスは数十年後まで確認されなかったので，認識的基礎が非常に広いとは言えないが，媒介生物に対する有効な戦いを開始することができるようになり，何千もの人命が救われた。公衆衛生キャンペーンが支持されるためには，何より「議論の余地のない医学理論」に根拠を置き，素人でも理

解できる行動様式が必要だった（Humphreys, 1992, p. 180）。昆虫との戦いは，公的部門と家庭との共同戦線で開始されたが，認識的基礎がまだ狭隘だったため，それは時に行き過ぎもあったように思われる（Rogers, 1989）。

　人間の身体的な健康に与えた直接的な影響という点では，細菌理論の勝利は歴史上で最も意義ある技術上のブレイクスルーの1つに数えられなければならない。細菌学上の革命は，伝染病を引き起こす病原体を特定するための，集中的で的を絞った科学的な作戦行動の先駆けとなった。1880年から1900年の間に，研究者たちは1年に1つの割合で病原菌を発見し，徐々に感染メカニズムの多くを特定していった。とはいえ，多くの間違った考え方が生きながらえるとともに，少数とはいえ，新しいものまで生まれた。接触感染説と非接触感染説，瘴気説と反瘴気説という昔からあった論争は徐々に立ち消えていったが，「悪い空気」が下痢のような病気に何らかのかかわりがあるという考え方は，1890年代でもまだ広く信じられていた。命のないものから命が生まれるというアリストテレス派の「自然発生」説のパストゥールによる否定は，細菌性の感染症が体外からのみの感染によることの証明となった。これは病気を予防すると考えられた多数の家庭のテクニックに広範な認識的基礎を提供し，それらをより効果的でより説得力のあるものにした。こうして認識的基礎の拡大は，使われるテクニックをより正確で，より効率的にしたのである。分かっていることといえば貧困と不潔が病気と関係しているということだけである間は，ルドルフ・フィルヒョーのような初期の公衆衛生のパイオニアが提唱していたように，公衆衛生は所得の再分配および貧困の撲滅と密接に関連づけられた。しかし有用な知識が蓄積されていくにつれて，この状況は変わってきた。適切な育児，家庭と個人の清潔さ，十分な栄養は，もはや中心的な政策領域とは見なされなくなった。なぜかといえば，これらは貧困と相容れないものではなく，家庭の選択の一部とみなすのが適切と見られるようになったからである。貧者は貧しさのために病気になったのではなく，細菌に感染したから病気になったのだった。身体面での健康が維持できないような貧困水準に落ちない限り，細菌さえ排除すれば健康な貧乏人が存在できるのである。ここから先の社会問題と医療問題の相互関係は，ある程度正確に定めることができるかもしれない。1893年，偉大な細菌学者エミール・ベーリング（Emil Behring）は，ロベルト・コッホの方法論のおかげで，伝染病の研究が今では社会的な

配慮や福祉政策によって脇道にそれることなく遂行できるようになったと,そっけない言い方で表現した (Rosen, 1947, p. 675)。

　第3の革命は,ある種の微量の物質が人間の健康になくてはならないという知識を基にしている。いくつかの必須物質は体内の他の栄養素からは作られないので,食事によって外から供給する必要があるとの認識は,ここではとくに興味深い。というのはこうしたテクニックは,比較的小さな,しかもお金のかからない家庭内資源の再配分を伴うにすぎないからである。いったんこの Ω 集合の一部が知られると,この知識を家庭のテクニックに写像するのは自明なことで,行動変化がすぐに起こるように見えるかもしれない。しかし歴史的にはそうはならなかった。19世紀に西洋の医師たちは,肝油がクル病の治療に効果があることを発見したが,これは純粋に経験的な手順を与えたに過ぎず,なぜそれが効くのかという考え方に基づかない1枚札テクニックの典型だった (Rosen, 1993, p. 383)。そのため認識的基礎が狭隘なテクニックの場合によくあるように,誤りが生じ,いっそうの発展が妨げられた。もう1つの実例は壊血病の歴史である。壊血病の予防に新鮮な果物が重要であることは,ジェームズ・リンド (James Lind) が1746年に『壊血病論』を公表する前から認識されていた。オランダ東インド会社は17世紀中頃,喜望峰に柑橘類の木を植えていた。明らかに有効だったにもかかわらずこの対策は広まらず,「再発見されては忘れ去られていった」(Porter, 1995, p. 228)。壊血病はアイルランドの大飢饉,クリミア戦争,そして第1次世界大戦中のロシア軍で再発し続けた。乳児壊血病は20世紀の初期に至っても,貧しい家庭ではなく,早い時期に乳離れをさせる比較的富裕な家庭の間で流行していた。

　新鮮な野菜や果物の摂取と壊血病の発生の間に明確な関係があるという観察を別にすると,リンドの壊血病論の公表後1世紀半が経過しても,Ω 集合にはほとんど追加がなかった。これもまた,認識的基礎の狭隘さが,関連するテクニックに非堅牢性をもたらす実例である。壊血病予防という奇跡を起こす新鮮な野菜や果物の中に何が含まれているのか,誰にも分からなかったので,代替的な処方が出回っていたのである。認識的基礎が狭隘な場合,たくさんの不必要な研究が行なわれ,多くの袋小路が生まれる。細菌の発見後,科学者たちは壊血病の原因となる微生物を探すという無駄な研究に何十年間もの歳月を費やした。貧弱な餌し

か与えられないモルモットが壊血病になることを発見した,アクセル・ホルスト (Axel Holst) とT・フレーリッヒ (T. Fröhlich) の1907年の独創的な論文が出て初めて,ある種の病気は感染因子ではなく,微量要素の欠乏によって起きることが明確になった。ようやく1928-32年になって,アスコルビン酸が決定的に重要な成分として単離された (Carpenter, 1986 ; French, 1993)。栄養素の欠乏による病気の認識的基礎が確認され,それが堅牢化される以前は,こうした病気を治療するテクニックは全く役に立たなかったのである[24]。

知識,説得,家庭の行動

我々のモデルに関して言えば,発見はAの値の突然の上昇とみなすことができ,Ω集合の突然の拡大と同等である。確かに病気を引き起こす病原性の細菌の発見と,その知識を関連するレシピへと写像することとは同じでない。だがいったん認識的基礎が拡大し,どの微生物が病気を起こし,それがどう伝染するのかが明白になれば,予防策は容易になり,家庭のテクニックの修正を推奨することもできるようになる。1984年のHIVウィルスの発見もこれに相当する効果をもった。しかしΩ集合の拡大(ある1つの発見)それ自体は,当初A−εを変えない(つまり,はじめはAの増加に応じてεが上昇する)ということを思い起こして欲しい。εの値が低下し始め,消費と時間配分が変わり,死亡率が低下するのは,新しい知識が人々に行き渡り,一般の人々がその知識を基に行動するよう十分に説得され,そして行動を変えた時である (Mokyr and Stein, 1997)。εの値の低下(新しいテクニックが採用される率)は,知識の説得力に依存している。つまり,人々がそれに基づいて行動しようとする意思に依存している。細菌学者が活用した実験的方法は,統計家の作成する統計表と一体になって,何が人間を病気にするかに関する長年の偏見と観念に対し,強力な攻撃を仕掛けることになった。

それに加え,教育水準の高い階級の家父長制とセールスマンの貪欲さとの結合

---

[24] 1920年代に至っても,家畜がベッドフォードシャー病 (Bedfordshire disease) に感染した農家は,この病気を除去する治療法としてミネラルをなめさせる代わりに,門のところで蛙を焼くよう勧められていた (E. L. Jones, 2002, p. px)。

は，工業化の進んだ西洋の労働者階級の間に，この新しい知識を急速に普及させる装置をつくった。細菌理論が行動面でもつ意味を理解するのに，数十年を要したものの，驚くべきことはこの勝利がいかに迅速であったかであり，1914年までには終わっていた。抗生物質の導入の数十年も前に，家庭の行動の変化が，伝染病の急減をもたらした。「ほんの少しの予防は治療にまさる」という諺にあるように，新しい知識が予防策を提供したのであり，これによって死亡率の劇的な低下が説明できるのである。

衛生学の普及で統計学が持った説得法（レトリック）としての力は，過小評価されやすい。19世紀には文字通り何百という小冊子，新聞記事，パンフレット，講演，政府の報告書が発行され，これらは全て，もしも消費者が清潔さのルールを実践することを選択すれば，健康は改善されると指摘していた。大衆を説得するために統計数字が使われたが，より重要なのは，それが主要なポストについている権威のある人々を説得し，それ以外の人々に影響を与えたことである。ウィリアム・ファーとエドウィン・チャドウィックは公務員で統計運動のリーダーであり，彼らの発見は影響力のある人々によって広められていった。首都都市衛生協会（Metropolitan Health of Towns Association）は1844年に設立されたが，その目的は，「最近の調査や科学の進歩によって解明された価値ある情報，［それに］欠陥のある現在の下水設備，排水，水の供給，空気，光，住宅の建設に起因する肉体的，精神的弊害を人々に知らせる」ことだった。初期の会員には，T・R・マルサス，チャールズ・バベッジ，グレイ伯爵（Earl Grey），ベンジャミン・ディズレーリ（Benjamin Disraeli），ブルワー・リットン（Bulwer Lytton），それに工場改革運動のリーダー，シャフツベリ伯爵（Earl of Shaftesbury）などがいた（Wohl, 1983, p. 144）。マンチェスター統計協会（1833年創設）は主に商工業ブルジョワジーの会員で構成されていたが，彼らは多くの点で，より下層の人々が追随し，見習うべき社会的モデルであった。こうして統計の専門家たちが発見した経験的な規則性は，社会階層の上から下へと浸透していった。

統計的な知識の影響は大きなものがあった。「説得の傑作，事実とフィクションの絶妙なブレンド」と称される有名なチャドウィックの1842年の報告は，こうした統計の力を示すほんの一例にしかすぎない。チャドウィックの研究には理論的な欠陥があったが，統計利用は彼の報告書に説得力を与えた[25]。19世紀中

頃に収集された統計やデータは，今日のより厳しい基準で判断されるべきではない。統計の多くは計算に依存しており，そこでは「分子は公文書のデータから，分母はセンサスから」取っていた[26]。多重共線性や欠落変数バイアスや特定化バイアスどころか，相関関係が必ずしも因果関係を意味しないことや，各々の変数の影響を分離するためには，いくつかの因子は不変にしておく必要があるといった認識も，ほとんどなかった。だがこうしたデータは，サンプル数を拡大することにより，個々の実験空間を越えた推論を，粗雑ではあるが可能にしたのである。統計的なセンスの普及に直面し，医療従事者や家庭での意思決定者は，育児，飲料水の安全性，衛生，栄養などに関する長年の信念や慣行を見直し始めた。チャドウィックは，彼が「家政の管理の失敗」と呼んだものが，「病気にかかりやすくする原因」であることに気がついていた。彼は，労働者の賃金は彼らを健康に保つ家庭環境を作るのに十分な水準だっただろうに，それが「悪い方向に，または，後先を考えずに」浪費されており，労働者の消費習慣には「思慮を欠く奢侈」が蔓延していると主張する一群のレポートを紹介している（Chadwick, 1843, pp. 204-5）。

いったん科学者と統計家たちが，教養があり教育水準も高い公衆を説得して彼らの行動を変えさせると，「衛生知識普及のための全国イギリス女性協会」（1857年創設）のような，中産階級の女性が運営する慈善団体が大衆を説得する任務を引き受けた[27]。1857 年から 1881 年の間に，この協会は出産前および出産後の世

---

25) チャドウィックはカレン（Cullen, 1975, p. 56）に引用されている。統計学的な誤りは重要な問題ではなかったし，いくつかの細かい点はレトリック上の雑音の中に埋没してしまった。このようにしてチャドウィックは，排水設備が貧弱で密集した都市部は他の地域よりも死亡率が高いことを納得させるために，平均死亡年齢を使った。この種の統計は年齢構成に影響を受けやすいので，誕生時の平均余命の代理変数としては適切でないが，それは当時すでに認識されていたと，カレンは指摘している。しかしこうした細部の議論は，チャドウィックが健康と衛生状態を関連づけることができたという，より重要な点を無視している。

26) アイラー（Eyler, 1979, p. 68）。イギリスにおける統計運動の創始者の 1 人，ウィリアム・ファーは 1861 年，フローレンス・ナイチンゲールにこう書き送っている。「我々は事実が欲しいのです……統計学者には因果関係は関係のないことです。統計学は感情を排除した最も無味乾燥な学問であるべきです」（Porter, 1986, p. 36 に引用）。

27) その前提は，「劣悪な健康状態の主な原因は，『健康の法』を無視している」ことだった（Williams, 1991 に引用。『』は追加した）。この法は，ウィリアムズも指摘するように，宗教的立法者の倫理的な掟であると同時に，「心理学と化学」の法則でもあった。これらの

話に関するアドバイスを記載した小冊子を150万部配布し，何百万回という家庭訪問を行ない，石鹸や清潔な水という福音を広めていった。ヴィクトリア朝後期には，貧者たちもまたこうしたボランティア活動を受け容れるようになっていた（Wohl, 1983, pp. 36-37）。この協会はまた食事に関する小冊子も発行し，料理教室で教えたり，小学校でそれを教えさせるようにキャンペーンを行なったりした（Williams, 1991, p. 70）。後には統計や数字が使われ，大衆に直接強い影響を与えた。当時のパンフレットは，母乳による養育の重要性という，とくに重要なレシピを強調するために，統計的なレトリックを使った[28]。

ジョージ・ローゼン（George Rosen）は新しい知識がもつ長期的な意義を概説したが，それはここで再度述べておく価値がある。即ち，家庭のメンバーの健康の責任は，神の摂理や「運命」から家政担当者に移った。家庭が行動を変えさえすれば，病気はコントロールができ，防げる。幼児の罹病や死亡は，もし起きたとすれば，家政担当者に責任がある[29]，と。ローカルな公共財や伝染病に関連した外部性など，ある種の不完全性のために，公的部門の役割は残ると認識されていたものの，今や，その役割は限られたものとなった。公衆衛生観は，健康と病気を外部環境の結果と見る環境主義から，個人の習慣を保健政策の焦点とする行動主義的見方へと移っていった[30]。このような政策的勧告は，病気の発生原因に

組織は，家庭が自らの不運を運命として受け入れるのではなく，自分たち自身の健康と幸福に責任を負うべきであるという考えを広めていった。

28) ヒッチング（Hitching）の『家庭経営』（1912年）のような家政学の教科書は，母乳で育てられた乳児は哺乳瓶で育てられた乳児に比べ，生存率が10倍も高い事実を強調していた（p. 148）。イングランドの当局の最も効果的なレトリックの1つが，働く母親と乳児死亡率との強い相関関係を引用して，働く母親は自分の子どもの生命を危険にさらしていると国民を説得することだった。この考え方は，ボーア戦争後に設立された国民の身体退化に関する1904年諮問委員会（Inter-departmental Committee on Physical Deterioration）から公式のお墨付きを得た。もっとも，しっかりした証拠が欠けていたことが，後年に論争を引き起こすこととなった（Dyhouse, 1981, p. 96 参照）。

29) ローゼン（Rosen, 1947, p. 675）。この点はボールとスウェッドランド（Ball and Swedlund, 1996）がやや詳しく論じている。この責任転嫁が，なぜ医学的知識の変更なしに突然起きたのかは理解し難い。家庭内の環境を無菌状態に保つ家政担当者の責任は，19世紀末までの合衆国とイギリスを苦しめていた幼児や子どもの高い死亡率に対し，母親の面倒見が不十分だと「責める」ための主要な論理的必要条件である。メッケル（Meckel, 1990, pp. 92-123）およびトームズ（Tomes, 1998, pp. 65-66, 150-54）参照。

30) ロジャース（Rogers, 1992, p. 16）。ブラウン（Brown, 1988）も参照。

関する根本的な不確実性を覆い隠すことになった。細菌理論はある種の病気には必然的な原因がある（肺結核の発生には結核菌の存在が必要だったように）ことを明らかにしたものの，全ての病気にそのような原因があったわけではなかったし，十分な原因のある病気は少なかった。要約すれば，人間の病気を防ぐテクニックは依然として狭い認識的基礎の上に立ち，基礎にある知識の多くは（とくに非感染性の病気に関しては）決して堅牢なものではなかったし，現在でもそうではない（Kunitz, 1987)[31]。

あなたがたはモップとスポンジで武装して家の戸口に立つ最も重要な守護者であり，微細な敵を締め出す責任を負っているのだと，家政担当者が説得されなければならなかった。1885年にプランケット夫人は，「伝染病の細菌理論を全面的に受け容れることは，まさに戦う場所を示すということである。種子を潰せば繁茂は防げる。これが不可能な場合の次善の策は，成長の条件を阻害することである」と書いたが（Plunkett, 1885, p. 164），その時彼女は一連の新しい信念を代弁していた。しかしこの新しい知識は1885年までは，教育を受けた少数の男女の間に限られていた。この知識を大衆にまで広げることが課題だった。「ベスト・プラクティスの知識」についていけない国民一般の遅れをなくし，新しい細菌学が暗に示すレシピがより広範に実施されるよう勧めることに，公共政策の主眼がおかれた。

統計運動は，消費習慣を改めさせるための多種多様なキャンペーンを開始させた。だがそれが国民の健康に及ぼす効果は，19世紀の終わりまでは限定的なものにとどまった[32]。経験的な規則性だけを基に消費習慣を変えさせようとする科学の試みの有効性には，最終的に限界があるだろう，というのはもっともであるように見えた。統計を基にした説得は，そのような論拠に対する社会全体の感受性に依存しており，したがって教育に依存していた。数量的なデータへの依存は，医学界が病気の本当の源をいかに知らないかを示すとともに，一般の人々の多くが今なお医療専門家に対して抱く不信感を示していた。そのうえ統計的な情報は，

---

31) ザイマン（Ziman, 1978, p. 70）はこう指摘している。疫学は予防医学テクニックの認識的基礎として大きな価値を持っているかもしれないが，未熟な研究戦略である。それにはフィルターにかけてノイズからシグナルを抽出し，因果関係のメカニズムを解明する明確な方法がない。
32) 例えばウッズとウッドワード（Woods and Woodward, 1984）。とくに pp. 148-202 参照。

全体に対する理解を促進する一方で，個々の家庭の特異性を目立たなくすると見られたので，統計的な発見は各々の意思決定者に妥当なアドバイスを提供しないかもしれないと考えられた。期待効用の考えでは，確率は母平均から決定されるが，そういう考え方はまだ広範には受け容れられなかった。必要だったのは，病気にはどんなメカニズムが寄与しているかを示すデータでΩ型知識をより堅牢にして，選択を行なううえでの手引きを提供できるようなモデルだった。相関関係は因果関係とは別だと見られていたので，このようなモデルなしには，家庭と行政当局が正確な選択を行なうのは困難だった。新しい知識の堅牢化が進まない限り，病気を防ぐためにお金を使わせるよう政府や個人を説得することは，なおいっそう困難だった[33]。もしも病気と貧困に相関関係があったとしても，貧困の退治が伝染病の脅威に対処する唯一の回答なのか，というわけである。

　統計的な証拠が十分ある場合でさえ（今日の喫煙のように），統計的ロジックの説得法(レトリック)としての力は限られている。ある洞察力に富んだ歴史家はこう述べている。「予防医学は，理解してもらうことが極めて難しい概念である。もしも成功すれば何事も起こらない。病気は発生しないし，赤ん坊は死なない」（Humphreys, 1992, p. 181）。この理由のため公衆衛生運動は，「きれい好きは敬神に並ぶ美徳」という具合に，衛生は美徳であると宣言した。このようなキャンペーンは禁酒運動に似て，経験的，論理的な推論と同じくらい，道徳的な議論を基礎にすることがあった。またそうすることによって，この種のレトリックに影響され易い人々の間にその影響が広がっていった。トームズが指摘したように，強引に罪の意識に訴える手法は男女双方に同様に適用されたわけではなかった。女性は家政と健康維持により大きな責任があると期待されていた（Tomes, 1990, p. 527）。おそら

---

33) その一例は腸チフスである。それは1850年代にウィリアム・バッドにより，水と食物によって拡がることが示された。しかしこの病気の正確な病因には不確実な点が多かったので，彼の勧告の実施は1875年の公衆衛生法（Public Health Act）まで引き延ばされた（LeBaron and Taylor, 1993, p. 1075）。19世紀に病気の原因と広く考えられていた「下水汚物による汚れた空気」の危険に対して，バッド自身も警告していたこともつけ加えておくべきかもしれない（Hardy, 1993, p. 166）。1880年のカール・エーベルト（Karl Eberth）による腸チフス菌の発見後も，誤った理論は少なくとも1900年までは生き残り，病気も脅威であり続けた。1898年のアメリカ＝スペイン戦争に参加した兵士の5人に1人はこの病気にかかった。しかし第1次世界大戦の期間中にこの病気にかかった兵士の比率は0.05％であった。

く公衆衛生運動には，男性に強く訴えるための味方が必要だった．それは実験科学であり，研究室用の白衣を着た権威のある男性だった．人々を説得し行動を変えさせるうえで経験的規則性自身が持つ力は，使用される統計的手法がいかに洗練されていようとも，収穫逓減に陥るものである．

そのうえ，19世紀の経験的なデータは非常に不十分かつ不完全だった．ヘンリー・ラムジー（Henry Rumsey, 1875）のような当時の著述家たちはその弱みを知っていた．大部分の統計的推論は単純な集計から引き出され，条件制御は行なわれなかったし，内生的バイアスや欠落変数バイアスは言うまでもなく，部分効果と全体効果の区別の認識もなかった．その結果この運動は，一群の社会問題（貧困，都市の混雑，衛生施設の不足，栄養不良など）が高い死亡率や伝染病と相関関係があることは分かったものの，それがなぜ，どのようにしてそうなるのかが分からないというディレンマに直面した．その結果，大規模な貧困とスラムの撲滅が，唯一可能な病気への対策だと勧告するに終わった．

しかし細菌学者たちのモデルが登場する以前の，衛生運動家や統計家たちの不器用で手探りするような純粋に経験主義的な病気予防へのアプローチは，決して冷笑に付されるべきではない．今日でさえ，心臓病，癌，HIVを含むある種のウィルス，そして自己免疫疾患などとの闘いにかなり似かよって見られるように，経験的規則性は健康や病気を理解する1つの方法として放棄されてはいない．赤ワイン，キャベツ，ニンニク，唐辛子，コレステロール，抗酸化物，ベータカロチン，ビタミンの大量投与，セレン，いわゆる植物性化学物質（ファイトケミカル）などの絶えざる興亡は，栄養摂取が健康や寿命に及ぼす影響の仕方には現在でも適切な理解が得られておらず，統計的なパターンに立ち戻らざるをえないということを示す十分な証しである．大規模なサンプルから引き出される経験的な規則性は，——1940年代の終わりから始まった有名なフラミンガムの心臓病研究が初期の実例の1つだが——その中のメカニズムの大部分が謎のままだとしても，ある種の財の摂取と健康との間の推定上の関係を確立し，Ω集合を増大させ続けている．伝染病や栄養不足による病気の減少に伴い，非伝染性の病気が取って代わりつつあるが，これらの病気の原因となるメカニズムは，現在までのところ，1860年以前の伝染病の発生メカニズムと同じくらい，ほとんど何も分かっていない．

19世紀の公衆衛生運動の成功も，進展は遅々としたものだった．臭いを避け

るとか，できるだけ日光に晒し，換気をするといった古い言い習わしの多くは，何十年間も生きながらえた。細菌学の当時の進歩を十分に認識していたはずのプランケット夫人も，その著書の中で，それと矛盾するアドバイスを繰り返し，瘴気理論を反映したことを語っていた (Plunkett, 1885)。1920年代に至っても，家政の手引書では死をもたらす病原菌と同時に，「下水から発生するガス」を非難していた (Tomes, 1990, p. 538)。効果が少ない古いレシピに取って代わった新レシピの家庭レベルにおける勝利は，企業の製造技術と比較すれば，とても十分とは言えなかった。現在もホメオパシー，カイロプラクティック，ハーブ療法のような「代替」医療が生き残っている事実は，「近代的」な医学がとても完全とは言えず，自然選択メカニズムが万全に機能していないことを示している。

　統計的な洞察を補完するために必要とされたのは，モデルだった。例えばモップとスポンジとレンジをもってすれば細菌と戦えるように，敵を明確にした病気の理論は，ヨーロッパの家政担当者たちの努力を結集させることになった。確かに，これについても，移行の速さは誇張されるべきではない。細菌学が首尾一貫した知識の体系になるには数十年かかり，免疫学の洞察が現れるまでは，なぜ感染した人のうち病気にならない人がいるのかがはっきりしなかった。これはショー (Shaw) の『医者のディレンマ』(1913年) が示す通りである[34]。さらに新しいやり方の普及が緩慢でそこに意見の対立があることなどは，細菌学を実際に家庭での意思決定に適用する際の難しさを表している。不潔な飲み水がどのようにして病気を伝染させるかが十分に理解された時ですら，水の清浄さの基準をどう定義し，どうやってそうするように努めるかは明らかでなかった。さらに困難だったのは，きれいな牛乳の問題だった。牛乳から感染が起こる危険性は徐々に理解されていったが，その「正しい」予防法（煮沸，低温殺菌，母乳対人工授乳）は，20世紀のかなり後まで大きな混乱が続いていた[35]。衛生学への信頼が

---

[34] B. B.「細菌はいるけれども，目には見えない……例えば細菌を持たないジフテリアの患者を見せてもらえるかな？」
　　パトリック卿「いや，それはできない，しかし，同じ細菌で病気にならないものなら見せられるよ。あなたの喉にあるからね」。
　　B. B.「いやいや，それは同じものではないよ，パトリック卿。それは全く違う細菌だ。2つは全く同じように見えるから，違いが分からないだけだ」(Shaw, *The Doctor's Dilenma*, p. 23)。

[35] 不純な飲料水をめぐる論争に関しては，ハムリン (Hamlin, 1990) 参照。牛乳に関する重

必ずしも細菌理論の受容を意味しなかったことも，強調しておく価値がある。フローレンス・ナイチンゲールからマックス・フォン・ペッテンコーファー（Max von Pettenkofer）に至るまで，主要な衛生運動家たちは，新しい細菌理論の福音を拒否しつつ，清潔を保つように説いていた[36]。

それにもかかわらず，細菌理論のレトリックの力は強力だった。これは，以下の2点にもとづいていた。その1つはラトゥール（Latour, 1988）が強調したことだが，多くの勧告の素地を準備した公衆衛生運動に続いて，細菌理論が登場したことである[37]。実験的方法や発見の周辺に漂う科学的なオーラが，新しい知識を説得力のあるものにし，それに対して異議を唱えることをより困難にした。もう1つは，細菌のイメージがもつレトリックとしての強力さである。それはよりつかみどころのないオゾンやコレステロールのような病因物質では考えられないほど強力だった。細菌は目に見えず，遍在する悪霊であり，社会で最も弱い人々を襲おうとする，限りなく邪悪な生きたモンスターだった（Campbell, 1900, p. 196）。細菌はかつてないほど，塵・芥を悪魔のようなものに見せた。フェルディナンド・パピヨンは，「病気を起こすこの有害な働き者は，生命の内部の仕組みに入り込んで攪乱を起こそうと，常に待ち構えている」と警告した（Ferdinand Papillon, 1874, p. 551）。1890年以後，細菌を撲滅しようという固定観念が形成されてきた。1890年，医学博士のサミュエル・ハートは，「全ての病気の5分の4は発病性の細菌が引き起こし，戦争，飢饉，火災，殺人，難破等，全ての不慮の災難以上に人命を奪い……人間の平均寿命を4分の3も短縮している」と書いた（Samuel Hart, 1890）。女性を対象にした家政学の教科書も最大限の努力をした。ある女学校の教師向けハンドブックは，「不潔な家には毒性の細菌が充満している……子どもたちには塵芥の恐怖をあらゆる方法で吹き込むようにしなさい」と熱弁を

要な研究は，ドワーク（Dwork, 1987）とアップル（Apple, 1987）である。
36) ヘルマン（Helman, 1978, p. 123）は，「生物医学的な細菌理論が大衆の間で広範な信用を得たのは，1918年のインフルエンザの流行以後になってからだったように思われる」と断言している。彼はこの主張の根拠を示しておらず，多くの証拠に反しているように見える。
37) トームズ（Tomes, 1990, p. 529）も述べているように，「人気のある衛生問題の著述家たちは……埃と伝染病と病原菌……を結びつけて考えることに……悩んだりはしなかった。……細菌が危険な毒素や毒物を産出する能力は，感染源としての腐敗や腐朽という古い考え方と簡単に同化することができた」。

奮っていた。ほぼ同時期に出版された別の本では、「塵芥は……植物が成長する土壌であり……細菌として知られている……非常に小さい種類の無色の植物が、その中で成長する」と学生たちに警告し、明らかに「我々にとって最も安全な道は、我々が関係を持つものは何であれ非常に清潔にしておくこと」であると述べていた[38]。ジョルジュ・ヴィガレロは、細菌革命がフランスの清潔観に及ぼしたインパクトの大家らしい分析の中で、清潔の意味の変化をもたらした「パストゥールの発見が感情に訴える力」について、こう語っている。「清潔であることとは、おもに細菌の不在を意味した……清潔にすることは、こうした目に見えないエージェントと闘うことだった」(George Vigarello, 1988, p. 207)。統計と道徳的説教との全面協力により、細菌のレトリックはそれが示唆する新しいレシピの有用性を大衆に納得させた。公務員や教育者や医療関係者などがεを低下させることができたのは、このようなイメージと言葉と科学の権威によってだった。彼らは多くの人々を説得し、新しい知識に基づいて行動させ、レシピを変更させ、したがって時間配分と家計の予算の配分を変えさせていった。おそらく最も衝撃的な発見は、コッホによる結核菌の特定（1882年）だった。この発見は、それまでは遺伝的なもので人間の力が及ばないと考えられ、西洋文明の大きな災いの1つと信じられていたものに対する見方を変えてしまった[39]。清潔や衛生に対する中産階級の信念は新しいことではなかったが、新しい細菌学はそれに焦点と正確さを与えた。それは効果的だったので説得力を持ち、細菌学が示すレシピは人口の大きな部分に広まっていった。

　新しい感染症撲滅運動が下層中産階級や労働者階級の消費者に普及したメカニズムは、もちろん多様だった。細菌学の説得力は、科学の権威が恐怖や罪の意識、古い道徳的権威と結びついた時に、とりわけ効果的だった。だが教育や勧告も同

---

38) ハート (Hart, 1890, p. 808)。ヒッチング (Hitching, 1912, pp. 26, 33, 64)、オシェイとケロッグ (O'Shea and Kellogg, 1921, p. 6) も参照。

39) トームズ (Tomes, 1998, p. 113)。パストゥールの革命なしでも、「衛生士」たちが基本的にはほとんど同じ成果をもたらしただろうとのラトゥール (Latour, 1988, p. 23) の見解の誤りを証明するのは、細菌理論のこの側面である。事実、ある研究者がこの点を次のように巧みに述べている。「ミアズマ（瘴気）はもっぱら呼吸と臭いにかかわるものだったが、細菌は場所をつきとめ記録することができるより正確な原因になった……こうして細菌は、リスクを具体化し、明らかにした。清潔にすることの新しい役割が生まれた」(Vigarello, 1988, p. 201)。

様に重要だった。乳児は特に伝染病の犠牲になりやすかったので，キャンペーンの多くは新しい母親を対象に行なわれた。フランスでは「ミルクの1滴」や「栄養相談」，ドイツでは乳幼児診療相談所，イギリスではこれらを模倣した「マザーズ・アンド・ベイビーズ・ウェルカム」といったような組織がキャンペーン活動を行なった。こうした組織は無料の清潔な牛乳を配給し，母親に育児の仕方を教えることを専門としていた。これらの機関はまた，考えられる限りのあらゆる方面で伝染病と戦った。アイルランドでは，全国女性健康協会が，「悪い空気，悪い食事，悪い飲み物，そして不潔」と戦いましょうとのスローガンを掲げて宣伝部隊を繰り出した[40]。

　もう1つの普及主体は医療従事者だった。多少の抵抗はあったものの，1890年までには大部分の医療従事者がパストゥール革命を信奉するようになり，それが医療従事者の任務を再定義することになった[41]。医師と看護師は今や家庭のコンサルタントという新しい役割を引き受け，食事の準備，掃除，育児の面で，一連の新しいレシピに従ってどのように病気を防ぐか家庭にアドバイスできるようになった。1890年までには医療専門家の大部分が細菌理論を完全に受け容れていて，彼らは，労働者階級の家庭を訪問し，健康や衛生についてキッチンやバスルームで教えるべきだと主張した。こうした訪問相談員の少なくとも何割かは，教育や説得の対象となる人たちと同じ社会階層の出身だったが，彼らの訓練や背景はさまざまだった[42]。どの工業国でもこのような「衛生の伝道師」（トームズが使った適切な用語）たちによる，多少でしゃばった形の家事コンサルティングが開始され，専門家たちは病気予防と健康の方法を労働者階級に教えることを自らの使命とした[43]。彼らが与えた助言の全てが妥当だったわけではなく，その全て

---

40) バーク（Bourke, 1993, p. 238）。新設されたニューヨーク市保健部の部長となったジョセフィーン・ベイカー博士（Dr. Josephine Baker）は，貧しい家庭で兄弟姉妹の衛生を担当する女子生徒の間で「リトル・マザーズ・リーグ」を組織化した。これらの子どもたちは，ローゼンの言葉を借りれば，「新しい福音の伝道師として仕えた」（Rosen, 1993, p. 334）。

41) ラトゥール（Latour, 1998）。トームズは，細菌理論の提唱者と反対者との長期にわたる闘いを，「仮想的内戦」と描写している（Tomes, 1990, p. 28）。革命的な理論によくあるように，細菌理論は科学者たちに受け容れられるのに一世代を要した。

42) ローゼン（Rosen, 1993, p. 354）。この「中産階級訪問部隊」は時には，巨大な人数にのぼったので，ある逸話によれば，洗濯で忙しくしていたある女性は訪問者に対し，「あなたは，今朝，これで5人目ですよ」と大声で叫んだという（Lewis, 1984, p. 36に引用）。

が実践されたわけでもなかった。だがそれは，家政担当者の役割に対する考え方を永続的に変えるには十分だった。伝染病の治療法は依然としてはっきりしなかったが，予防は現実となってきた。換気（瘴気を避けるための）や瀉血といった古くからの処方の多くが放棄された。それに代わり殺菌と衛生が標語になった。免疫機構の存在と働きが徐々に認識されてくるにつれ，日和見感染症を予防するために，環境をさらにコントロールすること（「隙間風を避ける」）が進んだ。接触伝染病の理解が進むにつれ，人々は居住スペースとプライバシーを尊重し，子どもたちを同じベッドに寝かせたり，トイレやキッチンなどを他の家族と共用するのを避けるようになった。

　消費者の健康にとってとくに重要だったのは，汚染された食品に関しての細菌理論の洞察だった。19世紀全般を通じて，健康に悪い食品が貧困層向けに安い価格で売られていた。例えば1880年代まで，イギリスの貧しい人々は，「ひどい悪臭」のする鯖のような「3日目」の魚を，1シリングで6匹買うことができた。ベーコンは脂身が黄色になり黒い斑点（炭疽菌による）が出ると値段が安くなった（Smith, 1979, pp. 204-7）[44]。19世紀を通して，当局はこのような市場の最悪の行き過ぎを抑制する努力を行なった。パストゥールが腐った食品を食べるのは危険だ，と言うのを待つ必要はなかった。1857年以後，変質した肉の販売の統制が試みられ，1860年代にはロンドンで腐った食品が繰り返し押収された（Smith, 1979, p. 206）。細菌理論は食品の品質を懸念していた当局の直観的で経験的な洞察を，非常に大きく力づけた。細菌理論は当局に莫大なエネルギーを使って法律を執行させ，色や臭いのシグナルが出ていなくてもある種のものは危険だと教えた。また安い牛乳や魚や肉はお得な品でないのかもしれないということを，より多くの消費者に納得させていった。

　細菌学上の革命は栄養学の革命を触発した。人々にアドバイスし，勧告する科学の権威は著しく高まった。実験室の白衣を着た学のある人々が，恐ろしい腸チフスや肺結核を引き起こす微生物を見ることができるのだとすれば，彼らは大衆

---

43) 1875年から1939年のフランスにおける典型的な国家主導型の幼児保護と母親教育システムの詳細な記述は，ロレ＝エシャリエ（Rollet-Echalier, 1990, ch. viii）。
44) 健康に良いことと価格との反比例は常に見られるものではないが，パンの場合には見られた。より高価で真っ白なパンには，ミョウバンのような化学的漂白剤が混ぜられていた。

に対し，どんな食品が良いのかを告げることができるはずだった．栄養が何らかの方法で健康に影響を与えるという考え方は太古の昔に遡るが，それを支える認識的基礎は我々が見てきたように狭隘だった．19世紀において，ある種の微量な化学物質の欠乏とある種の病気との間には不確かながら関係がありそうだったが，動物実験と生化学が結びつくまでは，その関係の体系的な研究は可能にはならなかった．多くの場合，家庭は，徐々に，その習慣を変えるよう説得されていった．大部分のビタミンやミネラルの必要量は少量だったので，このような変更には大きな家計支出を伴わなかった．いくつかの事例では，政策当局が便益に比べリスクやコストが小さいと感じた時には，家庭の変化を待たずに自分で問題を引き受けた．甲状腺腫の予防のため，通常の食塩にヨードを添加したのがその一例であり，飲料水のフッ素処理はもう1つの例である[45]．あまり知られていないものとしては，機械で精米した白米にチアミンを豊富に含んだ粒子を添加するというものもあり，これがフィリピンで脚気を駆逐した．

　ビタミンおよびミネラルとそれらが体に及ぼす影響の発見は，種々の消費財や環境要因が持つ健康便益とリスクに対する意識を一段と高めることになった．「1日1個の林檎」の有用な効果の認識は，消費者行動に明らかな影響を及ぼした．生体が必要としているのに自分自身では合成できない有機分子は，ビタミンと定義される（Carpenter, 1993, p. 477）．例えば大部分の動物は，ニコチン酸をアミノ酸であるトリプトファン（全ての蛋白質の一部である）から作ることができるものの，それは大量に供給される必要がある．食品処理工程の外見上ほんの少しの変更が，これらの物質を利用する際の有効性を変えてしまう場合がある．例えばトウモロコシの製粉化は，1905年以後の合衆国でのペラグラ〔ニコチン酸欠乏症〕の流行をもたらした．トウモロコシを常食とする他の中央アメリカの地域ではペラグラが発生していないことが分かった時に，問題の源が明らかになった．ビタ

45）飲料水のフッ素処理の歴史は，化学でどのように経験的規則性の偶然の観察が認識的基礎と結びつくかを示す実例である．またそれは，1つの作用物質の効果を確立するために，巨大なデータベースが必要であることを理解するのにも役立つ．1905年，フレデリック・マッケイ（Frederick McKay）は，コロラドスプリングスの住民の歯が他と異なっていることを発見した．しかしその原因が飲み水の中のフッ素であることを特定するためには，ALCOAの化学研究室で分光分析にかける必要があった．さらにフッ素添加が，30,000人の学童の虫歯を60％減少させるということを示すためには，1945年から1960年にミシガン州グランドラピッズで行なわれた有名な社会実験が必要だった．

ミンCは高温状態で簡単に酸化してしまうので，茹でたキャベツは，生のキャベツの中にあるビタミンCのうちのほんの少量しか含んでいない。このような単純な洞察が死亡率や健康に大きな違いをもたらしたが，それらはデータと実験から推論されなければならなかった。現在ではクル病とか壊血病といった栄養素欠乏による単純な病気は消滅してしまったので，癌とか心臓病のような複雑な病気と栄養素との関係に関心が高まっている。ビタミンの大量投与が免疫システムに与えるインパクトはまだ論争の的のままであり，ライナス・ポーリング (Linus Pauling) のような科学の巨人の権威をもってしても，この治療法はいまだ堅牢性を欠くテクニックに留まっている。にもかかわらず健康食品の店を訪れてみれば分かるように，多数の消費者が説得され行動を変えてきた。

　すでに述べたように，家庭におけるテクニックの選択の変化は，企業に比べると緩慢であり，かつ困難である。家庭の場合，競争により行動を変えさせられるというよりは，行動を変えるよう説得されることが必要である。病気の原因に関する知識が大きく進歩し，過去1世紀の間に医学が多くの勝利を勝ち取ってきたにもかかわらず，伝統的，代替的な医術はまだ生き残っている。その1つの理由は，近代医学が依拠する認識的基礎がまだ狭隘なことである。それは1850年当時とは比較にならないが，エンジニアリングや化学と比べれば遅れている。しかもその知識の多くがまだ堅牢性を欠いている。そのことは，最近の理論の劇的な逆転現象が示している。例えば過去数十年間ベスト・プラクティスの医学では，胃の中でバクテリアは生存できないという堅い信念のもと，胃潰瘍はストレスによるものだとされてきた——しかしそうではないことが証明されたのである。近代医学のテクニックは，認識的基礎は堅牢でなくとも今なお生き残っている昔ながらの考え方と，20世紀の生物医学とを混合したものだということを示している (Riley, 2001, p. 89参照)。その理由は，一部分は生物のシステムが本来的に非常に複雑であること，また一部は，人体を研究する能力が社会的，道徳的な慣習により制約をうけているためである。

家政学と家事労働

　知識が重要なのは，ただ単に，どういう財を生産するか，どうやったら効率的かつ安価に生産できるかというためだけではない。知識はまた過去1世紀半の間，工業化が進んだ西洋の家庭の「内」での資源配分と消費の分配にも大きな影響を及ぼしてきた。有用な知識がこの経済システムの最も基本的な単位内の働きに及ぼした影響は大きい。特に顕著な例の1つは，ルース・シュウォーツ・コーワン（Ruth Schwartz Cowan）問題と呼んでもいいものである。コーワンは，1983年に出版された『お母さんは忙しくなるばかり』（*More Work for Mother*）という古典的な著書の中で，根本的な難問を呈示した。1870年以後の約100年間，家庭の仕事の機械化が進んだにもかかわらず，なぜ家政担当者はより長時間，家庭内で働くようになったのか？という問題である。家電製品（その大部分は労働節約的である）の明白な技術的進歩にもかかわらず，既婚女性は家庭内で，従来ほど勤勉とは言わないまでも同じくらい長時間働いており，第2次世界大戦が始まるまで，家庭の外へ出て働く女性の数は非常に少なかった。合衆国の家政担当者の家事労働時間数は，20世紀の初頭は週52時間，1960年代の終わり頃で週56時間，そして1987年で週50時間だと言われてきた[46]。厳密に言えば，こうした数字の不確実性が示唆することとして，コーワンの著書の題名は「忙しくなるばかり（more）」ではなく，「楽になることはない（not less）」と解釈すべきである。ともかく家事用品の技術進歩と工業国における出生率の低下を考慮すると，この現象は驚くべきことである。家庭内の労働節約的な技術進歩が，何ら恩恵をもたらさ

---

46) コーワン（Cowan, 1983, p. 178）；ヴァネック（Vanek, 1974, pp. 116-20），ショア（Schor, 1991, p. 87）。スタンリー・ルバーゴットはこれらの数字に異議を唱え，週の家事時間数は1900年の70時間から1970年には30時間に減少したと推計している（Stanley Lebergott, 1983, p. 58参照）。最近の研究では，1920年代から1960年代の家事時間数の減少はもっと緩慢だったことが分かっており（14％減），そのうちの約3分の1は，構成比効果に帰せられるという（Bryant, 1996；Gershuny and Robinson, 1988参照）。ロビンソンとゴッドビー（Robinson and Godbey, 1997, pp. 103-20）は，1965年以後，家事に費やされる時間が合衆国とイギリスで減少していることを示しているが，彼らはそれが主に家事の減少ではなく，生産性の上昇のためであると考えている。ロバーツとルパートによる研究は，最近では家事時間数がさらに減少していることを示している（Roberts and Rupert, 1995）。

なかったと言うことではない。コーワンはこう述べている。1850年代なら3人とか4人のスタッフを必要としたもの，つまり，中産階級の標準的な清潔さ，健康，自分と家族のための快適さを，1950年代の合衆国の家政担当者は，たった1人で生産していた，と。コーワンの考察は，このパラドックスの1つの鍵を握っている。問題は，この標準を達成するのに1家庭当たり3人とか4人の召使が必要だった時代には，それを享受できたのはほんの一握りの人々だけだったのである。技術進歩は，ますます多くの人々にこうした標準的な清潔さの享受を可能にしたのであり，したがって，労働を資本で置き換えていったのである[47]。

経済史家たちによってあまり議論されてこなかったが[48]，コーワンの問題は近代経済史で興味をそそる難問の1つである。このパラドックスには，他にも説得的な説明がいくつかある。1つには，例えば1つの活動を遂行するのに必要な労力が少なくなる（そしておそらく不快度も減る）時には，その活動の量は増加し，労働節約的な効果を相殺してしまうのかもしれない。家庭の召使の供給の減少は，家政担当者がそれまで市場で購入してきた活動を，自分で行なわざるをえなくさせていった。それと同時に，家事労働と市場で購入される財やサービスとの代替性が高い場合には，労働節約的な機器の発明は市場での購入から家庭内生産への追加的なシフトを意味しただけだったのかもしれない。女性労働力に対する需要が低水準のままで，そのため女性は家で余暇を過ごすか家事に従事する以外にほとんど選択肢がない状況に置かれていたのかもしれない。こうした考察は，家庭外で働く既婚女性の数がなぜこんなに少なかったのかという問に対し，別の次元の見方を与えてくれる。つまり，家事の限界生産の「認識された値」〔主観値〕が，19世紀の最後の3分の1世紀に急上昇していたということである。

既婚女性の正規の労働への参加率の変化は，長い間，経済史家を困惑させてきた。生産の大部分が自営業の家内労働力によって遂行されていた経済における

---

47) コーワン（Cowan, 1983, p. 100）。正式にはこの問題は労働節約的なイノベーションが総雇用を減少させるかという問題に似ている。もちろん資本・労働比率を上昇させるようなイノベーションはどんなものであれ，それ自体は失業を生まないとの主張はパラドックスではない。労働に対する総需要は，最終財に対する需要に依存しているからである。

48) 例外の1つは，コーワンの著書が出版される前に書かれた，ブラウンリー（Brownlee, 1979）である。家庭における家事サービスの生産が分析に値する経済活動であるとの考えは，フォールブルのこの問題に対する包括的な分析以後，広く受け容れられている（Folbre, 1986 参照）。

「労働参加率」の統計の意味が曖昧であるために，19世紀の正確な時間配分を確定するのは容易ではないが，しかし以下の2点ははっきりしているように見える。第1に，現在の平均値と比較してみると，当時の西洋工業国における女性の労働参加率は極めて低かった[49]。第2に，我々の持っているわずかな証拠は，19世紀の最後の3分の1世紀における既婚女性の労働参加率の「低下」と整合しているということである[50]。この問題の主導的な専門家は，「こうした［女性の労働参加率の］データが説明を求めていることは，産業革命期中の劇的な変化ではなくて，20世紀の最初の30年間ずっと維持されることになる，19世紀の末頃に起きた後退現象なのである」と述べている[51]。この低下を説明することは，コーワン

---

[49] 既婚女性のうち，わずかな割合（変動はあるにしても）の人数しか家庭外で働かなかった証拠は，合衆国に関してはブラウンリー（Brownlee, 1979）によって要約されている。1866年から1895年に生まれた女性については，白人既婚女性の労働参加率が生涯を通じて10％を越えることはなかったことを，ゴールディンが示している（Goldin, 1990, p. 121参照）。

[50] イングランドに関するデータは，センサスで使われた定義に一貫性がないので解釈が難しい。1851年には全既婚女性の約4分の1が，家事以外に「特定の職業」があると報告しているが（もちろん家の外で働くことと全く同じではない），この比率は1901年までに10％にまで低下し，1931年までこの比率を維持している。ハキムはこうしたデータから，20世紀中頃には「女性は，ほぼ約1世紀にわたり無給の家事労働に従事し労働市場から排除された後，家庭外の仕事に復帰した」と結論づけている（Hakim, 1980, p. 560）。フランスでは，事情は異なっていたかもしれない。1931年まで，フランス女性の労働参加率は低下せず，例外的な高水準を保っていた。しかし1931年でも農業従事を除く既婚女性のうち，「現に働いている」人の比率はわずか19.4％だった。ある歴史家は，「フランス人女性はイギリス人女性に比べると，結婚時に退職する割合がはるかに低かった可能性がある」と結論づけている（Rollet-Echalier, 1990, p. 491）。オランダでは，働く既婚女性の比率が1886年から87年の55％から，1910年から11年には26％に低下し，全家計収入に対する妻の収入の寄与率が，同じ期間に7.2％から3.4％へ低下したことが家計調査で示されている（ユトレヒト大学のアーサー・ヴァン・リエル博士（Dr. Arthur Van Riel）の提供して下さった未公表データによる）。アイルランドに関する信憑性の高いデータによれば，同国での女性の労働参加率は1914年以前に顕著な低下をみており，こうした現象が工業化の進んだ国に限られた現象ではないことを示している（Bourke, 1993参照）。

[51] ハンフリーズ（Humphries, 1995, p. 100）。ブラウンリーの推計によると，合衆国生まれの白人既婚女性の労働参加率は，1890年の2.2％から1920年には6.3％に上昇している。彼によると，定義に一貫性がないためこのような比較は危険で，中産階級女性の実際の労働参加率は，1920年にはもっと低かったかもしれない。いずれにせよ，1920年における高い方の比率ですら，現在の10分の1に過ぎない（Brownlee, 1979, p. 200）。最近の研究によると，19世紀の中頃には女性の労働参加率はすでに低下し始めていたかもしれない。ハンフリーズは文献を精査し，女性の労働参加率が，1851年から71年の42-43％という

のパラドックスを解明するのとほとんど同じである。

　最近の研究によって変わり始めているものの，この問題に関する文献はおもに家庭の行動に影響を与えた知識や信念の大きな変化を基に理論化されてきた。家庭が家事を遂行するのは，ただ単にその結果を直接享受するためだけではなく，すでに述べたように，家事が消費の他の側面にどのように影響するかに関し，ある種の事前分布を持っているからである。例えば個人が，より清潔な家で暮らし，シラミや蛾を退治し，子どもは母乳で育て，より良質の食事を調理するのは，そうすることを「楽しんでいる」からかもしれない。あるいはより清潔な家，より手をかけた料理が，健康とか社会的ステータスといった「他の」最終目的を実現するための投入財になると信じるから，個人は，掃除，育児，料理に時間を費すのかもしれない[52]。実際に区分するのは必ずしも容易ではないとしても，分析上は別個の目的である。そして19世紀の最後の3分の1世紀，および20世紀の最初の3分の1世紀に命題的知識が劇的に拡大し，それが家事労働の面で高度に労働集約的なテクニックに写像されていった。標準的な経済分析が示唆することは，家庭で直接楽しむため生産される家事サービスは，それが健康に良い影響を与えることが少しでも認識されれば，通常はそれらサービスの生産量を増やし，したがって家事労働を増やすだろう，というものである。

　以下の分析は，避けられない過度な単純化を行なっている。余暇と家事は実際にはかなりの程度重なっているにもかかわらず，私は両者を分割することの難しさを無視する。家庭の技術変化のために家事労働の性格は大きく変わり，ルース・コーワンの言葉によれば，労働ではあり続けたが，苦役ではなくなった。しかしこの点で家事労働は特異ではない。余暇と仕事の境界がぼやけてきているのは，1945年以後の労働経済学の通説でもある。また家庭でのサービス生産と，市場で購入する財サービスの代替性の変化という複雑な問題もある[53]。そしてお

　　　高止まり状態から，1881年から1931年の32-34％へと低下したことを確認している。この「後退」は，労働力の定義の変更だけでは正当化できない。またこの研究では，既婚女性の労働参加率は19世紀中頃に低下したあと，第2次世界大戦まで低水準が続いたことも確認している（Horrell and Humphries, 1995 ; Humphries, 1995）。
52) 最近の取り上げ方についてはトームズ（Tomes, 1998）参照。清潔さの文化的側面を強調する文献もある。初期の重要な研究はメアリー・ダグラス（Mary Douglas, 1966）であり，それによれば清潔とは秩序形成を合理化するために文化的に構成されるという。
53) コーワン（Cowan, 1983, pp. 100-101）。一例を挙げてみよう。洗濯は19世紀では中核とな

そらく最も困った問題は，どうやって個人の意思決定を，経済単位としての家庭の意思決定へと一般化するかということである。経済単位としての家庭は，異なった選好と異なった認識を持つ個々人の，合成された効用を極大化するように，集団的な意思決定を行なうのである。とはいえこれは標準的な消費者理論を少し拡張することを意味しているにすぎず，ベッカーとその弟子たちの研究の多くの部分が直接これに応用できる。意思決定者の事前分布を前提として，時間は競合する用途の間で合理的に配分されるという考え方は分かりやすいようにみえるが，それに納得しない研究者も何人かいる。例えばショアは，家事が時間を非常に浪費するままなのは，市場が家庭内の仕事に全く経済的価値を与えないからだと述べている。おそらくこの考えは正しくないだろう。女性が家庭の外に仕事を持っていない時でも，家事の機会費用は余暇であり，初歩的な経済学の示唆することは，自分自身のスケジュールを立てる女性は，余暇の限界効用が，家事の限界生産の認識された値と等しくなるまでは，家庭内で働くだろう，ということである。

　家事労働の変化の問題にとって中心的な重要性を持つのは，知識の進化が時間の配分に与える影響である。A_D と ε_D は，家事労働に割り当てられる時間という意味での A と ε の値を示しているとしよう[54]。時間は3つの方法で使われる。家事労働 L_D，余暇 L_E，家庭外での仕事 L_W である。ただし時間の配分は，以下の2つの仕方で変わりうることに注目してほしい。第1に，もしも，消費者が消費財 i の効果に対する評価を変え，$A_i - \varepsilon_i$ を引き上げるなら，この消費者はこの財を以前よりもより多く消費する。もしも i 財が家事労働と補完関係にあれば，このことは L_D を増加させるだろう[55]。第2に，$A_D - \varepsilon_D$ の上昇，つまり家事労働

　　る家事であり，1週間に1回行なわれ，延々と続くこすり洗い，ねじり絞り，乾燥，アイロン掛け，折りたたみ，水運びと湯沸し，洗濯した水の処理等々から成り立っていた。これを今日の完全自動化された洗濯機と比較してみると，労働投入は洗濯物を仕分け，洗濯済みのものを折りたたみ（アイロン掛けはしない）元の位置に戻す（今のところ機械化を免れているプロセス）までいくつかのボタンを押すことから成り立っている。市場財と家庭内生産の間の代替可能性の変化が，ド・フリースの「勤勉革命」の中心である (De Vries, 1993, 1994)。

54) L_D は多くの異なった雑用に費やされ得ること，および各々の雑用が H に及ぼす効果が全く異なっているかもしれないことに注目しよう。ここでは，健康維持作業の限界的な効果は種々の雑用ごとに均等化されている，つまり家事労働が効率的に配分されていると仮定している。

55) したがって，家の中がちらかっていることが健康に悪影響を及ぼすと説得されたため，よ

が持つ健康への効果の評価の上昇は，家事労働を増やすような時間配分をもたらすだろう。これは「発明」（つまり，ベスト・プラクティスのテクニック A が改善しεは不変），あるいは「伝播」または「説得」（εの低下，ベスト・プラクティスと現実に実施されていることとのずれの縮小）によって起きることに注目されたい[56]。単純化のために，家庭の外で働いている時間を一定と仮定しよう。すると，時間配分均衡は次の方程式で示される：

(5) $\quad \dfrac{\partial U}{\partial H}\dfrac{\partial H}{\partial L_D}(A_D - \varepsilon_D) + \dfrac{\partial U}{\partial L_D} = \dfrac{\partial U}{\partial L_E}$

(5)式の左辺は，家事労働の限界効用の総計，右辺は余暇の限界効用。外で働く労働を不変とすれば，$A_D - \varepsilon_D$ の増加は，方程式(5)の左辺を増加させる。均衡を維持するためには，右辺も増加しなければならない。これは余暇の限界効用がより高い点へ移動することを意味しているが，それは，余暇を減らすことによってのみ達成される。

他の要因もまた家事労働への時間配分に影響を与えた。出生率の低下は，平均家庭が面倒を見なければならない子どもの数を減少させた。だが育児や栄養や教育の質の上昇，そして，兄弟姉妹による育児の減少は，子どもの数の減少効果を相殺して余りあったかもしれない。育児の質が上昇したことの直接的な効果は，子どもに関する限り，$\partial U/\partial H$ の値が上昇する可能性である。言い換えると，出生率の低下で子どもの数より質が重視されるようになった時，数が少ないために，当然母親たちは自分の子どもの健康をより心配するようになった。子どもへの関心が高まり，結果 $\partial U/\partial H$ が外生的に上昇した可能性も排除できない。「子どもの概念の変容」は，フィリップ・アリエス（Philippe Ariès）の業績と結びついている。彼は子どもに対する態度の転換点を比較的早い時期に見ていたが，子どもは保護し養育すべきものであるという考え方は，19世紀終わりから20世紀初めになって社会改革者たちの中心的な主題となった[57]。工場での児童労働を制限し，

り多くの資源を住居に再配分して，より整頓された環境で生活をしようと家庭が決めたとすれば，L_Dが健康に及ぼす効果の評価が変化しない場合でも，一定の清潔水準に保つためだけに，より多くの時間を家事労働に割り当てなければならなくなるかもしれない。

56) ここで「説得」という術語は，X または L が健康に及ぼす効果があると消費者が「信じる」か否かという意味ではなくて，それにより彼らが行動を変える用意があるということを意味している。

適切な教育を施し,健康を維持することは,出生率の低下と絡み合っていた。この傾向はイデオロギー的な力によって強化されていたかもしれない。19世紀末の優生学者や社会ダーウィニズム論は,より良い子どもたちが「人種」(要するに白人,アングロサクソン,中産階級)を改良するという考え方を広めていった。こうしたイデオロギーは,どんな犠牲を払ってでも自分の子どもの健康と精神の健全性を守れという,母親たちへの圧力となった。19世紀の最後の10年間,全体としての死亡率が低下する中で,幼児,児童の死亡率が高水準であることが分かり,「国民的な効率」の低下への恐怖は,火に油を注ぐこととなった[58]。

このような家事労働増加への刺激は,$[(A-\varepsilon^*)\partial H/\partial L_D]$ に比例する。つまり,自分の子どもの健康をより心配するようになった母親たちは,自分の努力が子どもの健康を改善すると信じる限りにおいては一生懸命家庭で働く。健康を生産する家事労働の生産性の上昇($\partial H/\partial L_D$)は,家事労働の骨の折れる性質を低下させ

---

[57] 近代の幼年期の概念の登場に関する研究は,ポロック(Pollock, 1983, chs. 1-2)が要約している。彼の結論は,人間の発達における特別な時期としての幼年期の認識は確かに生まれたが,それが正確にいつであるか,研究者たちは合意できなかったということである。貧しい労働者階級では,教育水準が高い都市の豊かな階級に比べると遅かったということについては,研究者のコンセンサスとなっていると思われる。その後の研究は,19世紀の最後の四半世紀に基本的な変化があったことを示している(例えば,Steedman, 1992 および Hopkins, 1994 参照)。労働者階級の子どもたちが労働者から生徒に変わるにつれて,義務教育法と幼稚園推進運動が児童労働法改革と一体となって,幼年期に関する基本的な変化を法制化していった。それに加えてホプキンスは,子どもを罰する際の残酷さの減少の中に,子どもに対する親の態度の広範な進化の証拠を見ている(Hopkins, 1994, p. 315)。これは子どもの「神聖化」として記述されてきた1つのプロセスである(とくに Zelizer, 1985 参照)。

[58] ボーア戦争におけるイギリス人男性の軍事能力に関する疑念とともに,このような非難が高まった(Dwork, 1987, ch. 1;Lewis, 1995, p. 3 参照)。ルイス(Lewis, 1984, pp. 81-85)は,19世紀末の家事における女性の役割を強化するうえで進化論が及ぼした影響に精力を集中している。そして,ダイハウス(Dyhouse, 1976)は,こうした知的な傾向が女性教育に対して持った意味を論じている。ジョージ・ニューマンの著書は幼児や子どもに関する懸念の増大を反映していて,大西洋の両岸で広く読まれた。幼児死亡率の責任を物質的環境から社会経済的状態と個人に転嫁するうえで,ジョージ・ニューマンはキーパーソンだった。彼にとって「国家的な」問題としての幼児死亡率は,母親の状態を基礎にしていた。彼は「もしも本書が,国家にとって死活的重要性を持つ母親の役割を強調しないとすれば,本書の執筆は無駄になっただろう」と書いている。もっとも同時代人の何人かとは違い,彼は貧困と教育の欠如とが個人でできることを制約していることを認識していた(George Newman, 1907, p. 257;Meckel, 1990, pp. 99-101 も参照)。

る（方程式(5)の負の項 $\partial U/\partial L_D$ の絶対値の低下）とともに，家事労働に割り当てられる労働量を増加させる可能性が高い。そのうえ既述のように，所得の上昇および消費の増加は，はっきりした家事労働の変化を起こさない。電子レンジのような労働節約的な家庭のテクノロジーの増加は，テイクアウトの食品ではなく電子レンジで調理できる食品の購入を促すならば，実際に家事労働を増やすかもしれない。同じようなことは，電気洗濯機にも当てはまるかもしれないし，ティーンエイジャーの教育におけるパソコンの使用にも当てはまるかもしれない。家政担当者が清潔それ自体の価値評価を引き上げ，正常財としての清潔への需要が所得とともに増加した，ということもありうる。だが余暇もまた正常財であり，時間配分の正味の変化は，それぞれの所得効果および代替効果に依存していた。そのうえ女性の市場賃金の上昇それ自体が，余暇と家事労働双方の需要にマイナスの影響を与えただろう（代替効果が所得効果を圧倒したと仮定した場合）。

　最近のクロス・セクション分析の結果も，家事に費やした時間と所得の間には明確な関係がないことを確認している。さらに驚くことに，労働節約的な家電製品の所有との間にも目立った相関関係が見られない。よい予測因子は，家庭内に小さな子どもがいたかどうかということと，母親の家庭外での雇用状態だけだった。これらの研究から引き出せる結論は，家庭外での雇用が家事労働に費やされる時間数に影響するという形の，因果関係の存在である。労働市場の供給サイドでは，最も重要だったかもしれない外生変数は，家事労働が健康に及ぼす効果についての個々人の信念や事前分布であり，およびここでは論じなかった他の変数，例えば，友人や隣人の称賛であり，これが余暇，家事労働，賃金労働の間の時間配分を決めていた[59]。

　こうした変化のためには家政学という新しい科学が創出され，その教訓が大衆に教えられていく必要があった。家政学（home economics）は，細菌が繁殖する

---

[59] ロビンソン（Robinson, 1980）。ヴァネック（Vanek, 1974）は，家庭外で雇用されている女性が家事に週26時間を費やしているのに対し，家庭外で働いていない女性は家事に週55時間費やしていたと報告している。このモデルでは「清潔さ」そのものを効用関数に入れていないことをつけ加えた方がいいかもしれない。これはもちろん非現実的である。それを説明することは，方程式(5)の左辺に項を1つつけ加えることになるだろう。だが清潔さへの選好の変化と，情報の変化に誘発された変化とを区別することは難しいように思われる。後者はそれが起きたと信ずべき理由があるため，説明では後者が有利なのに対し，選好の変化は歴史的変化の中では常に弱い葦のような存在である。

環境としての家庭という考え方，そしてそれをコントロールすることを女性に教える必要性を訴えた。合衆国での家政学のパイオニアであるエレン・リチャーズ (Ellen Richards) は，「ごく少量の塵が 3,000 もの生きた微生物を生み，すべて有害というわけではなくても，全てが健康を脅かすものであり，どんな犠牲を払っても清潔にすることが，20 世紀の衛生にとって必要なことだった」と指摘していた (Hoy, 1995, p. 153)。このようなレトリックは，エーレンライクとイングリッシュが指摘したように (Ehrenreich and English, 1978, p. 66)，科学がある種の道徳的な力を獲得したことを意味していた。しかし変わったのは道徳的，宗教的な側面ではなく，自然界がどうなっていて，なぜ人間は病気になるのかという認識と理解に関する側面だった。その背後にある道徳的，宗教的な力は，説得のメカニズムの一部となったのである。とはいえこれも次第に独自の生命を獲得し，禁酒運動のような関連する社会運動と接点をもつようになっていった。

ベスト・プラクティス知識のブレイクスルーは，どのように家庭のレシピに影響を与え，家政担当者が選択や配分を変えるように説得したのだろうか？ エーレンライクとイングリッシュ (Ehrenreich and English, 1975)，ストラッサー (Strasser, 1980)，キャロル・トーマス (Carol Thomas, 1995) といったフェミニストたちは一群の先駆的研究の中で，第 2 次産業革命期の資本主義的生産の内的ダイナミズムの変化によって家事労働の増加が起きたと説明した（トーマスはこれを死亡率低下の重要な源とみた）。賃金の上昇および労働時間の減少につれ，ますます強まる男女間の労働の分業の結果として，女性は次第に家事労働へと追いやられていったとトーマスは論じる。こうした解釈の背後にある前提は，19 世紀の家内生産が逐次消滅して行くに従い，女性は経済的役割を失っていったという理解である[60]。

これらの主張には，バークの有力な反論がある (Bourke, 1994)。バークはこの時代の家事労働の経済的重要性の増大が，生活水準を改善した 1 つの要因だとした。女性がますます家庭に特化することはコストのかかる意図的な選択だったが，認識された便益に比べ「十分に値打ちがあった」と彼女は主張している。この説

---

[60] ストラッサー (Strasser, 1980) は，「産業資本主義への移行期」の女性は，新秩序の下で明確に定義された役割を持たなかったことを示し，エーレンライクとイングリッシュ (Ehrenreich and English, 1975) は，消費財生産の商業化が創り出した「家庭の空虚さ」という奇抜な概念を提案している。トーマス (Thomas, 1995, p. 339) は，性別による分業がより厳格になったことを論じている。

明は正しいが,認識された便益の追求へと駆り立てた,病気と健康に対する観念の急速な変化に注目しないと完全ではない。西洋世界の工業化は,個人が自分の健康や,自分の体と環境との相互作用を考えるようになった大革命と同じ時期に起きていた。この革命は医師の病気についての考え方だけではなく,家庭が自分たちの行動によって自分の運命をコントロールでき,ある種の良く知られた感染源を避けることで病気が防げることを自覚する革命でもあった。当初から女性は家族の健康管理を任されていたが,それは他にすることがなかったからではなく,女性が健康の守護者であるとの,西洋社会のジェンダー観の本質に基づいてだった。1880年代の初めに,英国医学協会の会長はこう述べた。「公衆衛生の光が降り注ぐ必要があるのは女性である。家庭における健康は,あらゆるところでの健康である。家庭以外に健康が守られる場所はない」そして「男性は家庭に出入りするだけである」一方,「女性は住居の隅々まで知悉している……そして医者が希望を託すのは,女性たちの知識と知恵とスキルなのである」[61]。家庭内における女性の既存の役割と,健康に及ぼす家事の重要性の認識の高まりとが,相互に補強し合って家庭内におけるそれぞれのジェンダーのいっそうの特化を生んでいった。

　以上を要約しよう。ここで提示したコーワンの難問解決への貢献は,健康に関連した L_D の需要増加が起きたということで,それは $\partial U/\partial H$(健康と長寿に関連した限界効用)の増加か,方程式(3)の $A-\varepsilon$ の上昇を通じて起きたのである。Hの限界効用の増加は,一部は,所得効果だった。健康と長寿はより豊かな社会でより高く評価されるからである。だが主要な効果は,人口の大部分の人々が,自分たちの消費するものと健康との関係について,より多くの知識と理解を得るようになったことである。家庭内で生産される健康に対する需要は,過去1世紀の間に家庭の知識が大きく変わったために急増した。細菌が病気を引き起こすということを人々が知り,かつそれを信じるのでない限り,細菌のない家とか細菌のない衣服に対する需要など存在しない。その結果家政担当者は,掃除をし,子守

---

61) プランケット(Plunkett, 1885, pp. 10-11)に引用されている。健康についての考え方の革命は,イースターリン(Easterlin, 1996)で検討されている。これらの展開が創り出したジェンダー固有の負担は,コーワン(Cowan, 1983)およびトーマス(Thomas, 1995)によって論じられている。

りをし，洗濯をし，調理をし，子どもの世話をすることに，より多くの時間を費やすようになった。しかしそれは，家族の健康はコントロールできて，しかも自分たちの責任の1つがそれであると彼女たちが確信するようになったからである。健康によい食品，清潔な衣服や寝具，衛生的な環境は，健康と寿命を決定する最も重要な変数であると，彼女たちは説得されたのである[62]。

この間の事情を，啓蒙の進展と，科学の勝利に伴うレシピの合理的な選択増大というホイッグ史観の物語で考えるのは素朴過ぎるだろう。家庭の行動を定義する方程式(3)および(5)は，事前分布によって決まる。したがって我々の物語には，医学や公衆衛生の学問的な歴史が記述してきた，単なる A の変化以上のものが関係していなければならない。A の変化ではなく，我々は ε を見る必要がある。個人，とくに女性が，どのように外部の者に説得され，家事により多くの時間を割くよう行動を変えたのかに注目する必要がある。こうした行動変化のうちのいくつかは，水平方向（隣人や親類を見る），あるいは垂直方向（社会的に上位の人々を見習う）の単なる模倣だった。またいくつかは，慣習やすでに定着している社会的な基準に従うという，社会的圧力に応えたものだった。また，教育水準が高く，政治的に有力で社会的に影響力のある少数のエリートたちが，自分たちは正しい方法を知っているとか，それで得をしそうだと納得したため，直接かつ慎重に国民の大多数を洗脳していった結果でもあった。中産階級への敬意〔リスペクトビリティ〕の文化は，正しい家事の概念を労働者階級へと普及させていくための，目立たないが有効な手段となった（Lewis, 1984, pp. 30-31）。

労働者階級の教育と教化の不足に起因する，よい家庭慣行に対する無知は，健康状態の悪さと高い幼児死亡率の原因だとしてますます非難されるようになってきた。これは ε の上昇，つまりベスト・プラクティスと平均的プラクティスとのギャップの拡大を直観的な形で示していた。このことは労働者階級の母親が家庭

---

[62] 家庭の知識の変化で，母乳による育児の増加も説明できるかもしれない。もっとも1900年代初め以降のベビーフードやミルクの質の改善には，これを相殺するような傾向があった。初期の母乳育児キャンペーンは母乳のもつ清潔さを強調したが，それに免疫学的，心理学的な利点があることが気づかれなかったことは認識しておくべきである。母乳が致死的な子どもの下痢を防ぐうえで最も効果的な予防策だということは何世紀も前から分かっていたが，20世紀の初めに至ってもなお「その正確な理由は全く不明だった」とドワークは主張している（Dwork, 1987, p. 36）。統計的な証拠は否定できないように見えたが，そのメカニズムがよく分かっていなかったのである。

外で働くことの健康への影響をめぐる激しい論争をもたらした。細菌の危険性や良い家事に関する本や雑誌が急増し，清潔さの福音がさんざん説かれていった[63]。

1880年以後の教育体系は，細菌や感染を避ける必要性を教える一方，子どもに関してより厳しい清潔さの基準を強制するようになった[64]。少女たちを対象にしたイギリスの学校カリキュラムは裁縫のような伝統的な科目を離れて，家政学や栄養学や育児を取り入れ始め，清潔と感染の回避に最重点を置いた。労働者階級の少女向けに合衆国の学校やYMCAで教えられる家政学のコースは，「中産家庭の価値観」を労働者階級に伝えていく重要な手段だった。講演や会合が成人向けの衛生教育を提供した。それらはしばしば，フランスで母親に教えられた「実

---

63) 働く母親に関する議論は，ダイハウス（Dyhouse, 1978）が巧みに要約している。すでに挙げた *Popular Science Monthly* に加え，*Good Housekeeping* や *Ladies Home Journal* といった発行部数の多い雑誌は，消毒剤，殺虫剤，食品保存等々に関する助言や処方箋を満載し，新知識の効果的な発表の場となった。家政学の代表的な教科書の一例はキャンベルの著書だったが，それは「繁茂する細菌のコロニー」の危険性や，家を清潔にすることがその「敵」に対処するうえでいかに最善の方法であるかを強調している（Campbell, 1900, pp. 198-201）。もう1つの例は *The Woman's Book*（1911年）であり，これには734ページにわたって，清潔にするための有用なヒントが満載されていた。

64) ほとんどの研究が，読み書きの能力や教育と，計測の仕方はどうあれ「健康」との関連を確認している。1914年以前についての最も優れた統計的研究である，合衆国についてはプレストンとヘインズ（Preston and Haines, 1991），イングランドとウェールズについてはウッズ，ワターソン，ウッドワード（Woods, Watterson, and Woodward, 1988-89）が，こうした調査結果を確認している。だがこれらの結果からは，学校で衛生習慣の面で生徒をたんに「訓練」しただけなのか，あるいは予防医学の論理的，統計的な議論を理解する生徒の能力を向上させたのかという，2つの解釈の区別には役に立たない。ユーバンクとプレストンは，死亡率の革命的低下における「女性」教育の相対的な重要性が，そのメカニズムが家庭で衛生や育児を担った女性の啓発を通じて機能したことを示しているとしている（Ewbank and Preston, 1990, p. 119）。最近の研究は，例えば禁煙とか朝食をしっかり摂るといった経験的な規則性を基にした助言の説得力でさえ，教育と密接に関連していることを示している。その一例については，エヴァンスとモンゴメリー（Evans and Montgomery, 1994）参照。コールドウェルは，女性の教育が家族間のバランスや力関係に大きい影響をもっていると論じてきた。学校教育への参加が増えれば，母親たちは家族内で資源のコントロール権を獲得し，子どもの健康にとってプラスの影響を持つ育児への支出が増える（Caldwell, 1979参照）。労働経済学の研究は，教育を受けた人間はイノベーションを採用するうえで有利であることを示している。その理由の1つは，教育や訓練が個人の統計的に考える能力を改善し，系統立った要素と偶然の要素とを区別する能力を高めるからである。だがこの関係は，高学歴者の時間選好率が低くなる傾向があるため自分の健康に投資する確率は高くなるとの事実によって，複雑になっている（例えば，Bartel and Lichtenberg, 1987参照）。

践育児学講義」といった科学的な表題を持っていた。そのような講義は，「事実に触れさせることによって母親たちを説得する」ものだと考えられた[65]。

　母性という考え方と，母親が子どもの健康と幸福に責任を負っているという考え方は，新しい信念を納得させる最も有効な道具の1つとなった。1899年，ジョージア州の教育長は全米教育協会でこう語った。もしも今世紀の偉大な発見を挙げろと言われれば，「世界の進歩については［全ての発見の］何にもまして，『小さな子どもの発見』が，今世紀の偉大な発見として挙げられることは間違いない」(Ehrenreich and English, 1978, p. 165)。1899年から1942年までの間にイギリスの幼児死亡率が3分の2以上も低下したことを回顧してエリック・プリチャード（Eric Pritchard）は，この偉業が「母親の発見」のお陰だとした（Dwork, 1987, p. 216）。だが実際に「発見された」のは，「子ども」でもなければ「母親」でもなく，母親が，自分の行動によって，自分の子どもや彼女らの子孫の生命と幸福に影響を与えることができる，ということであった。これは科学が教えたメッセージだった。子どもの肉体的な健康が母親の行動の関数であることを母親が確信するようになるにつれ，母親たちは最も基本的な時間配分の決定を再考せざるをえなくなったのである。

　1920年代と1930年代に，家政学は多少コースを変更した。塵芥と下水から発生するガスの管理を強調する度合は弱まり，栄養学に重点が置かれるようになった[66]。1920年代の所得の上昇と耐久消費財や電化製品の増加から，清潔に保たなければならない品物の数およびそれらを清潔に保つための器具の数が増えていった[67]。後者の中では，家の中の水道水と給湯ボイラーがリストの最上位に位

---

65) ダイハウス（Dyhouse, 1981, pp. 87-91）およびローゼン（Rosen, 1993, p. 392）参照。知識の伝達が主に家族内で行なわれたことを示すオーラルヒストリーから判断すると，労働者階級に新しい知識を教え込む点で正規の学校教育制度の有効性はあまり大きくなかったのかもしれない。とはいえ1882年のイギリス教育規則（British Education Code）では，調理を教育課目の1つに認定し，それを教えるために補助金をつけた。家政学教育がさらに拡大された1911年までに，大多数のイギリスの女子児童が家庭科教育のクラスに出席するようになっていた（Roberts, 1984, pp. 33-34 ; Bourke, 1994, p. 183）。合衆国における家政学教育は，エーレンライクとイングリッシュ（Ehrenreich and English, 1975, p. 159）およびステージとヴィンセンティ（Stage and Vincenti, 1997）が論じている。フランスにおける衛生教育については，ロレ＝エシャリエ（Rollet-Echalier, 1990, p. 364）参照。
66) これらの変化についての優れた議論は，バビット（Babbitt, 1997）参照。
67) バークも述べているように，人々の衣服の所有量が増えただけでなく，洗濯の頻度も高

置した。しかし1920年から21年のインフルエンザの大流行と小児麻痺の登場が，再び細菌に対する警戒心を高めさせた（Tomes, 1998, pp. 245-46；Rogers, 1992, pp. 9-29）。家政担当者の行動は，すぐにはそれに追随しなかったかもしれない。教育はεの全体的な低下を遅らせる「ヴィンテージ効果」を持った。女性は母親から学んだか，あるいは少女時代に学校で学んだ原則に固執したかもしれない。ともあれ成人ですら，説得を受け入れ行動を変える準備はあった。

　広告も重要な役割を演じた。「会社はより多くの製品を売るために，広告と社会的圧力の集中攻撃を女性に浴びせ……どんどん増えつつあるたくさんの消費財を買わない女性は，自分の家族を危険に曝しているというメッセージを広めていった」（Schor, 1991, p. 97）。広告主が家政担当者に送った基本的なメッセージは，一種の個人的責任感だった。もしも子どもが順調に発育しなかったり病気になったら，もしも夫が不幸になったら，もしも自身が歳よりも早く老けたり疲れたら，責めを負うのは家庭の主婦であった。彼女は炊事をきちんとしていなかったか，浴室の床を十分に洗わなかったか，家族の者に歯を磨きなさいと言わなかったのである（Cowan, 1983, pp. 187-89）。皮肉にも，広告主は誰一人として，家事それ自体の増加から利益を得そうにはなかった。しかし一連の商品を売り込むために容赦なく恐怖心や罪の意識に訴えて，家を清潔にし，食事を改善するように女性を説得し，それが常に他の主体からも補強されたことが，まさに効果を発揮した。

　このような破廉恥なマーケティングの最もいい例が，石鹸業界に見られる。石鹸業界は，石鹸生産の規模の経済性と高度に競争的な性格のため，常に市場に飢えていた。合衆国ではサポリオとかアイボリー，イギリスではサンライト石鹸といったブランドの積極的な宣伝活動が1870年代と1880年代に始まり，家庭用石鹸の役割を細菌や埃と戦うためと強弁した。清潔研究所は，1927年に全米石鹸グリセリン協会によって設立されたが，何に訴えても石鹸を売るという前代未聞のキャンペーンを開始し，その過程で，「細菌はどこにでもいるし，つねにいるし，病気と衰弱と死を拡大しようと，つねに待ち構えている」と，アメリカ人を

まった。そして人々の所得と住む場所とが，使える道具や洗濯する水を自分で運ばなければならないかどうかを決めることになった。細菌革命に対する労働節約的な対応で興味深いのは，家のデザインの変化である。ヴィクトリア様式住宅の重厚な室内装飾は，20世紀初頭には，タイルやガラスといった表面が掃除しやすいものに取って代わられた（Bourke, 1993, p. 225）。

ほとんど洗脳せんばかりだった（Vinikas, 1992, p. 85）。この団体は最も効果的な説得方法をとった。何十万部という童話の本，パンフレット，広告ビラ，教師用の手引を販売したり無料で配り，学校や子どもたちには無料の試供品を配った。この団体はまた，男性ではなく女性をターゲットに，前例のない規模で宣伝を行ない，石鹸を売るために，恐怖心と罪の意識と希望に訴えた。広告主は細菌を「敵」として描き，「清潔という鎧」を使ってこの敵を家の中に入れないようにするべきだとした（Vinikas, 1992, pp. 79-84；*The Survey*, 1930 年 6 月 1 日および 9 月 1 日）。石鹸を売り込む過程で広告主たちは，意図せずに，何百万という働き過ぎの主婦を生む手助けをしてしまったのかもしれない。

もっとも，広告が L_D に及ぼした正味の効果は明確ではない。石鹸は家事労働との代替の弾力性が低い。労働と結びつかなければ石鹸それ自体では汚れは落ちない。だが広告の大部分は，家事労働に取って代わることを目指していた。例えばファースト・フード業界は，全世界の主婦の何十億時間もの調理や掃除の時間を節約したはずである。産業界には家庭の労働を節約化する器具を案出するインセンティブはないという主張（Schor, 1991, p. 102）は，労働節約化に貢献した際限のないイノベーションと整合性がとれない。使い捨ての紙製品やセロハン，自動清掃冷蔵庫，オーブン，ケーキミックス，圧力鍋，トイレ洗剤などは少数の例示にすぎない。

とはいえ予算制約がある。ある種の健康増進財（例えばゆったりした住環境などのように）は，その効果が認識された後も，労働者階級にとっては何十年間も手の届かないままだった。そのうえ資金の乏しい家庭にとっては，労働から資本への代替は限られていたかもしれない。「水道や水洗トイレがなければ，外面だけの清潔さですら，骨の折れる労働によらなければ手に入れることができなかった」（Tomes, 1998, p. 204）のである。より裕福な家庭では，市場で購入した財で労働を代替することが容易だった。とくに温水，屋内トイレ，掃除のしやすいキッチンやバスルームなどがそうである。しかし一方で，貧しい家庭は所持品が少なく，清潔に保たなければならないスペースも狭かった。所得効果と代替効果は相反する関係に立つので，家事労働の需要増加は貧困層にとって最も打撃が大きかったというトームズの主張の立証は容易ではない。

女性は素朴で騙されやすく，貪欲な営利企業や守銭奴の男性の餌食だったとい

う考え方は，彼女たちの信じたものはベスト・プラクティスの科学であったとすれば（事実そうであったが），女性の自由意志を無視していると言えよう（Bourke, 1994）。家政学は，もちろん時には間違ったアドバイスや，未だ立証されていない助言を与えたこともあり，何十年間にもわたって以前よりもより多くの家事，おそらく必要以上の家事を遂行するよう促してきた。しかし抗生物質登場以前の時代のリスクの大きさを考えれば，女性が迷った時に，病気のリスクを冒すくらいなら過剰な清潔を選んだとしても驚くには当たらない。衛生運動家たちが使った強力で，時には圧倒的な力によるプロパガンダの攻勢には，度を越す行動を起こさせるバイアスを伴った。偏った情報操作に加えリスク回避の心理が，家事労働への行き過ぎた家庭資源の配分を生んだかもしれない。

　先に述べた記号を用いれば，こうしたシナリオは，$A_D - \varepsilon_D$の認識された値が1を越えていて，必要以上の掃除と料理が行なわれていたかもしれないことを示している。家事労働は実際以上に健康増進的であると，どの家庭も信じ込まされていたからである。家事労働の場合の「オーバーシュート」〔行き過ぎ〕の1つの帰結は，結婚した女性が「家事を行なう」ために労働力から全く脱落してしまった（あるいはさらにありえるのは，そもそも労働力として参加してこなかった）ということだった。だが歴史家はAの真の値を知ることはできないので，こうした記述を定量化することは困難である。掃除や洗濯が健康に及ぼす認識された限界効果を実際に推計し，これを真の値と比較してみなければ，健康の生産のためにL_Dの過剰使用があったとは断定できない。しかしショアのように，市場で取引される財ではないというそれだけの理由で家事労働の過剰供給が行なわれると主張するのは，明らかに間違っている。ある種のオーバーシュートは次の事実によっても示されている。女性が家庭外で雇用されている家庭の労働時間L_Dの水準と，そうでない家庭のL_Dの水準には大きな差があるが，それが健康に与える影響は知られていないということである。この事実は，健康Hという意味での家事労働の限界生産物が小さい——少なくとも現代の家庭においては——ということを示しているのかもしれない。しかしこのこと自体は，1945年以前の時期におけるオーバーシュートを立証することにはならない[68]。

---

68) 雇用されていた女性とそうでない女性の家事労働の比較に関しては，ヴァネック（Vanek, 1974）参照。不確実性がある場合，多少の「不必要な」掃除は，可能性は低いが生じれば

我々のモデルに関して言えば，過度に熱狂的なレトリックや石鹸会社のコマーシャルによる洗脳は，ε をマイナスにしたかもしれない。その結果，ある種の X の消費をベスト・プラクティスのテクニックが要求する以上にした。それは $\varepsilon < 0$ で，かつ $1+\varepsilon < A$ なのに $A < 1$ となる時である。こうした条件は「働き過ぎる家庭の主婦」を生み出す可能性がある。これは「過剰消費された」X と L_D の間の代替性が小さいか，またはオーバーシュートの条件を生み，それが直接 A_D と ε_D に効いたからである（罪の意識を持った女性が，コマーシャルで説得され，必要以上に床を掃除したりシンクを磨いたりするようになった時など）。

　いくつかの事例では，20 世紀最初の数十年間のベスト・プラクティスの医学自体，清潔さの効果を誇張する傾向があった（$A > 1$）。こうした指示に従った家政担当者は，熱心になり過ぎがちだっただろう[69]。こうした傾向は，クリスティーヌ・フレデリック（Christine Frederick）のような後の家政学者たちの強迫的なプロパガンダによって，さらに強化されることになった。家政学者たちは，「家事の新しい『科学』の確立に夢中なあまり，そのレトリックは，誇張の寄せ集めとなった」のである。家庭の埃は，危険な「媒介物」（乾燥した感染性の物質）を通して，危険な細菌（とくに結核菌）を広めるという信念は，今日我々が必要と考える水準をはるかに越えた，家庭の埃への攻撃を促した（Horsfield, 1998, pp. 101, 120, 183-85；Hardy, 1993, p. 14）[70]。科学が通俗化されることで普及するメカニズムは，しばしば科学にバイアスを付加することになった[71]。人間の体

　　多大のコストをもたらす出来事に対する，一種の保険プレミアムと見なすことができるかもしれないので，過剰供給という概念がさらに複雑になる。
69) この種の誇張の一例は，「熱の蓄積」の考えだった。それによれば免疫は，病気に抵抗するのに必要な「見えざる火」によって伝達されるが，それが適切に機能するためには高度の清潔さが必要で，それによりおそらく皮膚の毛穴から酸素が体内に浸透できるようになるという。19 世紀末までは，この説が清潔さに無比の正当性を与えた（Vigarello, 1988, pp. 210-11）。
70) この信念の源は，合衆国初の細菌学者の 1 人，T・ミッチェル・プルデン（T. Mitchell Prudden）であり，彼の『埃とその危険性』（1890 年）は，トームズの言葉を使えば，「世紀の転換期における家庭の衛生法の基礎」となった（Tomes, 1998, p. 97）。結核は埃によって広がることもあり得るが，症状が出るのは感染者のうちほんの少数で，発症は免疫を弱める他の病気との相互作用に大きく依存している。
71) 1900 年から 1904 年の間に通俗雑誌は，「本が伝染病を蔓延させる」とか「郵便切手を通ずる感染」とか「散髪屋の危険」といったようなタイトルの記事を載せていた（Ehrenreich and English, 1978, p. 142）。1932 年になっても，*Good Housekeeping* 誌は，額縁

が自らを細菌から守る手段に関する正確な観念がなかったので，家庭はほんの少量の微生物ですら命取りになりうると信じ込むようになってしまった。細菌の恐怖は家庭の家政担当者に，ポットや鍋を殺菌（洗うだけでなく）までさせたが，これは骨が折れる余計な仕事だった。壁紙からクレゾールまで，関連する財の製造者たちは，科学の誇張に力を貸した。ここから引き出せる1つの結論は（証明は本章の補遺），「わずかな知識はかえって危険なことがある」ことの確認になる。経済学のよりテクニカルな用語を使えば，知識の獲得と厚生の改善の間に単線的な関係は存在しないということである。1945年以後，家事労働の認識された限界便益は，結局真の値よりも大きかったのかもしれないと徐々に認知されるようになっていった。したがって，家事労働が減少したのは女性が労働市場でより忙しくなったからであるとの主張は誤解だろう。おそらく因果関係の一部は逆方向に働いている。$A_D - \varepsilon_D$の値は数十年間1を越えていた後，現在1に近い水準に戻り，家事労働の認識された値の低下が，女性労働の市場への供給を増加させてきたのである。

　コーワンのパラドックスは重要な派生的問題を伴っている。その1つはもちろん，家庭と経済における女性の役割に関連した問題群である。女性の労働参加率を推定する統計上の困難を前提にすると，1850年頃以降新たに認識された女性の社会的役割が，労働市場における既婚女性の参加率低下を引き起こしたと主張するのは性急にすぎるだろう[72]。しかし家事労働の認識された便益を高い水準に維持することにより，新しい知識が何十年にもわたって既婚女性の広範な労働参加を遅らせることになったと結論づけることはできよう。ブラウンリーも指摘したように（Brownlee, 1979），市場の力（家内工場の没落）と人口の力（出生率の低下）の両方が，女性の労働参加率の上昇はもっと早く起こるべきだったことを示していたのではないか。

　20世紀前半の既婚女性の低い労働参加率が，こうした仕方でどこまで説明できるかは今後の問題である。家庭が現金に高い限界効用を認めていた時に，既婚女性が家庭外で雇用を探すのではなく，下宿人をとったり，洗濯や裁縫およびその類似の仕事をすることで，健康の番人としての既婚女性の役割を果たすととも

　の消毒法に関する情報を掲載していた。
72) トーマス（Thomas, 1995, p. 340）とド・フリース（De Vries, 1994, p. 263）。

に現金を生む必要性との折り合いをつけたという考え方は示唆に富んでいる。またクリスティーヌ・フレデリックのような家政学の唱導者たちが，「(女性が) 異常なくらいキャリアを切望すること」に異を唱えたということも示唆的である（Horshfield, 1998, p. 117 に引用）[73]。19 世紀の女性の労働参加率に関する利用可能な統計的資料が乏しく，定義上も難しい問題があることを考慮すると，これ以上の推論は危険だろう。適切な問いかけは，知識の増加が家庭外で働く既婚女性数の減少をもたらしたかどうかではなく，何十年間にもわたって女性の労働参加率の上昇を阻んだのかどうかということである。家事労働が最適により近い水準まで減少したのは，妻として，母親としての役割の誇張された観念が捨てられた 20 世紀の終わりになってからであり，最近の家事労働の減少には，市場で購入できる労働節約的な財貨サービスによる代替が進んでいること，感染の恐怖を緩和する抗生物質が登場したことなどの要因があることは疑いない。さらにここで示したコーワンの難問に対する解答は，20 世紀の最初の数十年間の死亡率の低下，とくに幼児死亡率の低下と整合している。コストはかかるものの，家事労働やある種の健康増進的な財が伝染病を防ぐ助けになるだろうという認識が，1870 年以後の死亡率の急低下の大きな要因となったのである（次の文献を参照。Ewbank and Preston, 1990 ; Preston and Haines, 1991 ; Easterlin, 1996）。

　市場経済で資源と時間の配分を決定した物質的な力に加えて，命題的知識の変化に基づく自律的な力が既存の均衡を変えていった。この知識は次の段階ではテクニックに写像され，それが教育，模倣，説得によって広まっていった。科学的な内容を欠き，女性をその地位にとどめておくための道具だとして，家政学を否定することは簡単である。このような階級やジェンダーに基礎を置いた分析は，行動を決定するうえでの知識や信念がもつ決定的に重要な役割を無視している[74]。

---

73) 19 世紀末のイングランド都市部では家内工業がちょっとした復活を享受し，家内労働者はマッチ箱，造花，傘，安全ピン，テニスボールなどを作っていた（Lewis, 1984, p. 55）。賄い付きの下宿人をとっていた家庭で，幼児死亡率が高くなる傾向があったことには注意すべきかもしれない（Preston and Haines, 1991, p. 168 参照）。偉大な経済学者ウィリアム・スタンリー・ジェヴォンズ（William Stanley Jevons）は 1882 年に，「妊娠中の女性の家庭外での雇用」を厳しく非難し，「野生の動物は自分の子どもを見張り保護する……人間の母親だけが……子どもに栄養を与えることを全般的に軽視する」と主張した（Ball and Swedlund, 1996, p. 37 に引用）。

74) エーレンライクとイングリッシュ（Ehrenreich and English, 1975）とトーマス（Thomas,

病気に関する全く新しい概念と，それに呼応した19世紀末の家政学の勃興は，第1次産業革命に匹敵するくらい劇的な質的転換であったし，それと同じくらい重大な意味を持っていたかもしれない（Easterlin, 1996）。もちろん汚物だとか汚れという考え方は，啓蒙主義や19世紀科学の発明ではない。「あるべきでないところにある物」という観念としての汚物は，社会の秩序や制度の概念と同じくらい古い（Douglas, 1966, p. 35）。過去2世紀が変えたのは，汚物，栄養，育児，そして家事によってコントロールできるその他の変数と，家族の成員の健康との間の直接的な相関関係の理解である。バーク（Bourke, 1993, p. 213）が言うように，「掃除の目的が変わってしまった。[掃除は] 儀式ではなくなり……「科学的」に汚れを管理する運動の性格を帯びてきた」のである。

今日のフェミニストの批評家が嘆くように，この面での知識の過ちや誇張，そして，それが不必要で無駄な家事をさせたことは確かだが，その大半は不可避だっただろう。3つの革命に体現された新しい知識は極めて革新的だったので，絶えず微調整される必要があり，それを家庭へのレシピとして応用する場合，その学習曲線は不可避的に長いデコボコをたどることになった[75]。微調整は決して我々の時代で終わったわけではない。家庭や家族という，経済史の新しくエキサイティングな分野の最前線で前進を続けようとすれば，経済史家は繰り返し「女性は何を知っていたか？ いつそれを知ったか？」を問い続ける必要があるのである。

補　遺

この補遺は，財が健康に及ぼす効果について消費者が「事前分布」を持ってい

1995) がこのような議論を行なっている。エーレンライクとイングリッシュによれば，家政学者たちは細菌の駆除についてほとんど知らず，細菌のほとんどが埃によって運ばれると誤認していた。奇妙なことに彼ら自身，子どもの死亡率の急速な低下を衛生状態と栄養の改善で説明している（Ehrenreich and English, 1978, p. 167 とともに 1975, p. 19 参照）。

75) ダグラス自身，「バクテリアによる病気の伝染は19世紀の偉大な発見だった。これは医学の歴史に最も根本的な革命をもたらした。それが我々の生活をあまりにも大きく変えてしまったので，病原性の文脈の中でしか埃を考えることは難しい」と認めている（Douglas, 1966, p. 35）。

る場合の，単純な静態モデルを示す。効用関数は次のようになる。

$$U = U(X, Y, Z)$$

説明を簡単にするため，効用関数は次のような単純なコブ＝ダグラス型のものと仮定する。

(1) $\quad U = X^\alpha Y^\beta H^\gamma$

ここで，H は X と Y の量によってのみ決定される。

(2) $\quad H = X^a Y^b$

次に，消費者は(2)式を完全には知らないので，効用極大化のために次の(3)式を使う，と仮定する。

(3) $\quad H = X^{\lambda_1 a} Y^{\lambda_2 b}$

ここで λ_1, λ_2 は，本文中で使った A－ε タイプのものと等価のものである。予算制約式を使って

(4) $\quad P_x X + P_y Y = Z$

Y, Y^* の均衡は 1 階の条件式から簡単に導き出せる。

(5) $\quad Y^* = \dfrac{Z}{P_y} \dfrac{\mu}{1+\mu}$

ここで μ は次の通りである。

(6) $\quad \mu = \dfrac{\beta + b\lambda_2 \gamma}{\alpha + a\lambda_1 \gamma}$

Y に対する需要が λ_2 の増加とともに増加し，λ_1 の増加とともに減少することが容易に分かる。Z と P_y の増加は，標準的な事例と同じように働く。γ の増加，つまり H の限界効用は，通常，Y に対する需要に影響を与えるが，その表れ方は 4 つのパラメーターに依存する。Z の変化，価格，および λ_1, λ_2 の変化が H に及ぼす効果を見るためには，Y^* および X^* の均衡解を H に置き換えればいい。$\lambda<1$ の場合，H は λ のいずれかとともにプラスに変化すると期待される。

例えば，$\lambda_1 < 1$ かつ，$\lambda_2 < 1$ だとすれば，λ_1 の増加は X の消費の増加を引き起こし，このこと自体が H を増加させるだろう。だが，予算制約が Y を減少させ，H への効果を相殺してしまうかもしれない。消費パラメーターの当初の値次第で，H は上昇するかもしれないし，低下するかもしれない。また λ_1 や λ_2 が 1 でない消費者でも「うまくやる」（H を極大化するようにうまく X と Y を組み合わせる）ことがある，ということも示される。λ_1 と λ_2 が偶然，次のようになった場合にはそうなる。

$$(7) \quad \frac{\beta + b\lambda_2\gamma}{\alpha + a\lambda_1\gamma} = \frac{\beta + b\gamma}{\alpha + a\gamma}$$

$\lambda_1 = \lambda_2 = 1$ なら当然として，それ以外の無限の組み合わせの場合にもそうである。したがって，λ_1，$\lambda_2 < 1$ の時に $\langle \lambda_1, \lambda_2 \rangle$ の任意の組み合わせの下で，(7)の条件式がたまたま成立すれば，H は明らかに極大となり，いずれかの λ の増加は健康を減少させるだろう。しかしこの帰結を得るために条件式(7)が成立する必要はない。もちろんこれは，唯一の財が健康に影響を与える図 3 および図 4 の場合ではない。

第 6 章

知識の政治経済学
――経済史におけるイノベーションとそれに対する抵抗――

> 発明者は多くの場合自分の功績に対する評価に酔いしれて，世界中の人が自分のところへ殺到すると考えるが，私の見るところ，まだ完全な試行が終わっていない新しい発明を使用するために多くの人間が雇われるというのは稀である……新しい発明が初めて提示された時，まず最初は全ての人が反対し，そして哀れな発明家は無礼な批判を受ける……この苦痛を耐えて生き延びる発明家は 100 人に 1 人もいない……そのうえ，通常これは非常に長期にわたるので，発明家は自分の企画したものを実行するために契約した負債により，哀れにも死を迎えるか，あるいは大きな傷を負うことになる。
> ―――ウィリアム・ペティ，1679 年

はじめに――選択と知識

　知識は生物によく似て，実際に理解され利用される以上のものが生み出されるという，ある種直接的な意味で「淘汰／選択(セレクション)」され，そのためある種の知識が拒否されることになる。だが知識の選択が意味することや，それがどのように進むかは，決して単純とはいえない。とはいえ今日では，いくつかの見方が共有されるようになっている。つまり進化的認識論では，選択は意識を持った，多くの場合身元確認が可能な行為主体によって行なわれると，広く認識されている。これに対して進化生物学では，淘汰は生き残りと再生産の多様化戦略の結果であり，意識を持つ選択者はいない。命題的知識と指図的知識の世界は，行為主体が選択を行なう世界である。

　「命題的」知識（Ω型知識）では，選択がいくつかの異なった意味を持つ場合がある。第 1 に，選択とは単純に知識が保蔵されていくことを意味している。多くの有用な情報が捨てられ忘れ去られていき，そしてついには取り出せなくなっていく。紙と印刷術の発明，最後には電子的保存手段の発明により，情報の保存コストは歴史的に低下してきたが，生み出される有用な知識の量は，その大部分

を廃棄せざるを得ない水準にまでなっている。これに対して進化的認識論では，知識の選択はある事実またはある理論が信用され，コンセンサスの一部になり，受容できる知恵の一部になることを意味している（Ziman, 1978）。とはいえΩ集合のある部分が十分に堅牢化されないままにとどまる場合もある。言い換えれば，それらの知識は大部分の人に受け容れられるかもしれないが，全ての人に受け容れられるわけではない。あるいは，受け容れられてもそれに対する信頼が弱い。もちろんこの2つの定義が完全にオーバーラップするわけではない。フロギストン理論や病気の体液理論のように，すでに葬り去られた自然についての多くの理論が，今なお科学史家によって保蔵され，研究されているからである。

これとは対照的に「指図的」知識（λ型知識）のどんな理論でも，選択がなぜ重要かは明白である。技術が選択を意味するからである。猫の皮を剝ぐ方法は猫の数以上にある。お米の調理法，シンシナティからセントルイスまでのドライブ・ルート，OSの書き方などは無数にある。生産を行なう時，我々は選択を行なっているのである。技術選択の集合の最も初歩的な表現である等産出量曲線の概念には，2種類の選択が含まれている。その1つは，効率性フロンティア上にあるテクニックを選ぶという選択である。第2は，選択主体が活動している環境に最も適したテクニックを選ぶという選択である。一連の指図が実施される時，そのテクニックは「選択された」のである。

歴史的に見ると，新しいテクニックが提供される時にはいつも技術選択が行なわれ，選択主体（企業と家庭）は，それを採用するかどうかを決定しなければならない。大部分の場合，この決定は些細なことのように見えるかもしれない。新しいテクニックが効率性を上げ利潤を増やすのなら採用され，そうでなければ採用されないだけのことである。しかしこうした決定の全てを，競争し合う諸企業の分権的な意思決定プロセスに任せてきた経済は少ない。通常は非市場的な制度があり，そこが承認や認可を行ない，またはその他の形の許可を与える。それらなしには，企業は生産方法を変えられない。市場のテストだけでは，必ずしも十分ではない。過去においては，つねに不十分であった。

この選択のプロセスがなぜ困難なのかは容易に理解できる。価格理論では，最適なテクニックの選択は直截的である。最も単純な世界では，各環境ごとに利益を極大化する唯一のテクニックが存在するので，そのテクニックが選択される。

誤った選択を行なった企業は，それを修正しなければ倒産することを競争が保証している。家庭が選択を行なう場合には，このような簡単なメカニズムが働かないことはすでに見た。しかし新しい発明が行なわれた時，とくに技術のシステム全体にかかわるような発明，あるいはかなり大きな社会的調整を必要とする発明の場合，この選択のプロセスは複雑である。環境が似ていても，時には非常に違った帰結が生じることがある。オランダでは電力の4％を原子力に依存しているのに対し，ベルギーは56％以上を原子力に依存している。フランスとリトアニアはエネルギーの4分の3を原子力発電に依存しているのに，チェコ共和国ではわずか18.5％である（IAEAのプレス・リリース，2001年5月3日）。

　経済学者たちは大いに遺憾に思うかもしれないが，イノベーションの受容は経済現象以上のものであり，意味のある知識の純粋な進歩をはるかに越えるものである。競争の概念の重要性は残るが，それは市場における「企業」間の価格競争という，新古典派的な競争というよりは，既存の企業によって採用されることを競い合っている異なった「テクニック」間の競争，あるいは，消費者の好みをめぐって鎬を削り合っている異なった最終製品間の競争という，シュンペーター的な競争である。1つのテクニックが1つの企業と同一視できることもあるが，多くの場合，1つの組織の中で複数のテクニックが採用されるべく競い合っている。ある1つの新しいテクニックを採用する意思決定はどのように行なわれているのだろうか？　1つの新しい，しかも優れた技術が，限界費用がゼロで利用可能な場合でも，社会はそれを拒否する選択をするのだろうか？

　表向きは経済的に優れているにもかかわらず，技術選択が失敗し機会が失われてきた。本章のエピグラフが示しているように，外見上優れた発明が一蹴されたり拒否されたりするのは，決して目新しいことではない。全く新しい技術的なアイディアが初めて提案された際の通常の反応は，うまく行かないだろう，もしうまく行くなら我々がとっくの昔に考えついていたはずだ，というものである。ある発明が現実にうまく行くかどうかは，通常，実験によって検証可能である。そうでないテクニックには「堅牢性が欠けている」。すべての結果の検証には長い時間がかかるかもしれないし，結果の全体が多面的なため，それぞれの要因のウェイトの評価が難しいかもしれない。社会的なものであれ環境にかかわるものであれ，多くのテクニックには意図せざる結果による大きな不確実性がある。エ

ドワード・テナーは，技術が「牙をむく」と自身が名づけた，技術が予想もしなかった結果を生む例を多数紹介している（Edward Tenner, 1997）。1度ひどい目にあったら，2度目は御免なのである。技術がいったん大きな社会的損害を引き起こすと，遺伝子組換え作物から原子力発電までの今日の多くの侵襲的なテクニックが，大きな疑惑の目で見られるようになるのは，驚くに当たらない。

　歴史上では，技術進歩はもっと強力な敵に出会ってきた。それは新しい技術に対する，利己的で意図的な抵抗である。公然たる抵抗運動は広範に見られる歴史現象である。それは市場の外，日常的な経済過程の外で起こさなければならないので，この種の問題については「経済圏（economic sphere）」と「政治圏（political sphere）」という人為的な区分がうまく行かない。技術をめぐる政治的な闘争は，経済史でも大きな意味を持っている。1つは，ある社会における技術進歩は，大体において一時的で弱々しく，現状に既得権益を持っていたり，変化に対して反感を持つ多くの敵が絶えず技術進歩を脅かしていることだ。その結果として，経済成長の原動力である技術の変化は，現在の我々が思うような人間の創造力で可能なことに比べると現実には稀であり，静止状態や非常に緩慢な速度での変化が，例外というよりは常態だった。我々の時代，とくに西洋世界の急速な技術変化は，歴史的に見ると例外的なのである。もう一つの意味は，大部分の低開発国は，技術移転を当然のこととは考えないということである。資本が利用可能で，かつ熟練労働力とかインフラのような補完的な投入要素が存在している場合ですら，ある1つの社会から別の社会へ技術を移植する試みは，経済学者が理解に苦しむような社会的障害にぶつかる可能性が高い。したがって技術変化の政治経済学の理解なしには，経済成長の歴史的展開が不可解なままになってしまうだろう。

　新しい知識に対する抵抗をどう考えたらいいのだろうか？　知識のシステムは自己組織化システムであり，それは多くの点で進化論的に考えることができる。自己組織的な分権システムの概念，あるいはハイエクが「カタラクシー（catallaxy）」と呼んだものは，現代では最も強力で最も影響力の大きな概念の1つであり，おそらくアダム・スミスの思想の中の最も重要な要素である（Hayek, 1973-76, Vol. 1, pp. 35-54；Vol. 2, p. 108）。見えざる手がよく知られたルールに従って秩序を創っていくという考え方は，ダーウィンの進化論の基礎にある。ダーウィンはマルサスへの謝辞しか述べていないが，アダム・スミスとの哲学的な繋

がりは非常に明白である[1]。経済学の外でも，自己組織化システムは我々の社会システム全体を通じて見られる現象である。例えば言語はこのようなシステムであり，同じことは科学，技術，芸術，習俗等々のシステムにも見られる。こうしたシステムは全て情報システムであり，それぞれ固有の様式で組織されている。これらは実際には慣習であり，それぞれに自己複製を行なっている。慣習は選択されるものではない，進化するものである（Sugden, 1989）。事前的には，情報を組織化する無数の方法を想像することができる。しかしシステムがいったんナッシュ均衡に達すると，システムに一貫性を与えるある種のルールが観察されるようになる。理想的に言えば，どんな個人あるいは諸個人の部分集合も，そのルール破りをしたいというインセンティブを持たないような均衡，つまりESS（進化的に安定な戦略）であることが望ましいが，そのような均衡が現実に常態となっていることを示すものはほとんど存在しない。

アダム・スミスの分析は現代の新古典派理論へと進化したが，そこでのシステムでは，希少性と欲望が価格に転換され，それが全ての必要な情報を要約している。言語の場合，情報は単語の意味と，単語を結合して文章にする文法である。芸術の場合，情報は交響曲を作曲したり絵を描いたりするのに必要な手段から成り立っている。大部分の自己組織化システムが複数の均衡点を持っていることは明らかである。我々が英語で文章を書くのは1つの社会的慣習である，しかし，各々の語がそれぞれの意味を持つのは全くの偶然である。科学でも芸術や文学でも，特定の歴史的な結果は変えられないものではなかった。「全て」が起こりえたわけではないが，多くの考えられる帰結が可能だった。このことを示すため，ほとんど独立的に発展した複数の社会によって創造された全く違うスタイルの音楽，美術，文学を考えてみよう。ヒンドゥー教徒の音楽は1つの進化したシステムだが，ルールはハイドンのものとは全く異なっている。中国医学はヨーロッパの医学とは全く異なった道をたどった。

こうしたシステムはいったん安定すると変化に抵抗する。受容された規範から

---

1) シュウェーバー（Schweber, 1980；1985）。スティーヴン・J・グールド（Stephen J. Gould, 1980, p. 62）は，「自然選択の理論は合理的な経済を説明するアダム・スミスの基本的な議論の生物学への創造的な移植である」と書いている。ハイエク（Hayek, 1973-76, Vol. 1, p. 23）も参照。

の逸脱や新奇性は，可能な限り否定される。ルールに違反した場合，何らかの形のペナルティを受ける。経済学の場合，それは不均衡価格で売ったり買ったりすることであり，言語の場合，理解不能になることである。子どもたちは正しい話し方や書き方を教えられる。つまり過去の世代の人々によって作られてきた慣習やルールから逸脱しないよう教えられる[2]。自然における排除のプロセスは非情である。変異体や欠陥のある新生児は通常は生き延びられず，生存能力のある変異体ですら，繁殖力がないか，あるいは適応度が低い。典型的な自己組織的進化のシステムの1つである科学では，既存の科学的な，そして時にはイデオロギー的な現状維持派によるイノベーションへの抵抗が常に強力だった（Barber, 1962）。ザイマンが言うように，全ての科学者はその時代の世界像の中で育ってきていて，強力な証拠に直面しない限り自分の世界観と矛盾する説を喜んで受け容れることはない（Ziman, 1978, p. 8）。変化に対する抵抗は，ダーウィン的なシステムの中で働いている選択基準の1つである。このことは多くの場合，良いイノベーションは，つねに現状よりも非常に優れていなければならないことを意味している。良いイノベーションは，良くないものと同時に良いものをも排除しようとする抵抗を乗り越えていかなければならない。変化への抵抗や知識のシステムに内在する強力な慣性にもかかわらず変化は起こる。もっともこのようなシステムが完全な静止状態に陥ってしまうこともありうる。

以上の準備のうえで，我々は技術のシステムについて何が言えるのだろうか？最初に，技術システムは完全に自己組織的であるとは言えない。確かに西洋世界では，技術発展の大部分は私企業の責任で行なわれてきた。個人は誰のために何を生産するかを選択するだけではなく，どう取り組むかも選択する（Rosenberg and Birdzell, 1986）。新しいアイディアや発明は分権的な生き残りの試練を受けるが，このことは，実際には，新しいアイディアやイノベーションが収益を増やすか労力を減少させるがゆえに，生産者はそれらを進んで採用することを意味する。西洋世界では技術変化が上から押し付けられることは稀であり，通常は当局の承認も必要としなかった。他方中国では，技術変化は政府のイニシアティブによる

---

[2] 上からの改革は予想外の分野においても抵抗にあう場合がある。アタテュルクによるトルコ語のローマ字化は反対にあったし，1922年のブルガリア語アルファベットの簡素化は2人の大臣の退任を招いた（Stern, 1937, p. 48）。

ことが多かった。とくに唐や宋の官僚組織がそうだった[3]。同様に東欧のマルクス主義経済も上からの押し付けで技術を発展させた。トラバントや南ポーランドの環境破壊は政府による計画の完全な失敗の証拠ではあるものの，集権的計画経済はいくつかの大きな技術的成功を収めた。これらの国の技術面での立ち遅れはインセンティブと組織が適切でなかったことによるものであり，本来的に技術的能力の欠如によるものではなかった（Hunter, 1991）。技術進歩を方向づけるうえで，政府にある種の役割が確認されている。西洋の諸政府は20世紀の技術発展のうえで，ますます積極的な役割を演じていった。全ての自由企業経済が技術面で創造的だったのではなく，全ての指令経済が技術的に停滞していたわけではない。とはいえ長期的には，指令経済よりも自由で自己組織的な市場社会の方が技術進歩の機会があった。中国の技術面での優位性は，ヨーロッパのルネッサンスの世紀に勢いを失っていったし，大いに恐れられたソ連のスプートニク後の技術上の優位も，チェルノブイリ原子炉の炉心のように溶解していった。

だが自由市場経済においてさえ，技術的な創造性が政治によって脅されることが証明されてきた。もちろん技術進歩の歴史は，絶滅の危機に曝され，多くの抵抗を受けてきた「種(しゅ)」の歴史である[4]。技術のシステムが無秩序状態に陥らないためには，このような抵抗は必要である。これはちょうど，個人の間のコミュニケーションがまずまず効率的であるためには，言語が変化に抵抗しなければならないのに似ている。もしも全ての気紛れな技術的なアイディアが試行され，実施されていれば，そのコストは莫大なものになるだろう。大部分の技術的なイノベーションは突然変異と同じで，役に立たず，排除に値するものなのである。

---

3) 中国皇帝の政府は，より優れた（日でりに強い）品種を含む稲作の新技術を創出して普及させ，製鉄業の核となる巨大な鋳造所を所有し，巨大なジャンク船を開発して建造し，15世紀にはその船でアフリカの東海岸を航行し，また綿やより優れた道具や水力のテクニックの使用を奨励した。時計製造技術は皇帝が全て独占した。紙の製造における桑の樹皮の使用の発明者は言うまでもなく，Wang Chen（王禎）やHsü Kuang Chhi（徐光啓）のような農業に関する偉大な論稿の執筆者たちも，政府の官僚だった。

4) シュンペーターも書いたように，「何か新しいことを成し遂げようとする人間に対する社会環境の反応は……何よりも法律的，政治的な障害という形をとって現れる……反対に打ち勝つということは，常に特別の行動が要求される特別の仕事である。経済の場合この抵抗は，まずこのイノベーションによって脅かされる諸集団の中に現れ，次いで必要な協力者を見つける困難の中に現れ，最後に消費者を説得する時に現れる」（Schumpeter,［1934］1969, pp. 86-87）。

それにもかかわらずシステムに組み込まれた抵抗を乗り越えることが，技術の進歩にとって決定的な重要性を持っている。もしも気紛れなアイディアが全く試されなかったら，我々は今なお石器時代の状態で生活していることだろう。「壊れてないなら，直すな」との考え方は，問題の曖昧さを映した半面の真理である。壊れていなくても直すことによって改良できる場合もあるし，反対に時間と資源を浪費する場合もある。残念ながら試してみない限り，この2つのどちらなのか，我々は事前に知ることができない。望ましい技術進歩が起きるためには，抵抗が過少でも過大でもない微妙な中間点に立つ必要がある。技術進歩にとって必要とされるのは，人々が自由に実験ができ，それが成功したら，つまり実験が選択基準を満たしていたら，成功の果実を刈り取られるシステムである。だがこれだけではなお多くの問題が未解決のまま残る。例えば個々人が選択基準で合意しなかったらどうなるのか？　基準には合意したが，その証拠の解釈で合意しなかったらどうなるのか？

　多くの社会における技術的な慣性は，非合理性やテクノフォビアや，伝統的で時代遅れの価値観や慣習への盲目的執着に帰せられることが多い。だがチムール・クランが示したように（Timur Kuran, 1988），保守主義と合理性が必ずしも相容れないわけではない。全ての抵抗が純粋に社会的だとは限らないことも，つけ加えた方がいいかもしれない。技術「システム」自体が，新しく改良された構成要素に抵抗する場合がある。それが，現存するシステムの作動に合わないためである。進化システムは当然のことながら，変化に抵抗することが多い。生命の多様性にもかかわらず，現実には表現型の変化は極めて稀で，多くの障害に突き当たる。自然選択は本来的に保守的なプロセスであるとの考えを最初に強調したのは，アルフレッド・ラッセル・ウォレス（Alfred Russel Wallace）だった。彼は自然選択を蒸気機関の調速機にたとえたが，それは逸脱を自動的に修正する装置である。生物学者のグレゴリー・ベイトソン（Gregory Bateson）は，次のように言っている。進化の速度を制約しているのは，表現型の変化と遺伝子型の変化との間に障壁があることである。そのため獲得形質が次世代に引き継がれるのが妨げられる。また有性生殖により，新しく生まれる個体のDNAの設計図が，旧世代のものと大きな不一致を起こさないことを保証している。そして発生過程の胚が持つ本来的な保守性は，ベイトソンが「エピジェネシス（epigenesis）」と呼ぶ

収束過程を必然的に伴っている（Bateson, 1979, pp. 175-176）。そのうえさらに，新しい種の出現（種形成）は，根本的に新しいテクニックの登場に似て，稀であるとともに理解が得られない。自然界における変化への抵抗は技術システムの場合と性質が異なるが，これまた，変化の量と速度を制限するような凝集力の存在を暗示している。生物の世界における安定性は，生物学者が遺伝的凝集（genetic cohesion）と呼ぶものによって維持されている。この凝集は，生物学者エルンスト・マイヤが強調するように（Ernst Mayr, 1991, pp. 160-61），まだ完全に解明されたわけではないが，生物の種の世界の発展にとって最も重要である。成功の鍵は，過度の保守性と過度の順応性との間の妥協である。進化システムは生物の世界であれ，それ以外の世界であれ，過度に保守的なら静止状態に陥り，変化に対する受容性が高過ぎればカオスに陥るだろう[5]。

経済学者がシステムの外部性と呼ぶものと同等なのは，生物学では「構造的な制約」として知られている。遺伝物質は「パッケージ」として子孫に引き継がれるので，相互にくっついている。代々引き継がれる遺伝情報は，それぞれが個別に最適化できる独立した断片ではない。ダーウィンの言う「ほとんど理解されていない相関的発達の原理」によれば，ある特徴が発達してくるのは，適応度を高めるがゆえではなく，他の発達と相互に関係しているからである。今日ではなぜそうなのかが分かっている。遺伝的連鎖のため，染色体上で非常に近いところに位置している遺伝子は，いっしょに引き継がれる。それによって進化が限定される傾向があり，1度にあまり大きな変化が起きないようになっている。フランソワ・ジャコブが有名な論文の中で書いたように（François Jacob, 1977），進化は創造というよりはむしろツギハギである。進化は利用可能なガラクタを使う。したがってその多くは既存の構造に多少の変更を加える程度となる。知識が生物や文化構造のような他の進化のシステムと同じように作動する限り，これらと同じような動態的ルールに従うと想定してもいいかもしれない。だがこの2つのシステムには大きな違いがあり，進化のダイナミズムは非常に複雑なので，類推による

---

[5] すでに見てきたように，全ての進化のシステムは変化に対し何らかの抵抗の源をもっており，そうでなければ，カウフマンが彼の「超臨界性領域」として描いている不確定状態の中へ崩落していくだろう。この点の詳細な議論に関しては，カウフマン（Kauffman, 1995, pp. 73, 194）参照。

推論は危険である。

　有用な知識の進化では，新しいものに対する抵抗は，主に現場で実践にあたっている人々が持っている先入観から来る。彼らはある考えを，おそらく意識せずとも公理のように信じるように訓練されていて，自分たちの目の前にある発見を見逃すことがある（Barber, 1962）。最も有名な実例は，ティコ・ブラーエ（Tycho Brahe）による地動説の否定であり，アインシュタインの量子論への抵抗であり，プリーストリのフロギストン理論への執着であり，クロード・ベルナール（Claude Bernard）の医学での統計学使用への反対であり，ケルヴィン卿の原子の不可分性への執着とマクスウェルの電磁気学の拒否であり，発酵は生物的なプロセスであって化学的なプロセスではないというパストゥールの証明を拒否したフォン・リービッヒであり，高圧蒸気機関に頑強に抵抗したジェームズ・ワットなどである。人々の頭の中にある既存の概念構造は，凝集と同じような抵抗を生むことになる。これらの例はすべて抵抗の無益さを示しているようだが，それは主に，歴史的な記録が勝者によって書かれているためである。

　事実関係が詳細に記録された敗者の例もいくつか存在する。その一例は，第3章で述べたイグナッツ・ゼンメルヴァイスである。産褥熱が医師によって伝染するという洞察のため，彼はウィーンの病院の職を追われ，何万人という女性の生命を救えただろう発見が，少なくとも20年間は遅れる結果となった。それが発見された後ですら，合衆国の医師たちは頑強に抵抗した[6]。ヨーロッパ大陸では，我々が細菌学と呼ぶ有用な知識に基礎を置くテクニックに合衆国よりは理解があり，抵抗は弱かった[7]。事実，この考え方は，はるか以前にまで遡ることができ

---

[6] 合衆国における代表的な手術の教科書の著者であるサミュエル・グロス（Samuel Gross）は1876年版の中で，合衆国の外科医はリスター流の無菌手術法を信用していないと述べており，トーマス・エイキンズ（Thomas Eakins）の有名な絵画も，何ら消毒をしないで手術を行なっている彼の姿を描いている（Nuland, 1988, p. 372）。フィッシュ（Fish, 1950）が紹介している挿話が理解を助けてくれる。消毒法が導入されてから16年後にガーフィールド大統領が狙撃された時，大統領を診察した多数の医師たちは自分の指を大統領の傷口に差し込むことになんら躊躇しなかった。海軍の軍医総監は，同席していた内科医J・J・ウッドワード（Dr. J. J. Woodward）とブリス（Dr. Bliss）同様，大統領の傷口に自分の指を目一杯突っ込んだ。この部屋に駆け込んだホメオパシー主義の内科医も自分の指を突っ込んだ。大統領が事件のあった10週間後に狙撃そのものではなく，感染症と合併症で死亡したのも当然だったのである。

[7] リスターは内科医や他の患者が，産科病室の妊婦に病気を感染させているというホームズ

る。細菌が引き起こす感染という考え方を最初に提唱したのは，ジローラモ・フラカストロ（Girolamo Fracastoro）の『伝染病について』（1546年）だった。1687年にジョバンニ・ボノモ（Giovanni Bonomo）は，病気が伝染するのは，顕微鏡を通して見ることができる微小な生き物が人から人へと移るからだと提唱した（Reiser, 1978, p. 72）。ボノモの観察はレーベンフック（Leeuwenhoek）のような顕微鏡使用の先駆者共々懐疑の目で見られた。それがすでに受け容れられていた体液理論と矛盾したからである。パストゥールとコッホによる細菌の有毒性の証明が受け容れられるまでには多くの歳月を要した。当時の公衆衛生の大立者の何人かの反対，例えば，衛生改善運動家マックス・フォン・ペッテンコーファーや細胞病理学の創始者ルドルフ・フィルヒョーなどの反対は，いまや伝説的である。ニューヨークでは細菌学の問題が提起されると著名な医師たちがこれに抗議して，学会会場から退席してしまった（Rothstein, 1972, p. 265）。だが1860年当時まだ推測的な仮説だったものは，実験技術の発展によって堅牢性を増していき，動かし難いものとなっていった。ここでも細菌理論の発展は，Ω型知識の選択過程とλ型知識の選択過程との間の相互作用の実例を提供してくれる。当初医師たちは細菌理論に対し無関心あるいは敵意を持っていて，細菌理論が直ちに治療上の意味を持つことはなかった。しかし1886年に，エミール・フォン・ベーリング（Emil von Behring）によるジフテリアに対する抗毒素とワクチンの発見という大成功が起き，ジフテリアによる死亡の激減へと導いた。この発見は，この新しい科学が広く受け容れられるのを助けたのである。

　さらに印象的なのは，一見して明らかに厚生を高める発見である麻酔に対する抵抗である。イギリスの偉大な科学者ハンフリー・デイヴィ（Humphry Davy）は1800年に麻酔のアイディアに偶然出会ったが，その可能性を理解できなかった（Youngson, 1979, p. 45）。出産時のクロロホルムの使用は抵抗に遭った。無痛分娩

　＝ゼンメルヴァイスの洞察を再発見したが，それ以後ヨーロッパの病院での母親の死亡は顕著に減少した。フランスのデータが示すところでは，病院での妊婦の死亡率は，1869年以前では9.3％だった。1870年代にはこの比率は2.3％に低下し，1880年代には1％，それ以降は0.5％以下に低下した。だがこれらの数字はややミスリーディングである。例えばフランスの農村では，新しい知識の浸透は遅々として進まず，産科病室の患者と感染症患者との完全分離が実現したのは，ようやく20世紀の初めになってからだった（Rollet-Echalier, 1990, p. 159）。

は不自然で不適切だと多くの人々が信じていたからである。痛みは聖書の中に記されており，従って，望ましいものなのではないか？（Youngson, 1979, pp. 95-105 ; 190-98）シャルル・ボードレール（Charles Baudelaire）は，全ての近代的な発明品と同様，エーテルとクロロホルムは人間の自由に絶対必要な苦痛を減らすものだと感じた（Rupreht and Keys, 1985, p. 5 に引用）。

　新しい命題的知識に対する抵抗はどんな社会でも起こりうるが，抵抗が成功する程度は，社会がその知識を判断する基準と，その知識の堅牢さに依存している。言い換えれば，知識が社会の基準によってどれほど強く確証され，「コンセンサス」の一部となるか，に依存しており，このことは，どんな社会でも「検証済」の Ω 型知識に到達できる，ということに近い。こうした基準自体が社会的な慣習であって，「真実」のような存在論的な概念を定義するものではない。しかし実験計画法や二重盲検法や数学的証明や同様の検証手段が，ある知識の一片を他に比べてより堅牢にできるのは明らかである。このような形で定義された堅牢性を持つ知識の部分に，奇人・変人と思われずに抵抗するのは困難だろう。科学はコンセンサスに基づいている。あることが真実とみなされるのは，大多数の関係する人々（定義はどうあれ）がそれを受け容れるからである（Ziman, 1978）。もしもこうした基準を満たしていれば，嫌々ではあれ，受容されていくだろう。メンデルの遺伝の法則の発見が良い例である。メンデルの業績が 1865 年に初めて公表された時，数学（単純な統計と言った方が適切である）の使用は受け容れられず，この理由でメンデルの研究は著名な植物学者カール・フォン・ネーゲリ（Karl von Nägeli）によって退けられてしまった[8]。1 世代後，基準が変わり，学界はメンデルの業績を受け容れるようになった。学界の権威たちが，新しい知識を一時的に排斥するために権力を行使したり，「仮にそれが真実だとしても私はそれを信じない」という態度をとることは可能である。しかしその知識が十分に堅牢性を備えているなら，新しい考え方が知識の「市場」で受容されることを競い合っているオープンで分権的な社会では，このような抵抗は通常無駄に終わる。

---

8) フォン・ネーゲリは，母親の遺伝質（idioplasms）と父親の遺伝質が受精中に混合されるという，「純粋」な遺伝混合理論の数少ない信奉者の 1 人だったと，マイヤはさらに指摘している（Mayr, 1982, p. 723）。そのためメンデル説を受け容れれば，フォン・ネーゲリ自身の見解は完全に否定されることになるだろう。

もう1つの要素は，議論の的になっているΩ型知識が，うまく行くテクニックに写像されるかどうかということである。Ω集合の中の知識は，うまく行くことが現実に示せるようなテクニックに写像されれば，その知識の堅牢性は増し，それに抵抗することはより困難になる。荒っぽい言い方をすれば，科学が真実であるということを説得する方法は，科学の勧めることが目に見えるようにうまく行くことである（Cohen and Stewart, 1994, p. 54）[9]。化学はうまく行く，なぜなら化学はナイロンのタイツやポリエステルのシーツを作ることができるからである。物理学はうまく行く，なぜなら飛行機が飛び，圧力釜が米を炊き，しかも常にそうなるからである[10]。厳密に言えば，これは正しい推論ではない。うまく行くテクニックが，後で間違いだと分かった命題的知識から写像されることもありえたからである。またテクニックは，受け容れられつつある知識の集合がそれを示唆していたために「選択される」ことがあるかもしれない。これはテクニックの有効性を直接観察するのが難しい場合に起こりうる。毎日アスピリンを飲むことが心臓病を予防する効果を持つことを現実に観察することはできない。しかし我々は，これを示唆する科学的な洞察には信頼を置いている。とはいえ結果を直接観察できないため，このような知識は通常，観察可能な結果をもたらす知識に比べると堅牢性を欠いている。知識は，「機能する」がゆえに受容されるという考えは，社会構成主義者ですら受け容れている。リオタールはこう書いている。「パフォーマンスの改善や製品の実現という命令を技術に強要したのは，知識に対す

---

[9] ザイマンは，アルフレート・ヴェーゲナー（Alfred Wegener）の話を詳しく述べている。ヴェーゲナーは1912年に大陸移動説を展開した。しかし説得力のある証拠にもかかわらず，彼の研究は50年間大多数の地質学者から認められなかった。ザイマンによれば，これは主に地質学者たちが理論物理学の結果に基づき，ヴェーゲナーが提唱した潮汐力メカニズムが不十分だと考えたからだった（Ziman, 1978, pp. 93-94）。とはいえプレート・テクトニクス説が明白なテクニックに写像できないことは，抵抗を支持した。例えば白亜紀末に隕石が恐竜の絶滅を招いたという主張と同じで，この種の有用な知識はこれを基礎にしたテクニックの適用による検証が容易ではない。

[10] もちろん，ここでも懐疑や抵抗が見られた。フランスの天文学者カミーユ・フラマリオン（Camille Flammarion）はこう述べている。1878年，エジソンの蓄音機のフランスにおける最初のデモンストレーションの時，録音された言葉を再生したのだが，まだ精神が古典文化に満たされている1人の「熟年の」学者が憤りのあまり，「この悪党め，我々は腹話術には騙されないぞ」と興奮して叫びながら，エジソンの代理人に襲いかかった（Ziman, 1978, p. 142）。

る欲望ではなく，富に対する欲望である」（Lyotard, 1984, p. 45）。したがって知識の正統化は，一種の権力関係とみなされているのである，なぜかといえば技術はパフォーマンスを改善し，それによって富を供給するからである。技術が依拠する知識が真理の良い近似である場合にのみ，技術は何かをできるのであるとの無難な前提がここでは含意されている。

　生物学とは違って生産技術の場合，自律的に進化するがその目的が現状の維持と既得権益を守ることであるような行動のルールを開発して，自分自身の選択環境を作っていくことができる。こうした行動がどのようなデザインやシステムが主流になるかを決定するうえで本質的かもしれないと，ネルソンは指摘している（Nelson, 1995, p. 75）。技術もまた「システム」の中で発生する。変更された構成要素は，それと相互作用する他の部分に影響を及ぼす。そのためテクニックの変化はそれが採用されると，他の構成要素に意図せざる結果をもたらしてコストを変化させる可能性が高い。これらの多くは，外部性あるいはネットワーク効果を通じて起こる。電気機器，列車，ソフトウェア，電話，開放耕地制農業，互換性のある部品を使う機械装置，これらは全て相互依存性の問題を共有している。これらが効率的に機能するためには，我々が標準化と呼ぶ統一性を必要としており，したがって単一のメンバーだけが標準を無視してある構成部分だけを変更することはできない[11]。だがここでもまた，度を越えた類推は危険である。本質的にそうだというわけではないが，技術の場合「抜け道（ゲートウェイ）」技術を発明することができ，それにより非互換性を克服できる。例えば変圧器は 115 ボルトから 220 ボルトに変換できるし，調節可能な車軸の付いた列車なら，ゲージの違うレールの上を走ることができる。オープン・アーキテクチャーとかモジュール・システムでは，ある限度内においてだが，他に影響を与えずに 1 つの構成部分を変更することが可能である。有名な QWERTY キーボードの例が分かりやすい。我々はこのキーボードを（他の配列のキーボードではなく），歴史的な理由から使用している。だがこの選択がかなりの非効率を生んでいるなら，配列をもっと効率的にするという解決法を見つけることが可能かもしれないのは明らかである[12]。現代のコン

---

11) 標準化に伴ういくつかの問題点の広範で情報に富んだ解説は，ラングロワとサヴェージ (Langlois and Savage, 2001)。
12) 最も有名だが，同時に議論のある事例はドボラック・キーボードである。これは標準的な

ピューターでは，キーボードはモジュールである。このモジュールは他の構成要素に影響を与えることなく，入れ替えたり，変更したりすることができる。

ポジティブ・フィードバックの罠は技術のシステムでも「起こりうる」が，開放経済では外部からの競争圧力のため，それが極めて稀となる傾向がある。とはいえ，それは起こる。とくに，明白なネットワーク外部性がある場合に起こる[13]。DATプレーヤーやベータ式ビデオテープのように，ネットワーク補完性を含むいくつかのテクニックは普及せずに終わり，おそらく消費者の厚生に損失を与えた。だがそれも，テレビで歪んだ画像や不鮮明な画像を見ていた何十億時間と対比すれば，小さな問題だったに違いない。とはいえ劣った標準が定着した場合のコストは，複数の標準が定着した場合のコストとの対比で考量されるべきである。本書の著者のように，〔ワープロソフトの〕「ワードパーフェクト」の忠実なユーザーは，イギリスのグレート・ウェスタン鉄道と同じような状況に置かれている。5フィート軌間を採用したグレート・ウェスタン鉄道は，1846年に議会が標準軌として決定した4フィート8½軌間に比べ，より安全でスムーズな走行を提供できると主張していた。約半世紀の間，ミッドランズからサウスウェストへ運ばれる貨物は，グロスターで標準軌の貨車から広軌の車両へと積み換えざるをえなかった（Kindleberger, 1983, p. 385）。

ネットワーク技術に含まれる補完性（TVの場合は電波の送信と受信，コンピューターの場合はハードウェアとソフトウェア）は，頻度依存性という，技術の慣性を生む歴史のうえで最も一般的な要因の1つの特徴を見せている[14]。頻度依存性は，

　　QWERTYシステムよりも優れているとされている（David, 1986；Liebowitz and Margolis, 1990参照）。
13）1960年代以後合衆国のカラーテレビは，色と解像度の質の低さで悪名高いNTSC方式に「しがみついて」いた。明らかに質の良い方式（PALおよびSECAM）がヨーロッパと日本で開発されたが，大規模な調整問題，すなわち送信と受信システムの同時変更の解決なしには採用できなかった。1990年までにはるかに優れたHDTVシステムが開発されたが，この良質の画像のテレビを「このミレニアム」のうちに合衆国の家庭で見ることはできないだろうというファレルとシャピロ（Farrell and Shapiro, 1992, p. 5）の予測は，思いのほか早く立証された。IBMベースのコンピューターは，「コンベンショナルメモリー」の640K RAMという唖然とするような制約と長い間格闘を続けた。これはコンピューター・ゲームや多くのマルチ・メディア・アプリケーションの前に立ちはだかる強敵だった。テレビでもコンピューターでも，「抜け道」的な解決策を考え出すのは，コストがかかり困難だったが，不可能ではなかった。

新しいテクニックがすでに非常に多くのユーザーによって採用されているが故に，成功する時に起きる。この種のモデルは当初，やる気を失わせるようにみえる。最も厳密な意味で成功のみが永続することを意味しており，全くの静止状態の設計図のようなものだからである。しかしこうしたハードルは克服できるし，今までにも克服されてきた。誰かがファックスの第一号機を買ったのである。だがこのことは，通常の多くの場合，うまく行きそうに見える新しい技術的なアイディアは人気が出ずに，跡形もなく消えるということを警告しているはずである。IBM の OS/2 は MS/DOS よりもはるかに優れていたが，十分な「互換性」がなかったために拒否されてしまった。この事例は，ビデオでのベータマックスの事例に似ている。ネットワーク外部性を伴う標準の明白な実例は，おそらく言語だろう。言語は大量の調整を必要とするテクニックの特殊なケースであり，したがって，変化に対して抵抗を示す。赤ペンを持った語学教師が，それを行なっている。この抵抗は必要である。もしも変更が多すぎれば言語は統一性を失い，コミュニケーションの有効性が低下する深刻な危険がある。それにもかかわらず言語は変わっていく。新語が追加され，スペリングや文法上のルールも進化していく。どんな言語も，これ以上ないほど効率的だとは言えない。不可解な文法上のルールや不規則動詞にはほとんど意味がないが，それらは慣性によって生き延びてきたように思われる。文法上の大きなルール変更は，学界によって調整されなければならず，そこがルール変更を一般人に押し付けていく。度量衡の変更についても同じことが当てはまる。重要な点は，標準が広く行き渡ることによる取引コストの削減である。フランスにおけるメートル法の導入は，なによりも国全体の度量衡法を標準化する点で合理的だった。十進法は 2 次的な問題で，当然ながらアングロ‐サクソンの世界では拒否された。1 週間を 10 日として 1 年を分割しようという暦の十進法化が抵抗に合い，採用されなかったことは事の本質を示している。

　頻度依存性の特殊なケースは経済学者が習熟効果と呼ぶものである。その場合，累積生産量の増大に伴って平均生産費用が低下していく。何らかの理由で大量生産されなかった製品で，この習熟効果がどの程度重要だったかを知ることはでき

---

14) 最近の文献に関しては，アーサー（Arthur, 1994）およびデイヴィッド（David, 1992）参照。

ない。それは，実行されなかった実験の結果のようなものである。戦間期に航空機が固定翼に切り換わらなかったとしたら，飛行船はより静かで，より燃費効率がよいことに加えて，より安全で，より速くなっていただろうか？　個人用の小型機の生産が活発に行なわれていたら，それらが大量生産されて民間機市場を席捲していただろうか？　フォルクスワーゲンとトヨタが蒸気機関を大量生産モデルに採用していたら，ディーゼル・エンジンがそうだったように，蒸気機関自動車に四気筒内燃エンジンと同じような燃費をもたらしただろうか？　同じようなことが二気筒エンジン，ロータリー・エンジン，スターリング・エンジン，燃料電池やそれらと同様な機関についても言えるのだろうか？　有用な知識はしばしば，情報コストを節約するために隣人を真似するという，いわゆる「社会的学習」によって普及するので，頻度依存性は特に重要になりうる。この現象は，新しい有用な知識の普及と受容に対し，感染症モデルがあることを示している。

　私はこれから，以下の2つの命題を提起しようと思う。第1に，経済のダイナミズムの源としての有用な知識の発展は，通常考えられているよりもはるかに大きく政治経済学に影響される。そのため，経済発展や経済パフォーマンスは，有用な知識の増加を阻止する政治的プロセスによって抑制されることが多い。第2に，技術における慣性は，通常は効用の極大化を図ろうとする個人の合理的な行動の結果であり，ある社会が他の社会に比べ技術変化により順応した理由を説明するために，選好の違いや鈍感さにまで遡る必要はない。私の結論は，経済停滞と技術的な慣性は個人レベルでは合理的な効用極大化行動の結果であって，非合理的な行動の証拠ではないかもしれないということになる。

制度と技術

　ある1つの発明を選択するかどうかを社会が決める時のルールは，その社会の制度的な構造の一部である。技術の変化はほとんどの場合，ある種の人々の厚生の増大と，他の人々の低下を不可避的にもたらす[15]。確かにパレート優越な生

---

15) 技術に対する社会的な反応を扱った最近の2つの著書（Bauer, 1995 ; Sale, 1995）は，それぞれトーンも背景も全く異なっているが，外見上止めようのない新技術の前進に対する

産技術の変化を考えることも可能だが，実際にはそれは極めて稀である。全ての個人が市場による「判定」を受け容れない限り，あるイノベーションを採用する決定は敗者による非市場的メカニズムと政治運動を使った抵抗に遭う可能性が高い[16]。全く新しい発明がそれを生んだ経済に導入されることと，すでに別の場所で実施されている既存技術を新しい場所に移転することとを，はっきり区別するのは重要である。どちらの場合も抵抗はあるかもしれないが，その性質は大きく異なる。しかしどちらにしても，市場は収益性によってテクニックを判断する。つまり第1次近似としては，経済的な効率性によって判断する。それではどのようにして対立が起こるのか？

進歩に対するこのような抵抗は，カードウェルの法則に理論的な背景を提供する1つのメカニズムである。このメカニズムは決して「非合理的」な行動に基づくものではない。クルーセルとリオス＝ラルが単純な成長モデルにおいて示したように（Krusell and Ríos-Rull, 1996），合理的な行動が抵抗を生み，そしてたぶん技術変化を抑圧する。この見解は，技術進歩はほとんどの場合パレート優越的ではなく，年季のいる特殊なスキルや可塑性のない資産がある場合，敗者が必ず生まれるという，我々の直観的な認識とも合致する。このことを経済学者に納得させる難しさは，これが市場過程ではなく，政治過程に基礎を置いているということにある。だがカードウェルの法則の作動の様態がもつ意味は，もっと深い。ここでもまた，進化の理論の中に同じ問題を見いだせる。ロバート・ウェッソンは，進化的変化が1つの安定的なアトラクターから別のアトラクターへの移動であること，したがって最も重要な競争は，ダーウィン的な種の中の個体間の競争ではなくて，〔種の中の〕新しい型（フォーム）と古い型の間にあると指摘している。「古いものがほとんど常に勝つように見えるが，決定的な勝利を手にする新参者が少数あって，彼らが未来という賞品をさらって行くのである」（Robert Wesson, 1991, p. 149）。こうした考え方は経済学に持ち込むことができる。伝統的に経済学者は，競争は似たような技術を使う同じような単位（「企業」）の間で発生すると考えてきた。

抵抗の問題に，社会学者がもっと関心を持つよう要請している。

[16] ある著者（Mazur, 1993, p. 217）が述べているように，「ある1つの技術に対する抵抗は，政治活動の1つの特殊な例で，通常『特定利益』政治と呼ばれるものであり，政党への帰属やパトロネージに基づく政治とは異なる」。

だがそれに加えてこれまで看過されてきた，技術の「世代」間競争という他の競争のレベルがありうる。そこでは既存の知識を葬り去ろうとする反逆的な試みに対し，既存の知識が自己のレントを防御しようとする。シュンペーターはよく引用される文章の中で，この問題を明確に指摘している。「資本主義の現実では，経済学の教科書で描かれるものとは異なり，重要なのは［価格］競争ではなく，新しい商品，新しい技術……による競争であり……これが既存企業の利幅を削減するのではなく……生存そのものを脅かすのである」(Schumpeter, 1950, p. 84)。

問題を単純化するために，新しいテクニックの採用を二者択一の過程，つまりそのテクニックを採用するかしないかの選択であるとしてみよう。個人は固有の外生変数（選好，年齢，才能，教育，富，等々）を持っていて，これがあるイノベーションを「採択」または「拒否」させる。決定に至るには，社会は，私が集計ルールと呼ぶものに従う。それはn人の個人の選好ベクトルを，〈0, 1〉決定へ写像する。この集計ルールは市場プロセスかもしれないが（純粋な私的経済の場合はそうなる），それは極めて特殊な場合である。純粋な市場の決定結果は，個々人の選好を所得で加重平均した集計と同じものになる。結果の最適性は，市場という集計機構(アグリゲーター)でさえ，所得分配に応じて変わってくるだろう。

新しいテクニックに関する議論は，2つのレベルで行なわれる。第1は，市場が唯一の集計機構（そうであるのは稀である）ではない場合，決定を行なう集計機構の性質についての議論である。新しいテクニックに対し認可制度を設けるべきなのか？ 食品や医薬品の規制を行なう機関を設けるべきなのか？ 特許庁は新しさをどう判断すべきなのか？ 生産はどの程度まで，正規のルールによってコード化できるのか？ いったん制度が存在するようになると，第2のレベルの議論が始まる。さまざまな集団が新しい発明を承認させたり禁止させるため，規制者や政治家にロビー活動を行なうようになる。純粋に市場という集計機構に任された場合のみ，政治が意思決定過程に介入する余地はなくなる。まず第1に，経済の中の異なった集団はそれぞれ異なった集計ルールを支持する。新歴史制度分析の用語を用いれば，集計機構は1つの制度であり，それは非技術的に決定された経済行動の制約要因である。もしも市場の帰結がある1つの集団を支持するなら，別の集団は市場過程を回避することが自分たちの利益になると思うかもしれない。新しいテクニックの支持派と反対派が別々の社会を形成することができ

るのであれば，最適な帰結は社会を分割することになるだろう。しかし社会を分割することはできないので，どちらか一方の集団が望ましくない帰結と共存せざるをえないため，闘争は，最も自分たちの利益にかなう集計ルール（例えば市場）を確立するための各集団の努力となる。例えば，全ての発明が国民投票で承認されなければならないという場合を想定してみよう。この例では，「投票者」が購買力で重みづけされる市場と，各人が1票を持つ民主的なプロセスとの間に，差が生まれる可能性がある。技術に関する意思決定では，少なくとも民主政と継続的なイノベーションの間に深刻な矛盾が起こりえる[17]。言い換えれば，ミルトン・フリードマンを継承した自由市場の提唱者たちの楽観論とは違って，民主的な意思決定過程は経済の長期的な厚生を極大化しないかもしれない可能性がある。急速に発展を願う民主主義国が直面するこの障害は，はるか以前から認識されていた[18]。民主社会における技術に関する意思決定は非効率だが，20世紀の全体主義社会では，全体として見るともっと悪かった[19]。技術上の意思決定が政治的市場で行なわれる限り，意思決定がいかなる意味においても効率的であると信じる理由はない。我々は明らかに，セカンド・ベスト，サード・ベストの世界にいるのである。

　意思決定ルールを，以下のように分類することができるかもしれない。G_M は

---

17) 民主政が技術的な創造性を危険にさらすという考えは，とくに選挙法改正に反対した19世紀の反動的な作家たちに信奉されていた。ヘンリー・メイン卿（Sir Henri Maine）のような人々は，普通選挙が施行されていたら，産業革命の主要な技術的ブレイクスルーの大部分が阻止されていただろうと主張した。ハーシュマンは，この議論は明らかに馬鹿げていて，そのことは直ちに証明されたと付言している（Hirschman, 1991, pp. 97-100 参照）。とはいえ民主政はある状況下では，他の政治体制よりも技術進歩に対し寛容度が「低い」ことがありえないわけではない。

18) 「民主政は経済的自由を確立し，そうすることにより成長を支える」と強く結論している興味深い議論は，The Economist（1994年8月27日，pp. 15-17）"Why Voting Is Good for You" 参照。

19) バーバラ・ウォードは，統制されない市場での意思決定は耐え難い所得分配の格差と，したがって新技術に対する抵抗を生むこと，そして全体主義的な専制政治はコストに関係なく技術を実行していくだろうと説明してきた。「しかしインドではつねにバランスを取らざるを得ず，そのため常にディレンマが存在した」と言う（Barbara Ward, 1964, pp. 150-152）。とはいえ彼女によれば，これこそがまさにインドの強みなのである。どんな近代化であれ近代化が導入されるということは，通常はコンセンサスに基づいており，そこに政治的な爆発を引き起こす可能性がないからである。こうした記述は，イランのシャーの事件が起こる何年も前に書かれていたが，それが彼女の洞察を確認することになった。

純粋な市場集計機構であり，利潤極大化を図る企業が，市場の命令のみに従って新しい技術の採用を決める。G_D は，代表制議会や技術的専門家委員会や暴力的な大衆や裁判所や1人の独裁者などという，新技術の認可や支援の可否を決定する権限を持った部分集合を指名する意思決定ルールである。G_V は投票ルールであり，例えば1人1票のルールなどで，新しい技術が国民投票にかけられ，採用するかどうかが決められる。ほとんどの現実的な場合，意思決定ルール，あるいは諸個人の選好を $\langle 0, 1 \rangle$ の意思決定空間に写像する集計機構は，$G = \alpha G_M + \beta G_D + (1-\alpha-\beta) G_V$ となる。ここで $\alpha + \beta \leqq 1$ である。この機械的な公式は，自由市場における意思決定の連続的な性格を明示している。純粋な市場の帰結は $\alpha = 1$ の時のみ，純粋な指令型経済の帰結は $\alpha = 0$ の時のみ生じる。この2つはともに，歴史的に見て非現実的である。

したがって社会的な意思決定プロセスは，2つの段階から成り立っているものと見ることができよう。第1に，ゲームの政治的ルールは社会が決定する。つまり社会が α と β を決める。第2に，選ばれた集計機構次第で，新しいテクニックが採用されるかどうかが決まる。この単純なモデルに対し言うまでもないことを補足すれば，ある意思決定者が他の者に意思決定を委ねるかもしれないということである。権限を委譲された部分集合は，国民投票に委ねるか，市場に任せるかを決めることができる。他方で選挙は，意思決定権限を委譲された集団を指名して，彼らが意思決定をするか，あるいは何もしないですべて市場に委ねるかを決めるようにすることもできる。どれかで意思決定が行なわれる「ケース」の確率または比率だと α と β を解釈すれば，G の直観的な意味の理解に役立つだろう。

多くの政治的，社会的闘争は，新しい技術の実行についてだけでなく，意思決定ルールについても生じる。ある意思決定ルールが他のグループに比べ，あるグループにとって有利になると考えられるからである。とくに経済学者は α の大きさに関心を持っている，つまり意思決定のうちどれだけが市場に任され，どれだけが他の集計機構に任されているかに関心を持つ。集計機構は，部分的には製品の性格によって決定される面がある。公共財や，その他明らかに市場の失敗が認められる分野での技術変化は，大部分の場合，市場による意思決定プロセスの外にあるだろう。だが私的な財にも大きなグレーゾーンがあり，そこには政治活動の余地がある。

経済学者は全体として，α が大きければ大きいほど，その社会はより創造的で技術的にも成功すると信じている（Baumol, 2002）。そうなる可能性は高いが，決してそうだとは言い切れない。自由市場はその固有の理由により，技術的なチャンスを摑みに行かないこともある。例えば，新しい技術に克服不能な専有可能性の問題があったり，非常に巨額な設備投資を要したり，直接介入なしには実現できないような既存の企業間の調整を必要とすることがある。こういう場合には，市場の失敗を埋め合わせるべく政府が介入して来るかもしれない。とくに革命前のフランスでは，政府は積極的にフランスの発明家を援助し，イギリスのテクニックを受け容れるよう企業家たちをせき立てた（Hilaire-Pérez, 2000）。

集計機構が決まった時，$\alpha<1$（新しい技術を承認するのに，何らかの非市場的意思決定が必要な場合。実際にはこういう場合が多い）である限り，法廷や議会の委員会といった所与の政治構造の中で反対の声が上がる。もちろん多くの新技術は，公的討議の対象になるほど重要ではない。例えば，点火プラグから燃料噴射への切り替えとか，ドット・プリンターからインク・ジェット・プリンターへの切り替えなどでの大衆の抗議は，ほとんど聞いたことがない。このような決定は，通常は市場に任されている。しかし大きな技術選択が公的な支出を伴ったり，他の技術との補完関係や代替関係を伴ったり，その他のスピルオーバー効果を伴う場合には，最後には非市場的な基準によってそれらが判断されることになる[20]。同様に，外部性に関するなんらかの不確実性がある場合，とくにそれが公衆衛生と公衆安全にかかわる場合には，ほとんど必ず集計機構の中の市場部分の減少が生じる。このような場合，新技術に関する政治的なロビー活動が起きるのは当然である。それには政治経済学の通常のルールおよび利益団体による集団的な意思決定の通常のルールが適用されるが，技術の場合，さらに複雑さが加わる。新技術の導入はその定義から言って極めて不確実な出来事であり，例えば関税政策や公共事業の発注にかかわる政治的意思決定の際にはない，既知や未知の危険を伴うからである。そのうえ，技術的，科学的な問題は多くの場合極めて複雑で，正しい用語で質問を行なうことでさえ（回答は言うまでもなく），意思決定者の知的な能力を越えている場合が多い。まさにこうした理由のために，決定は「専門家」

---

20) 合衆国における水道水へのフッ素添加，蚊の駆除における殺虫剤の使用，軍事技術に関連する全ての事項が，このような公的技術選択の主な事例である。

の意見により多く依存するようになるが，逆説的なことに，情緒や恐怖や宗教的，愛国的感情に訴えることも多くなる。訴訟の重要性が増すにつれ，技術的な決定が裁判所に委ねられ，テレビ広告から地域集会に至るまで，レトリック的なイメージやその他の説得の手段が，技術上の意思決定が行なわれる手段となってくる。西洋の永年の慣行だった技術専門家への依存は，専門家間の意見の相違や，そもそも誰が専門家なのかに関する意見の不一致により，弱体化してきている[21]。

　なぜ市場を技術決定の唯一の裁定者の立場から引きずり下ろし，意思決定過程の一部を政治的な機構に移譲することに支持が集まるのか？　技術の進歩は既存の資源配分を乱す。したがって，資源の再配分にコストが伴うということを認めれば，技術進歩には外部性がある。だが市場のみに依存するメカニズムでは，技術に対する選好をゼロにまで切り捨ててしまう。ある人が新技術を支持する場合，その人は新製品を買うとか，新テクニックへ切り換えることによって，"Yes"という意思表示をすることができる。その製品を買わないとか，新テクニックへ切り換えないことにより，無関心とか嫌悪感を表現することはできるが，個々人は自分の行動が他の人々の行動に影響を与えるかもしれないと感じたとしても，他の人々の行動をコントロールすることはできない。市場では，"No"の1票を投じることは難しいのである。

　このように，経済システムにはある種の「硬直性」があるために，技術変化に対する抵抗が起こる。人的資本を含め資本は完全に可塑的であり，成功する発明と失敗作を完全に見分けられる完全競争的な経済では，技術進歩はパレート改善的であるかもしれない。このような経済では，既存の生産者はひどい状況に陥ることなく発明の使用許可を得ることができ，発明の利益が消費者と発明者に生じるかもしれない。同じように，新古典派の世界では，労働者は労働節約的なイノベーションによって不必要とされる心配は全く持たない。というのは，機械に取って代わられた労働者は，常にどこか別の場所で同等の仕事を見つけることができるからである。しかも経済の効率性が高まっているので，実質賃金のより高い仕事を見つけられる。

---

21) 専門家の間での意見の分裂の内容以上に，専門家の意見が分かれるという事実自体が抗議を引き起こし，いっそうの大衆参加の要求を生み出すことになると，ドロシー・ネルキンが指摘している（Dorothy Nelkin, 1992, p. xx）。

だが歴史的な経験によれば，摩擦が全く違った事態を生んできた。この世界のプレストン・タッカー（Preston Tucker）のような人たちは，既存の工場，設備，エンジニアリング・スキル，それに技術的に停滞した世界が享受してきた平穏な生活が生み出すレントを脅かしてきた[22]。手織り機で織っていた人や手刺繍をしていた人は，工場の中でそれと同等の仕事を見つけることはできなかったので，動力織機の導入に憤ったのは当然だった。スキルあるいは設備が特殊であればあるだけ，その所有者たちには，技術的な陳腐化によってその価値を低落させるものに対し抵抗しなければならないインセンティブが働いた。他の人たちの資産やスキルの価値を低下させない技術進歩を考えるのは難しい。次節では新技術に対する抵抗の歴史上の実例をかなり詳細に扱う。

さらに技術進歩は，労働の非金銭的な性格をも変えることになった。技術進歩は労働のヒエラルキーを創造したり破壊したりした。物理的な労働環境を変え，そして労働者が自分の労働のスケジュール管理をしていた家内生産の利益を増加させたり減少させたりした。こうした要素が重要で，それらが賃金によって十分に補償されない限り，労働者の技術変化への抵抗は予想できることだった。そのうえ生産者自身にとっても，技術的に創造的な世界での生活は，静態的な経済とは全く違ったものかもしれない[23]。技術の1回限りの変化に抵抗することと，多忙で神経をすり減らす世界での生活に抵抗することは全く別である[24]。後者では，

---

22) 自動車夢想家プレストン・タッカーの没落のハリウッド版は正確ではない。タッカーの主な問題は，ベンチャー・キャピタルを集めることだった。言うまでもないが，タッカーの会社は倒産するだろうと既存の自動車産業が繰り返し確言したことは，タッカーの資金調達にとって決して有用ではなかった。また直接的な証拠がないにもかかわらず，繰り返し行なわれた SEC によるタッカーの捜査には，ビッグ・スリーの自動車メーカーに間接的な責任があった可能性がある。資本市場，特にベンチャー・キャピタル市場は，既得権を持った者が革新者（イノベーター）を締め出す強力なツールであることは明らかである。だがタッカーの場合は，財務管理がずさんだったことが，競争相手に叩かれることと同程度に失敗の原因となった（McLafferty, 1952 参照）。

23) 当時の FCC（連邦通信委員会）議長だったアルフレッド・C・サイクスが新しい通信技術の文脈の中で 1991 年に行なった発言は，今日でも真実であるように思われる。「合衆国には，現状を維持したい強い勢力が存在する。政治行動委員会（Political Action Committee）は現状を維持することに既得権を持っている……彼らは有利な政府補助金の維持と，競争相手に対する政府の規制を求め続ける。要するに，めんどうな新しい競争は望まれていないのである」（Newsweek, 1991 年 1 月 14 日, p. 8）。

24) この「赤の女王仮説」（『鏡の国のアリス』の赤の女王にちなむ）は，進化生物学者に注目

生産者は同じ地位にとどまるために走り続け，絶えず改善の余地を探して努力と資源を注ぎ込まなければならないのである。

　技術変化に対する抵抗は労働組合に限られるものではなく，新しいテクニックがもたらす容赦ない陳腐化から自分の縄張りやスキルを守ろうとするオルソン的なロビー団体に限られるものでもない（Olson, 1982）。中央集権的な官僚制には埋め込まれた保守的傾向がある。テクノフォビアを生み出す動機は時として，言葉の標準的な意味で純粋に保守的である（Kuran, 1988）。これは企業と政府の双方の官僚機構に等しく当てはまり，おそらく収益を極大化しようとする努力の中で，法人企業がイノベーションに抵抗するという伝説的な事例がいくつもある。確かによく機能している市場は，「ここで発明されたものではない」病や，この親類でさらに悪質な「そんなことが可能ならとっくの昔にやっていた」病を患っている企業を，即刻，処理してしまう。しかし実際には，企業は常にこの種の間違いを犯す。新しいアイディアが自分の会社の従業員から出てきた時に，それを無視するのは簡単である。ヘンリー・フォード3世は，ミシュランが導入したラジアル・タイヤに直面した際に「つまらないタイヤ」だと軽蔑して退け，その後，嫌々ながらそれを購入せざるをえなくなった（Frey, 1991）。会社の他の部門における局所的な抵抗が，新テクニックの導入を阻止することもある。例えば，デュポン社はナイロンをベースにしたタイヤ・コードに深くコミットしていた。ナイロンよりもポリエステル・ベースのタイヤ・コードが優れているにもかかわらず，デュポンのナイロン部門は同社のポリエステル部門の裏をかいてそれを抑え，その結果1960年代末には，デュポンはポリエステルにコミットしていたセラニーズとの競争でこの市場のほとんど全てを失うに至った（Foster, 1986, pp. 121-27）。イノベーションに抵抗する企業は，弱みを隠し持つ巨大な官僚機構か，優秀だが一貫性のない企業家が自分1人で意思決定をするワンマン帝国なのかもしれない。いかなる官僚機構にとってもルーティンと標準的な運営手続きこそが，長期にわたる生存の核心となるのであり，それらからの逸脱者は迫害され，可能な場合は退去させられる（Goldstone, 1987）[25]。そのため，意思決定機構がある種の競争に

　　されてきた。これは外生的な環境変化なしに適応変化を生むうえで，重要な役割を持つ（Stenseth, 1985 参照）。
25）このような抵抗は，命題的知識と指図的知識との間の極めて重要な関係の中にさえ見られ

晒されているかどうかは決定的に重要である。ゼロックス社が自社で開発したコンピューターのマウスを製造しないのだとしても，他のどこかが製造するだろうし，イギリス人がジェット・エンジンを作らない航空機産業を確立しても，ドイツ人がジェット・エンジンを作るだろう。こうしたわけで，他の全ての条件が等しい場合，官僚機構がより中央集権化され，より強力であればあるだけ，技術進歩の途上に立ち塞がる障害は強くなるのである[26]。類推して言えば，弱体で無能な政府には法律に基づいて規制することが難しいので，この観点からは，強力かつ専制的な政府よりは望ましいだろう[27]。

しかしこのルールには重要な例外がある。時にはピョートル大帝やナポレオン1世やハイレ・セラシエ皇帝（Haile Selassie）のような独裁的な支配者が，技術進歩の政治的，軍事的重要性を認識し，実際にそれを奨励した。しかし，たいていの場合，専制的な支配者は，服従を強制するためにあらゆることを行ない，波風を立てる試みを押しつぶしてしまう。そのうえ他の面では不寛容だったため，フェリーペ2世やルイ14世やヒトラーのような独裁者は，技術進歩それ自体には必ずしも反対でなかったにもかかわらず，最も革新的な多くの国民を失った。強力な支配者も弱い支配者もともに，不寛容で反動的になりうる。だがより強力な支配者は，法と秩序を装って経済を停滞させるより大きな力を持っている。支配者が強力であればあるだけ，特定利益によるロビーイング要求を退けることにより，より多くの技術進歩を引き起こすという，均整のとれた主張はありえない

る。勅許により1840年にグラスゴー大学に設立された工学（エンジニアリング・サイエンス）講座の初代教授ルイス・D・B・ゴードンは，大学の理事会から既存のいかなるクラスも侵したり介入しないよう要請され，エンジニアリングは正統な学問分野ではないと思っている教授たちの嫉妬と抵抗のため，授業を行なう教室を持てなかった（Channell, 1982 参照）。

26) 20世紀初期の極右グループの間での反近代主義思想は，それらの信奉者たちが権力を握った時に強く現れた。工科大学の生徒数は1932-33年から1937-38年の間に半減した。科学の政治化は科学の知的な地位を低下させ，1世代にわたる科学者が失われたことを意味し，ドイツの戦時動員にとって非常に重大な影響を持った（James, 1990, p. 113）。

27) しかし相対的に控え目な政府ですら，「何らかの」決定は行なわざるを得ず，しばしば頑迷な保守主義の犠牲となる。1850年，イギリス政府は十進法貨幣制度に切り替えるために王立委員会を任命したが，偶然にもその委員の中にオーヴァーストーン卿が入ってしまった。彼は一連の巧みな政略を通じて，1世紀以上にわたり十進法化を遅らせた。それは莫大なコストと不便をもたらした。キンドルバーガー（Kindleberger, 1983）は，オーヴァーストーン閣下が「全般的に変化に反対だった」ということを簡潔に説明している。

のだろうか？　こうした事例も記録に残ってはいる。だが技術進歩を生み出す点では，中央集権的なシステムよりも分権的なシステムの方が，全体として見ると効率がよくなる傾向があった。分権的なシステムは，1つのことに憑かれ強力な意思を持った個人の判断やその人物の生存に依存しないからである。技術上の勝者を選ぶ能力は，ある個人の頭の中に集中しているのではなく，政治的な才能と相関関係があるのでもない[28]。

　したがって有用な知識の政治経済学の理解にとっては，経済的な利害こそが中心的な重要性を持つ。だが純粋に知的な要因という，必ずしも経済的利害に直接的に関係しない，全く違った源から発する抵抗もある。この種の抵抗の多くは，社会的価値に対する正真正銘の懸念から来ている。事実シュンペーターは，彼が「資本主義的秩序」（彼の考え方によれば，これは技術変化から切り離せない）と呼ぶものに対する敵意をもたらすのは知識人だろうと予測していた。さらにシュンペーターは，マンサー・オルソン（Mancur Olson）に先駆けて，敵対的な雰囲気が醸成されるためには，憤りをかきたて，組織化することに既得権益を持つ諸集団の存在が必要だと考えた（Schumpeter, 1950, p. 145）。いくつかの事例ではテクノフォビアの著述家たちが大きく貢献したが，彼らが厳密に物質的な動機に動かされたとは言えないし，言うべきでもない[29]。彼らの影響力は当時の経済状況と相関関係があったかもしれないが，彼らの多くは，真摯で理にかなった懸念を表明していた。それでは，彼らが表明していた懸念とは何だったのか？

　民生技術は軍事技術に関連していて，前者の進歩が兵器の破壊力を高めるという理由で，技術進歩に抵抗する人々がいる。第一次世界大戦と，1945年に核兵器が開発されて使用された時，平和主義を志向する多くの知識人の間で，深刻な幻滅と技術進歩全般に対する憤りが広がった[30]。また技術の現状を自分たちが反

---

28) 多くの点で技術進歩を強固に支援した皇帝ナポレオン1世も，ガス灯の将来性については完全に判断を誤った。彼はガス灯を「愚行だ」と考え，フランスへの導入は遅れをとり1845年以後になった。
29) トーマス・デグレゴリ（Tomas DeGregori）は，ポール・エーリックとアン・エーリックの著書の書評の中で，机上の環境保護主義が儲けになる側面を指摘している。ベイリー（Bailey, 1993, p. 42）も参照。
30) この古典的実例の1つを，ルイス・マンフォード（Lewis Mumford）の自伝の中に見出すことができる。彼の『技術と文明』の技術熱狂者から，『権力のペンタゴン』の悲観論者への転向は，第2次世界大戦の戦禍によるものだった（Hughes, 1989, p. 448参照）。

対する政治権力構造と関連させる人々もいる。技術選択はしばしば権力関係を伴い，そのためそれが既存の政治構造を脅かす場合もあれば，強化することもある (Staudenmaier, 1989)。技術変化が常に統治エリートの権力を強めるのではなかったものの，権力関係の変化はいかなるものであれ，ゲームに負けた側の不満を生む可能性が高い[31]。

　有用な知識や近代的な技術の増加は専門化と専門職化を発展させるので，専門家の全体主義を生み，したがって階級分裂と不平等の深刻化を招くと，何人かの著述家たちは信じている (Dickson, 1974)。そのうえ技術はしばしば職場における力の均衡や統制を崩し，権力を経営者から現場に移したり，あるいは逆に現場から経営者へ移したりする (Noble, 1984)。新技術が熟練労働集約的であれば，熟練労働者の交渉力は増大する。ストライキや操業停止で脅す熟練労働者の貴族制は，労働節約的な新技術によって非常に効果的に代替される。だが技術はまた，他の政治目的と関連させられる傾向がある。ある人々にとっては，新技術に対する抵抗は急進的な平等主義と結びついている傾向があり，環境保護主義が法人資本主義を攻撃する最高の武器のように見える。これはちょうど19世紀後半の技術ロマンティシズムが，ヴィクトリア期の産業主義を攻撃する最も有効な方法だったのと同じである。アーロン・ワイルダスキーは，動物権利擁護運動のようなさらに風変わりな技術への抵抗運動のいくつかは，この種の平等主義的文化に由来していると信じている (Aaron Wildavsky, 1991, pp. 70-74)。

　反技術運動はまた，善意のイデオローグたちに触発されていることもある。彼らは技術はなんとなく「人間性を奪うもの」，あるいは初期マルクス，ハイデッガー，マルクーゼの伝統に従って，「人間疎外」をもたらすものだと感じている。これらの考え方の多くは，「高貴な野人」や田園社会の自由をもたらす効果といった素朴な信念を思い返しているように見える。現代社会は一種の技術システ

---

[31] このような政治権力のモデルが，アシモグルとロビンソン (Acemoglu and Robinson, 2000) の論文の中心的な概念である。彼らは新技術を阻止するのに十分強力なロビー団体の純粋なレント・シーキング・モデルには，ほとんど意味がないと論じる。ある1つの団体が新技術を阻止するのに十分なほど強力なら，なぜ代わりにその全利益を税金で吸い上げてしまわないのだろうか。これに対する回答は，ある場合にはこれが実際に起きていたということである（例えばドイツ帝国の地主貴族(ユンカー)は農業製品に高い関税を課すことで，製造業の利益の大きな部分を横取りしていた）。だが通常はレントを横取りするよりも，新テクニックが危険な可能性を社会全体に納得させる方が簡単なのである。

ムであり，そこで我々は，本来人間に奉仕すべき技術の奴隷になってしまっているというのである。ジャック・エリュールは，技術は選択の幅を広げるというより，むしろ狭めたと主張する。なぜかといえば，我々の選択の全てが，現代技術の集合の中に閉じ込められているからである（Jacques Ellul, 1980, pp. 319-25）。

　さらに技術的に立ち遅れた社会は，時折優れた技術を輸入することに抵抗を覚えることがある。外国の技術は，それとともに政治支配または文化的な影響を伴うのではないかという，しばしば根拠のない恐怖感のために忌避される。イスラームも東洋も，「ここで発明されたものではない」という，傲慢と疑念の入り混じった態度を示した。19世紀末の中国では，西洋技術に対する抵抗は，テクノフォビアとゼノフォビアの混合物だった（Brown, 1979；Brown and Wright, 1981）。帝国主義は技術格差によって推進された。そして西洋の優位性は，外国の価値とヘゲモニーのトロイの木馬であるとして抵抗に遭った（Headrick, 1981；1988, とくに, pp. 382-83）。西洋技術，あるいは西洋に感化された技術は西洋の文化と結合され，それに対するアフガニスタンや北朝鮮などの国々での抵抗の多くは，明らかに政治的な側面を持っていた。しかしマシン・ガンから携帯電話や抗生物質やコカコーラにいたるまで，これらの技術のパフォーマンスは，どこの国の政府も自国を封鎖することがほとんど不可能なほどだった。インド人民党の1995年のスローガン「ポテト・チップではなくマイクロ・チップを」は，この結合を分離しようとした試みを反映している。

　多くの技術が政治的な意思決定に服するもう1つの理由は，多くの技術が公的部門の一部となっていることである。運輸や公衆衛生や教育や軍隊は，何らかの形の「事前的な」市場の失敗を経験している部門であり，それらで使用されるテクニックの変更には，政治的な承認が必要とされている。もちろんこうした部門では，G_Dは非常に大きいかもしれない。役人たちが，新しいテクニックを選ぶからである。エルティング・モリソンは優れた論文「海の銃火」の中で，合衆国海軍が20世紀の最初の十年間，連続照準射撃法の導入に対して示した抵抗を描写している（Elting Morison, 1996, pp. 17-44）。この事例では，提唱者の将校が，直属の上司や海軍兵器局の担当将校の頭越しに，直接T・ルーズベルト大統領に直訴することによって抵抗を乗り越えた。

　最後に，消費者は新しい技術の裁定者としての自由市場を，まさに新しさとい

う理由で，信頼していないように見える。技術的に静態的な経済では，見えざる手を信頼しない理由はないかもしれないが，新しい知識に依拠した新テクニックの創造と導入に伴う情報の非対称性と不可逆性は，冷静でバイアスを持たない裁定者を求めているように思われる。新しい技術は不確実性を，それまで存在しなかったところに導入する。貪欲な企業家がアスベストのような製品を広く販売して，その後に逃亡してしまう恐れがある。サリドマイドのような大惨事は，医療技術の進歩の利益に比べれば小さなことだったとしても，新製品や新テクニックは安全であると政府が保証することを，つねに要求させることになる[32]。新しい知識の最も目立った特徴は，定義から言って，その影響が予測できず，未知で意図しない帰結を生む可能性が高いということかもしれない（Rosenberg, 1996）。将来をどうやって予測するかを検討するために経済学者が使うモデルは，合理的期待形成仮説かその他の手段によるかを問わず，最も必要とされるこの地点で暗礁に乗り上げてしまう。

とくに技術変化が非連続的な性格を持ち，私が大発明（マクロ・インベンション）と呼ぶものである場合，便益とコストの不可知性は，新知識の政治経済学の中心的問題となる。新技術を導入するべきかどうかをめぐる対立は，以下の3つの原因で生じる。第1に，ある発明の純便益の主観的な確率密度関数に関して，個々人の意見が異なるかもしれない，ということ。とくに西洋の原子力発電に対する態度は，危険の認識と強い相関関係がある（Mazur, 1975, p. 66；Jasper, 1992；Nelkin and Pollack, 1981）。そのうえ，ある技術の帰結から他の技術の帰結を推論しようとする，根拠はないとしても，ついそうしたくなる傾向がある。サリドマイド事件に対する反応は，「全ての」新薬の開発を制限するようなブレーキをかけることになった（Radkau, 1995）。チェルノブイリ事故が原子力発電全体の将来性に疑問を提示したように，

---

[32] 技術進歩に対する全ての抵抗が保守的で，ある種の技術上の現状維持を図るものだとは限らない。新テクニックに対する社会的抵抗の多くは，T_0に対し，T_1およびT_2という2つの代替案があるために起こる。市場に任せるとT_1が選ばれるとする。ここで例えば，ある利益団体が代替的な新技術T_2を導入するため，非市場的メカニズムを使おうとする場合，彼らが影響を与えようとするのは技術変化の「性質」であって，その技術変化の存在そのものではない。この点が，エイモリー・ロビンス（Amory Lovins）によって提唱された「代替」技術あるいは「ソフト」技術と，例えばイヴァン・イリイチ（Ivan Illich）やチェリス・グレンディニング（Chellis Glendinning）たちが提唱する声高のテクノフォビア的立場を区別する。

実行に失敗した1つのプロジェクトは深刻な心理的スピルオーバー効果を生んだ。このような「突出した」事件では，コストを過大評価し便益を過小評価する傾向がある。たった1つの出来事から，全く新しい技術の社会的なコストとリスクを推測するのは一般的に行なわれるが，これは誤解や誤りにつながることが多い。ジェームズ・ジャスパーは，「1979年のスリーマイル島原子力発電所事故とチェルノブイリ原子力発電所事故は，興味深いことに，合衆国における反原発とフランスにおける原発推進政策の両方の主張を確証することになった」と述べている (James Jasper, 1992, p. 108)。

　第2に，もし仮に起こりそうな結果の予測で別々の主体が意見の一致をみたとしても，両者はその結果の評価で異なっているかもしれない。ある新しい生産プロセスは労働節約的かもしれないし，そうではないかもしれないが，もしも労働節約的だとすれば，労働者と雇用主はこの生産プロセスに対して違った評価をするだろう。DDTの使用や他の有害かもしれない物質の使用は，野鳥観察家とマラリア患者とでは評価が異なるだろう。その特殊な例が将来のコスト便益評価の違いである。企業や政府が導入した新技術に懐疑的な多くの人々は，意思決定を行なう主体の視野が短期的で，長期的なコストを社会全般よりもはるかに高い割引率で計算していると懸念する。大企業は主に次の四半期の収支決算と，それに関連した株式市場価値に関心が向いていると考えられている。特殊な例とは，「非常に」長期の視野を持つ多くの人々の懸念なのである。おそらく「絶滅すれば終わり」とか，核燃料廃棄物の半減期は非常に長期だという考え方は，「中」長期的な効果以上に重要であるはずはないのだが，経済学者がいかに力を込めて否定しようとも，永遠が多くの人々にとって問題だということは，環境保護運動の文献を一瞥すれば分かる。ある程度までは，この種の心配は贅沢というものである。「先祖は我々子孫のために何をしてきてくれたんだ」という問いかけは，工業化の進んだ国の豊かな消費者ではなく，開発の遅れた国の貧しい人々から投げつけられる可能性の方が高いのである。

　第3に，リスク回避は個々人によって違いうるし，現に違っている。これはたんに効用関数の曲率の違いといった問題ではない（もちろんこれも重要ではある）[33]。これは，ある特定の新しいテクニックが生む意図せざる結果を解決する新しい知識を，追加的に生み出す社会の能力に関して，個々人がどこまで楽観的

であるかという問題である。しかし技術上の問題を解決していく人間の能力は，規模・範囲ともに増大を続ける問題との競争であり，その結果を予測するうえでは歴史はほとんど役に立たないということを心に留めておくべきである。

　抵抗の多くは，技術変化が便益を上回る負の外部性を生むことを懸念する人々から出ている。環境保護論者の多くは，新技術が財産権の定義が曖昧な共有資源を大量に使用するという理由で，イノベーションに懐疑的になる。この点で，新しいテクニックは古いテクニックとどこが違うのか？　馴れ親しみ，試行を重ねた技術はよく理解されていて，そうした技術が消費する資源には十分な対価が支払われているということだろう。外部性の標準的な例の場合，共有資源の価格は社会的な限界コストでは決まっていない。静態的な経済においては，この両者の乖離を極小化する取り決めが生まれてくることが多い。しかし絶えざるテクニックの変化は，不十分な情報の問題と一体となり，取引コストを複雑にする。既知の大気汚染物質の使用を制限するのは難しいと感じられているが，使用に伴う損害額が分からなかったり論争が続いている時に，同意を迫ることはさらにいっそう難しい。このようなバイアスが現実に存在するかどうかについては疑問がある。燃料噴射やDVDプレーヤーのように，使用する共有資源の財産権が問題にならない新技術は大きな注目を引かない。しかし，新技術が共有資源に及ぼす未知の影響は，意見の対立を激化させ，技術進歩に対する政治的な抵抗を悪化させるように見える。

　ある種の新テクニックはその性質上未知のものを伴っているので，市場が新技術と旧技術の選択を行なう際に，価格に反映されていない思いもよらない将来の危害要素を押しつけるかもしれない。言葉を換えれば，環境保護面での危害は，財産権の失敗に起因するのではなくて，新テクニックの斬新さに基づく不十分な情報と，導入される技術「システム」の複雑さに起因している。我々が経済の一部分でイノベーションを行なうと，その結果はどこか別の場所に現れる。こうした感覚は，「我々は決して1つのことだけを行なうことはできない」という環境

---

33) 効用関数の形の違いは，ある種のテクニックの意図せざる結果の多くが遠い将来にまでおよぶため（例えば核廃棄物や温室効果ガスを排出する燃焼テクニック），極めて重要である。自分の利益と対立する子孫の厚生に対するウェイトの置き方は，個々人によって大きく違ってくるだろう。

保護派の信念の中に反映されている。クロロフルオロカーボン（CFCs）が 1928 年に GM のトーマス・ミジリー（Thomas Midgley）によって発見された時は，それは一大ブレイクスルーだと考えられた[34]。ミジリーの生涯は，善意で行なったが失敗に終わったイノベーションの危険を物語る不気味な寓話である[35]。同様にアスベストの悪影響は，1868 年の導入から長年経ってようやく認識された。『エコノミスト』誌は，「もしも内燃機関が最初から環境コストを全額負担していたら，自動車は西洋経済の中心的存在になっていただろうか？」[36]とレトリックのきいた疑問を呈していた。テナー（Tenner, 1997）が示したように，いくつかの発明は予知のできない，しようとしてもできなかった影響を及ぼした。

　超高速鉄道，原子力発電，先進的な農薬等に対する環境保護運動の抵抗の多くは，技術変化の非所得効果を扱っている。ここでもまた，このような非金銭的影響と，それが起こる確率の評価は，個々人によって異なり，したがって，政治的な集計機構が決定する結果は，市場が決定する結果とは異なったものとなるだろう。多くの著述家たちが指摘しているように，通常，このような懸念に対する回答は，より多くの有用な知識であり，別のタイプの有用な知識を増やすことだ。より多くの技術が，技術のマイナス効果を救済すると考える著述家もいる（DeGregori, 1985）。一方，この種のプロセスは技術の地獄に落ち込んでいくと考える著述家もいる。技術の歴史と，ここで展開した枠組みが示唆することは，技術の認識的基礎の拡大が，技術のマイナス効果を克服する技術が登場する可能性を高める，ということである。放射性廃棄物を食べるバクテリアが開発されるかもしれないし，オゾン層を修復する化学物質とか，技術がもたらした世界の漁業資源の枯渇を解決するために，養殖魚を天然物の風味にする物質が出てくるかも

---

34) 主にスプレー缶の噴出用ガス，冷却，エレクトロニクス産業の溶剤として使われているフロン（CFCs）は不活性であり，スプレー缶の中の物質と反応しないという利点がある。そのうえ毒性がなく安価に生産できる。

35) フロン（CFCs）に加えて，ミジリーは 1921 年にガソリン添加剤テトラエチル鉛を発見した。これはエンジンのノッキングを減少させた。ガソリンの中に入れた鉛は環境破壊の原因となり，大部分の西洋諸国では禁止された。ミジリー自身は小児麻痺を患っており，自分自身がベッドから出るのを補助するため，ハーネスと滑車を使った独創的な装置を作った。1944 年，彼は自分の作った新しい装置ではからずも窒息死した（Friedlander, 1989, pp. 168-69 参照）。

36) *The Economist*, 1990 年 9 月 8 日, p. 25.

しれない。家庭の暖房用の褐炭の燃焼や鉛化合物を含んだガソリンの使用が環境に有害であることが分かった時，指令経済とは対照的に，市場経済はこうした帰結を除去する手段を見つけることができた。決定的に重要なのは，こうした手段はほとんどの場合，より複雑で高度な技術を必要としたということである。

　現在の環境保護派の何人かは，こうした行動は20世紀から21世紀型のテクニックには通用しないだろうし，したがって現代の外部性は過去の技術が引き起こした外部性よりもはるかに悪いと主張している（McKibben, 1989, pp. 139-54）。こうした違いを示す証拠はほとんど存在しない。酸性雨やオゾン層破壊や温室効果ガスなどが，石炭や褐炭や泥炭を家庭の暖炉で燃やすことや，ビール製造業者や皮なめし業者による中世の飲料水の汚染や，近代以前の都市の原始的下水設備や水道以上に，悪い外部性を生むかどうかは明らかではない。確かに現代の環境保護問題がローカルではなく，時にはグローバルなインパクトを与えるという点で，かつての環境問題とは違う（Lynn, 1989, p. 184）。しかし現代技術は大気圏のオゾン層を脅かすフロンを生んだだけでなく，モリーナとローランドにその危険を発見する道具をも授けた。危害を生む技術力の向上はまた，それを検出し修復する技術力の向上をも意味している。それにもかかわらず，現代技術の力に対する恐怖は多くの現代思想家に影響を与え，ついには，現代技術はエコロジカルな失敗を生んだために経済的な成功なのである，といった，バリー・コモナーの広く引用される主張が真剣に受け止められるようになった（Commoner, 1974, p. 174）。事実，コモナーやイヴァン・イリイチ（Ivan Illich）やE・J・ミシャン（E. J. Mishan）などの著作を読むと，技術は使用する資源に見合う適切な見返りを生んでいないだけでなく，自然を操作し変更を加えるからこそ，現代技術だけでなくあらゆる技術は全て悪である，ということを示唆しているように見える。しかし自然を操作し自然を変えることこそが，まさに技術なのである。

　新技術に対する多くの抵抗の底流にあるのは「危険な坂道」論であり，それは技術史における経路依存性を暗黙のうちに拠り所としている。他の全ての進化のシステムと同様，通常新しい知識は既存の知識から出現するため，現在の選択が将来の選択肢を決めるという事実によって有用な知識は特徴づけられる。この可能性は新しい技術が当初採用されるが，それに続いて新しい情報が登場したり，なんらかの選好の変化が生じて，人々の考え方が変わった際にも生じる。新しい

技術情報の性質は不可逆的である。いったんそれを学習してしまうと，それが社会的にどれだけ望ましくなくても，社会がそのテクニックを「学習しなかったことにする」のは，不可能ではなくても困難になる。この種の現象は「パンドラ効果」と呼びうるかもしれない。社会が T_1 への移行の決定を「後悔」しても，T_0 へ戻ることはできないかもしれない。時間 0 の時点でこのプロセスが，たとえ可能性だけでも予想されていれば，「後日それを後悔しないように」，社会は T_1 の不採用を決定するかもしれない。建設目的にも軍事目的にも使える技術の場合，これはとくに当てはまるし，またそれは何らかの形で政治的，社会的な操作に力を貸すと疑われている技術の場合にも当てはまる。農薬，クローン，原子力発電，遺伝子組換え食品に関する今日の議論のように，大失敗に終わった発明は難しい論争のもととなった。

　技術変化の経路依存性を前提とすると，ある新技術が望ましくない技術の開発をもたらす見込みがある場合，人口のうちのある部分の人々がこの新技術に抵抗するのは，それが一時的に厚生を増進するとしても理に適っているのかもしれない[37]。「パンドラ効果」を一般化すると，それは全ての人が T_0 よりも T_1 を選好することに同意するかもしれないが，T_1 が非常に高い確率で T_2, T_3, ……T_n を生み，T_n は T_0 よりも望ましくないという場合である。今日多くの人々が，核エネルギーを知らなければもっと幸せになれただろうと信じているかもしれない。だがそうした選択肢はもはや存在しない。言い換えれば技術変化は，たんに 2 つのテクニックの間の選択を伴うだけではなく，核エネルギーと化石燃料，直流と交流のような，2 つの異なった技術「軌道」の間の選択でもある。この場合の政治的な行動は，当初の技術の特性が魅力的に見えてもその技術軌道自体は望ましくないことを，関連する意思決定者に説得しようとすることである。したがって臓器移植を可能にした医学の進歩は臓器が取引される市場を生み出し，羊水の検査による胎児の性別判定能力がやがて性別選好のための選択的な妊娠中絶を生むだろうといった主張は筋が通っている。「サイバー恐怖症(サイバーフォビア)」はある面で，非人格

---

[37] その一例としては，ジェレミー・リフキン（Jeremy Rifkin）を代表としてバイオ技術の拡散と戦うために創設されたワシントンのロビー団体である経済動向財団（Foundation on Economic Trends）が行なったキャンペーンがある。現代のバイオ技術によってひき起こされた深刻な被害の実例は知られていないが，この技術がテイク・オフしたら，極めて有害な他の技術が続いて登場するのではないかという危惧がもたれている。

的で非人間的な機械がやがて社会を支配するようになり,人間と機械の差がやがて不明確になるだろうという,将来に対する恐怖を基礎にしている。試験管内での体外受精テクニックは,人間の再生産プロセスの機械化の恐怖を生んだ。飲料水へのフッ素添加は,社会化された医療だけでなく,水道供給のようなネットワーク技術のコントロールを通じて,疑いをもたない個人の健康に影響を与える国家の力への懸念をもたらした[38]。農業における遺伝子組換え植物の使用に対する世界的な抵抗も,それが未来をどこに導くのだろうかという不安を反映している。非常に多くの新技術が開発者の意図とは違った形で使われたり,予想もしなかった失敗を生むため,新しい知識を生み出すことが「魔法使いの弟子」のように,コントロールできなくなる何か強力なものの束縛を解いているのかもしれないという不安を我々は抱く。これはある種の技術変化が,まだ漠然としているが,受け容れがたい将来の帰結を招くことへの不安である[39]。

このようにイノベーションはリスクを押しつける。そしてそれに対する環境保護論者の抵抗の多くは,たんなるリスク回避の一形態,あるいはおそらく未知なるものの忌避の一形態である[40]。顕著な抵抗源の1つが天然資源保護協議会 (Natural Resources Defense Council) である。この団体は,ある化学物質の安全な最大限度が科学的に確定できないなら,それをゼロに設定すべきであると論じている (H. W. Lewis, 1989)。FDAは未知の副作用のリスクを最小にすべきであるという理論によって,新しい薬の使用を認可しないことにより,何百万という患者の

---

38) フッ素添加は,合衆国では1945年に最初に導入された。しかし1992年でも,公共的な水道を利用するアメリカ人のわずか62%がその恩恵に与っているにすぎない。西部諸州の集計機構は選挙によって選ばれた代表者による決定よりも住民投票という形をとるが,これらの州では一般に採択率は低い(ネバダ州2%,カリフォルニア州16%)。これは,「大規模な薬剤投与」に関する古典的なラッダイト風懐疑主義を反映しているが,同時に大きな政府に対する不信感をも反映している。適量以上の添加が行なわれた時に歯が若干変色すること以外,何らマイナスの副作用が出たとの証拠はない(*Scientific American* 274, no. 2 [Feb. 1996], p. 20 参照)。

39) 1958年,アーノルド・トインビー(Arnold Toynbee)はこう書いた。「もしも1回の投票で過去300年間の全ての技術進歩を取り消して元に戻すことができるなら,我々の多くの者は人類の存続を守るためにその1票を投ずる一方,我々は社会的,道徳的に立ち遅れた現在の状態に留まることになろう」(Perrin, 1979, pp. 80-81 に引用)。

40) こうした態度が,遺伝子工学に反対する十字軍の背後にある動機に違いないが(Rifkin, 1985, 1983),おそらく技術はこの惑星の物理的環境を傷つけるというより改善する可能性が高い。

際限ない苦痛に間接的に責任を負っている。だがリスク関数は対称型である。イノベーションは失望に終わったり，時には大惨事になることがあるのとちょうど同じように，抗生物質や電話やコピー機の場合のように，当初の予想をはるかに上回る便益が得られる場合もある[41]。ダルコン式子宮内避妊リングは，ごく少数の使用者にある種のマイナスの副作用を与えたかもしれない。しかし過激なテクノフォビアの人々でも，完全にリスクがないとは言えないにしても，避妊技術のもつ解放的な効果を否定することは難しいだろう。

　認識的基礎が非常に狭隘な場合に技術がもたらした驚きと，それに対する不釣合いな反応を示す最も啓発的な事例は，おそらくサリドマイド薬の奇妙な歴史だろう（Stephens and Brynner, 2001）。1950年に初めて導入された時点では，サリドマイドはその薬効が不明確ではあったものの副作用はないと考えられていた。これは，鎮静剤として導入され（分子構造がバルビツール酸系催眠鎮静薬に似ていると考えられたため），それが禁止されたのは，奇形児という予期せざる副作用が確定してからだった。合衆国のFDAによるサリドマイドの使用への抵抗は，ヨーロッパやカナダにおける何千人という母親やその子どもたちの運命から合衆国の女性を救ったことを意味していた。「常に悪いことは起こりうる」ということが現実に起きたこと，そして身の毛もよだつような〔gruesome, 原文ママ〕奇形児の姿は，サリドマイドが政治的に有害な物質となり，これに対する抵抗が不釣合いな次元にまで大きくなったことを意味していた。サリドマイドの他の薬効が明らかになってきたため（とくに稀な型のハンセン病の治療や，ある種のタイプの癌の治療），犠牲者たちの憎しみと憤りの感情に満ちた努力にもかかわらず，再度承認させようという新たな圧力が高まっている。サリドマイド禍によるショッキングなビジュアル的効果が，認識される危険に過大なバイアスをかけていることは，心理学者たちが指摘している通りである（例えば，Slovic, Fischoff, and Lichtenstein, 1982）。

　要約すれば，予期しない，意図しない帰結，それに技術の経路依存性が，恐怖と懸念の合理的な発生源である。歴史的に見て真に問われなければならない問題

41）ゼロックス社が初めて複写機を導入した1959年，あるコンサルティング会社は合衆国における複写機の全需要は5,000台だろうと予測した（Herman, Ardekani, and Ausubel, 1989, p. 62参照）。

は，こうした意図せざる結果の犠牲が大きすぎ，かつ不可逆的であるため，どのような新しく優れた技術もそれを克服できないのか，あるいはそれはやがて耐えられる水準に収束していく一連の副作用にすぎないのか，ということである。アスベストやフロンガスの場合，そのコストは大き過ぎたかもしれない。だがより大きな全体の中でみると，このような事例は原則ではなく例外であって，技術進歩がもたらす厚生を削減してしまうほどに，過去1世紀の間に，意図せざるマイナスのシステム効果が大きかったものは1つもなかった。

技術に対する抵抗や恐怖の背後には，宗教的な信念が存在する場合もある。宗教と技術の関係は複雑だが，それは技術進歩が成功を収めるために克服しなければならない非常に大きなハンディキャップである。発明というゲーム自体はある種の物理的，化学的難問の解決であり，したがって人間と自然との間のゲームである。自然環境の形而上学に対し人が持つ信念は，技術進歩が起きるうえで中心的な重要性をもっている。宗教体制はしばしば環境の現状を神聖化したり，古い世代に無謬性の雰囲気を与えてきた。結局のところ，発明という行為は反乱であり，宗教が反乱を承認することは稀だった。知識の獲得において，宗教は研究の主題を設定する1つの要因であるように思われる。確かに宗教それ自体は，経済的な刺激やインセンティブにとって部分的には内生的なものであり，文化それ自体は不動のものだという前提や，ヴェーバーの命題の字義通りの解釈に立つ粗雑な観念には説得力がない（E. L. Jones, 1995, 2002）。だが組織された宗教や個人の宗教的信仰は，新しいテクニックの認識的基礎として役に立つ有用な知識の蓄積に影響を与えるかもしれない方向へと，新知識探求の方向性にバイアスをかける。文化的な信条もまた，それ以前の世代が蓄積した知識に対する態度に影響を与える。しばしば宗教（あるいは宗教の不在）は，学識があり好奇心の強い研究者の研究テーマを設定する。ユダヤ教神秘主義の賢人たちがやろうとしたように，世界の終末の日時を予測する目的で数学的なスキルを使い，宗教的なテキストの中の重要な語句の解釈に数量的な手法を適用するのは，ポンプや輪作の研究と同じだけ有用な知識を増やすことにはならない。シェイピンが指摘したように，16世紀，17世紀西欧の進歩の多くが，宗教的な動機に基づいていた（Shapin, 1996）。中世初期のヨーロッパでは修道院という宗教的組織が，働いている者と教育を受けた者との間の橋渡しという不可欠の役割を果たし，その後のヨーロッパにおけ

る技術発展の歴史的源泉となった[42]。だが全体としてみると宗教は，発明家や革新者(イノベーター)の霊感の源泉になったのと同じくらい抵抗の源ともなった。人間は自然の執事であり，主人ではなく世話人であるとの考え方は，この地球を発見したままの姿にしておくという，基本的に保守的な立場を意味している。このような立場は，技術進歩に伴う不可逆的な変化に対して当然敵対的となる。興味深いことにこのような見方は現代の技術批判者たちによって持ち上げられることが多かった(Rifkin, 1985, p. 108)。イスラームは技術に対し敵対的な態度をとることがしばしばあり（Kuran, 1997），ヨーロッパのユダヤ人は何世紀もの間，その高い読み書きや学習能力に対応するほどには，本書が定義する意味での有用な知識の増加に貢献してこなかったことは，一種の謎として残る。

　何よりも技術変化は，直接人々の効用関数の変化の中に表れるかもしれない。この考えは経済学者には奇怪に見えるかもしれないが，社会学者や心理学者にとってはそうではない[43]。そのうえ経済学者にとっては，行動の違いを効用関数の違いに帰するのは伝統的に，興味をそそらないことと考えられてきた。フロイトが技術を人工の手足に譬えた時に述べたように，技術は多くの人にとって，何か本源的に不自然なものと感じられる（Winner, 1977）[44]。ある研究者はこう嘆いている。「ある面で我々は，自分たちの発明がもたらした結果にぞっとしている。そして……昔から続く，どうでもいいような慣習をしっかり堅持することに安心を見出そうとしている」（Morison, 1966, p. 43）。技術は何かコントロールできないもの，何か理解できないもの，したがって，何か悪いものとみなされている

---

42) 現在のところ最も興味深い研究は，中世のヨーロッパについて行なわれている（とくにBenz, 1966 と White, 1968, 1978 を参照）。逆説的なことには，現代の多くの技術批判者，例えばジャック・エリュール，イヴァン・イリイチ，E・F・シュマッハーなどは，カトリックの教義の影響を受けている。
43) 心理学に関する文献には，新技術に対する恐怖といった，一見「非合理」な現象を大いに強調したものが見られる。「サイバーフォビア」，「テクノフォビア」，さらには「ネオフォビア」の心理学的「診断」までよく見かけられる。これらの文献を注意深く検討して批判したものは，バウアー（Bauer, 1995, pp. 87-122）参照。
44) 憂慮する科学者同盟（Union of Concerned Scientists）の農業とバイオテクノロジー・プログラム部長は，遺伝子組換え作物に対するこうした態度を以下のように要約している。科学的な見地からは，このテクニックは「これまで行なわれてきたことと基本的に異なっており，したがってそれが『不自然』である」ことに疑問の余地はない（*Scientific American*, 2001 年 4 月, p. 65 におけるインタビュー。『　』による強調は追加したもの）。

(Winner, 1977)。この感情の深さは，プロメーテウスやプラハのゴーレムなどの伝説によって例証されている。この伝統を継承した，おそらく最も著名な作家であるジャック・エリュールは，「テクニックの自律性」について語るが，その中で技術は召使から主人に変身し，「テクニック自体の必要性が決定因子となり……［テクニック］それ自体が現実となり，それ自体の法を持つ自立した存在になる」と述べている (Ellul, 1964, p. 134)。このような見方に影響された，彼ほど洗練されていない現代の著述家たちは，それを過激なテクノフォビアと結びつけた。そこでは想定される外部性への懸念と，経済進歩が「ユートピア」を生まなかったという幻滅とが「現代技術は命令と支配を行なうために存在する」という潜在意識上の疑念と混ぜ合わさっている（例えば，Glendinning, 1990, p. 141）。

　宗教は「文化」の一部であり，文化が歴史における多様な経済的パフォーマンスの受け容れ可能な説明因子であるかどうかをめぐる議論が続いている (Temin, 1997)。文化は大部分内生的であり，環境に適応していくと主張するエリック・ジョーンズ (Eric Jones, 1995) のような立場と，文化は運命だというデイヴィッド・ランデス (David Landes, 1998) のような立場の間には，あまり教条的ではない者が安心して留まることができる中間点が存在するに違いない。反技術的，保守的バイアスが文化の中に埋め込まれ，そのために意思決定機関が技術について反動勢力になることはありうる。このような場合には，技術の現状維持派が潜在的革新者と繰り返し闘争を行なう必要はない。これは文化が技術について防水扉になるという意味ではない。最も保守的な文化でも最終的には，明らかに優れた技術を受け容れざるをえなかった。しかし闘争はより激しくなり，より長期化し，コストは大きくなり，採用されたテクニックはもはや最新ではなくなる場合が多かった。このような文化的バイアスは教育システムによって導入される。そこでは体制順応的な価値観が涵養されて，伝統が尊重され，逸脱や反抗は極めて危険であるとされる[45]。旧来のインドには知識の普及や伝播のための組織が存在せず，

---

45) バーナード・ルイスによれば，イスラームの伝統では，「bidaa（イノベーション）」という用語は，西洋の「herecy（異端）」のように，最後はネガティブな意味を獲得した。このような微妙な文化的変化が，1400年以後の中近東イスラーム諸国での技術の減速の多くの部分を説明する (Bernard Lewis, 1982, pp. 229-30)。どんな宗教も，(相対的な意味でさえ) 本質的に反技術的であると主張するものではない。しかし，地位を確立したエリートたちが，自分たちの支配に対するいかなる挑戦も困難にするため，制度や文化を操作す

理論家と職人の間には，橋渡しが不可能な社会的障壁が存在した（Morris, 1983, p. 563）。ジョーンズによれば，インドのカースト制度は極めて保守的で厳格な制度であり，そこでは生まれながらの属性が力を持っており，個人の業績は「原則として無視される」。またジョーンズは，カースト制度は経済成長にとっての絶対的な制約ではないと認識しており，「腹立たしいほどのブレーキにはなるかもしれないが，社会のどこかに設置されているモーターの電源を切ることはできないだろう」と認識している（Jones, 1988, pp. 103-06）。ここでの議論は，まさにこのブレーキに関するものである。このようなブレーキの付いた社会は，ブレーキのない社会に比べ，どこか他で生み出された有用な知識の採用や開発がより遅くなる。こうしたブレーキのことを，パレンテとプレスコットは「バリアー」と呼んでいる（Parente and Prescott, 2000）。彼らはテクニックへのアクセスが容易な場合でさえ，それがどのようにテクニックの伝播を遅らせ，阻止するかを説明している。同じようなメカニズムは，新しい世代の知識の創造に対してはさらにいっそう当てはまる。このような文化的要因が大きな説明力を持つためには，それがかなりのものである必要がある。西洋「内」の違いを説明するために文化的要因を用いるのは，「小さなナッツを砕くために説明用の大ハンマー」を使わざるを得ないということのように見える（James, 1990, p. 124）。文化はブレーキとなりうる。だがハンド・ブレーキがかかった車でも，ゆっくりした速度であれば動き，長期間動かしていればブレーキは磨り減ってくる。おそらく文化は，経済成長のより深い文化的ルーツについて語ることができるという程度のものだろう。

市場か政治か？　抵抗の経済史

用語法は異なっているが 異質の集計機構（ヘテロジニアス・アグリゲーターズ）は，故マンサー・オルソン（Olson, 1982）が明示した概念に最も近い。イノベーションの裁定者としての市場に対する反対派は，いつ，どのようにして生まれるのだろうか？　ある技術が今までに試みられたことがなく，全く新しい場合，未知のものに対する深刻な恐怖が生じ

ることができる多くの巧妙な方法が存在し，その中で，宗教は確実にその一つである。

る。これはリスク回避か,それよりさらに強い「我々の知らない悪魔」に対する恐怖に起因する。新しいテクニックの受け容れに同意しない理由にはさまざまな原因や,選好や期待の異質性などがある。あるテクニックがうまく行かないか,損害や危害を与えると思われる場合,リスク回避度が高い人は抵抗するだろう。そればかりか,たんにテクニックが新しく,同一の先例がないという理由で,失敗する確率の大きさについて意見が分かれ,そのために同じリスク回避度の人々ですら異なった態度をとることがありうる。試験済みの技術を他の国から導入する社会では,未知のものに対するこのような恐怖は二次的で,抵抗はたんに他の国での新技術のマイナス効果の観察から生じる可能性が高い。だがこのような「学習」効果は比較的稀である[46]。よりありうるのは,新技術それ自体はそうでないとしても,それを望ましくない文化や政治との「セット販売」と捉える「相関効果」とでも呼ぶべきものである。この種のあいまいさは非西洋諸国での政治論争に色どりを付け,多くの場合外国人に対する文化的な疑念と結びつく。そこには「魔術と一体化することが発展＝近代化＝西洋化である」という感覚がある。とくに新技術が新製品の形をとる場合,それはしばしば望ましくない文化的,社会的副作用と相関関係があるとされる。これの特殊ケースは,新しい有用な知識が何らかの理由で,嫌われているある集団と結び付けられた時に起きる[47]。人々がそれから疎外されていると感じる強力な集団や政治運動と,技術進歩が関連づけられてしまうのである。例えば原子力発電に対する技術的な抵抗は,「ビッグ・ビジネス,あるいはビッグ・サイエンスに対する一撃」と見られるかもしれない。だが社会学者の研究は,このような抵抗が稀であることを示している(Mazur, 1975, p. 62)。

とはいえ技術変化が他の変化と相関しているために,有害とみなされることが

---

[46] 最も明白な例は徳川時代の火器の禁止である。日本では政府が暴力独占を保持すべく,マスケット銃の生産と使用を禁止することに成功した(Perrin, 1979)。

[47] イギリスにおけるキニーネの受容は,この薬とイエズス会との結びつきのために遅れた。オリバー・クロムウェルは「イエズス会の治療法」だという理由でキニーネを拒否し,マラリア熱で死亡した。ギデオン・ハーヴェイ(Gideon Harvey)の『家庭の医薬』(1667年)も同様に,キニーネはイエズス会の薬だと糾弾した。最初の効果ある化学的薬品であるこの薬の完全な受容は,このような抵抗のため半世紀遅れた。これはアドルフ・ヒトラーの原子力研究に対する抵抗を思い起こさせる。ヒトラーは核の研究を「ユダヤ人の物理学」と結びつけて考えていた。

あるのも当然である。歴史的に見ると新技術に対する疑念のいくつかは，商業化と結び付けられていた。大部分の技術変化は，総産出量のうちで市場を経由する比率に影響を与える。「緑の革命」は市場で購入される投入物（種子，肥料，農薬）に大きく依存したため，商業化を促進した。その結果，小規模な自給自足的共同体への市場の浸透によって起こるとされる混乱や暴力に対して，深刻な反対の声を上げる人々が登場して「農民の農業離れ」を引き起こした（Shiva, 1991, pp. 177, 190）。だが技術進歩は，原理的には市場促進的にも市場縮減的にもなり得る。全体として見れば，おそらく技術進歩は商業化に対して促進的だっただろう。市場の浸透は何よりも，高い輸送と通信のコストによって妨げられていた。有用な知識の進歩は徐々にこのコストを低下させていった最大の要因だった。他方で20世紀に開発された家電製品の多くは，それまで家内雇用労働者によって遂行されていた洗濯や料理サービスを家内生産に変えた。もう1つ別の相関効果は，新技術が合理化と世俗化へと導き，宗教の力と「伝統的な価値観」を損なうのではないかという恐怖である。1900年頃のヨーロッパでは反近代主義者が，「魂の衰退」を招くとして，株式市場，予防接種，空気より重いものの飛行，グローバル経済，実証科学などに反対した。このような主張をする人々をたんなる変わり者として無視するのは容易かもしれないが，彼らの著作は流れ流れて，また聞き，またのまた聞きで，若き日のアドルフ・ヒトラーやそれと同傾向の過激派にも届いていった（例えばFest, 1973, pp. 89-106参照）。

　利己心もまた重要である。経済学者たちは，政府の規制やその他の集団的意思決定によって市場の決定を置き換え，そこから小集団や個人が利益を得る行為を，「レント・シーキング」と名づけてきた。この「レント・シーキング」の標準的な定義を拡大し「損失回避」を含めてもいい。技術進歩は必然的に敗者を生み，こうした敗者たちは自由貿易の場合と同じように，一部に集中している傾向があるので，通常は容易に組織化できる。他方で技術進歩の潜在的利益は拡散していて，政治舞台に不馴れな，散らばっている消費者や孤独な発明家などに発生する傾向がある。そのため技術変化の政治経済学から予測できるのは，技術変化がよく組織された圧力団体からの抵抗に遭う一方，擁護者たちは通常，消費者や発明家の雑多な集団と，たぶん経済成長に直接的な利害を持つ少数の集団だけになるだろうということである。市場の力だけへの依存は，定義上新技術の勝利を意味

するので,この2つの間の闘争は常に非市場的なプロセスになる。新技術をめぐる非市場的な闘争はその性質上非常に多様な形をとるために,帰結を予測する方法はない。とはいえこの闘争が保守派の勝利に終わって,勝者が現状を固定化するために保守派に有利な意思決定ルールをつくることができれば,そこで進歩は止まってしまう。

　歴史的に見ると,新しい技術変化に対する抵抗の多くには経済的な理由があった。潜在的な敗者がイノベーションを妨げる障壁を作ったのである。まず,全ての効用関数は変数として所得しか含んでいないと仮定し,新テクニックへの移行の効果は総所得の増加だけであり,勝者の増分は敗者の損失分を上回ると仮定しよう。これが意味するのは,発明は社会全体としては望ましいが,勝者が増加した所得の一部を敗者の補償に使う場合にのみ,利害対立が解決されるということである。所得補償は一見したところ合理的な問題解決策に見えるかもしれないが,実際にはめったに実現されない。敗者を特定し,その損失額を測定して,勝者の集団行動とともに敗者のモラルハザードの問題を克服するという大変難しい問題があるからである。そのうえ潜在的勝者にとっては,敗者に補償を確約するのも難しい。というのは定義上,ある特定のイノベーションを導入し,既得権を排除するゲームは,1回限りだからである[48]。それにもかかわらずより広い意味では,敗者への補償は実際に行なわれてきた。農業への支援や近代西洋経済における福祉制度は少なくとも一部は,急速な工業化とそれに続く脱工業化の中で貧乏くじを引く結果となった集団への補償を行ない,彼らを懐柔するために構築されたメカニズムと解釈することができる。もしも所得補償が行なわれなければ,敗者たちは社会的な意思決定ルールを G_M から,彼らにとってより有利なルールへ変更するために団結しようとするだろう。彼らの方法は市場の裏をかくこと,我々の用語を使えば a を減少させ,その後政治的な行動により,集計機構 G_D および(または) G_V に影響を与えることである。ここでの主な問題は,ある人々にとって,なぜ技術変化が所得削減的または効用低下的に働くのかということである。以下ではイノベーションに対する純粋に合理的な抵抗の明らかな源泉を,いくつ

---

[48] イノベーションが導入される前に敗者に補助金を前払いすることは起こりそうにない。新テクニックの採用が政治権力の移動と結びつけば,一括払いの補償金が,将来全額税金で吸い取られてしまうこともありうるからである (Parente and Prescott, 2000, p. 128)。

かに類型化して挙げる。

失業

　イノベーションに対する抵抗の明らかな源泉の1つは，リカードの『経済学および課税の原理』第31章の「機械について」以後，広範に支持されている信念，つまり労働節約的な技術変化は差別化のできない労働への需要を減らし，その結果失業と賃金低下の可能性をもたらすとの考えである。経済学者たちが長い間論じてきたように，この主張自体は生産関数における外生的変化の一般均衡特性を抜きには受け容れられない。労働者を機械で置き換えるイノベーションは全生産物市場と全要素市場に影響を与える。ある1つの財の価格を低下させる生産効率の上昇は実質所得を増加させ，したがって他の財の需要を増加させるだろう。その結果，技術変化で排除された労働者は他の産業で雇用を見つけるかもしれず，実質賃金が上がる場合も下がる場合もあるだろう。調整費用を無視した抽象的な世界では，全ての労働者と生産的資産がある用途から別の用途へと費用なしに転換されるので，生産技術の変化が必然的に労働所得と雇用を減らすとアプリオリには想定できない。もちろん現実の世界では一時的な不均衡が，大きなサブグループの人々に苦難をもたらす可能性がある。しかし広く研究された事例のいくつかによれば，懸念された技術による失業は現実化していなかった。リカードが提起した「機械問題」をめぐる長く複雑な国民的議論にもかかわらず，19世紀のイギリスは，リカードやラッダイト運動家たちがともに心配した構造的失業の慢性的増加に悩まされることはなかった[49]。全く違う環境下では，例えば1970

---

[49] バーグが注記しているように（Berg, 1980, p. 67），リカードは技術による失業が不可避だと言ったのではなかった。失業は機械が労働に取って代わるから起きたのではなくて，機械が「流動資本」のストックを減少させるから起きたのである。したがって失業は一国の資本ストックが非常に小さい時に，機械の建設が「固定資本への強引な転換」を要求するような場所でのみ起きることであり，これはまったく19世紀のイギリスの描写ではなかった（Hicks, 1969, pp. 148-54, 168-71 も参照）。ありそうもない状況下で，多少の（一時的）失業が「機械」の導入によって起こりえるという理論的な証明は，このような技術による失業が現に大規模に起きたことを証明するのとは全く異なる。前者は機械がひき起こした経済的な苦痛，例えば「技術による失業，長時間にわたる疎外された工場労働，急速に拡大する工業都市の煙害」（Berg, 1980, p. 17）が原因で労働者階級の指導者たちが機械に抵抗したということを語っているが，最初のもの〔技術による失業〕は後の2つと明らかに矛盾している。

年代のアジアでは農業の機械化が田園地帯での広範な失業をもたらすのではないかと懸念されたが，これも生じなかった（Campbell, 1990, p. 26）。労働経済学者の最近の研究では，新技術の導入は全体として見ると雇用増加と関連しているとされている。この種の研究の1つでは，はっきりとこう断言されている。「雇用増加と新技術の導入は，代替関係ではなく補完関係にあるように見える。ラッダイトたちは間違っていたのである」（Blanchflower and Burgess, 1995, p. 18）。ここでの危険は一種の過剰集計である。異なる部門間で相殺的な労働需要の変動がある場合，トータルの労働需要は不変だったとしても，かなりの憤りを生む。転換の費用は無視できない場合が多く，労働者は別の場所でより良い機会を見つける前に，まず自分自身の部門の衰退を見るだろうからである。

資本損失

物的資本が「パテ・粘土」型，つまりいったん作ってしまうと他の用途への転用が難しい場合には別の問題が起こる。これは1つの製品が効率の異なる機械によって生産されている，単純ヴィンテージ・モデルで見られる。最低ランクの機械が稼ぐレントはゼロであり，他の全ての機械は，使用中の最も効率の悪い機械との生産効率の差に応じてレントを稼ぎ出す。資産の価値は標準的な公式によって決まり，その式は，この差と，期待される将来の技術発展による減価との関数となる。技術進歩率の上昇は，ヴィンテージの古い機械の市場価値を低下させる。したがって所有者は，もし可能ならばそれを避ける方法を見つけようとするだろう。

しかし実際には，こうしたことはめったに起こらない。物的資本の所有者が新テクニックの導入に反対して闘ったという例は比較的少ない。その理由は，機械の物理的な質はほとんど変えられないが，特許の所有権を含む資本財が売買できるからに違いない[50]。陳腐化する機械の所有者はその損失を蒙るだろうが，低いコストで高い利益を生む新しい機械を購入することにより，新技術の所有者にな

---

50) この点で，既存の生産者が特許の供与や譲渡から排除されないことが決定的に重要である。既存の生産者が特許を供与してもらえない時には，彼らはこの新しい時流に乗ることができなくなる。19世紀の合衆国でどれほど特許の供与や譲渡が日常化していたかに関する調査は，ラマローとソコロフ（Lamoreaux and Sokoloff, 1996）参照。

ることができる。このことは例えば水車場の所有者が確保していた，立地からくる巨額のレントにもかかわらず，蒸気機関の導入に対する抵抗が比較的弱かった理由を説明する。水力を利用していた産業資本家は，彼らの水車が使用されなくなった時に損失を蒙ったかもしれないが，蒸気の技術を買うことで，彼らはこの損失を埋め合わせることができた。まさにこのことが，イギリスの産業革命期にランカシャーで起きた。だが資本市場が既存の生産者のうち特定の者を優遇した場合には，この原則が破られて抵抗が起きることが予想された[51]。

非金銭的な損失

技術変化に対する抵抗のもう1つの源泉は，技術変化がただたんに平均費用のレベルを変えるだけでなく，費用関数の全体的な形を変えることである。新技術は全般的なコストを引き下げ，効率を引き上げる一方，企業の効率的な最小規模と，この産業への参入条件を変えてしまうかもしれない。第1次産業革命期の繊維産業で，効率性を達成できる最小規模が引き上げられた時，熟練職人や家内生産者は，みごとにこの産業から駆逐されてしまった。取引コストや情報コストのない「完全」な資本市場を持つ世界では，このような転換のコストは，小規模生産者たちが大企業に統合されて規模の経済性を活用することにより，軽減されるだろう。それはイギリスの産業革命期に，通常認識されているよりも大きな規模で生じていた[52]。とはいえ有名なラッダイト運動やキャプテン・スウィングの騒動が起こる前の産業革命期中に，工場に脅威を感じた職人や自営製造業者たちによる暴動がすでにいくつか起きていた（Randall, 1991）。工場での労働にはかなりの抵抗があったが，それは規律と厳格さ，物理的環境，家庭や共同体への劇的なインパクトなどのためだった。

そのうえ労働者たちにとっては，工場の安全性や騒音から仕事の満足度や意思

---

51) 例えば，18世紀のノルウェーの漁業者はマルティプル・ライン（multiple lines）という新しいテクニックに抵抗した。このテクニックは生産性を向上させたが，その利用は「追加的な道具とそれに適した船に投資できる比較的裕福な漁業者に限られていた」（Bruland, 1995, p. 131）。

52) このような作業場は，他の社会においても工業化の初期の段階で起きている。インドでは綿繰り，精米，製粉といった産業で，企業家がしばしば機械を供与し，メンテナンスを行ない，労働者から手数料を取っていた（Morris, 1983, p. 675 参照）。

決定権に至るまでの，職場の非金銭的特性が問題となる。新技術がこれらの特性にマイナスの影響を与えるのなら，それを完全に埋め合わせるような賃金上昇で補償されるか，自分のコスト負担なしに同じような仕事を見つけられない限り，労働者たちは抵抗するだろう。産業革命の期間中にとくに争いの種になったのは，雇用主が製品を標準化して製品の規格を設定する際に，職人や家内労働者たちが持っていた自由度を狭めようとする試みだった。木綿布からマスケット銃の銃弾に至るまで，製品の標準化によって産出物の品質の許容範囲がより狭まった時，標準化を進める試みは，繰り返し強い抵抗に遭った（Alder, 1997, chs. 4-5）。そのうえ技術変化は生産と雇用の地域間配分にも影響を与えるので，労働者はある地域から別の地域へ移動することを強制されたり，田舎から都会へ移動することを強要された。新技術が伝統的な共同体を破壊すると感じられることも多かった。共同体のメンバーの中にはそれが大して重要でない人々もいたが，非常に懸念した人々もいた。どのような種類の集計機構であろうと，人口のうちのどれかの部分集合に，ほとんど不可避的に不満を感じさせることになる。

人的資本

人的資本については，利害対立の機会はもっと大きくなる[53]。スキルや経験は生涯にわたって獲得されるが，新しいスキルを学習する能力はライフサイクルとともに低下していく[54]。学生や徒弟の年齢を過ぎた労働者は，イノベーションに

---

[53] 熟練労働者の間での抵抗を分析した研究の中で，クルーセルとリオス＝ルルがこの種の問題の一例を巧みに表現している。彼らは全ての資本が特定の技術を持った人的資本である経済をモデル化した。ある1つの技術に特化したスキルに投資し，それが陳腐化の脅威にさらされている年長の労働者は，一種の「既得権益」としてモデル化することができる。彼らのモデルは，このような労働者にとって新技術を阻止することが最適な行動であることを示した（Krusell and Ríos-Rull, 1966）。同様な分析と，経済の開放化が抵抗の有効性に重大な制約を与えることについては，ホームズとシュミッツ（Holmes and Schmitz, 1995）参照。

[54] 『エコノミスト』誌が述べたように，「少年時代を靴紐の結び方を学ぶために過ごしたか，10まで数えることを学ぶために過ごしたか，ギリシャ語の文法を学ぶために過ごしたか，または三重積分を見つけることを学ぶために過ごした大人の中で，今ビデオレコーダーかウィンドウズ95の不可解な解説書を，タメ息をもらさないで読める人がいるだろうか？ほとんど全ての世代は，新しい発見や馴染みのない技術が昨日までの学問に取って代わるにつれて，何らかの知識分野で追い抜かれていく」（"Cranks and Proud of It," *The Economist*, 1996年1月20日, pp. 86-87）。

よってスキルが陳腐化し，それにより期待生涯収入が不可逆的に低下する限り，新テクニックに抵抗すると予想される。様々な理由で，彼らは新技術にアクセスできないかもしれない。例えば工場は規律やヒエラルキーに従うことを要求するが，独立の職人はそれに服するには誇りが高すぎた。子どもたちは新体制に適応し，新テクニックをマスターし，物質的な生活水準を改善していくことに何ら困難を感じないかもしれないが，こうしたことは旧世代の者にとってほとんど慰めとはならなかった。マックス・プランクが科学について発見した真実は，新しいテクニックにもそのまま当てはまる。「新しい科学上の真実は，反対者を説得し，納得させることによって勝利を収めるのではない。そうではなく，反対者が死亡し，新しい理論に精通した新世代が成長するからである」（Max Planck, 1949, pp. 33-34)[55]。イギリスの産業革命はこの点を鮮やかに例証している。古い家内工業がより効率的な工場との競争圧力に晒されるにつれ，高齢の職人たちは工場での雇用を求めるのを控えるようになっていった。工場が子どもやティーンエイジャーの労働に依存していったのは，若者たちのスキル修得能力や工場の環境に必要な従順さを受け容れる能力の高さが動機となっていた[56]。産業革命の初期の工場の場合のように，ある種の新技術は実際に男性を排除し，女性や子どもにとって好都合なように意図的に設計されていた（Berg, 1994b；Tuttle, 1999)。

その他のレント

スキルや特定の人的資本の保護は，参入障壁の構築や産出量の制限を通じた他の形態のレント・シーキングと結びついていることが多い。これが何世紀にもわたり多くの地域の都市の職人を支配した，ヨーロッパの手工業ギルド制度の一般的な解釈である。近代以前のヨーロッパの都市では，ギルドは技術の現状維持をはかり，技術をその水準で凍結した[57]。同じ現象は形を変えて中国でも見られ

---

55) 1世紀以上前にラヴォアジエは，「フロギストンに関する省察」の中でこう書いている。「私は自分の考え方がすぐ採用されるとは期待していない。人間の頭は皺ができてものごとを行なう方法ができあがる……したがって私が提案した意見を確証するか，あるいは破棄するのは時間の経過である。その間，私は，若い人々が偏見にとらわれず科学を学び始めるのを大いなる満足をもって観察しよう」（Gillispie, 1960, p. 232 に引用)。
56) この問題に関する最良の議論は，今なおポラード（Pollard, 1965, pp. 213-25）である。レッドフォード（Redford, [1926] 1976）も参照。再説はライアンズ（Lyons, 1989）参照。
57) 例えばヘルマン・ケレンベンツはこう主張している。「ギルドは部外者からメンバーの利

た[58]。当初ギルドの多くが，情報交換のセンター，訓練や品質管理の調整組織，相互保険支援組織，日和見主義や他人の評価へのタダ乗りを防止するための真摯な試みなど，別の機能を果たすために設立されたことを強調しておくのは重要である。しかし時の経過とともに，こうしたギルドの多くは技術面で保守的な団体へと退化していった[59]。

やがてヨーロッパの大部分で，手工業ギルドは競争とイノベーションを抑制するようなあるレベルの規制を行なうようになった。ギルドは我々が「3つのP（価格，手順，参入）」と呼べる，3つの生産部分に関する入念な規則を作ることによってこれを実行した。ギルドが政治力を獲得するにつれ，集計機構としての市場の力を弱めるための彼らの努力は，技術を現状で凍結するような傾向を持つようになっていった。価格規制は技術進歩にとって有害だった。プロセス・イノベーションは生産コストを引き下げるし，発明者が利益を上げる道は競争相手よりも安い価格で売ることにあったからである。とはいえ相手よりも安い値段で売ることができなくても，革新者(イノベーター)はコストが下がれば利益を実現できたので，価格

益を護った。部外者の中には新しい機器やテクニックでメンバーの経済的地位を撹乱する恐れのある発明家が含まれていた。ギルドは進歩に背を向けていた」（Herman Kellenbenz, 1974, p. 243）。もっと早い時期にピレンヌは「(手工業ギルドの)基本的な狙いは，ただたんに外部の競争からだけではなく，仲間うちのメンバーの競争からも手工業者を護ることにあった」と指摘している。その結果は「あらゆる独創性の破壊だった。他のメンバーよりも早く安く生産できる方法で同僚の利益を害することは，誰にも許されなかった。テクニカルな進歩は背信行為の様相を呈した」（Pirenne, 1936, p. 185-86）。イタリアのギルドに関する同様な記述は，チポッラ（Cipolla, 1968）参照。プロイセンの18世紀のギルドはとくに極端で，いかなる職人も「新しいものを何1つ考えたり，発明したり，使用」してはならないと規定した布告を発した（Behrens, 1977, p. 596）。

58) オルソン（Olson, 1982, p. 150）およびモキイア（Mokyr, 1990, pp. 232-33）参照。
59) S・R・エプスタイン（S. R. Epstein, 1998）は手工業ギルドの技術面での役割を擁護し，ギルドが技術情報の普及および世代間伝達のうえで重要な役割を果たしたことを指摘している。手工業ギルドが果たしたこのような役割と本来的に保守的な役割との間に何ら矛盾はない。それより論争を呼ぶ点は，ギルドが発明家の所有権の保護手段として機能する秘密のマントを提供していたという彼の主張である。そのようなシステムの存在が証明できたとしても，やがてギルド制度の多くは技術に関して反動的な勢力に乗っ取られ，革新者を保護するのではなく脅していたという点で，大部分の研究は一致している。極端な一例が印刷業ギルドである。これはヨーロッパの最も強力で最も保守的なギルドの1つであり，いかなるイノベーションに対しても一貫して抵抗し，実に1772年に至るまで，メンバーが改良型の印刷機を作ることを法的に抑制していた（Audin, 1979, p. 658参照）。

規制は技術進歩の余地を残していたかもしれない。そのためこれを防ぐべく，製品が作られる手順が厳格に規定された。このような技術的コードはもともと品質保証のような正当な理由のためにつくられたのだが，やがてそれは生産方法を硬直化させる原因となっていった。だがこうした手順の強要は，あらかじめ設定した価格を守らせること以上に難しかった。長期でみると，たぶん，イノベーションに対する最も効果的なブレーキとなったのは，参入規制だった。手工業への参入者の数を制限し規制すること，彼らを長期にわたって徒弟制度や職人制度に縛り付けることで，ギルドは彼らに技術を現状維持する慣習を植え付け，新鮮なアイディアの流入や，技術変化の基礎である異なる知識が相互交流によってお互いに高め合うことを妨げた[60]。とくに有害な慣行はギルド間の厳格な分業であり，各ギルドは決められた職業に限定された。行き過ぎた弊害を防ぐため，時折王権の介入が必要な慣行だった[61]。ギルドによる革新者の排除は中世とともに終わることはなく，産業革命ですら終わらせることができなかった。1855年，ウィーンの高級家具職人のギルドは，曲げ木家具を作る革命的なプロセスを発明したミカエル・トーネット（Michael Thonet）を告訴した。親方たちは，発明者が登録済の高級家具職人ではない，と主張した。王室が彼の仕事場は「王室の特別許可を受けた工場」であると決定し，この訴訟は却下された（Lang, 1987）[62]。

　18世紀のイギリスでギルドは立場が弱かった。それは通常我々がイギリス産業革命と呼ぶ一連の技術的な成功と，それがなぜ大陸ヨーロッパではなくイギリスで起きたかを説明するのに役に立つだろう。だがこれは明らかに，多くの要因のうちの1つに過ぎない。産業革命前の世紀には，労働節約的と見られる発明は，ほとんど確実に反対に遭った。問題はこの反対運動が成功したかどうかである。全般的に見ると，イギリスではそうならなかった。靴下編み機の発明者ウィリアム・リー（William Lee）はフランスに逃亡したが，ヘンリー4世の没後，靴下編

---

60) スキルの世代間伝達を血縁関係に限る慣習もまた抑制的である。ある種の産業，とくに製鉄業では，スキルは伝統的な家代々のもので，そこでは技術的な知識はできる限り家族内に留められた（Evans and Rydén, 1998 参照）。
61) したがって1560年代には，パリの3人の銅細工師が改良型モリオン（軍事用ヘルメット）を発明したが，武具師たちが防御用武器の独占権を持っていたので，製造は阻止された。この例では，シャルル9世が武具師たちの決定を覆した（Heller, 1996, pp. 95-96 参照）。
62) この情報はマーティン・ピーゼンドーファー教授に負っている。

み機産業は徐々に，しかし止めようのない勢いでイギリスに広まっていった。1604 年に発明されたリボン織機はオランダ議会で規制され，1616 年にイングランドに導入された。イングランドでも抵抗は起きたが，当局の支持が得られず，効果がないままに終わった。ウォズワースとマンは優れた研究の中で，こう結論づけている。「ランカシャーでの制約を受けない発明の進展と，大陸の古い都市共同体で遭遇した抵抗とは，際立った違いがある。大陸ではギルドの影響力と，これに共鳴する……当局の命令とが強力過ぎ，そのため労働節約的な機械の採用がイングランドでは見られない形で阻止された」(Wadsworth and Mann, 1931, p. 104)。これは程度の差だった。大陸での禁止処置の全てで効果があったわけではなく，イギリスでの様相も，均一というにはほど遠かった。技術的に立ち遅れたイギリス産業の 1 つに時計産業があったが，それは 19 世紀前半の産業的成功の時代でもそうだった。この産業では，労働者も企業家たちもともにイノベーションに抵抗した (Landes, 1983, pp. 300-301)。抵抗は製造業に限られなかった。19 世紀末に小売業技術のフランス型モデルに倣い，大型百貨店がドイツに導入された時，小売り店主たちは団結して主要な州を説得し，小商人を近代化の脅威から護るための大型店舗に対する特別税を成立させることができた (Lohmeier, 1995, ch. 2)。日本では 1990 年代末になっても，収益性の高い堕胎手術を行なっている医者たちが経口避妊薬の導入に反対していた (Perutz, 1992)。

　産業革命以後，最も多数の技術闘争が繰り広げられてきた分野は，おそらく自由貿易だろう。関税による国産品の保護は，しばしば陳腐化した技術を防衛しようという動機に基づいていた。自由貿易に対する闘争と技術進歩に対する闘争は決して合致はしないものの，この両者はかなりの程度重なり合う。自由貿易と開放経済は，ある経済にベスト・プラクティスのテクニックを利用させるようにする最善の保証となる。これはちょうど脅威となる外国のテクニックを遠ざける最善の方法が，国内産業保護であるのに似ている。だが自由貿易は，決して技術進歩の必要条件ではない。イギリスは 1840 年代まで保護主義国家にとどまり，合衆国も 19 世紀の最後の 1/3 世紀は非常に保護主義的な政策を採用していたが，両国ともイノベーションに対しては極めて開放的だった[63]。

---

63) 開放性と経済成長との強い関係はサックスとワーナー (Sachs and Warner, 1995) によって立証されている。ただし奇妙なことに，彼らは経済の開放性とより急速な経済成長との連

過去1世紀の新しい生産技術に対する抵抗の一部は労働組合からだった。労働組合が常に技術変化に抵抗する必然的な理由はない。「包括的組織」としての労働組合は，新技術が消費者としての組合員にもたらす否定しがたい利益を意識せざるをえなかった（Booth, Melling, and Dartmann, 1997）。イギリスにおける労働運動の力の増大は，しばしばヴィクトリア期以後のイギリスでの技術的ダイナミズムの衰退の原因にされる。組織労働力の抵抗は，鉱業，造船，綿織物の技術進歩を遅らせた[64]。このような抵抗は100％有効だったわけではないが，産業革命は「技術変化に対し無関心になりつつあった雇用主の態度を，さらに一段と強化したかもしれない」（Coleman and MacLeod, 1986, p. 606）。印刷業では，ロンドンのフリート・ストリートが険悪な労使関係で悪名高い。ここでの経営の主な関心は生産の混乱を避けることであり，そのためには高い単位あたりの労働コストや，技術的イノベーションの制限を受け容れたのである（Martin, 1995, p. 194）。1920年代および1930年代のボンベイの綿織物業の危機では，ボンベイはマーケット・シェアを他の地域に奪われた。その原因は，工場での慣行における技術と管理両面での合理化に反対したボンベイの労働組合の戦闘性にあった（Morris, 1983, pp. 622-23）。スーザン・ウォルコットは，綿織物業での大規模紡錘機の導入をインド人労働者がどのように阻止できたかを詳細に描写している（Susan Walcott, 1994）。それはボンベイだけでなく，アフマダバードやショラプールでも成功した。彼女によれば，インド人の紡績労働者の多くは一家を支える男性労働者であり，労働節約的な機械の導入を阻止することに大きな利害を持っていたのに対し，日本の労働者は数年間工場で働いた後，再び労働力から抜けていく若い女性だった。これは大変興味深い指摘だが，これではなぜインド人労働者の要求が実現したかを説明できない。

現在では，労働組合は多くの産業で技術進歩を妨げる原因になっているとされている。例えばヨーロッパや合衆国の自動車産業では，労働組合は旧式の工場の閉鎖や，日本の自動車メーカーの効率を上昇させた柔軟な労働慣行の導入に抵抗してきた（Holmes and Schmitz, 1995；Kenney and Florida, 1993, p. 315）[65]。言うまでも

　　　関で，開放経済の「技術面」の意義を無視している。
64）綿織物業に関しては，とくにラゾニック（Lazonick, 1990, pp. 78-114）参照。
65）労働者の経営参加によって労使の区別が曖昧になるに従い，技術的ブレイクスルーが遭遇

なく，全ての労働組合が新技術に対して常に保守的態度を取ってきたのではない。例えば1945年以後のスウェーデンやドイツでは，労働組合は生産性上昇を目的とした連合体への参加を勧誘されている。これらの労働組合は巨大で包括的な団体であり，組合員は技術進歩からコストを上回る便益を受けてきた。

　以上を要約すると，技術変化に対する抵抗は2つの源泉から生じている。この2つは独立に存在できるが，相互に助け合う。その1つが，技術的な現状維持に関する経済的，政治的利害である。もう1つは知識人の抵抗である。彼らは様々な理由で，技術を真剣かつ真摯に怖れている。時には知識人の真摯さに疑問が生じることがあるかもしれないが，テクノフォビア的な抵抗を，利己的なものと私心のないものに区別するのには妥当性がある。動機はどうあれ，技術変化に対する抵抗は非市場的な力，とくに政治力の行使に依存しなければならない。進歩派と反動派との闘争が展開される形態や場所は多様である。法の範囲内では，例えば関税による規制，表向きは消費者保護を目的として創設された機関（FDA, EPAなど），排他的な専門家集団やギルド，制限的な労働協約，ある種の技術の直接的な禁止などがある。その他のものは例えば，「ここで発明されたものではない」とか，「もしも神に人間を空に飛ばせる意思があれば，神は我々に翼を与えたはずだ」というメンタリティのような，社会的規範あるいは文化的タブーを不当に利用している。抵抗は時には機械を破壊する暴動，動物の権利擁護，革新者に対する個人的な暴力など，非合法的性格を持ってきた。

政治経済学と産業革命

　第2章でみたように産業革命は西ヨーロッパの現象であって，たんにイギリスだけの現象ではなかった。イギリスのテクニックが依拠していた知識の基礎はそ

する抵抗は弱くなるかもしれない。1990年代にユナイテッド航空が従業員所有の会社になった時，労働者たちはアイドリング中の航空機に動力を供給するのに，ジェット燃料ではなく電力を使うという簡単な方法を案出し，会社に年間2千万ドルの経費節減をもたらしたと報告されている。この件を担当する経営幹部は，「従来なら，我々はただ単に命令を送りつけただけで，何事も変わらなかっただろう」と述べていた（"United We Own," *Business Week*, 1996年3月18日, pp. 96-100）。

のかなりの部分が輸入され，イギリスの競争相手に対する優位性とされるものの多くは，大陸のライバルがキャッチアップしてくるにつれ，19 世紀中に消滅したように見える。1760 年から 1830 年の間のイギリスの産業革命の異常な成功がイギリスの政治構造の関数だったという説明は，決して新しくない。そのうちの典型的な学説は，相互に利益があるような妥協，慎重な財政政策の堅持，私的所有権の保証，人生に対し実利主義的な考え方を持ち，力も金もあるエリートの台頭などに注目する（North and Weingast, 1989；Perkin, 1969）。1660 年以後の主に重商主義的な議会の立法は，綿織物業に対し好ましいスピルオーバー効果を持ち，とくにファスチアン産業への支援になったと主張されてきた（O'Brien, Griffiths, and Hunt, 1991）。

これに加えて強調する必要があるのは，イギリスは通常，新知識や技術進歩に反対しようとした保守的な政治勢力を受け容れなかったことである。一般的にイギリス政府は，産業革命の進行を減速させようとする試みを支持しなかった。技術面で保守的な勢力が超法規的手段に訴えた時には，政府はこれを叩くために全ての権力を行使した。そのうえイギリスにおける権力が地理的に分散化していたため，技術変化に対する抵抗が地方レベルで効果をもったとしても，革新的な起業家たちは自分たちをもっと歓迎してくれる場所に移住することができた。1850 年以後の数十年間に，技術面で保守的な勢力が政府を直接コントロールできないことを認識した時，彼らは新しい技術を阻止することはできないまでも；スローダウンさせる有効な回り道を見出した。彼らの完全ではないが最終的な成功こそ，イギリスがその後長期間の間に技術面のリーダーシップを失うことに寄与した。

技術進歩に対する抵抗の証拠は，典型的な識別問題に直面する。産業革命期のイギリスには，技術革新に対する暴力的な反応が見られた。しかし新しい機械に対する暴動や政治的なアジテーションが過激化していったのは，まさにそれらが無力だったからだった。技術革新は阻止することができなかった。反対に抵抗が本当に有効だった場合には，それを直接的に観察することはできないかもしれない。イノベーションを起こそうとする人々が事前に抵抗を予想して他の道を選ぶか，あるいはもっと寛容な環境で新テクニックを試そうとするからである。

もっと具体的に言えば，暴動の「激しさ」それ自体は，ラッダイトが技術進歩を阻止するうえで有効だったとの十分な証拠にはならない。一方激しさの水準は，

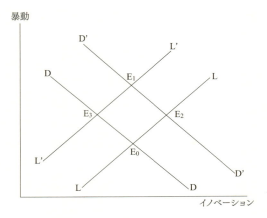

図5 ラッダイト運動とイノベーション

他の条件が等しければ，イノベーションの水準と正の相関関係にある。社会的な混乱は変化の関数だからである。他方で激しい暴動それ自体は，イノベーションを目指す者への威嚇となって技術進歩を阻害する。こうした要因の相互作用が，図5に示されている。LL線はラッダイト運動の効果であり，各々のイノベーションの水準に応じた抵抗のレベルを示している。DD線は，意気阻喪効果であり，右下がりとなっている。この2つの線の交点 E_0 が一種の均衡点であり，ここでは抵抗の水準とイノベーションの水準が両立する。

抵抗とイノベーションの相互作用の正確な分析では，曲線 L と曲線 D の位置の基礎となる外生変数によって結果が決まる。例えば潜在的革新者が当局の支持や法と秩序の維持能力に確信を強めれば，曲線 D は D'D'線へと右へシフトし，技術変化も暴動も高水準となる（E_2）。また既存の生産組織が変化に対して脆弱になるか，抵抗に対して脆くなれば，LL線は左へシフトし，イノベーションのレベルが低い E_3 点を観察することになるかもしれない。

新しい機械に対する抵抗は，主に新しい技術に脅威を感じる強固な既得権益から起きた。これらの中には職人，熟練家内労働者と下請けの仕事をする者，それにある程度までは田舎の労働者などが含まれた。カルフーンは，産業革命の初期段階では「労働者は産業革命自体に反対ではなかったし，産業革命の支配権を握るために戦っていたのでもなかった」と主張する（Calhoun, 1982, p. 55）。カル

フーンが挙げるこうした労働者の不平不満の中には,「消費者と生産者が完全に市場の力に服従する」とか,「労働者と市場との間の隔たり」といった,ありそうもない項目が入っている。工場に就職できなかったり就職する意思のない職人や,市場で工場製品に太刀打ちできない職人たちは,過激な政治活動に訴えた。驚くべきことは抵抗が起きたことではなく,全体的に見て抵抗が産業革命を止めるうえで,効果がなかったことである。

　繊維産業の中では,圧倒的に多数の抵抗が毛織物業で起きた。産業革命前夜には綿織物業はまだ小規模で,弱体な業界団体しかもっていなかった。1779年と1792年にはランカシャーでいくつかの暴動が起き,力織機を初めて導入したマンチェスターの企業が焼き討ちにあった。しかし綿織物業での革新は止めることができず,当時の人々にもそう見えたに違いない。毛織物業はもともとはるかに規模が大きく,昔からの職業組織と規制の伝統を持っていた。毛織物業の労働者は新しい機械を阻止するために,政治的な支配層を使おうとした。1776年に労働者たちは,彼らの言葉を使えば勤勉な貧者の生活を脅かすという,ジェニー紡績機を禁止するように庶民院に請願した。諸団体やロビー団体は議会に対して再三再四,もとからある規制を守らせるか,新しい機械を阻止する新しい法律を制定するよう要請した。しかし議会はこれを拒否した。雇用慣行を規制する古い法律は1809年に廃止され,250年の歴史を持つ職人法（Statute of Artificers）も1814年に廃止された。ロンドンの政治的支援が得られないので,毛織物業の労働者たちは超法規的手段を試みた。イングランド西部では,新しい機械はあらゆる場所で,ジェニー紡績機や飛び杼や起毛機や粗梳機に抗議をする群集の暴力に遭遇した（Randall, 1986；1989）。そのうえこうした地域では,治安判事たちは恐怖または,機械を打ち壊す人々にも道理があるというプロパガンダに説き伏せられた。イングランド西部の暴力の伝統は,最も決意の堅い革新者以外の者のほとんどの息の根を止めるに至った。労働者の抵抗は毛織物業を守るどころか,その低成長と不振の原因となった（Randall, 1989）。その結果,この地域はヨークシャーに対する優位性を失った。ヨークシャーでの抵抗も無視できるものではなかったが,E_2点で示されるような地域で予想される程度のものだった。

　抵抗は他の産業でもあり,それも時には予想外の分野で起きた。サミュエル・クレッグ（Samuel Clegg）とフレデリック・ウィンザー（Frederick Windsor）がロン

ドンで都市ガス供給計画（central gas distribution plan）を提案した時，彼らは著名な科学者ハンフリー・デイヴィ，小説家ウォルター・スコット，風刺画家ジョージ・クルクシャンク（George Cruickshank），保険会社，高齢のジェームズ・ワットを含む反対運動から攻撃された（Stern, 1937)[66]。蒸気機関は田園地帯では「煙たい迷惑者」になるとの怖れから抵抗に遭い，鉄道に対する抵抗も最初の頃は激しかった。大陸で広範に使用された機械式の大型製材鋸は，イギリスでは19世紀にいたるまで実質上見られなかった[67]。社会的な便益が最も広範におよぶ医学の技術の分野ですら，現状維持派は抵抗を試みた。エドワード・ジェンナーが自分の発見を届け出るため王立協会に申請した時，彼は，「この学術的な団体に対し，確立した知識から大きくかけ離れ，しかも信じ難いように見えるものを届け出ることにより，貴殿の名声を傷つけないように」と言われた（Keele, 1961, p. 94)[68]。一般的に言って，医学の技術の分野で抵抗はとくに激しかったようである。その理由は，1800年以後のブレイクスルーの多くが今まで受け容れられていた原理と矛盾し，医療専門家たちが苦労して学んできたことを全て無効で無価値にしてしまったからである。麻酔のように一見すると便益が大きく，誰にも損害を与えそうにない発明ですら，多くの哲学的な理由から反対に遭った（Youngson, 1979, pp. 95-105 ; 190-98）。そのうえこれらのイノベーションの多くが狭隘な認識的基

---

66) 1819年，*New Times* のある記事は，街路灯に反対する理由を7つも挙げ，「暗黒の帝国を守るために慎重であるべきだ」と結論づけた。これを，例えば http://astronomylinks.com/light_pollution/ にリンクした種々のウェッブ・サイト上に見られる現代の光公害に対する反対と比較してみよ。

67) 大型製材鋸に対する抵抗は，合法，非合法の両方の手段を使う抵抗の良い実例である。18世紀に大型製材鋸は，違法であることを示す証拠が存在しなかったにもかかわらず，起毛機同様，そうであると信じられていた。1768年にライムハウス（ロンドンに近いテムズ河畔）に風力による大型製材鋸が建設された時，「これが多くの職人の雇用を奪ったという口実で」一団の木挽き人たちによって毀損された（Cooney, 1991）。

68) ジェンナーによる〔牛痘を使った〕天然痘ワクチンの発見は，儲かる商売を失うのを恐れた予防接種人たちの反対に遭った（Hopkins, 1983, p. 83）。ワクチンの元，つまり感染させられた動物は目新しいものであり，それ自体が抵抗を呼んだ。牧師たちは「荒野の野獣の病気を人間に移すという不法行為」という理由で，このテクニックに反対した（Cartwright, 1977, p. 86）。風刺画家は牛の習性を獲得した人間を描き，ある女性は娘がワクチンを接種された後，牛のような咳の仕方をして体が毛むくじゃらになったと訴えた（Hopkins, 1983, p. 84）。こうしたことにもかかわらず，天然痘ワクチンは当時の最も成功した大発明（マクロ・インベンション）の1つで，発明者は国際的な名士となった。

礎の上に立脚していて，それらがなぜ，どのようにして効くのかがはっきりしなかった。そのためこれらの発明に対する抵抗はそれだけ魅力的で説得力のあるものとなった。

イギリスにおける技術に関連した暴動で最も有名な2つが，1811年から1816年のラッダイト運動と，1830年から32年のキャプテン・スウィングの暴動である。この2つの場合，部分的には技術革新が暴動の原因となっていた。確かに，ラッダイト運動が始まったノッティンガムでは靴下編み機の技術変化はなかったし，労働者の怒りの鉾先は低賃金や労働慣行や，それと類似した問題に向けられていた。しかし暴動がヨークシャーに広がった時，毛織物工程の中の仕上げ工 (croppers) たちは，起毛機や剪毛機やその他の機械の導入に直接動機づけられていた。ヨークシャーの仕上げ工たちはよく組織されていて，彼らの主な組織，「ジ・インスティテューション (The Institution)」は，規模は小さかったが極めて力があった (Thomis, 1972, pp. 48-57)。ロウフォールズにある機械化された先進的な工場を襲撃した時の失敗の模様は，シャーロット・ブロンテの『シャーリー』の描写を通じて有名になった (Thomis, 1972; Thompson, 1963, pp. 559-65)。他方ランカシャーでは，ラッダイト運動での機械の破壊は，反技術主義感情に深く根差したものではなく，おもに機械が格好のターゲットだったために起きた。

キャプテン・スウィングの暴動は，蒸気脱穀機を標的にしていた。この暴動は，機械に対する憤りが経済の短期的変動によってさらに激化し，新しい機械に対する怒りが他の不平と合体したという点で，15年程前に起きたラッダイト運動に多少似ていた。スウィング暴動の標的の一部は，アイルランドからの移住労働者だった (Stevenson, 1979, p. 243)。しかしスウィング暴動は，合法，非合法を問わず，イギリスにおいて技術の採用を遅らせるのに成功した唯一の反技術運動である点で際立っている。彼らが標的にした蒸気脱穀機は南部イングランドから消え，その状態は1850年代まで続いた。この機械に対する抵抗には，農民の一部やジェントリーも加わった。これはイギリスにおける最初の成功した機械反対運動であり，たまたま通常産業革命として知られている期間の最後の年に起きたという点で，象徴的な運動だったともいえる (Hobsbawm and Rudé, 1973, pp. 256-59, 317-23)。機械の打ち壊しと革新者に対する暴力の歴史は，もちろん複雑な物語であり，全ての暴動事件が技術変化に対する反応ではない (Bohstedt, 1983, pp.

210-21)。そのうえ機械の打ち壊しと暴力は，技術変化に対する抵抗が形となって表れる1つの方法にすぎなかった。

　この抵抗にもかかわらず，イギリス産業革命のこの決定的に重要な年に，新しい技術が勝利を収めた。しかも，容易な勝利だった。それは，政府が断固として技術を擁護する立場を取ったからである。技術に対する反動勢力は，中央政府および地方政府の支援が得られず，そのため新技術に対する禁止立法処置という最も有効な抵抗手段を奪われた。暴力に訴えた時には政府は兵士たちを派遣し，処刑と国外追放を一気に行なって暴動の息の根を止め，台頭しつつあった産業資本家階級に敵対的な団体の組織化を阻止するためにあらゆることを行なった。初期のイギリス政府は新技術に協力的ではなかったが，産業革命前の数十年間に登場した権力構造は新技術に対して次第に好意的になっていった。団結禁止法（Combination Acts）は，新しい技術に反対して団結する労働者の活動を違法とした。1769年という運命を決する年は，ワットとアークライトが特許を取得した年だったが，同年議会は，鉱山で使われる橋や動力源に許可なく手を加えることを重大犯罪とした。マントゥーが述べたように（Mantoux, [1905] 1961, p. 464），レッセ・フェールは抵抗できないものになった。理論と実践が手を携えて支援したためである。飛び杼の発明者ジョン・ケイ（John Kay）が，生活を脅かされた労働者の怒りを避けるためにフランスへ逃亡せざるを得なかったという有名な話は捏造されたものである[69]。1779年プレストンの治安判事の決議文は，イギリス当局の立場を完全に要約している。

> 次の通り決議する。この暴動の唯一の原因は綿織物業において使用される新しい機械だったこと，しかしわが国はこの機械の設置から大きな便宜を得ること，この国でこの機械を破壊することは，それを他国に譲り渡す手段に過ぎないこと，そして議会がこれをイギリスに設置することを止めるならば，それを外国で設置させることにつながるにすぎず，イギリスの貿易を損なう

---

69) 初めて飛び杼が導入された時，何件かの暴動が起き，それを使っていた少数の家が焼け落ちた。しかしこうした脅しにもかかわらず，織り工たちは「隣人たちよりもより簡単に製品が作れる場合にもたらされる利益に気づいたので」急速に飛び杼を採用していった（Wadsworth and Mann, 1931, p. 457）。ジョン・ケイのその後のフランスへの逃亡は，金銭的困難が原因だった。

こと（Mantoux, [1905] 1961, p. 403 に引用）

　イギリスのエリートの真の動機には，おそらくさらに利己的なものがあったに違いない。産業革命の第1段階では，地主は多くのリスクを引き受けることなく産業資本家と同じ利益を享受した。少なくとも1867年の選挙改革までは，産業革命は彼らが掌握している権力の深刻な脅威にならなかった。技術変化は工業化が進行している地域や鉱山地帯全域の不動産価格の急上昇を招き，穀物法をめぐる論争という例外（一時的だとしても，1815年に地主が勝利した）を除けば，地主層と産業革命が創り出した経済的な利益集団との間に，利害の対立はほとんどなかった。

　技術変化に対する抵抗が失敗した第2の理由は，結束の欠如だった。急進的なテクノフォビア集団の活動は主に地域が限定され共同体を基盤としていた。そのうえ産業革命は職人や家内労働者の経済基盤を破壊したものの，その進行は漸進的だった。実際機械化はそれぞれの段階では，一部の伝統的な労働者に有利でさえあった。1815年以前の手織り職人の「黄金時代」の事例がそうだったように，工場はある種の家内工場への需要を増加させた。このように伝統的技術に対する攻撃は時間的に分散化したため，その防御も分断化され，有効なものとはならなかった。

　大陸では抵抗は成功したのだろうか？　そうだったとすれば，「なぜイギリスで最初に産業革命が起きたのか」を説明する要因のリストに，新しい項目を追加できるだろう。これについての決定的な証拠を提示するのは困難である。とくに大陸では，産業革命前および産業革命中に多くの政治的な大変動があったからである。他の不平不満と違い，労働者の動揺を機械に対する反感のせいにするのは難しい場合が多い。はっきりしているのは，19世紀末にはいたるところで崩壊しつつあったとはいえ，大陸ではギルドの構造がなお強力だったということである[70]。製紙，羊毛，造船，印刷などの分野では，強い抵抗があった[71]。職人や家

---

70) 革命前のフランスでは，手工業ギルドおよび小規模生産者のネットワークは，しばしば地方政府によって支援され，全ての技術革新に頑なに反対した（Deyon and Guignet, 1980）。国王はイノベーションや発明に成功した者に特権や年金や独占権を与えることによって，この保守的な勢力を出し抜こうと最善を尽くした。革命後のフランス政府はこうした約束を履行できなくなったが，このことは明らかに，自分たちの労力に対する金銭的な見返り

内労働者はよく組織されていて，多くの理由で暴動を起こしたが，新しい機械はその暴動の主要な理由の1つにすぎなかった。

そのような暴動がフランスで実際にどれだけの損害を発生させたかをめぐっては，研究者の間で論争がある[72]。産業革命の初期段階では，怒り狂った職人の群衆がサン＝テティエンヌ（St. Etienne）の金物製造業者ジャック・ソヴァード（Jacques Sauvade）の工場を破壊した。彼は柔軟で機械化された大量生産システムに関心があった（Alder, 1997, ch. 4）。ルーアンやその他の場所では，産業革命はラッダイト運動家たちに，過去数十年間にイングランドから入ってきた繊維機械を破壊する機会を提供した。おそらくフランスの技術にとって最も深刻なダメージは，オノレ・ブラン（Honoré Blanc）の指導下で互換性部品を採用した兵器工場に対する執拗な抵抗によってもたらされたものだった。それがなかったとして，フランスがこの方向に向かってテイク・オフし，産業革命を精密工作機械と互換性部品を基に達成することができたかどうかは分からない。不安な職人や田舎の商人や保守的な役人たちの抵抗と，政府によるブランへの断固とした支援がなかったことがブランの企画を挫折させたと，オルダー（Alder）は説得的に示している。帝政時代に秩序は回復され，機械に対する政府の態度も1789年以後は新しい技術を支持する方向に変わった（Reddy, 1984, pp. 65-67）。だが1802年以後にリヨンの織工たちがジャカード織機を阻止するための空しい試みを開始した時，革新者になろうとする人々の頭の中には，未だ抵抗に対する不安が残っていた（Ballot, [1923] 1978, p. 379）。王政復古以後，労働者や職人たちの力はより強くなったし，既存のグループの生活を脅かす新しい発明は，多くの場合蕾のうちに摘まれてしまった[73]。フランスの東や北では，国によって抵抗が違っていた[74]。

を回収できるという発明家たちの確信を高めることにはならなかった。マクロード（MacLeod, 1991）も参照。

71) ローゼンバンド（Rosenband, 2000）は最近の研究で，フランス製紙業の熟練職人が，エティエンヌ・モンゴルフィエ（Etienne Montgolfier）の言葉を使えば，自分たちの第一目標としてどの程度まで「自分たちが働く作業場の変更や改良がないままにしなければならなかったか，昔からの慣習を維持しなければならなかったか」を立証した（p. 60）。

72) 例えばマニュエル（Manuel, 1938）参照。マニュエルはマクロイ（McCloy, 1952）と違い，抵抗の効果を小さく見ている。

73) 例えばチェーンステッチ方式を使ったミシンの発明者バルテルミー・ティモニエ（Barthélemy Thimonnier）は工場を2度襲撃され，彼の機械は破壊された。

南ヨーロッパでは，確認できる限り事態はもっと悪かった[75]。

またイギリスでも，第1次産業革命の成功が確実となった後，新技術の明白な勝利は困難になっていった。技術変化に対する知識人の抵抗については，ブレイクやワーズワースのような詩人たちの工業化に対するロマン主義的な反応がよく知られている（Williams, 1958）。イギリス産業の変化がより目につき広く浸透していくにつれ，異議や抗議を唱える声は大きさを増し，影響力を強めていった。おそらく初期の批判者の中で最も影響力のあったウィリアム・コベット（William Cobbett）は，この新しい産業システムが社会的不公平と貧困の主因ととらえ，雇用主と雇用者を分極化させる，極めて不自然で非人間的なものであると看做した。続くトーマス・カーライル（Thomas Carlyle），ジョン・ラスキン（John Ruskin），ウィリアム・モリス（William Morris）のような新秩序に対する急進的な批判者たちも，コベット同様，中世を理想と考えたが，これはロマン主義的なヴィクトリア期の知識人に特徴的な態度だった。カーライルの批判は，人間を疎外する機械の効果に関する若きマルクスやマシュー・アーノルド（Matthew Arnold）の著作の先駆けだった（Williams, 1958）。アーノルドの著作は，ジョン・ラスキンやウィリアム・モリスの著作とともに，19世紀中葉以後に高まるテクノフォビア運動の中核となった。例えばラスキンは鉄道を「ナンセンスなもの」として拒否し，彼の考えを強調するため郵便馬車を使用すると主張した。モリスはカーライルとラスキンから強い影響を受け，E・F・シュマッハーやエモリー・ロヴィンスに刺激された1970年代の適正技術運動に似ていなくもない，アーツ・アンド・クラフツ運動を支援し，中世の建物に見えるよう設計された家に住んだ。

ヴィクトリア期の技術批判の底流には，種々の異なった潮流があった。労働者

---

74) スイスにおける力織機に対する抵抗については，ヘンダーソン（Henderson, 1954, p. 206およびnote 42）。ジェニー紡績機もまた，「盲目的で，無理解な憎悪」を受けやすく，チューリッヒのオーバーラントの紡績機が襲撃される深刻な危険が生じた時もあった（Braun, 1990, p. 179）。オランダでは19世紀に散発的な事件があったが，影響はほとんどなかったようである（Bakker and Berkers, 1995, p. 143）。

75) 17世紀におけるイタリアの製造業都市の衰退のかなりの程度は，イノベーションを押さえ込み，競争という自然の力を阻止したギルドの力のためだった（Sella, 1979, p. 103 ; Cipolla, 1968, p. 137）。18世紀の中頃，紡ぎ車を農村に導入しようとしたスペイン政府のキャンペーンは，激しい暴力的な反対に遭って放棄せざるをえなくなった（Gille, 1978, p. 1258）。

階級のおかれた状況への抗議から、緑に富んだ昔のイギリスへのノスタルジア、経済成長に対する反物質主義的な批判の声までがあった（Carlyle, [1843] 1977, pp. 9-11 ; Morris, 1973, p. 93）。社会批判者の大きな集合の中には、非常に大きな影響力を持った教育者、エッセイスト、詩人、芸術家といった部分集合があり、彼らは産業革命の新技術に対する美的、社会的な反感を表明していた。こうした知識人たちが与えたインパクトの評価は難しい。マーティン・ウィーナーは世論に対する彼らの影響を、「価値観の反革命」として描いている（Martin Wiener, 1981）。ウィーナーによれば、技術のリーダーとしてのイギリスの衰退は、1850年以後の経済エリートの間に起きた文化的な変化に直接原因がある。この時点までに「変化は……行き過ぎてしまった。これ以上の変化は、人を喜ばせるより不安に陥れる可能性がある」。いっそうの変化に対する抵抗は、新しいエリートの登場の結果だった。彼らが、「技術に対する初期の熱狂を、悪評へと貶めてしまった」（Wiener, 1981, p. 158）。経済学者や経済史家はウィーナーのイギリス史の再解釈を手厳しく扱ったが、その理由の1つは、ウィーナーの経済史の扱いが寛容さと適切な知識を欠いていたことだった（Wiener, 1981, pp. 167-70 ; Collins and Robbins, 1990）。だがマルクスやエンゲルスのように、産業革命が生んだ最も厳しく影響力のあるイギリス経済の批判者たちは、技術それ自体には敵意を持っていなかった。産業小説の著者たちと同様、彼らは新技術自体に対して反対したというよりは、新技術から利益を得ていると思われた産業資本家に敵対していたのである。

　19世紀末の数十年間におけるイギリスのリーダーシップの衰退が、他の国に比べて技術進歩により抵抗を示す社会構造に原因があったと主張するのはミスリーディングであろう。ハロルド・ジェームズは、ドイツでの「実業」に対する態度は、イギリスに負けず劣らず批判的で侮蔑的であったと明快に論じている。ウィーナーが主張するように、19世紀末のイギリスが貴族的、ジェントルマン的価値観に戻っていたとすれば、ドイツも封建的、軍国主義的規範に戻っていたと主張してもいいだろう（Harold James, 1990）。すでに述べたように、ドイツでは強力な反近代化運動が、とくに自分たちの周りで急速に成長する工場や百貨店を心配げに眺め、中世のギルドに思いを募らせていた職人や小売商人たちの間で広がっていた。こうした親方職人たちは、「台頭しつつある近代的世界に適応しようとするのではなく……［それから］自分たちを守るために構想されたイデオロ

ギーを発展させていった」(Volkov, 1978, p. 325)。科学と技術の分野でドイツが成し遂げたあらゆる成果にもかかわらず,「近代ドイツの文化の大半が反近代的で悲観的,とくに反産業的であると一般には認識されている」とジェームズは述べている (James, 1990, p. 96)[76]。

イノベーションに対する抵抗の興味深い実例は,カール・ベンツ (Karl Benz) とゴットリープ・ダイムラー (Gottlieb Daimler) が自動車を発明した後の数年間に認められる。抵抗はドイツでとくに激しく,鍛冶屋,馬の飼育業者,それに鉄道投資家が,発明をストップさせるための奇妙な連合を形成した。いくつかの田園地帯では,人々が自動車の通行を阻止するためにバリケードをつくった。自動車が直ちに人気を呼んだ国は,幅が広い公道があったフランスだった。第1次世界大戦直前,フランスは人口 1,000 人当たり 2.3 台,イギリスは 2.6 台の車が普及していたが,ドイツはたったの 0.9 台だった。当時ドイツの人口はフランスの 1.5 倍だったにもかかわらず,ドイツの自動車生産はフランスの3分の1に過ぎなかった (Mitchell, 1975)。このように2つの国の間の差は程度の差であり,非常に大きいというわけではなかった。とはいえ,化学,電機,精密機械,光学機器,食品処理などのいくつかの重要産業では,ドイツ帝国での変化への抵抗はより効果がなかった。その理由の1つは,近代的産業技術が軍事目的にとっていかに必要不可欠かを認識していた政府の技術に志向した偏向であり,一部はビジネス・リーダーたちのより強い技術的背景によるものだった。

技術革新を阻止しようとする人々との闘いにおける成功は,経済の開放性に大きく依存していた。マンサー・オルソンが指摘したように,国際的な競争は特定利益を守ろうとするロビー団体の抑制的な政策手段に対する防衛手段だった (Olson, 1982, pp. 137-40)。この点で 1850 年以後のイギリスでの経済自由主義の勝利は,技術上の保守主義に対する部分的な防衛手段を提供した。とくに工作機械と靴製造業では,合衆国製品の侵入が技術変化を促した (Church, 1968)。さらに 1850 年あるいは 1870 年以後,新技術に対する実業界の態度が大きく変わったと

---

[76] 技術と近代性に対するドイツ人の相反する感情を示すものは,1890 年に出版されたユリウス・ラングベーン (Julius Langbehn) の『教育者としてのレンブラント』という支離滅裂な本の驚異的な成功だった。この本は最初の2年間で 39 版まで発行され,科学とそれに関連する全てのもの,つまり技術,機械による物質主義,都市生活,専門化などに真正面から攻撃を加えた (Stern, 1961, pp. 116-36)。

いうはっきりした証拠はない。イギリスの問題の中心には変革ではなく保守主義があった。この場合保守主義は，技術変化のメカニズムそれ自体の中にあった。

産業革命は認識的基礎が継続的に拡大する時代を画することになった。しかし多くの新しい生産テクニックは，なぜ，どのようにそれらがうまく行くのかという点に関しては，いまだ脆くて弱い知識基盤の上に立っていた。多くの場合，このような知識は必要でさえなかったかもしれない。大部分の繊維機械は仕組みとしては複雑だったかもしれないが，それが作動する自然のプロセスに関するより深い知識は要求しなかった。第1次産業革命期のテクニックにかかわる問題の解決方法は，イギリスに大きく貢献したが，それは，そのまま維持されることとなった。イギリスの革新者たちは多くの場合，インフォーマルな職場内訓練制度から生まれており，彼らは理論と実践を統合する必要性をほとんど感じなかった(Coleman and MacLeod, 1986)。通常彼らの数学的知識は限られていた。科学者とエンジニアが相互に利益を得るような仕方で協力した例はあったが，数は非常に限られていた。産業革命期のイギリスのイノベーションの基礎にあった，このような信頼され，確立されたアプローチへの頑なな執着こそが，当初の優位性を19世紀後半になって喪失させる原因となった，というのがウィーナーの主張である。化学，冶金学，食品加工，機械工学等々の分野でのテクニックのより組織的で科学的な基礎は，次第にフランスやドイツの発明家によって先取りされていった。

ウィーナーが数量経済史家に対して抱くのと同じような軽蔑感をもって，ウィーナー流の主張を退けてしまうのは，賢明ではないように思われる。これまで強調してきたように，技術変化に対する抵抗は非市場的プロセスを通じて働く。シュンペーターはこのようなプロセスをあまり軽く見ないようにと警告を発している。

> 公共政策が資本家の利益に対してますます敵対的となり，ついには，資本主義のエンジンが作動するための必要条件を斟酌するのを原理的に拒否し，資本主義が機能するうえでの障害物にすらなってしまう理由を説明するのは，社会的雰囲気である。しかし知識人グループの活動は，より端的な反資本主義政策と関係がある。……知識人は職業政治の世界にはほとんど参入せず，そこで責任の重い職に就くことはさらに稀である。しかし彼らは政治局職員

として勤め，政党のパンフレットを書いたり，スピーチ原稿を書いたりする……これらを無視できる人間は少ない。こういうことをすることにより，知識人は現に進行中のほとんど全てのことに対し，ある程度まで自分たちの考え方(メンタリティ)を刻み付けていくことができる（Schumpeter, 1950, p. 154）。

シュンペーターは教育については述べなかったが，明らかに教育は他の知的職業とともにこれに当てはまる。事実，イギリスの技術教育が第 2 次産業革命の要求を満たさなかったことが，問題の本質的要因として繰り返し指摘されてきた（Ashby, 1958 ; Landes, 1969, pp. 339-47 ; Cardwell, 1972 ; Wrigley, 1986）[77]。これまでのところ経済史家や社会史家は，なぜ教育システムに歴史的，横断的な違いがあるのかをうまく説明できていない。この要因の重要性は誇張され過ぎてきたのかもしれない。西洋工業国の教育システムの違いは 20 世紀の間に拡大よりも，むしろ収斂傾向を示してきた。科学者や技術者の共同体が統合の度を強めるにつれ，イノベーションを推進した有用な知識へのアクセスも，ますます容易になっていった。しかし有用な知識の新テクニックへの応用が，普遍的に受け容れられたのではなかった。そして多数の新テクニックに対する絶えざる抵抗が，技術選択における政治経済学の重要性を証明している。シュンペーターの言う知識人や，彼らのウィーナー流価値観や文化が最も有害な影響力を持つのは，まさにこの領域である[78]。

こう言ったからといって，イギリスの技術面でのリーダーシップ衰退の責任が影響力のある知識人にあり，彼らの産業技術への嫌悪と審美的関心とが，世界の工場としてのイギリスがその地位を失う運命を決めたと示唆しようというのではない。多種多様なオルソン的連合が，キャプテン・スウィングの反乱以後に力を持ち始めたのである。1850 年以後には，イギリスの熟練工や労働者が新技術の普及を事実上阻止しているという不満が広がっていった[79]。靴やブーツの業界で

---

77) 最近の研究は，この議論のいくつかの細部に対し疑問を投げかけている。フォックスとグアグニーニは，20 世紀初頭までにはヨーロッパの全ての国が，技術学校の卒業生の不足ではなく過剰に悩んでいたと述べている（Fox and Guagnini, 1990, p. 175）。

78) 例えばマシュー・アーノルドがコーネル大学について書いたことを考えてみよう。「この大学は，彼［エズラ・コーネル］の気前の良さに対する崇高な記念碑ではあるが，文化とは何かに関する誤解に基づいているように見え，優美とか明知ではなく，鉱山業者やエンジニアや建築家を生むように計算されたように見える」（Matthew Arnold, 1883, p. xxvii）。

は，労働の「希釈」の懸念が，組合リーダーたちの機械に対する敵意を生んでいった（Church, 1968, p. 234）。この問題に対する最も詳細な研究は，ラゾニックが綿織物業に関して行なっている。彼の結論は引用する価値がある。「既得権益，とくにイギリスの労働者が仕事の管轄権とイギリスのマネージメントの歴史的未発達から得ていた利害が，先進的な生産方法の普及を進める際……その前に立ちはだかった」（Lazonick, 1987, p. 303）。労働者側は新しい機械の採用を「鋭敏な猜疑心」をもって見守った。とはいえ彼らの抵抗は，新しい機械の導入を完全に阻止することではなく，新しい要求に包み隠されていることが多かった。労働者側の受け容れを確実にするため経営側は譲歩を行なったが，これが新機械導入に伴う収益性を低下させた（Payne, 1990, pp. 38-41）。組織労働者の抵抗が，鉱業，造船，綿織物業での技術進歩の速度を遅くした[80]。抵抗したのは労働者だけではなかった。イギリスの地方自治体はガス供給に既得権益を持ち，1914年までの30年間，電力の大量消費の拡大を意図的に遅らせた（Michie, 1988）。馬が牽引しない乗り物の通行をほとんど不可能にした「赤旗法」は1869年まで残存し，イギリスにおける初期の自動車産業の発展を妨げた。

　特化したロビー団体や連合体の狭隘な利己心と，右翼と左翼の双方への反技術イデオロギーの影響にもかかわらず，西洋と西洋に追随した社会での技術進歩が20世紀になって加速していったのは，たぶん驚くべきことである。確かにある種の領域，とくに人間の身体や自然環境の分野では，引き続き問題に遭遇し続けている。環境テロリストの暴行とFDAの警告の間で，進歩は本来あるべき速度よりもかなりスローダウンさせられている。玩具から避妊具に至るまで，新製品の導入は妨げられ，時には製造物責任訴訟の危惧から頓挫する。活動家，官僚，弁護士が将来有望な研究を阻害し，より高価なものにしている。とはいえ新しい有用な知識が可能にした成果は，経済的な福祉および人間の能力という観点から

---

79) イギリスのエンジニア，ジョセフ・ホイットワース（Joseph Whitworth）は，合衆国とイギリスの製造業の違いに関する1854年の有名な報告の中で，考え方の違いを強調し，イギリスの労働者はより組織化され，より熟練し，移動が少なく，技術進歩に対する抵抗の需給両面の諸変数をうまく捕捉していたので，新技術を締め出すことにより成功したと説明している（Rosenberg, 1969参照）。

80) 例えば造船業では，1900年以後ボイラー製造人組合は，雇用主による空気圧縮機の導入を制限した（Lorenz, 1991b参照）。

見て，人類が今までに経験したこともないものである。この進歩が持続可能なのかどうかが問題なのである。

カードウェルの法則再考

　今までの議論を要約すると，有用な知識の経済史は技術進歩の政治経済学を理解しなければならない，ということである。市場過程という観点からテクニックの歴史を記述する場合，常に市場がテクニックの選択を行なう裁定者だったのではないことを認識する必要がある。技術進歩は各社会の意思決定の影響を受けてきた。政府の役割を革新者の保護に限定して技術の選択を自由な市場に任せ，特許制度や科学者，発明家への政府援助といった諸制度を通じて，市場の最悪の失敗を埋め合わせるという政策にそのまま従ってきた政府はほとんどない。そして産業革命期のイギリスの成功は，支配階級のエリートがこのような「まさに適切な」態度をとったという，そのユニークさに原因があったかもしれない。

　より一般化して言えば，自己調整システムの理論が示すところによると，この種のシステムには安定を志向する傾向が組み込まれている。したがって技術進歩は，基本的にこの規範からの逸脱なのである。このことは，私が「カードウェルの法則」と呼ぶものの重要性を示している（Mokyr, 1990, pp. 207, 261-69 ; 1994b）。D・S・L・カードウェルは近代技術の進化に関する優れた著作の中で，多くの場合，かつて技術的に創造的だった社会がそうであり続けたのは比較的短期間だったと述べている[81]。もちろん，彼の観察はヨーロッパの個々の社会には当てはまるが，正にヨーロッパが分断されていたため，大陸全体には当てはまらない。技術的な創造性は松明のように熱過ぎるので，長期間持っていることができない。そのため個々の社会は，創造性を短期間保持したにすぎなかった。だが松明を渡す他の国または経済がある限り，全体を照らす光源は 11 世紀以後ほとんど絶え

---

81) 長い目でみると成功ほど失敗するものはないという考えは昔からある。デイヴィッド・ヒュームは1742年に，「芸術と科学は，完成の域に達するとその時以後，自然に，あるいはむしろ必然的に衰退し，かつて繁栄した国で復活することは，ほとんどあるいは全くない」と書いている（Hume, [1742] 1985, p. 135）。同様の発言についてカー（Carr, 1961, p. 154）参照。

間なくヨーロッパに光を注いできた。カードウェルが述べたように,「より広範な統合体の中の多様性が,過去700年間にわたる技術の絶えざる成長を可能にしてきた」(Cardwell, 1972, p. 210)。技術面のリーダーシップは,最初は北イタリアと南ドイツであり,その後大発見の時代にスペインとポルトガルに引き継がれ,宗教改革の時代に低地地方に引き継がれた。黄金時代におけるオランダの驚異的な成功の多くの部分が,オランダの技術的革新性の結果によるものであり,これが商業面での成功を補完することになった。さらに技術面のリーダーシップは,第1次産業革命期のイギリスに引き継がれ,次いで,合衆国とドイツへと引き継がれていった。つまりいかなる国も,リーダーシップを長期にわたって保持することはできなかったが,「国家システム」として知られている独立した政治主体間の競争があったため,真に創造的な国が少なくとも1ヶ国ある限り,他国は追随せざるをえなかった(Maddison, 1982, ch. 2 ; Kindleberger, 1996)。イノベーションの中心部から遠く離れた東ヨーロッパや南ヨーロッパの地域ですら,不可避的に大陸の他の国々の技術進歩の影響を受けることになった。

ではなぜカードウェルの法則が妥当するのか? 今日から見ると,この観察は経験則でしかなく,彼自身は自分の観察に対して何ら説明を用意していない。これは種々のメカニズムで説明できるだろう。経済学者は動いているものは次第に勢いを失い静止状態に至る均衡システムとして経済を考える訓練を受けてきている。こうした考え方は技術にも当てはまるのだろうか? 市場構造とイノベーションの間の関係によって1つの可能性が決まる(Mokyr, 1990a, p. 269)。独占的な構造がイノベーションにとってより有利だという場合もあれば,別の環境下では競争的かつ分権的な市場が好ましいという場合もある。もちろん技術革新は,最適な製造所の規模やその他の参入障壁を変えることにより市場構造を変える場合がある。単純化するために,イノベーションが継続する「適切」な市場構造と,イノベーションが停止してしまう「不適切」な市場構造があると仮定してみよう。ある種のイノベーションにとっては,独占的な市場構造が適している一方,寡占的市場構造または完全に競争的な市場構造の方がより適しているものもあるかもしれない。イノベーションは既存の市場構造と,継続的な技術変化に適切な市場構造の両方を変えてしまうかもしれない。したがって,技術変化が終焉を迎えるかもしれない可能性は2つある。その1つは技術革新が既存の市場構造を継続的

なイノベーションにとって不適切な市場構造に変えてしまう場合，もう1つは，既存の市場構造は変えないが，技術パラメーターを変える結果，既存の市場構造がもはや技術革新にとって不適切になってしまう場合である。この2つの推移に有限の確率を割り振ってみると，経済は容赦なく確率論で吸収壁として知られている状態に入り，技術進歩は停止してしまうだろう。

技術変化がその終焉の条件を生み，それが経済成長に終止符を打つという同じような弁証法的アプローチでは，リスク回避の程度または時間選好の程度が所得によって影響を受けることを前提としており，したがって技術的な創造性が大きな成果を生めば生むほど，リスクを引き受け，はるか後になって現れる研究の成果を待つ意欲は衰えていく。言葉を換えれば，経済が十分に豊かになると，イノベーションのプロセスを動かす「アニマル・スピリッツ」や野心は，多少なりとも失せるかもしれない。だがイノベーションのプロセスを動かしていくのはほんの少数の戦略的に行動する人間なので，経済が放縦で怠惰になったからとの理由でイノベーションの源泉が涸れてしまう可能性は低いように思われる。

成長の弁証法のもう1つ別の解釈は，新しい知識の政治経済学から来る。それは基本的には，マンサー・オルソンによって最初に提唱されたテーマの1つのバリエーションである（Olson, 1982）。いっそうのイノベーションに対する社会的な抵抗の出現がそのメカニズムである。どの社会でも，現状に既得権益を持ち，変化に抵抗する傾向をもつ強力な力が存在する。新しい知識は既存のスキルに取って代わりレントを脅かす。つまり技術変化は，既存の技術に特化した資産を持つ人に大きな損失をもたらす。こうした資産はフォーマルなスキルの場合もあれば，暗黙知や名声の場合もあり，特化した設備や天然資源の所有権の場合もあり，独占的な立場を保証していた参入障壁，共同体をベースにした非金銭的な資産の場合もある（Krusell and Ríos-Rull, 1996）。新しい技術が一定の比率で出現すると仮定すれば，自由市場の競争が技術選択の唯一の裁定者であることを許されている限り，新しい技術は常に一定の比率で採択されていくだろう。普及までのタイム・ラグには種々のパターンがありうるが，長期的には，新しいテクニックが古いテクニックを駆逐していくだろう。

どのような社会でも，イノベーションを支持してきた勢力が遅かれ早かれ既得権益を持つ集団になるために，技術進歩はやがて停止するようになるだろう。ま

さに弁証法的な様態で，技術進歩が最後にそれ自体を破壊する勢力を創り出して行く。この結論は，単一の閉鎖経済には当てはまる。相互に競い合う細分化された開放経済の集合では当てはまらない。この主張は，中国，オスマン帝国，ロシアといった巨大帝国に対する西欧の優位性は，その多元性，多様性，分断化にあるいう，よく知られた仮説を反映している。この見方は，少なくともデイヴィッド・ヒュームまで遡る。ヒュームは 1742 年にこう指摘した。「多数の隣り合った独立国が商業と政策によって相互に結ばれていること以上に，礼節と学芸の興隆にとって好都合なことはない。これら隣り合う国々の間で自然に起きてくる競争が，改善の源泉となる。しかし私がとりわけ主張したいことは，このような領土の限界が権力と権限にストップ［制約］をかけることである」(Hume, [1742] 1985, p. 119)。我々の時代ではジョーンズが極めて適切に描写している (E. L. Jones, 1981；2002)[82]。

　この多元性あるいは遺伝的多様性は，近代技術の勃興上でどれほど重要だったのだろうか？　標準的な経済学における競争モデルでは，競争的システムはどんなものであれ，中央集権的なシステムに勝っていることが強調される。しかし，どんな恣意的な支配者も，システム全体の明かりを消すことはできない。そのうえ技術は経済的なパフォーマンスだけでなく軍事的能力にも影響を与えるので，恣意的な支配者ですら，技術変化が混乱をもたらすことは好まないとしても，技術で遅れを取ることはできないことを発見するだろう。ピョートル大帝からヴィッテ伯爵に至る帝政ロシアの歴史は，この葛藤をよく示している。技術についての反動勢力に対する防波堤としての国家システムという考え方は，競争モデルに魅了された経済学者が創り上げた理論上の構造ではない。1680 年代にイギリス議会の一議員は，こう指摘している。「もしも蒸気織機が抑圧されるならば，この織物業者を遠い都市や国へ追いやってしまい，イングランドの貿易に大きな損害となるだろう……そしてこの機械を使うオランダやフランスがイングランドよりも安値で売り込むため，イングランドはいかなる外国市場にも進出すること

---

82) 競争モデルによるこのアナロジーの現代的表現は，ダグラス・C・ノースによる。彼は国家の数は少ないので，協定を破るインセンティブと同程度に，参加者間で共謀して協力する機会があり，したがってダイナミックな不安定性がこのシステムから生まれる可能性があると，正しく指摘している (Douglass C. North, 1981, pp. 138-142)。

ができなくなるだろう」(Wadsworth and Mann, 1931, p. 103 に引用)。

国家システム間の競争の概念の上に，遺伝子プールの多様性が創造性を生み出す可能性が高いという，遺伝学者たちの同じく直観的な議論を重ね合わすことができる。そうであれば，多様な文化的伝統が多数集まれば，成功する結合を生む可能性が高まることになる[83]。西洋の歴史では，限られた数学的知識しか持っていない実践的なアングロ＝サクソンの機械工と，より理論的なマインドを持つフランス人やドイツ人との間の補完性が，創造性の源泉として過小評価されてきた。このような一般化はもちろん，たかだか基本的な傾向に過ぎない。しかしそれは，エンジニアたちが開発した新しいテクニックの認識的基礎を構築し，拡大していくことの重要性を示している。そのうえヨーロッパの多様性が，自由な実験手法に驚くほど寄与し，それが好奇心に富んだ科学者やエンジニアたちを1800年以前の最も開拓者的な多くの発見へと導いていった(Rosenberg and Birdzell, 1986)。何らかの理由で母国が自分のアイディアに冷淡だと感じた独創的で創造的な人々は，他の国へ逃亡することができたし，実際にそうすることも多かった。ヨーロッパの歴史の記録は，単一の経済のローカルな行動と，グローバルな相互作用的システムの中での一群の経済の行動との違いを示している。この相互作用は，本質的に競争的にもなりえるし，純粋に共生的（模倣的）にもなりえるし，この両者の組み合わせにもなりえるが，それは開放経済システムが有利であるという動態的な論拠の一部でなければならない。確かに，この分野で定量的な評価は出現しそうにはないが，封建制下で反目し合うヨーロッパ社会において技術的な創造性が広範囲に見られたことは偶然とは言い難い。とはいえ，この議論は慎重に行なわれなければならない。

最初に強調すべきなのは，政治的多元主義と技術的創造性の間には相関関係はあるが，多元主義は技術的創造性のための十分条件でもなければ必要条件でもないということである。宋代中国の目を見張るような技術的成功は，帝国の文脈の中で生じていた。この時代の大部分，中国はモンゴル族や満州族と抗争を繰り広げてはいたが，南宋は人口の大部分が無傷のまま金王朝を倒している。宋自体がモンゴルによって倒された時，モンゴルは宋が行なっていたのと同じような中国

---

83) この原理は他の進化のシステムにも共通しており，中でもドブジャンスキー (Dobzhansky, 1974) が強調している。

型の帝国を確立した。こうした大変動の中でも中華帝国と官僚制度はそのままだったが，中国の技術的創造性は明王朝（1368-1644 年）まで少なくとも 1 世紀は続いた。巨大帝国も技術変化を生むことは「可能」だし，中国の官僚制は技術の勃興のうえで，時には重要な役割を演じてきた。

　第 2 に，政治的な分裂は技術的な創造性が継続する保証とはなりえないということである。古代ギリシャからイスラーム統治下のスペイン，ムガル帝国前のインドまで，厳しい政治的な分裂やバルカン化は，技術の前進に何ら目に見える効果を生まなかった。進化生物学で遺伝的多様性が自然のイノベーションを「保証」しないのと同じように，経済学でも企業間の競争の存在は経済的進歩を保証するものではない。

　第 3 の最も深刻な問題は，ジョーンズもノースもともに，政治的分裂がもたらす膨大なコストと危険要素を十分に認識していないことである[84]。相互破滅的な戦争が何世紀にもわたってヨーロッパに負わせた負担は，容易に過小評価されてしまう。政治的分裂と国家間競争は，それがもたらしたとされる技術上の利益と比べて許容される以上の損失をもたらした。商業的，工業的に繁栄していた地域の破壊はよく知られている。1490 年以後のイタリア，1580 年以後のスペイン支配下のオランダ，1620 年以後のドイツと中央ヨーロッパ，1650 年以後のアイルランド，そして 1700 年以後のスウェーデンは，武力抗争の「直接的な」影響によって繁栄が著しく損なわれたほんの少数の事例に過ぎない。競争の経済モデルでは，深刻なネガティブ・サム・ゲームは，仮にあるとしても極めて稀なので，このような影響は出ない。

　競争の経済モデルを「国家システム」に応用することが本質的にミスリーディングであることは，国家の最適規模の問題によって示される。中東と同様にヨーロッパの歴史の大部分が示しているのは，大多数の目的からいって都市国家が最適規模の組織単位なのかもしれない，ということである[85]。独立した，あるいは

---

84) ジョーンズはアジアの諸帝国での侵略や征服のコストを強調しているが，ヨーロッパにおける小規模戦争に伴うコストも同じくらいに破滅的だったことを見逃している（Jones, 1988, pp. 116-19）。

85) 都市国家については，ローゼンバークとバーゼル（Rosenberg and Birdzell, 1986, pp. 59-60）およびヒックス（Hicks, 1969, pp. 42-59）が少し論じている。両者ともこの種の政治組織の利点に対する，一貫した説明を提供しようとはしていない。しかしティルスから香

自治権を持った都市国家は，交易に必要な契約の遂行や情報処理の点で，よくつくられていた。中世末以後これらの都市国家は，新しい有用な知識やイノベーション創出でますます中心的な役割を演じるようになっていった。しかし都市国家と巨大な政治単位(ユニット)との間の競争と抗争は後者の軍事的な勝利に終わり，繁栄した都市国家は経済的崩壊を迎えた。カルタゴ，アントワープ，ニュルンベルグ，ベニスの運命は全て，経済的に成功した国家形態が政治的に生き残れないことの証となっている。都市国家が防衛資源を共有するための協力の取り決めを結べた場合（ロンバルディア同盟やハンザ同盟がしたように），あるいはオランダの都市国家が水を防護壁に使ったように，特別の地理的条件を利用できた場合に限って，このような組織体はかなりの期間にわたって，より大きな単位(ユニット)の圧力に耐えることができた。しかしその場合でもこれらの生存可能性は，防衛のための大きなコストによって蝕まれて行くことが多かった（Mokyr, 1995）。

　こうしたコストと便益の劇的な事例は，1870年から1914年の期間に見ることができる。5ないし6の大きな国民経済の間の競争は，技術進歩に対し大きな刺激となった。ドイツ，フランス，それにイギリスのエンジニアたちは，鉄鋼，化学，運輸，それに電気工学の分野で，相互に相手に勝とうと鎬を削り，たとえ競争で抜きん出たとしても自分の国へのお釣りが足りないのではと感じていた[86]。そのうえ1850年以後は，技術進歩が政府の直接の援助を必要とすることが，ヨーロッパの大部分の国々（イギリスを例外とした）にとってますます明白に

　　　港に至るまでの都市国家の連綿と続く経済的成功は，この種の組織形態には何か効率的なものがあったことを示している。
86) ヨーロッパの国家システムと技術進歩の相互作用の一例が，ドイツにおける化学の発展である。1795年にフランスの数学者ガスパール・モンジュは，フランスの国家的教育は「フランスという国家を外国の産業に依存した地位から引き上げ」るべく，「フランス職人の腕をあらゆる種類の道具を扱うことに慣れさせるために……正確性を要求する」ものに向かわせるべきであると勧告した（Booker, 1963, p. 104）。1815年にドイツの化学者カール・カストナー（Karl Kastner）は，「化学を振興するのが国家の使命であるというのとは正に逆に，化学はドイツ国家に奉仕すべきである」と書いた（James, 1990, p. 109）。彼の弟子で最も有名なユストゥス・フォン・リービッヒは，農業生産性を引き上げることにより，化学が農村の不安を減少させ，政治的安定を向上させることができると信じていた。数十年後，1900年代初頭のハーバーのアンモニア合成法は，フリッツ・ハーバーの強烈な愛国心に動かされていた。アンモニアの合成過程で作られた物質の使用，および1914年から18年の戦争におけるドイツの化学戦の主唱者としてのハーバーのその後の運命は，この種のイデオロギーに駆り立てられた発明の両義性を思い出せるものとして有用である。

なっていった。もちろんその多くは,「国家安全保障」という動機に基づいていた。いくつかの国々,例えばイタリア,日本,ハプスブルグ帝国,ロシアにとって,政治的競争とはベスト・プラクティスの技術を真似し,これに遅れずについて行く必要性を意味していた。これらの国々はすぐに,軍事力および政治力は産業やインフラの発展と切り離せないことを見出した。しかし1914年には,ヨーロッパのシステムは継続的進歩の微妙な不安定状態から,1914年以前の技術がもたらした多くの物質的な便益を抹殺してしまう奈落へと転落した。その後の冷戦がもたらした効果も曖昧である。1957年のソ連のスプートニク打ち上げは,合衆国の研究開発プログラムの再活性化をもたらした（Mowery and Rosenberg, 1998, p. 128）。冷戦は世界全体を1914年の,あるいはそれ以上の破局へ突き落とすことはなかったものの,そうしたことが起こる事前的な機会は決して無視し得なかった。したがって,政治的な分裂が全体としてのメリットをもたらすのはアプリオリに明らかである,などと言うことはできない。

　しかしそれにもかかわらず,おそらくある程度の分権化は望ましいだろう。グローバリゼーションが政治的な現実となった時に何が起こるのか,歴史は何らの手引きも与えてくれない。そして現在の我々の経済とは多くの点で大きく異なっていた歴史上の経済を先例として,コストと便益を比較することは決して賢明とは思われない。しかし有用な知識の創出および利用という観点からみれば,度を越えた調整は不健全であるように思われる。アイディアとそれを宿す人間双方のオープンさと自由とともに,ある種の政治的多様性を保持する必要性は,知識自体が以前にもまして移動性を増しているとはいえ,一向に低下していない。均質化やグローバリゼーションについて多くのことが語られてはいるものの,近い将来,世界がこの多様性を失おうとしているようには見えないのである[87]。

---

87) 合衆国では最先端の生物医学研究に関する倫理的懸念が強いように見えるため,クローニングや幹細胞研究に従事する合衆国の科学者は,より自由な国々へ移動しつつある（*The Economist*, 2001年8月4-11日, p. 14）。

結　び

　新成長理論や最近の経済発展論の大きな再発見の1つが，制度や政治の重要性である。この結論は，歴史主義的な伝統を受け継いだ研究者（例えば，E. L. Jones, 2002）ばかりでなく，新古典派経済学からも提起されている（例えば，Parente and Prescott, 2000）。競争を促進し，それに対する障害やブレーキや障壁を取り除く政策が，最貧国経済の所得を増加させるだろうし，世界の他の地域で生み出された有用な知識が，これらの経済で会得されるのを待っている，と彼らは主張している。フォーマルな経済学の中に政治を導入することが重要なのは，他の比較的重要でない要因（例えば貯蓄率の差）を離れて，他の社会科学や歴史学と共鳴できるような説明に関心を向けさせるからである。

　知識の政治経済学は，貧困の罠あるいは複数均衡の存在の可能性を示唆している。制度が新しいテクニックの採用にとって多少不適切であるために，経済が低い所得水準で「立往生」してしまう可能性がある。国産であれ輸入であれ，技術進歩は今も生産性上昇の主な原動力の1つと考えられているので，それに対する諸制度の適合性は新しいアイディアの導入を成功させるための重要な課題である。フィリピン，ハイチ，モルドバ，ナイジェリアといった国々での制度改革は，韓国やシンガポールを豊かにしたテクニックの採用を支援する方向で役に立つだろう。問題なのは，不適合な制度は悪意によって貧しい国に押し付けられたのではなく，何らかの理由があるから存在するということである。そういう制度は，望ましくはなくとも，持続可能であるかもしれないある種の均衡点を表している。貧困と後進性は，腐敗した制度や規制の生き延びる力を持続させ，その国を貧しく遅れたままにするかもしれない。そうしたタイプの制度の1つが，野心に燃えた革新者から現状の技術を守ろうとするものである。しかしこうした制度は重要な点で，腐敗や抑圧や暴力といった，他の制度的失敗の源泉とは違っている。腐敗・抑圧・暴力の脅威は，工業化の進んだ国では免れることができない。

　より重大な問題は，持続的な経済成長は例外であって停滞こそが常態なのか，それとも，E・L・ジョーンズが主張するように，経済成長は大部分の経済にとって自然な状態なのだが，政治的，文化的障害が本来はダイナミックな経済を

停滞と貧困に陥らせているのか (E. L. Jones, 1988), という問題である。この問題は，縞馬は白い縞をもった黒い馬なのか，それとも黒い縞をもった白馬なのか，という議論に少し似ているように見えるかもしれない。Ω型知識にしろλ型知識にしろ，有用な知識の持続的な拡大は，確実に保証されているものではない。新しいΩ型知識の創出は，経済成長を持続させるための燃料である。現代世界では経済成長の大きな部分が，既存の知識を普及させ，障壁を取り除くことによって実現できる。だが最終的には，経済成長は新しい有用な知識を生み出すことによってしか持続し得ない。いずれの場合も，技術進歩の政治経済学が議論の中心的な位置を占めなければならない。

第7章

制度，知識，経済成長

> 技芸と科学の歴史を辿ること以上に細心の注意が必要なテーマはない。ありもしない原因を挙げたり，単なる偶然を安定した普遍的な原理に還元したりしないようにするためである。いかなる国においても，科学を進歩させる者の数は少ない。科学者を支配する情熱は有限である。彼らのテイストや判断は繊細で，簡単に正道から逸脱する。勤勉さはほんの小さな偶然によってすら妨げられる。したがって，洗練された技芸の勃興や進歩には，偶然とか，隠された知られざる原因が大きく影響しているはずである……しかし，ある国がその隣国に比べてなぜ文雅に優り，学芸が進んでいるのかに関しては，多くの場合，適切な理由を挙げうるものだと私は確信する。少なくともこれは非常に好奇心をそそるテーマなので，その解明を全くあきらめてしまうのは残念なことだ。　　　　　　　──デイヴィッド・ヒューム，1742年

　私が本書で用いた意味での有用な知識は，我々が自然に対するゲームで使う道具を説明する。その大部分は極めてありふれたものである。1月のシカゴは極めて寒く，何枚もの厚い衣服を身にまとうことが，体温の発散を防ぐ人間の身体を護る道だということを我々は知っている。この知識はセーターを着用するという自明のテクニックに写像される。原則的には，このような知識は全く私的なものであるかもしれない。しかし技術の進化では個々人の間の相互作用が，個人それぞれが知っていることと同じくらい重要である。技術は基本において「自然に対するゲーム」であるが，それが歴史的要因として意味をなすためには，技術を他の人間に対する，あるいは他の人間と協働する，1つの社会的なゲームと考える必要がある。

　解明が必要なのは，過去2世紀半の出来事である。ホイッグ史観や，思慮なき「近代化理論」だという騒ぎにもかかわらず，経済学者たちは，「勝ち誇ったヨーロッパ中心主義的な目的論」にうんざりしている他の社会科学者や歴史学者に対し，経済成長と技術進歩に基づく西洋経済の勃興こそ近代史における中心的な事件であることを，飽くことなく意識させようとしてきた。これに匹敵するものはないのである。だがこれをどう説明したらいいのだろうか。西欧と「東洋」との

間の大分岐が1750年以後に起きたと主張するポメランツのような修正主義的歴史学者の主張が多少とも正しいなら（Pomeranz, 2000），我々が「産業革命」と呼ぶ出来事に課せられた責任はそれだけ重いものになる。

「有用な知識」の役割は，正確には何だったのか？　近代の「全ての」経済成長が技術変化によると考えるのは間違いである。経済成長は資源の継続的な再配分，法と秩序の確立やそれがもたらす商業の発展の結果としても起こりうる。経済は人間がより良心的，誠実で協力的に，より倹約で勤勉で慎重になり，相互に信頼し合うようになることによっても成長することができる。何人かの研究者たちは（例えばLandes, 1998），西洋の興隆の主な原因に「文化」を挙げている。つまり，正直，勤勉，倹約，それに子孫の教育といった伝統が代々受け継がれ，他の社会との間に大きな違いを生んだというのである。確かに勤勉と信頼と倹約が経済をより良くするのは間違いない。だが有用な知識の基盤が拡大しないならば，このような賞賛に値する努力も次第に収穫逓減に陥るだろう。有用な知識の増大のみが，成長と繁栄の上限の引き上げを可能にするのである。

公式，非公式の「制度（institution）」がより重要だと考える人々もいる。つまり政府の信頼性，基本的な単位としての家族の機能性，安全と法の支配，信頼できる契約履行システム，個人のイニシアティブやイノベーションに対する権力エリートの態度などである。たんに巧みに組織されているために，インセンティブ・システムがうまく機能する社会もある。ノース（North, 1990）やエリック・ジョーンズ（Jones, 2002）が代表するこの見解によれば，勤勉やイニシアティブや倹約は，それに対する報酬が適切で，その報酬が制度的な構造によって決まる場合に経済成長を引き起こすのである。南北朝鮮や東西ドイツの間の経済的な違いは，経済的なゲームが演じられる社会的なルールの重要性をあからさまに思い起こさせる。経済的パフォーマンスに対するデイヴィッド・ランデス（Landes, 1998）のアプローチでは，それはもっと文化に寄った用語で表現されているが，これらの研究では「文化」と「制度」の区別を明確にすることは難しい。

経済成長を説明するもう1つの方法として，「制度」と「有用な知識」を並べるのは，かなり不自然に見えるかもしれない。しかしながら，次の2つの命題は，成長の経済史の特徴を素描するように思われる。第1に制度の違いは，ある時点における所得「水準」のクロス・セクション的な相違を説明するのにより有効で

ある。知識はある種の経済学者たちが想像するほど容易にというわけではないが，国境を越えて移動することができるし，現に移動している。もし現在のドイツがジンバブエよりも豊かである唯一の理由が，ドイツがより多くの有用な知識を保有していることだとすれば，この両国間の所得格差は比較的短期間に解消されるかもしれない。それでも今日のドイツがなぜ1815年当時より豊かなのかと問われるならば，技術の重要性には議論の余地がない——もちろんより良い制度も，同様に重要だろう。第2に1750年以前には，技術は前近代的な成長では大したものではなく，2次的な重要性しかもたなかった。これは重要な技術進歩が挿話的に見られる中国やヨーロッパにおいてすら，当てはまることである。中世のフランドルやルネッサンス期のイタリアといったいくつかの経済の開花には，市場の発展，貿易の増加，専門化の進展といった制度的な変化が大きく作用した。いくつかの発明，例えば前近代における海運業や繊維産業での改良などは，これらの経済に影響を与えた。しかし，こうした改良は1回限りの性格のもので，近代を特徴づける技術進歩の持続性は見られなかった。「産業革命」の真の重要性を特徴づけるのは，駆動力の比率の変化なのである。

　制度的な要因が重要なのは，何よりもそれが人々の間の交換関係や資源配分や貯蓄行動や投資行動に影響を与えることにより，経済の効率性を決定するからである。だが有用な知識は違う。生産の基本的な性格は，人間にとって望ましいものを自然環境から無理やり引き出そうとするところにある。自然はそれらを自発的に放出してくれはしない。人間は狩猟採集を放棄し，自然の中に見出した規則性を利用して，農耕を発明し，我々が生産社会と呼んでもいいものを創造してきた。こうした自然の規則性を後に「科学」となるものへとフォーマル化し，それが含意するテクニックと相互作用させることで，ベーコンが夢見たプログラムは18世紀末の西欧で臨界点に達した。だがその必然性は全く存在しなかった。もし西欧が存在しなかったら，あるいは西欧がチンギス・カンによって抹殺されていたなら，他のどこか別の社会がX線やインスタント・コーヒーやソーラー電卓を開発していたかは全く分からない。知識の歴史に対する進化的なアプローチが意味することは，「なぜ」近代的な経済成長が1800年以後に起きたのかを我々は「説明」できないということである。これはちょうど，なぜホモ・サピエンスがあの時点に登場したのか，なぜそれが，例えば3000万年くらい早い漸新世の

中期ではなかったのかを説明できないのと同様である。しかし我々は，ルネッサンスや科学革命や啓蒙など初期の知的な展開から，「どのようにして」有用な知識が進化してきたかを示すことはできるのである。

とはいえ話はもっと複雑である。有用な知識の成長速度や方向性を決めるうえで，制度は中心的な役割を演じる。社会構成主義が主張するように，科学と技術は社会的なプロセスである。このアプローチは，彼らが考えるほど経済学者の思考方法から乖離してはいない。インセンティブが重要であることは誰もが同意している。また1つの経済の中では才能の供給は有限であって，それらは1つの希少資源とみなすべきである，といった点も理解されている（Murphy, Shleifer, and Vishny, 1991）。最も才能あふれ野心的な個人の努力と時間がどこまで活用されるかの決定に，制度は寄与する。起業家や革新者や発明家(イノベーター)たちは，報酬が最も期待できると考える分野で，自分の財産や名誉を確立しようと努力する。そのための道は，潜在的にはたくさんある。商業やイノベーションや金融，──あるいは略奪や強奪や汚職などがそうである。社会の制度は，こうした努力が最も報われる分野はどこか，最も有利な分野はどこかを決定する。経済主体の立場から見れば，どのような活動で稼ごうと，1ドルは1ドルである。しかし，経済の観点から見れば，企業家的活動は国を豊かにするが，レント・シーキングは国を貧しくする（Baumol, 1993）。新しい知識の探求には，多くの異なった道があり，あるものが他のものより有用なことがある。この区別は複雑である。ある種の人々からレント・シーキングとみなされる活動（例えば訴訟）も，別の人々には財産権を行使するために不可欠の行動となる。純粋数学の知識のように当初は抽象的に見えたかもしれない知識も，結果的に予期していなかった用途を見出すようになる。

しかし有用な知識の蓄積は，他の企業家的活動とは違う。自然の解明へと駆り立てるもの，そして同業者が自然の規則性の解明に成功したことを承認すること，これらは純粋な物質的動機を超越している。全ての人間社会で，知識そのものに対する好奇心と渇望は，命題的知識の蓄積へと駆り立てる大きな動機だった。近代を描写する1つの方法は，より良いテクニックへと写像されるかもしれない知識と比べて，知識のための知識の相対的重要性が低下したということである。市場によって駆動される資本主義制度の中でも，Ω集合の成長のある部分は今なお認識的動機に基づいているかもしれないが，これとは似ても似つかない経済的関

心が，過去150年の間にますます重要になってきた。ベーコンの夢がますます現実味を帯びてきているのである。もちろんΩ集合からλ集合への写像の多くは，その認識的基礎としての重要性がずっと後になってから理解される発見からきていた。ニールス・ボーア（Niels Bohr）とエルヴィン・シュレーディンガー（Erwin Schrödinger）が量子力学の発展に尽力していた時，彼らがMRIやレーザーのことを考えていたというのは馬鹿げている[1]。しかしこのような経済的利害からの超越は，今日の「純粋」科学の多くの部分を描写しているとはいえない。大部分の純粋科学者の頭のどこかに資金集めへの配慮がある。資金を提供する機関は，頭のどこかで議員たちのことを考えている。そして，議員たちは頭のほんの片隅ぐらいでは社会のニーズを心にかけている，と期待したい。そのうえ命題的知識の探求の多くは，産業界で認識されたニーズによって直接触発され，動機づけられている。好奇心や他の「内面的」なメカニズムが消失してしまったわけではないが，「内面的」メカニズムも命題的知識の探求に当たっては，主要なモチベーションを実用的なニーズと共有せざるをえない。その意味で現代の経済は，産業啓蒙主義の究極の勝利を表している。

　このような知識を保蔵し，普及し，増殖させていくような組織の存在（例えば学会，大学，研究所），それが準拠するルールの存在（例えば公開された科学，最初に発見した人の功績の承認，実験の再現性，受け容れられるための説得法的な（レトリック）ルール）は，知識の歴史的経路の決定に貢献する。歴史の大部分を通じ，自然を研究する人々と経済的生産に従事する人々が，通常分断された社会集団だったことが，技術発展の速度を大きく左右してきた。この両者間での知識の移動と，社会に蓄積された知識へのアクセスの容易さが，過去数世紀間の進歩を説明するうえで中心的な重要性をもっている。有用な知識はそれが社会的に共有された時にのみ経済的な重要性を持ちうるので，それへのアクセスは重要である。そして知識へのアクセスは，制度と考え方とコミュニケーション技術によって決められる。現代の新しいテクニックや製品を創造する人々は，昔に比べ，新しい指図的知識のための認識的基礎として役立つ命題的知識に容易にアクセスするためのトレーニング

---

[1] 逸話によれば，陰極線中に原子より小さな粒子を発見したジョセフ・J・トムソン（Joseph J. Thomson）は，彼のノーベル物理学賞受賞の祝賀会の席でこのような乾杯の音頭をとったと言われている。「電子に乾杯！　誰一人この利用法を発見しませんように！」

を受け，技術も持っている。近代の経済成長の奇跡は，近代という時代がこの点で過去とは違うのだという明確な認識なしには，理解することができない。

制度的な構造の違いは多少異なった結果を生んだ。フォーマルな自然探求により強く魅せられた国民があった一方，応用面を追及する傾向の強い国民もあった。19世紀に台頭してきた西洋の工業国の中では，この点での大まかな分業が始まった[2]。とはいえ国境を越えた自由な情報移動が存在し，合衆国のエンジニアは必要な時にフランスの物理学者にアクセスでき，かつ実際にアクセスして，またイギリスの製造業者はドイツやベルギーの化学に依存することができた[3]。こうした開放性は，制度と技術の双方によって促進されていった。西洋の科学はこのオープンな構造を維持し，そして輸送および通信コストの低下に伴って，アクセス・コストも低下を続けた。1902年から1914年の間に，ダルムシュタットで電気工学を学んでいた学生の61％は外国人だった（König, 1996, p. 76）。ベスト・プラクティスの有用な知識の創出にほとんど貢献しなかった経済ですら，望みさえすれば，増大した有用な知識が創り出した新しい機会を利用することができ

---

2) アメリカ人は理論や人間の知識の抽象的な部分にはあまり興味や関心がないと，トクヴィル（Tocqueville）が1830年代に述べたのは有名である。このような態度がその後何十年間にもわたり，アメリカ文化を特徴づけたとローゼンバークは述べている（Rosenberg, 1998b, p. 196）。クラナキス（Kranakis, 1989）はある優れた論文の中で，フランスと合衆国のエンジニアリングへの貢献の仕方の違いを分析し，フランス人のエンジニアは数学や抽象的概念を多用し，普遍的な性格の理論的知識を生み出したのに対し，アメリカ人のエンジニアの知識は実用主義的で，多くの場合，表やグラフという形で表現されていたと述べている。

3) 例えば，フレデリック・クレイス・キャルヴァートは当時最も成功したイギリス産業界の化学者で，1850年代末には石炭酸（初めての実用的な消毒剤）研究の先駆者だったが，フランスのシュヴルールから教えを受けていた。もう一人の代表的なイギリス人化学者ライアン・プレイフェア（Lyon Playfair）は，ドイツのギーセンでフォン・リービッヒから学んだ。アニリン紫の発明家ウィリアム・パーキンは，彼の世代の大部分の産業界の化学者と同様，ドイツでアウグスト・フォン・ホフマン（August von Hofmann）の指導を受けた。ホフマンはイギリスに招聘され，王立化学カレッジの学長となった。後にドイツの合成染料業界の中心人物の1人となったハインリヒ・カロは，1859年から1866年までマンチェスターで働いていた。アイラ・レムセン（Ira Remsen）は，ジョンズ・ホプキンズ大学に設立された合衆国最初の化学の大学院コースの責任者で，サッカリンの共同発明者の1人だが，彼もまたドイツで教育を受けた。ドイツの化学教育が明らかに優れていたため，（イギリスを含めて）他の国々も中心的な地位をドイツ人に与えるようになり，外国人学生は先進的な有機化学教育を受けるためにドイツへ留学した。

た[4]。

　西洋では有用な知識は国境を越えて移動し，各々の違いを混合して，多かれ少なかれ1つのまとまった「西洋型の有用な知識」を創造した。西洋内での各国の流儀の違いとか，「成功と失敗」，「主導者と遅行者」に関する議論は，西洋世界の基本的な統一性を曖昧にしている。この統一性は，表面的な各国の流儀の違いを越えている（Fox and Guagnini, 1999）。有用な知識はただ単に，各国で共有されただけではなかった。有用な知識を支える各々の異なった制度は，絶えず相互に影響を与え合った。特許制度というイギリスの考え方は他の西洋諸国に影響を与え，逆に19世紀末のイギリスは，第2次産業革命という異なったフィールドで展開されるゲームに参加したければ，高等教育制度を改革しなければならないということを，他の西洋諸国から学んだ。

　社会が新技術を生む場合，制度的枠組みは以下の4つのチャンネルを通じてその有効性を決める。第1のチャンネルは，新しい命題的知識を生み出す社会の能力である。自然の規則性に関する研究テーマは何か？　その研究の動機は何か？　社会が最も関心を持っている分野はどこか？　古代には多くの社会が天体の運行の研究に多大な時間を費やし，それは暦の作成の助けにはなったが，ほとんど何の役にも立たなかった。ユダヤの賢人たちは何世代にもわたり，聖書の文言の解釈のために生涯を費やし，知恵を深め律法の研究を積み上げてきたが，本書で定義したような有用な知識は付加しなかった。研究テーマの問題の先には資源配分の問題がある。この新しい有用な知識を生み出すためにどのような資源を，どれだけ費やすのか？　自然の規則性の研究に何人が従事するのか？　それらの人をどうやって集め，彼らにどう報いるのか？　どのような道具や器具が使われるのか？

　第2のチャンネルは，生み出された命題的知識の普及と堅牢化である。この知識は誰と誰が共有するのか？　何人が共有するのか？　アクセス文化はどのようなものか，つまり知識は秘密にしておくのか，それとも破れない暗号や専門用語

---

4) 簡単な例を挙げよう。由緒あるオランダの砂糖精製業は1815年以後，ベスト・プラクティスのテクノロジーで遅れをとり，最初はもはやついて行くことができなかった。しかし1880年までにアムステルダムのヴェステル製糖所の経営者は，専門的な定期刊行物にアクセスし，必要ならヨーロッパで最も偉大な専門家を相談のため急行列車で連れて来ることもできた（Bakker, 1995, p. 71）。

によってアクセスできないようにするのか？　それともできる限り速やかに，一般に公開し，さらに通俗書，雑誌，テレビの番組を通じて，より広範な受け手に広めていくのか？　知識はどうやって検証され，「選択」されていくのか，——つまりどのように，関係する人々のコンセンサスによって受容されるのか？　ある命題が「正しい」ことを決定するために，どのような基準が存在するのか？　それに専門的に従事する人々が相互にコミュニケーションをとるために，どのような言語やシンボルが存在するのか？

　第3のチャンネルは，命題的知識から指図的知識または「テクニック」の集合への応用または「写像」である。制度はイノベーションの報酬やペナルティを設定する。またイノベーションに対する効果的な抵抗の可能性を規定する。抵抗はイノベーションを直接抑圧したり，他の人々の意欲を削ぐのである。発明者はどのように報われるのか？　そして実際にテクニックを機能させるための，多くの場合退屈でフラストレーションのたまる仕事を行なう人には，他にどんなインセンティブが用意されているのか？　さらに生産に従事する人には，自然の規則性を研究している人とのコミュニケーションが必要となる。すでに述べたようにここで最も重要となる制度は，Ω型知識の所有者と，それをλ集合の中の使える指図にする者との間の，コミュニケーションと信頼関係を決定する制度である。哲学者や錬金術師や近代の科学者は，社会が必要とするだろうものに関するシグナルを受け取っているのだろうか？　そして彼らは，それに応える方向に動こうとしているのだろうか？　あるいは逆に，職人や農民や航海士や医者は，Ω集合へのアクセスが保証されているのだろうか？　もしそうでないとすれば，彼らはアクセスできる人を雇ったり，その人たちにアプローチしたりできるのだろうか？

　最後の第4のチャンネルは，イノベーションの普及である。Ω集合からλ集合への「写像」が起きて発明が誕生したとしても，それは採用されるのだろうか？　そこに第6章で論じた制度の問題がある。社会の中には新しいテクニックの登場で敗者となるかもしれない集団や，他の理由から新しいテクニックを嫌う集団があり，彼らの広範な社会的・政治的抵抗が見られる。この抵抗が成功するかどうかを決めるのは社会の制度であり，社会が創造的破壊のリスクと混乱に耐えられるかどうかを決めるのも，その社会の制度である。だがその他の要因もまた重要であり，経済史ではそれらが長年広く議論されてきた。例えば，イニシアティブ

を取り，新しいテクニックを採用するリスクを引き受ける企業家が，常に十分に存在するだろうか？　企業家が十分に存在しても，彼らはこの新しいテクニックを適切に働かせるのに必要な資源をコントロールできるだろうか？　資本市場はベンチャー・キャピタルを供給し，労働市場は必要な補完的スキルを供給できるのか？

　過去3世紀の西洋技術の勃興は，少なくともいくつかの暫定的な回答を示唆している。歴史家たちは，自然現象を研究する人々と，こうしたテクニックを実際に応用し，働かせる人々との間の，社会的，物理的な繋がりを追跡することができる。知識は，知っている人間から，作る人間へと移転されなければならない。こうした知識の移転には，講演，各種の協会，18世紀の百科全書からコミュニティ・カレッジ，それに21世紀のインターネットに至るまで，様々な形態がある。ともかくこうした知識の移転を容易にする，制度や機関が存在しなければならない。

　良かれ悪しかれ，有用な知識の増加の歴史はエリートの歴史である。命題的知識と指図的知識の集合を拡大させてきた人々の数は少数である。λ型知識の書物の数行にしか貢献しなかったために歴史に記録されなかった実験家，科学者，発明家志望者や発想力豊かな機械工，こういった人々を計算に入れたとしても，数は限られている。生産性上昇のかなりの部分は，ほんの少しだけよりよく機能するように，ぎりぎりのところで指図を微調整する無名の技師や機械工の小さな改良の積み重ねから来ている。本書のエピグラフの中でロバート・フックが述べているように，自然の征服は，（1519年にメキシコ征服のためエルナンド・コルテス（Hernando Cortes）に率いられた一隊のような）コルテス軍によって達成されるのだろう。つまり，組織化され訓練されてはいるが，必ずしも大規模ではない集団によって（Hunter, 1989, p. 223, document C に再録）。技術進歩では人的資本が非常に重要である。だがただ単に，教育や技術的訓練の指標の総計を計算するだけでは意味がないかもしれない。問題なのは，重要な少数の人間が何を知っていたか，彼らがそれをどうやって知ったのか，そしてその知識で彼らが何をしたのかということである。

　新成長理論は，技術変化と知識生産への投資との関係を，人的資本とR&Dの研究によって明示してきた。しかしこのアプローチは過去を説明する能力とい

う点で，現在再検討されるべきだろう。「コルテス軍」のアイディアが意味するところは，技術進歩のための知識基盤の発展にあたっては，比較的少数のエリートに投資された人的資本だけが重要だということである。言い換えれば，技術進歩を決定するのは，人的資本の全体のストックではなくその分布であり，たんにテクニカルなスキルを教えるのではなく，知識にアクセスし吸収し，それを創造的な方法で活用する能力を教えるような教育システムの性格である。

　平均的な人的資本がより重要なのは，新テクニックの適用であり，私が「コンピタンス」と呼んだものである。技術変化が「スキルの持つ方向にバイアスがかかった」ものかどうかに関しては，かなりの量の研究があるが，しかしこれについても，「平均的」な労働者が知っていることに大きな意味があるかどうかは明らかでない。結局のところ，テクニックを利用する事業単位は，それが1人の職人であれ大規模製造所であれ家庭であれ，当該テクニックの認識的基礎まで知る必要はないのである。事業単位にとって必要なのは，指図的知識を構成している規則や指図を実施していく手段である。このコンピタンスは，通常，認識的基礎に比べると範囲はずっと狭い。新しいテクニックを具現化した機械装置がより高度化するにつれ，はじめからコンピタンスを生産財や原材料の最終段階に組み込み，指図を実行するのに必要なコンピタンスを単純化することが可能になってきた。そのうえ私が工場と呼ぶ，より大規模な製造所では分業が行なわれていた。そのためコンピタンスに関する知識を少数の専門家や管理者に集中させつつ，ある程度の理解力とスキルを持った職長や機械工の大きな集団を作ることが可能になった。そして単純な操作を担当する大多数の従業員は，何か問題が起きた時は誰にきけばいいかといったこと以外，大した知識は必要でなくなった。工場制の性格自体が，知識へのより容易なアクセスを保証したのである。

　新しいテクニックを使う19世紀の工場生産が必要としたのは，何よりも大量の労働者の調整と規律と管理であって，基礎的な読み書き算術をはるかに越えるものを労働者に教えるということではなかった。このことは一見して，過去の人的資本形成の歴史と整合しているように思われる。19世紀初頭のヨーロッパで最も教育の進んでいた国が，最初に工業化したわけではなかった。スカンジナビア諸国，オランダ，プロイセンの経験がこれを明確に示している。基礎的な読み書き以上の技術教育を身につけているのは，ちょうど宝くじを持っているような

ものだった。もしくじに当たれば，職長や修理工やエンジニアや会計士，その他専門職に就けたのである。もちろんこれは，人的資本が経済成長にとって重要ではないことを示すものではない。だが有用な知識の限界を広げる教育の役割は，おそらく経済学者たちが学校教育年数の総計で近似しているよりもはるかに複雑だろう。

　技術進歩はどの程度まで「誘発」されたのだろうか？　つまり技術進歩は経済が発信する希少性や選好に関するシグナルに，どの程度反応を示すのだろうか？ ヴァーノン・ラッタンは彼の記念碑的な研究の中で，それを可能な限り検証した（Vernon Ruttan, 2001）。農業やエンジニアリングや冶金などのいくつかの確立された分野では，明らかに賦存資源やコストの違いが，技術変化の「方向性」を示していた。だが誘発はたかだか自動車のハンドルであって，エンジンではない。知識の増大そのものは，はるかに制御しにくい力に左右されるように思われる。ラッタンは近年のコンピューターや半導体産業の勃興を詳細に記述しているが，これらの産業における技術がどのように誘発されたのかを見極めるのは難しい。ともあれ第1章で提案した枠組みを使えば，3つの異なった「誘発」メカニズムを区別することができる。第1に，Ω集合自体の増大は，課題を設定するようなシグナルによって影響を受ける。ある社会が狂犬病や大気汚染に大きな懸念を抱いていれば，固体物理学よりもそれらに関連した分野へと，学術的研究を向かわせる方法を見つけるだろう。好奇心だけでは十分ではないのかもしれない。この傾向を生むものは，金銭的あるいはその他の報償である。この種の研究活動は，「パストゥール象限」の中で行なわれる（Stokes, 1997）。もちろんΩ型知識を拡大する人自身が，自分の知見をλ集合に写像することに従事しているなら，こうした傾向はほぼ自動的に生じるだろう。

　第2に，あるΩ集合の存在を前提とすると，価格やその類似のシグナルが発明家やエンジニアや技師たちを，優先順位の高い問題の解決や新テクニックの創出に資する，新しい組み合わせや新しい写像の参考になる既存の命題的知識の精査へと促す。これはストークスが，「エジソン象限」と呼んだもので，認識的基礎そのものを拡大するものではなく，既存の知識を応用しようとするものである（Stokes, 1997, p. 74）。「誘発されたイノベーション」とは主に，Ω集合の中で休眠中だった知識を活性化することであるように思われる。もっともこれと，誘発に

よるΩ集合の増大とを区別することはほとんどできない。

　第3に，相対的なコストと価格は，λ集合の中のどの要素が選択されるかを決める。つまりどのテクニックが使用されるかを決定する（別の言い方をすれば，実際に何が，どのように生産されるかを決定する）。この選択は一見すると通常みられる代替に過ぎないように見えるが，この選択のプロセスもまた，技術変化を方向づける。経験と実地教育がテクニックの部分的な改善を生むことを前提にすると，少なくともある程度までは，この種のメカニズムで，「誘発された」イノベーションに見えるもののかなりの部分を説明できるのではないだろうか (David, 1975)。

　しかし有用な知識の増加は生物の成長と同様，需要や資源賦存度では説明のできないかなりの自律性を持っている。いつもながら洞察力に富んだデイヴィッド・ヒュームは，「技芸と科学の勃興と進歩」の中で，「学芸」の進歩は少数の人々の行為に依存しているため，系統だった原因ではなく偶然によるところが多いと書いている。「知識愛」を持っている人は非常に少ないので，商業の勃興の方が，技芸と科学のそれより説明しやすいのである。ヒュームは印象深いフレーズの中で，本の買い手がいる限り本の売り手が不足することはないが，本の書き手がいないのに本の読み手がいるのはよくあることだろう，と付け加えている (Hume, [1742] 1985, p. 113)。有用な知識は，しばしば，それが何に使えるかが分かる前に登場する。有用な知識の多くは，最初の発見に続く次の論理的ステップとして，あるいはすでにある個々の部分の組み合わせとして，次々に登場してくることになる。次いで自然選択のメカニズムが働くことになり，これが誘発をもたらす。だがメニューの中から何を選択するかは，最初にメニューをどう書きメニューに何を載せるかを考えることとは，別の次元の問題である。命題的知識の増加の大きな部分は，ある時点における，観察と分析に使われる器具の関数である。有用な知識や技術の詳細な進化論的モデルの説明をここで試みることはできないが，それは他の著書で繰り返し提示されている (Saviotti, 1996 ; Mokyr, 1998a, 2000d)。

　もう1つの疑問は，新成長理論が提示しているように，社会が研究開発に配分する資源の多寡がそのまま「より多くの有用な知識」に翻訳されるかどうかということである。新しい有用な知識は高価で，かなりの投資を必要とする。それは

発明のコストを調べることから簡単に計算できる金額よりもはるかに大きい。全ての進化的な変化の特徴は，そのプロセスが本質的に不確実であるために，必然的に「無駄が多くなる」ということである（Rosenberg, 1996）。しかし全ての研究開発が一様に不確実だというわけでもない。私が小発明(ミクロ・インベンション)と呼ぶ，既存の知識の比較的小さな変更とか並べ替えに専ら取り組む限り，何らかの形で成功する確率はかなり高く，本来的なリスクの多くを分散化することができる。しかし認識的基礎は有限であり，このような研究は最終的には収穫逓減に陥る。研究開発に対する報酬が非常に不確実になり進歩が予見できなくなるのは，まさにこういう段階に至った時である。新しい技術的なアイディアのために命題的知識の「既存の」基礎を精査することと，Ω型知識の集合に今まで未知だった要素を追加することによって「新たな」基礎を構築することとは，全く別である。

　19世紀と20世紀に大きな進歩をもたらした技術は，多くの場合，忍耐が要り，かつお金のかかる研究の成果だった。しかしシステム内にある多くのノイズのために，社会が研究開発に投じた金額と技術進歩の指標との間に，明快で直線的な関係が存在するのかどうかを知るのは難しい。技術進歩の多くは，研究者たちの研究課題や関心，予算をコントロールする人たちの信念の事前分布やリスク回避の程度，革新者たちの創造による急激な変化を受け容れる社会全般の寛容さなどに依存する。いずれにせよ，Ω集合を増やす研究の多くは，政治的アジェンダによって決定される。軍事的なハードウェア，土木工事，あるいは宇宙開発への巨額な支出は，昆虫学や地質学への支出とは違った種類の知識を生むことになるだろう。

　発明を促進する制度の設計は簡単な作業ではない。経済学者たちは彼ららしく，経済主体は経済的なインセンティブに反応を示すものだと信じている。技術変化の経済史に関する最近の優れた研究のいくつかは，発明家の知的所有権を保護する方法としての特許権の役割を重視している。ケネス・ソコロフとゾリーナ・カーンは，一連の独創的な論文の中で，合衆国の特許制度がいかに市場システムの特徴の多くを発揮してきたかを実証してきた。発明家は需要条件に反応し，発明によって得られる利得を確保するためにできうる限りのことを行ない，合理的に見える仕方で特許の売り買いを行なってきた。制度の利用は容易で，オープンで安価であり，専門の発明家や奇人変人だけでなく，普通の職人や農民をも惹き

付けてきた，と（Khan and Sokoloff, 1993, 1998, 2001；Khan, 2002）。

しかしこのことだけから，有用な知識の増加のためにはよく機能する知的財産権システムが必要不可欠であることを証明していると結論することはできない。第1に，1852年の改革前のイギリスの特許制度に比べて，合衆国のシステムははるかにユーザー・フレンドリーだった。だが合衆国のシステムの明らかな優越性と，その結果としてのアメリカ人の特許を取得する傾向の強まりにもかかわらず，1791年から1850年の期間はイギリスの発明が圧倒的に多い時期とほぼ重なっているということに，疑問の余地はない。1900年以後，合衆国の技術的なリーダーシップが高まった期間は，合衆国の1人当たりの特許取得率は停滞し，そして低下している。R＆Dの見返りを独占するためには，特許以外の手段が，相対的により魅力的になってきたのである。マックロードは，イギリスでは特許制度は発明家に対して，弱くかつ一貫性のない保護を提供したにすぎず，またイノベーションの大部分で特許を取れなかったことを示した（MacLeod, 1988）。特許は商業化や利益志向の高まりと関係していたが，それと技術進歩との正確な関係は今なおはっきりしていない[5]。時として見逃されているのは，特許が技術情報を公共の領域に置いてアクセス・コストを低下させることである。発明家は他の人が成し遂げたことを見て何が可能かを知り，そこで獲得された知識で，その特許がカバーしていない他の分野に応用しようという刺激を得た[6]。合衆国では『サイエンティフィック・アメリカン』誌が1845年以後，新しい特許のリストを公表しており，こうしたリストは広く参照されていた。特許は応用に制限を課すにもかかわらず，特許に具体化されている知識へのアクセス・コストを低減させ

---

[5] 事実，経済学者たちは技術面で相対的に遅れている国々にとって，厳格な特許制度は，全体としては経済的厚生に有害であるかもしれないと主張してきた（概要は，Lerner, 2000参照）。イレール＝ペレ（Hilaire-Pérez, 2000）は違う文脈ながら，18世紀ヨーロッパの異なる発明奨励制度が発明家の活動とどう調和していたかを示した。フランスでは国家が積極的な役割を演じ，王立科学アカデミーから認められた発明家には，「特権」や年金が報償として与えられた。これに対しイギリスでは国家は消極的で，市場が発明者の成功報酬を決めるのに任せた。これらの制度は絶えず機能したのではなく（何らかの理由で特許が得られなかったイギリスの発明家の中には，特別の報償金で報われた者もいた），またイレール＝ペレが示したように，相互に影響し合っていた。

[6] ロス・トムソンは特許制度の情報に関する役割を研究している。この点について，私はトムソン教授との議論から多くを得ている。

た。特許制度のこうした機能は 1770 年代には完全に認識されていた。特許が課す詳細記述は，一般に情報を知らせることを意図していた。このことはイギリスでは，首席判事マンスフィールド卿（Lord Mansfield）による判決の中で述べられている。マンスフィールド卿は 1778 年，特許明細書は技術教育を受けた人が十分分かるように，正確かつ詳細でなければならないとした。他方，オランダでは特許制度は 1580 年代から存在していたが，1630 年代中頃に詳細記述の慣行は廃止され，それが復活したのは 1770 年代になってからだった（Davids, 2000, p. 267）。

19 世紀の後半では，少なくともオランダとスイスの 2 か国で特許制度が全く存在しなかったが，そのことが技術進歩率に影響を与えたようにも思えない（Schiff, 1971）。もちろんこの 2 か国は小国だったので，他の国で起きた技術進歩にタダ乗りすることができたし，事実そうしていたので，オランダとスイスの経験から特許制度は重要ではないと推論するのは間違いだろう。因果関係を逆転してみると，特許申請の傾向と新テクニック創出との関係を少し説明できそうである。すなわち，「知者」と「製作者」との間に，強固でアクセス可能な架け橋がある国では，こうした接触の所産を守る必要性を相対的により強く感じるのではないだろうか。ラーナーは，豊かで民主的な経済が全般的に見てより広範な特許保護を提供していることを示した（Lerner, 2000）。この結果，因果関係の連鎖はカーンとソコロフが考えているような，制度から技術的な成功へではなくて，技術的な成功から所得へ，そしてそこから制度的な変更へとなるのではないか。エイブラハム・リンカーンも言ったように，特許制度がしたことは，「天才という火に，利益という燃料を加えたこと」であった（Khan and Sokoloff, 2001, p. 12 に引用）というのは本当かもしれないが，しかしこのことはいっそう，どのようにして火が起きたのかを少しなりとも説明する必要を感じさせるのである。

この他にも，新テクニックの創出を支援すると広く信じられてきた制度がある。その中には，産業への比較的容易な参入と退出，何らかの形でのベンチャー・キャピタルの利用可能性，新製品や新テクニックに対する大量の需要保証による不確実性の低減（軍需品の調達のような），新テクニックの進化を調整し標準化する政府機関の存在，大学や研究機関のような Ω 型知識の創出に特化した組織と産業界の間の行き来が容易なことなどがある。しかしこれらの制度と，制度が刺激する発明の背後には，発明が依拠する命題的知識がある。この命題的知識の増

大が扉を開け，次に経済的インセンティブと市場が社会の後押しをしてこの扉を通過させる。だがこの扉が閉まっていれば，イノベーションへのインセンティブも役に立たないだろう。利用するテクニックが狭隘な認識的基礎に立ち，その認識的基礎が依拠する命題的知識が増大しなかったため，重要な技術進歩が起きなかった商業社会，企業家社会，さらには資本主義社会すら存在した。この知識の増大には高いコストがかかり，時には社会的に危険だったりすることを踏まえると，裕福な貴族のパトロンであれ，中産階級の納税者であれ，知識の増大をもたらす資源をコントロールする主体がそのような政治的意思をつねに持っていたわけではないことが理解される。しかし研究開発に費やされる資源の量は，それがどう使われるか，何に使われるか，また潜在的なユーザーがこの知識にどういうアクセス方法を持っているかといったこと以上に重要なわけでもない。

　本書では，有用な知識は重要であると主張してきた。1750年以後の有用な知識の加速度的な増加は，他の社会的，政治的変化の全てを合わせたものよりも大きな影響を世界に与えたと主張することは，ホイッグ史観でも純朴でもない。20世紀の繁栄のルーツは19世紀のいくつかの産業革命にあったが，それらは先行する啓蒙主義による知的変化によって促進されたのである。他の社会がそれまでに経験したことのない，「有用な」知識が非常に積極的に，果敢に「使われる」ことは，西洋に固有であり，これが現代の物質的な世界を創り上げたのである。クズネッツも述べたように，繁栄の扉の鍵を最初にはずし扉を開けたのは，この有用な知識だった。各国は最初は躊躇しつつ，迷いながらゆっくりと中に入り始めた。しかしいったんイギリスが第一歩を踏み入れ，巨大な利益を手にすると，他の国々も学び追随した。イギリスに追随した国々はどのような基準からみても，豊かで快適になった。そのため全ての国とは言わないまでも，多くが殺到した。現在でも技術に対する抵抗や懸念が広くみられる。だが現在の世界の制度的な枠組みの下では，近代的な技術を拒否したり採用できない頑固者も，やがては考え方を変え，おそるおそる扉をくぐることになるだろう。

　このように言ったからといって，有用な知識の増加が我々を至福の世界へ導いてくれると言いたいのではない。アテナの贈り物はたくさんあった。アテナはケクロプス王にはオリーブの木を贈ったが，トロイには木馬を贈り，これがトロイを破滅へと導いた。テクノロジーは自然を開発し利用するうえで我々に力を与え

てくれるが,そのテクノロジーをどう使うか,どういう目的に使うかは決まっていない。もしも20世紀が我々に示してくれたものがあったとすれば,それは人間の技術的力が増加した一方で,不寛容で愚かで自己中心的である資質はまったく変わっていないということである。フロイトが『幻想の未来』の中で,大家らしい控え目な表現で述べたように,「人類は自然をコントロールするうえで絶え間ない進歩を遂げ,この先さらに大きな前進を遂げるかもしれないが,人間的事象のコントロールで同様な前進を遂げたことを,確信を持って証明することはできない」のである。

参照文献

Acemoglu, Daron, and James Robinson. 2000. "Political Losers as a Barrier to Economic Development." *American Economic Review* 90, no. 2 (May), pp. 126-30.

Acemoglu, Daron, and Fabrizio Zilibotti. 1997. "Was Prometheus Unbound by Chance? Risk, Diversification and Growth." *Journal of Political Economy* 105, no. 4 (Aug.), pp. 709-51.

Aghion, Philippe, and Peter W. Howitt. 1997. *Endogenous Growth Theory*. Cambridge, Mass.: MIT Press.

Alchian, Armen and Harold Demsetz, 1972. "Production, Information Costs, and Economic Organization. *American Economic Review* 62, no. 5 (Dec.), pp. 777-95.

Alder, Ken. 1995. "A Revolution to Measure: The Political Economy of the Metric System in France." In M. Norton Wise, ed., *The Values of Precision*. Princeton, N. J.: Princeton University Press.

―――. 1997. *Engineering the Revolution: Arms and Enlightenment in France, 1763-1815*. Princeton, N. J.: Princeton University Press.

―――. 1998. "Making Things the Same: Representation, Tolerance and the End of the Ancien Régime in France." *Social Studies of Science* 28, no. 4 (Aug), pp. 499-545.

Alexander, W. O. 1978. "The Utilization of Metals." In *A History of Technology*, Vol. 6: *The Twentieth Century*, edited by Trevor I Williams, pp. 427-61. Oxford: Oxford University Press. 柏木肇編訳『技術の歴史12』第18章「金属の歴史」(椙山正孝訳), 筑摩書房, 1981年

Allen, Robert C., and Cormac Ó Gráda. 1988. "On the Road Again with Arthur Young: English, Irish, and French Agriculture during the Industrial Revolution." *Journal of Economic History* 48, no. 1 (March), pp. 93-116.

Antonelli, Cristiano. 1999. "The Evolution of the Industrial Organization of the Production of Knowledge." *Cambridge Journal of Economics* 23, no. 2 (March), pp. 243-60.

Apple, Rima D. 1987. *Mothers and Medicine: A Social History of Infant Feeding, 1890-1950*. Madison: University of Wisconsin Press.

Arnold, Matthew. 1883. *Culture and Anarchy*. New York: Macmillan. 多田英次訳『教養と無秩序』岩波書店, 1965年

Arora, Ashish, and Alfonso Gambardella. 1994. "The Changing Technology of Technological Change: General and Abstract Knowledge and the Division of Innovative Labor." *Research Policy* 23, no. 5 (Sept.), pp. 523-32.

Arora, Ashish, Ralf Landau, and Nathan Rosenberg, eds., 1998. *Chemicals and Long-Term Economic Growth*. New York: John Wiley.

Arrow, Kenneth J. 1969. "Classificatory Notes on the Production and Transmission of Technological Knowledge." *American Economic Review* 59, no. 2 (May), pp. 29-35.

Arthur, W. Brian. 1994. *Increasing Returns and Path Dependence in the Economy*. Ann Arbor:

University of Michigan Press. 有賀裕二訳『収益逓増と経路依存——複雑系の経済学』多賀出版, 2003 年

Ashby, Eric. 1858. "Education for an Age of Technology." In Charles Singer et al., eds., *A History of Technology* vol. 5, *The Late Nineteenth Century*, pp. 776-98. New York and London : Oxford University Press. 高木純一編訳『技術の歴史 10』第 32 章「技術時代のための教育」(田中實訳), 筑摩書房, 1979 年

Audin, Maurice. 1979. "Printing." In Maurice Daumas, ed., *A History of Technology and Invention*. Vol. 3 : *The Expansion of Mechanization, 1725-1860*. New York : Crown.

Babbage, Charles. 1835. *On the Economy of Machinery and Manufactures*. Repr. ed. Fairfield, N. J. : Kelley.

Babbitt, Kathleen R. 1997. "Legitimizing Nutrition Education : The Impact of the Great Depression." In Sarah Stage and Virginia Vincenti, ed., *Rethinking Home Economics : Women and the History of a Profession*. Ithaca, N. Y. : Cornell University Press. 倉元綾子監訳『家政学再考——アメリカ合衆国における女性と専門職の歴史』第 7 章「栄養学教育の立法化——大恐慌の衝撃」(倉元綾子訳) 近代文芸社, 2002 年

Bagley, J. A. 1990. "Aeronautics." In Ian MacNeil, ed., *An Encyclopedia of the History of Technology*. London : Routledge.

Bailey, Ronald. 1993. *Ecoscam : The False Prophets of Ecological Apocalypse*. New York : St. Martin's Press.

Bakker, M. S. C. 1995. "Beheerst Innoveren." In Harry Lintsen ed., *Geschiedenis van de Techniek in Nederland*. Vol. 6, pp. 69-89. Zutphen, the Netherlands : Walburg Press.

Bakker, M. S. C., and E. A. M. Berkers. 1995. "Techniek ter Discussie." In Harry Lintsen, ed., *Geschiedenis van de Techniek in Nederland*, vol. 6, pp. 139-90. Zutphen, the Netherlands : Walburg Press.

Ball, Helen H., and Alan Swedlund. 1996. "Poor Women and Bad Mothers : Placing the Blame for Turn-of-the-Century Infant Mortality." *Northeast Anthropology* no. 52 (Fall), pp. 31-52.

Ballot, Charles. [1923] 1978. *L'Introduction du machinisme dans l'industrie française*. Geneva : Slatkine.

Barber, Bernard. 1962. "Resistance by Scientists to Scientific Discovery." In Bernard Barber and Walter Hirsh, eds., *The Sociology of Science*, pp. 539-56. New York : Macmillan.

Bartel, Ann P., and Frank R. Lichtenberg, 1987. "The Comparative Advantage of Educated Workers in Implementing New Technology." *Review of Economics and Statistics* 69, no. 1 (Feb.), pp. 1-11.

Bateson, Gregory. 1979. *Mind and Nature : A Necessary Unity*. New York : Dutton. 佐藤良明訳『精神と自然——生きた世界の認識論』新思索社, 2001 年

Bauer, Martin, ed. 1995. *Resistance to New Technology*. Cambridge : Cambridge University Press.

Baumol, William J. 1993. *Entrepreneurship, Management, and the Structure of Payoffs*. Cambridge, Mass. : MIT Press.

———. 2002. *The Free-Market Innovation Machine : Analyzing the Growth Miracle of Capitalism*. Princeton, N. J. : Princeton University Press. 中村保ほか訳『自由市場とイノベーション——資本主義の成長の奇跡』勁草書房, 2010 年

Becker, Gary. 1981. *A Treatise on the Family*. Cambridge : Harvard University Press.

Becker, Gary S., and Kevin M. Murphy. 1992. "The Division of Labor, Coordination Costs, and Knowledge." *Quarterly Journal of Economics* 107, no. 4 (Nov.), pp. 1137-60.

Belofsky, Harold. 1991. "Engineering Drawing : A Universal Language in Two Dialects." *Technology and Culture* 32, no. 1 (Jan.), pp. 23-46.

Benz, Ernst. 1996. *Evolution and Christian Hope : Man's Concept of the Future from the Early Fathers to Teilhard de Chardin*. Garden City, N. J. : Doubleday.

Berg, Maxine. 1980. *The Machinery Question and the Making of Political Economy, 1815-1848*. Cambridge : Cambridge University Press.

―――. 1994a. "Factories, Workshops and Industrial Organization" In Roderick Floud and D. N. McCloskey, ed., *The Economic History of Britain since 1700*. 2nd ed. Vol. I, pp. 123-50. Cambridge : Cambridge University Press.

―――. 1994b. *The Age of Manufactures*. 2nd rev. ed. London : Routledge.

Berthollet, Claude. 1791. *Elements of the Art of Dyeing*. Translated by William Hamilton. London : Stephen Couchman.

Bijker, Wiebe. 1995. *Of Bicycles, Bakelite and Bulbs : Toward a Theory of Socio-Technical Change*. Cambridge, Mass. : MIT Press.

Black, Jeremy. 1994. "Continuity and Change in the British Press, 1750-1833." *Publishing History* 36, pp. 39-85.

Blanchflower, David G., and Simon M. Burgess, 1995. "New Technology and Jobs : Comparative Evidence from a Two-Country Study." Presented to the National Academy of Science Conference on Technology, Firm Performance and Employment, Washington, D. C., May (version cited dated Dec. 1995).

Bodde, Derk. 1991. *Chinese Thought, Society, and Science*. Honolulu : University of Hawaii Press.

Bohstedt, John. 1983. *Riots and Community Politics in England and Wales, 1790-1810*. Cambridge, Mass. : Harvard University Press.

Booker, Peter Jeffrey. 1963. *A History of Engineering Drawing*. London : Northgate. 原正敏訳『製図の歴史』みすず書房，1967 年

Booth, Alan, Joseph Melling, and Christoph Dartmann. 1997. "Institutions and Economic Growth : The Politics of Productivity in West Germany, Sweden, and the United Kingdom, 1945-1955." *Journal of Economic History* 57, no. 3 (June), pp. 416-44.

Bourke, Joanna. 1993. *Husbandry to Housewifery : Women, Economic Change and Housework in Ireland, 1890-1914*. Oxford : Clarendon Press.

―――. 1994. "Housewifery in Working Class England, 1860-1914." *Past and Present*, no. 143 (May), pp. 167-197.

Braudel, Fernand. 1981. *Civilization and Capitalism, 15th-18th Century : Vol. 1 : The Structures of Everyday Life*. New York : Harper and Row. 村上光彦訳『日常性の構造』みすず書房，1985 年

Braun, Rudolf. 1990. *Industrialisation and Everyday Life*. Cambridge : Cambridge University Press.

Bresnahan, Timothy F., and Manuel Trajtenberg. 1995. "General Purpose Technologies : 'Engines of Growth' ?" *Journal of Econometrics* 65, no. 1 (Jan.), pp. 83-108.

Bresnahan, Timothy F., Erik Brynjolfsson, and Lorin M. Hitt. "Information Technology, Workplace

Organization, and the Demand for Skilled Labor : Firm-Level Evidence." *Quarterly Journal of Economics* 117 (Feb.), no. 1 (2002), pp. 339-76.

Brock, William H. 1992. *The Norton History of Chemistry*. New York : W. W. Norton.

Brown, G. I. 1999. *Scientist, Soldier, Statesman, Spy : Count Rumford*. Gloucestershire, Eng. : Sutton Publishing.

Brown, John C. 1988. "Coping with Crisis? The Diffusion of Waterworks in Late Nineteenth Century German Towns." *Journal of Economic History* 48, no. 2 (June), pp. 307-18.

———. 1990. "The Condition of England and the Standard of Living : Cotton Textiles in the Northwest, 1806-1850." *Journal of Economic History* 50, no. 3 (Sept.), pp. 591-614.

Brown, Shannon R. 1979. "The Ewo Filature : A Study in the Transfer of Technology to China." *Technology and Culture* 20, no. 3 (July), pp. 550-68.

Brown, Shannon R., and Tim Wright. 1981. "Technology, Economics, and Politics in the Modernization of China's Coal-Mining Industry, 1850-1895." *Exploration in Economic History* 18, no. 1 (Jan.), pp. 60-83.

Brownlee, W. Elliot. 1979. "Household Values, Women's Work, and Economic Growth, 1800-1930," *Journal of Economic History* 39, no. 1 (March), pp. 199-209.

Bruland, Kristine. 1995. "Patterns of Resistance to New Technologies in Scandinavia : An Historical Perspective." In Martin Bauer, ed., *Resistance to New Technology*. Cambridge : Cambridge University Press.

Bryant, W. Keith. 1996. "A Comparison of the Household Work of Married Females : The Mid-1920s and the Late 1960s." *Family and Consumer Sciences Research Journal* 24, no. 4 (June), pp. 358-84.

Bryant, Lynwood. 1967. "The Beginnings of the Internal Combustion Engine." In Melvin Kranzberg and Carroll W. Pursell, Jr., eds., *Technology in Western Civilization*, Vol. 1, pp. 648-63. New York : Oxford University Press.

Buchanan, R. A. 1985. "The Rise of Scientific Engineering in Britain." *British Journal for the History of Science* 18, no. 59 (July), pp. 218-33.

Buchheim, Gisela, and Rolf Sonnemann. 1990. *Geschichte der Technikwissenschaft*. Basel : Birkhäuser.

Cain, Louis, and Elyce Rotella. 2001. "Death and Spending : Did Urban Mortality Shocks Lead to Municipal Expenditure Increases?" *Annales de Démographie Historique* 1, pp. 139-54.

Cairncross, Frances. 1997. *The Death of Distance : How the Communications Revolution Will Change Our Lives*. Boston : Harvard Business School Press. 栗山馨監訳『国境なき世界――コミュニケーション革命で変わる経済革命のシナリオ』トッパン, 1998年

Caldwell, John C. 1979. "Education as a Factor in Mortality Decline : An Examination of Nigerian Data." *Population Studies* 33, no. 3 (Nov.), pp. 395-413.

Calhoun, Craig. 1982. *The Question of Class Struggle : Social Foundations of Popular Radicalism during the Industrial Revolution*. Chicago : University of Chicago Press.

Campbell, Donald T. [1960] 1987. "Blind Variation and Selective Retention in Creative Thought as in Other Knowledge Processes." In Gerard Radnitzky and W. W. Bartley III, eds., *Evolutionary Epistemology, Rationality, and the Sociology of Knowledge*, pp. 91-114. La Salle, Ill. : Open Court.

Campbell, Helen. 1900. *Household Economics*. New York : G. P. Putnam.
Campbell, M. J. 1990. "Technology and Rural Development : The Social Impact." In M. J. Campbell, ed., *New Technology and Rural Development : The Social Impact*. London : Routledge.
Campbell-Kelly, Martin, and William Aspray. 1996. *Computer : A History of the Information Machine*. New York : Basic Books. 山本菊男訳『コンピューター200年史──情報マシーン開発物語』海文堂出版，1999年
Cardwell, Donald S. L. 1971. *From Watt to Clausius : The Rise of Thermo-dynamics in the Early Industrial Age*. Ithaca, N. Y. : Cornell University Press. 金子務監訳『蒸気機関からエントロピーへ──熱学と動力技術』平凡社，1989年
─────. 1972. *Turning Points in Western Technology*. New York : Neale Watson, Science History Publications.
─────. 1994. *The Fontana History of Technology*. London : Fontana Press.
Carlyle, Thomas. [1843] 1977. *Past and Present*. New York : New York University Press. 上田和夫訳『過去と現在』（カーライル選集第3巻），日本教文社，1962年
Carnot, Sadi. [1824] 1986. *Reflections on the Motive Power of Fire*. Translated and edited by Robert Fox. Manchester : Manchester University Press. 広重徹訳・解説『カルノー・熱機関の研究』みすず書房，1973年
Carpenter, Kenneth J. 1986. *The History of Scurvy and Vitamin C*. Cambridge : Cambridge University Press. 北村二朗，川上倫子訳『壊血病とビタミンCの歴史──「権威主義」と「思いこみ」の科学史』北海道大学図書刊行会，1998年
Carpenter, Kenneth. 1993. "Nutritional Diseases." In W. F. Bynum and Roy Porter, ed., *Companion Encyclopedia of the History of Medicine*, vol. I, pp. 464-83. London : Routledge.
Carr, Edward Hallett. 1961. *What is History?* New York : Vintage Books. 清水幾太郎訳『歴史とは何か』岩波書店，1962年
Carr, J. C., and W. Taplin. 1962. *A History of the British Steel Industry*. Oxford : Basil Blackwell.
Carroll-Burke, Patrick. 2001. "Tools, Instruments and Engines : Getting a Handle on the Specificity of Engine Science." *Social Studies of Science* 31, no. 4, pp. 593-625.
Cartwright, F. F. 1977. *A History of Medicine*. London : Longman.
Casti, John. 1990. *Searching for Certainty : What Scientists Can Know about the Future*. New York : William Morrow.
Chadwick, Edwin. [1843] 1965. *Report on the Sanitary Condition of the Labouring Population of Great Britain. London : Her Majesty's Stationary Office*. Edited by M. W. Flinn. Edinburgh : Edinburgh University Press. 橋本正己訳『大英帝国における労働人口集団の衛生状態に関する報告書』「序説」（橋本正己訳），日本公衆衛生協会，1990年
Channell, David F. 1982. "The Harmony of Theory and Practice : The Engineering Science of W. J. M. Rankine." *Technology and Culture* 23, no. 1 (January), pp. 39-52.
Chapman, Stanley D. 1967. *The Early Factory Masters*. Newton Abbot, Eng. : David and Charles.
─────. 1974. "The Textile Factory Before Arkwright : A Typology of Factory Development." *Business History Review* 48, no. 4 (Winter), pp. 451-78.
Church, R. A. 1968. "The Effect of the American Export Invasion on the British Boot and Shoe Industry, 1885-1914." *Journal of Economic History* 28, no. 2 (June), pp. 223-54.

Cigno, Allesandro. 1993. *Economics of the Family*. Oxford : Oxford University Press.

Cipolla, Carlo. 1968. "The Economic Decline of Italy." In Brian Pullan, ed., *Crisis and Change in the Venetian Economy in the Sixteenth and Seventeenth Centuries*. London : Methuen.

Crark, Gregory. 1994. "Factory Discipline." *Journal of Economic History* 54, no. 1 (March), pp. 128–63.

Clow, Archibald, and Nan L. Clow. 1952. *The Chemical Revolution : A Contribution to Social Technology*. London : Batchworth. Repr. 1992. New York : Gordon and Breach.

Cohen, H. Floris. 1994. *The Scientific Revolution : A Historiographical Inquiry*. Chicago : University of Chicago.

Cohen, Jack, and Ian Stewart. 1994. *The Collapse of Chaos : Discovering Simplicity in a Complex World*. Harmondsworth, Eng. : Penguin.

Cohen, Jon S. 1981. "Managers and Machinery : An Analysis of the Rise of Factory Production." *Australian Economic Papers* 20, no. 36 (June), pp. 24–41.

Cole, Arthur H., and George B. Watts. 1952. *The Handicrafts of France as Recorded in the Descriptions des Arts et Métiers 1761–1788*. Boston : Baker Library.

Coleman, Donald, and Christine MacLeod. 1986. "Attitudes to Techniques : British Businessmen, 1800–1950." *Economic History Review* 39, no. 4 (Nov.), pp. 588–611.

Coleman, William. 1982. *Death Is a Social Disease : Public Health and Political Economy in Early Industrial France*. Madison : University of Wisconsin Press.

Collins, Bruce, and Keith Robbins, eds. 1990. *British Culture and Economic Decline*. New York : St. Martin's Press.

Commoner, Barry. 1974. *The Closing Circle*. New York : Bantam.

Constant, Edward W. 1980. *The Origins of the Turbojet Revolution*. Baltimore : Johns Hopkins Press.

Cooney, E. W. 1991. "Eighteenth Century Britain's Missing Sawmills : A Blessing in Disguise?" *Construction History* 7, pp. 29–46.

Cooper, Carolyn. 1984. "The Portsmouth System of Manufacture." *Technology and Culture* 25, no. 2 (April), pp. 182–225.

——. 1991. *Shaping Invention : Thomas Blanchard's Machinery and Patent Management in Nineteenth-century America*. New York : Columbia University Press.

Cosmides, Leda, and John Tooby. 1992. "Cognitive Adaptations for Social Exchange." In Jerome H. Barkow, Leda Cosmides, and John Tooby, eds., *The Adapted Mind : Evolutionary Psychology and the Generation of Culture*, pp. 163–228. New York : Oxford University Press.

——. 1994. "Better Than Rational : Evolutionary Psychology and the Invisible Hand." *American Economic Review* 84, no. 2 (May), pp. 327–32.

Couclelis, Helen. 2000. "From Sustainable Transportation to Sustainable Accessibility : Can We Avoid a New 'Tragedy of the Commons' ?" In Donald Janelle and David Hodge, eds., *Information, Place, and Cyberspace : Issues in Accessibility*. Berlin : Springer Verlag.

Cowan, Robin. 1990. "Nuclear Power Reactors : A Case of Technological Lock-in." *Journal of Economic History* 50, no. 3 (Sept.), pp. 541–68.

Cowan, Robin, Paul A. David, and Dominique Foray. 1999. "The Explicit Economics of Knowledge Codification and Tacitness." Unpublished, presented at the 3rd TIPIK Workshop, Strasburg, April.

Cowan, Robin, and Dominique Foray. 1997. "The Economics of Codification and the Diffusion of Knowledge." *Industrial and Corporate Change* 6, no. 3 (Sept.), pp. 595-622.

Cowan, Ruth Schwartz. 1983. *More Work for Mother : The Ironies of Household Technology from the Open Hearth to the Microwave*. New York : Basic Books. 高橋雄造訳『お母さんは忙しくなるばかり――家事労働とテクノロジーの社会史』法政大学出版局, 2010 年

Cox, W. Michael, and Richard Alm. 1998. "The Right Stuff : America's Move to Mass-customization." *Federal Reserve Bank of Dallas, Annual Report*.

Crosby, Alfred B. 1997. *The Measure of Reality : Quantification and Western Society, 1250-1600*. Cambridge : Cambridge University Press. 小沢千重子訳『数量化革命――ヨーロッパ覇権をもたらした世界観の誕生』紀伊國屋書店, 2003 年

Crouch, Tom. 1989. *The Bishop's Boys : A Life of Wilbur and Orville Wright*. New York : W. W. Norton.

Crouzet, Francois. 1985. *The First Industrialists : The Problems of Origins*. Cambridge : Cambridge University Press.

Cullen, M. J. 1975. *The Statistical Movement in Early Victorian Britain : The Foundations of Empirical Social Research*. New York : Barns and Noble.

d'Alembert, Jean Le Rond. [1751] 1995. *Preliminary Discourse to the Encyclopedia of Diderot*. Translated by Richard N. Schwab. Chicago : University of Chicago Press. 串田孫一責任編集『世界の名著』第 29 巻, ダランベール「百科全書序論」(佐々木康之訳), 中央公論社, 1970 年

Daumas, Maurice, and Andre Garanger. 1969. "Industrial Mechanization." In Maurice Daumas, ed., *A History of Technology and Invention*, vol. II. New York : Crown.

Daunton, M. J. 1983. *House and Home in the Victorian City*. London : Edward Arnold.

David, Paul A. 1975. *Technical Choice, Innovation, and Economic Growth*. Cambridge : Cambridge University Press.

―――. 1986. "Understanding the Economics of QWERTY : The Necessity of History." In William N. Parker, ed., *Economic History and the Modern Economist*, pp. 30-49. Oxford : Basil Blackwell.

―――. 1992. "Path-Dependence in Economic Processes : Implications for Policy Analysis in Dynamical System Contexts." Unpublished working paper, CEPR, Stanford University.

―――. 1997. "Reputation and Agency in the Historical Emergence of the Institutions of 'Open' Science." Unpublished ms., Oxford University.

―――. 1998. "The Collective Cognitive Performance of 'Invisible Colleges'." Presented to the Santa Fe Institute Workshop "The Evolution of Science."

Davids, Karel. 2000. "Patents and Patentees in the Dutch Republic between c. 1580 and 1720." *History and Technology* 16, pp. 263-83.

―――. 2001. "Windmills and the Openness of Knowledge : Technological Innovation in a Dutch Industrial District, the Zaanstreek, c. 1600-1800." Unpublished paper, presented to the Annual Meeting of the Society for the History of Technology, San Jose, Calif.

Davis, Arthur G. 1942-43. "William Smith, Civil Engineer, Geologist (1769-1839)." *Transactions of the Newcomen Society* 23, pp. 93-98.

Dear, Peter. 2001. *Revolutionizing the Sciences : European Knowledge and Its Ambitions, 1500-1700*.

Princeton, N. J.: Princeton University Press. 高橋憲一訳『知識と経験の革命——科学革命の現場で何が起こったか』みすず書房, 2012 年

DeGregori, Thomas R. 1985. *A Theory of Technology*. Ames: Iowa State University Press.

DeLong, Bradford. 2000. "Cornucopia: The Pace of Economic Growth in the Twentieth Century." Working Papers, 7602, Cambridge: National Bureau of Economic Research.

Demsetz, Harold. 1988. "The Theory of the Firm Revisited." *Journal of Law, Economics and Organization* 4, no. 1 (Spring), pp. 141-61.

De Vries, Jan. 1993. "Between Purchasing Power and the World of Goods: Understanding the Household Economy in Early Modern Europe." In John Brewer and Roy Porter, eds., *Consumption and the World of Goods*. London: Routledge.

———. 1994. "The Industrial Revolution and the Industrial Revolution." *Journal of Economic History* 54, no. 2 (June), pp. 249-70.

Deyon, Pierre, and Philippe Guignet. 1980. "The Royal Manufactures and Economic and Technological Progress in France before the Industrial Revolution." *Journal of European Economic History* 9, no. 3 (Winter), pp. 611-32.

Dickson, David. 1974. *The Politics of Alternative Technology*. New York: Universe Books.

Dobbs, B. J. T. 1990. "From the Secrecy of Alchemy to the Openness of Chemistry." In Tore Frängsmyr, ed., *Solomon's House Revisited: The Organization and Institutionalization of Science*, pp. 75-94. Canton, Mass.: Science History Publishing.

Dobzhansky, Theodosius. 1974. "Chance and Creativity in Evolution." In Francisco J. Ayala and Theodosius Dobzhansky eds., *Studies in the Philosophy of Biology*, pp. 307-38. Berkeley: University of California Press.

Donald, Merlin. 1991. *Origins of the Modern Mind*. Cambridge, Mass.: Harvard University Press.

Donovan, A. L. 1975. *Philosophical Chemistry in the Scottish Enlightenment*. Edinburgh: at the University Press.

Douglas, Mary. 1966. *Purity and Danger*. London: Routledge and Kegan Paul. 塚本利明訳『汚穢と禁忌』思潮社, 1995 年

DuBrin, Andrew J., and Janet C. Barnard. 1993. "What Telecommuters Like and Dislike about Their Jobs." *Business Forum* 18, no. 3 (Summer), pp. 13-17.

Dupré, John, ed. 1987. *The Latest on the Best: Essay's on Evolution and Optimality*. Cambridge, Mass.: MIT Press.

Dwork, Deborah. 1987. *War Is Good for Babies and Other Young Children*. London: Tavistock Publications.

Dyhouse, Carol. 1976. "Social Darwinistic Ideas and the Development of Women's Education in England, 1880-1920." *History of Education* 5, no. 1, pp. 41-58.

Dyhouse, Carol. 1978. "Working-Class Mothers and Infant Mortality in England, 1895-1914." *Journal of Social History* 12, no. 2 (Winter), pp. 248-67.

———. 1981. *Girls Growing Up in Late Victorian and Edwardian England*. London: Routledge and Kegan Paul.

Dyson, Freeman. 1997. *Imagined Worlds*. Cambridge: Harvard University Press. はやし・はじめ, はやし・まさる訳『科学の未来』みすず書房, 2006 年

Eamon, William. 1990. "From the Secrets of Nature to Public Knowledge." In David C. Lindberg and Robert S. Westman, eds., *Reappraisals of the Scientific Revolution*, pp. 336-65. Cambridge : Cambridge University Press.

―――. 1994. *Science and the Secrets of Nature*. Princeton, N. J. : Princeton University Press.

Easterlin, Richard. 1995. "Industrial Revolution and Mortality Revolution." *Journal of Evolutionary Economics* 5 (December), pp. 393-408.

―――. 1996. *Growth Triumphant*. Ann Arbor : University of Michigan Press.

Ehrenreich, Barbara, and Deidre English. 1975. "The Manufacture of Housework." *Socialist Revolution* 26 (Oct.-Dec.), pp. 5-41.

―――. 1978. *For Her Own Good : 150 Years of the Experts' Advice to Women*. Garden City, N. Y. : Anchor Press/Doubleday.

Eisenstein, Elizabeth. 1979. *The Printing Press as an Agent of Change*. Cambridge : Cambridge University Press.

Ellul, Jacques. 1964. *The Technological Society*. New York : Alfred Knopf.『エリュール著作集』第1・2巻,「技術社会」上下（島尾永康，竹岡敬温訳），すぐ書房，1975年

―――. 1980. *The Technological System*. New York : Continuum Publishing Corp.

Epstein, S. R. 1998. "Craft Guilds, Apprenticeships and Technological Change in Pre-industrial Europe." *Journal of Economic History* 58, no. 3 (Sept.) pp. 684-713.

Evans, Chris, and Göran Rydén. 1998. "Kinship, and the Transmission of Skills : Bar Iron Production in Britain and Sweden, 1500-1860." In Maxine Berg and Kristin Bruland, eds., *Technological Revolutions in Europe : Historical Perspectives*, pp. 188-206. Cheltenham, Eng. : Edward Elgar Publishers.

Evans, William N., and Edward Montgomery. 1994. "Education and Health." Working Paper No. 4949, National Bureau of Economic Research.

Ewbank, Douglas C., and Samuel H. Preston. 1990. "Personal Health Behavior and the Decline of Infant and Child Mortality : the United States, 1900-1930." In John Caldwell et al., eds., *What We Know About Health Transition*, pp. 116-48. Health Transition Series. Canberra : Australian National University.

Eyler, John M. 1979. *Victorian Social Medicine : The Ideas and Methods of William Farr*. Baltimore : Johns Hopkins University Press.

Farrell, Joseph, and Carl Shapiro. 1992. "Standard Setting in High-Definition Television." *Brookings Papers on Economic Activity* (Microeconomics), pp. 1-77.

Feinstein, Charles. 1998. "Pessimism Perpetuated : Real Wages and the Standard of Living in Britain during and after the Industrial Revolution." *Journal of Economic History* 58, no. 4 (Dec.), pp. 625-58.

Ferguson, Eugene S. 1971. "The Measurement of the 'Man-Day'." *Scientific American* 225, pp. 96-103.

―――. 1992. *Engineering and the Mind's Eye*. Cambridge, Mass. : MIT Press. 藤原良樹，砂田久吉訳『技術屋(エンジニア)の心眼』平凡社，2009年

Ferrant, Natalie. 2001. "Books and Reading." In Michel Delon, ed., *Encyclopedia of the Enlightenment*, pp. 186-91. Chicago : Fitzroy Dearborn.

Fest, Joachim. 1973. *Hitler*. New York : Harcourt Brace Jovanovich. 赤羽龍夫ほか訳『ヒトラー』上下，河出書房新社，1975 年

Field, Alexander J. 1994. "French Optical Telegraphy, 1793-1855 : Hardware, Software Administration." *Technology and Culture* 35, pp. 315-48.

Fish, Stewart A. 1950. "The Death of President Garfield." *Bulletin of the History of Medicine* 24, no. 4, pp. 378-92.

Fleming, Donald. 1952. "Latent Heat and the Invention of the Steam Engine." *Isis* 43, no. 131, pp. 3-5.

Flinn, Michael W. 1962. *Men of Iron : The Crowleys in the Early Iron Industry*. Edinburgh : Edinburgh University Press.

——. 1965. "Introduction" to Edwin Chadwick's, *Report on the Sanitary Condition of the Labouring Population of Great Britain*. Edinburgh : Edinburgh University Press. 橋本正己訳『大英帝国における労働人口集団の衛生状態に関する報告書』日本公衆衛生協会，1990 年

——. 1984. *The History of the British Coal Industry, 1700-1830*. Oxford : Oxford University Press.

Folbre, Nancy. 1986. "Cleaning House : New Perspective on Households and Economic Development," *Journal of Development Economics* 22, no. 1 (June), pp. 5-40.

Foster, Richard. 1986. *Innovation : The Attacker's Advantage*. New York : Summit Books. 大前研一訳『イノベーション——限界突破の経営戦略』TBS ブリタニカ，1987 年

Fox, Robert. 1998. "Science, Practice and Innovation in the Age of Natural Dyes, 1750-1860." In Maxine Berg and Kristin Bruland, eds., *Technological Revolutions in Europe : Historical Perspectives*, pp. 86-95. Cheltenham, Eng. : Edward Elgar.

Fox, Robert, and Anna Guagnini. 1999. *Laboratories, Workshops, and Sites : Concepts and Practices of Research in Industrial Europe, 1800-1914*. University of California, Berkeley, Office for History of Science and Technology.

France, Ministère du Travail et de la Prévoyance Sociale, Statistique Génerale de la France. 1910. *Resultants statistiques du recensement général de la population effecturé la 4 Mars, 1906*. Paris : Imprimerie Nationale.

French, Roger. K. 1993. "Scurvy." In Kenneth F. Kiple, ed., *The Cambridge World History of Human Disease*. Cambridge : Cambridge University Press.

Frey, Donald. 1991. "Leaning the Ropes : My Life as a Product Champion." *Harvard Business Review* 69, no. 5 (Sept.-Oct.), pp. 45-56.

Friedlander, Sheldon K. 1989. "Environment Issues : Implications for Engineering Design and Education." In Jesse H. Ausubel and Hedy E. Sladovich, eds., *Technology and Environment*, pp. 168-69. Washington, D. C. : National Academy Press.

Galor, Oded, and Omer Moav. 2001. "Das Human *Kapital*." Unpublished discussion paper 2701, CEPR, London.

——. 2002. "Natural Selection and the Origins of Economic Growth." *Quarterly Journal of Economics* 117, no. 4 (Nov.), pp. 1133-191.

Galor, Oded, and David Weil. 2000. "Population, Technology, and Growth." *American Economic Review* 90, no. 4 (Sept.), pp. 806-28.

Garfield, Simon. 2001. *Mauve : How One Man Invented a Color That Changed the World*. New York : W. W. Norton.

Gaspar, Jess, and Edward L. Glaeser. 1998. "Information Technology and the Future of Cities." *Journal of Urban Economics* 43, no. 1 (Jan.), pp. 136-56.

Geraghty, Thomas M. 2001. "Technology, Organization and Complementarity : The Factory System in the British Industrial Revolution." Ph. D. dissertation, Northwestern University.

Gershuny, Jonathan, and John P. Robinson. 1988. "Historical Changes in the Household Division of Labor." *Demography* 25, no. 4 (Nov.), pp. 537-52.

Gigerenzer, Gerd, et al. 1989. *The Empire of Chance : How Probability Changed Science and Everyday Life*. Cambridge : Cambridge University Press.

Gille, Bertrand. 1978. *Histoire des techniques*. Paris : Editions Gallimard.

Gillispie, Charles C. 1957. "The Natural History of Industry." *Isis* 48, pp. 398-407.

———. 1960. *The Edge of Objectivity : An Essay in the History of Scientific Ideas*. Princeton, N. J. : Princeton University Press. 島尾永康訳『客観性の刃』みすず書房, 2011 年

———. 1983. *The Montgolfier Brothers and the Invention of Aviation*. Princeton, N. J. : Princeton University Press.

Glendinning, Chellis. 1990. *When Technology Wounds*. New York : William Morrow.

Goldin, Claudia. 1990. *Understanding the Gender Gap : An Economic History of American Women*. New York : Oxford University Press.

Goldstone, Jack A. 1987. "Cultural Orthodoxy, Risk, and Innovation : The Divergence of East in the Early Modern World." *Sociological Theory* 5 (Fall), pp. 119-35.

Golinski, Jan. 1988. "Utility and Audience in Eighteenth Century Chemistry : Case Studies of William Cullen and Joseph Priestley." *British Journal for the History of Science* 21, no. 68, pt. I (March), pp. 1-31.

———. 1990. "Chemistry in the Scientific Revolution : Problems of Language and Communication" In David C. Lindberg and Robert S. Westman, eds., *Reappraisals of the Scientific Revolution*, pp. 367-96. Cambridge : Cambridge University Press.

———. 1992. *Science as Public Culture : Chemistry and Enlightenment in Britain, 1760-1820*. Cambridge : Cambridge University Press.

Gordon, Robert J. 2000a. "Does the 'New Economy' Measure Up to the Great Inventions of the Past?" *Journal of Economic Perspectives*, 14, no. 4 (Fall), pp. 49-74.

———. 2000b. "Not Much of a New Economy." *Financial Times*, July 26.

Goubert, Jean-Pierre. 1989. *The Conquest of Water : The Advent of Health in the Industrial Age*. Princeton, N. J. : Princeton University Press. 吉田弘夫, 吉田道子訳『水の征服』パピルス, 1991 年

Gould, Stephen Jay. 1980. *The Panda's Thumb*. New York : W. W. Norton. 櫻町翠軒訳『パンダの親指――進化論再考』早川書房, 1986 年

Gould, Stephen Jay, and Elisabeth S. Vrba. 1982. "Exaptation――a Missing Term in the Science of Form." *Paleobiology* 8, no. 1, pp. 4-15.

Great Britain, 1806. Parliamentary Papers. "Report from the Committee on the Woolen Manufacture of England." Vol. III.

Great Britain, 1831-32. Parliamentary Papers. "Report from the Select Committee on the Labor of Children in Mills and Factories." Vol. XV.

Great Britain, 1844. Parliamentary Papers. "Reports from the Commissioners, Abstract of the Answers and Returns, 1841 Census, Occupations." Vol. XXVII.

Great Britain, 1852-53. Parliamentary Papers. "Census of Great Britain : Population Tables : Ages, Civil Condition, Occupations, and Birth Places of the People." Vol. LXXXVIII, Pt. I.

Grossman, Michael. 1972. "On the Concept of Health Capital and the Demand for Health." *Journal of Political Economy* 80, no. 2 (March/April). pp. 223-55.

Guillerme, André. 1988. "Wood vs. Iron : The Strength of Materials in Early 19th Century France." *History and Technology* 6, pp. 239-52.

Hakim, Catherine. 1980. "Census Reports as Documentary Evidence : The Census Commentaries 1801-1951." *Sociological Review* 28, no. 3 (Aug.), pp. 551-80.

Hall, A. Rupert. 1974. "What Did the Industrial Revolution in Britain Owe to Science?" In Neil McKendrick, ed., *Historical Perspectives : Studies in English Thought and Society*. London : Europa Publications.

―――. "On Knowing and Knowing How To..." *History of Technology* 3, pp. 91-104.

Hamlin, Christopher. 1990. *A Science of Impurity : Water Analysis in Nineteenth Century Britain*. Berkley : University of California Press.

Handy, Susan, and Patricia L. Mokhtarian. 1996. "Forecasting Telecommuting : an Exploration of Methodologies and Research Needs." *Transportation* 23, no. 2 (May), pp. 163-90.

Hansen, Gary D. and Edward C. Prescott. 1998. "Malthus to Solow." Unpublished ms., presented to the Minneapolis Federal Reserve Bank Conference on Economic Growth and Productivity, Oct. Federal Reserve Bank of Minneapolis Staff Report, no. 257.

Hardy, Anne. 1993. *The Epidemic Streets : Infectious Disease and the Rise of Preventive Medicine, 1856-1900*. Oxford : Clarendon Press.

Harris, John R. 1976. "Skills, Coal and British Industry in the Eighteenth Century," *History* 61, no. 202 (June), pp. 167-82.

―――. 1988. *The British Iron Industry, 1700-1850*. Houndsmill and London : Macmillan Education Ltd. 武内達子訳『イギリスの製鉄業――1700-1850年』早稲田大学出版部，1998年

―――. 1998. *Industrial Espionage and Technology Transfer : Britain and France in the Eighteenth Century*. Aldershot, Eng. : Ashgate.

Harris, Ron. 2000. *Industrializing English Law : Entrepreneurship and Business Organization, 1720-1844*. Cambridge : Cambridge University Press. 川分圭子訳『近代イギリスと会社法の発展――産業革命期の株式会社 1720-1844年』南窓社，2013年

Hart, Samuel. 1890. "Invisible Assailants of Health." *Popular Science Monthly* 37 (Oct.), pp. 806-14.

Hayek, F. A. 1973-76. *Law, Legislation, and Liberty*. Chicago : University of Chicago Press. 篠塚慎吾訳『社会正義の幻想』（ハイエク全集第9巻），春秋社，1998年

Headrick, Daniel. 1981. *The Tools of Empire*. New York : Oxford University Press. 原田勝正ほか訳『帝国の手先――ヨーロッパ膨張と技術』日本経済評論社，1989年

―――. 1988. *The Tentacles of Progress*. New York : Oxford University Press. 原田勝正，多田博一，老川慶喜，濱文章訳『進歩の触手――帝国主義時代の技術移転』日本経済評論社，2005年

―――. 1989. *The Invisible Weapon : Telecommunications and International Politics, 1851-1945*.

New York : Oxford University Press. 横井勝彦，渡辺昭一監訳『インヴィジブル・ウェポン——電信と情報の世界史 1851-1945』日本経済評論社，2013 年

―――. 2000. *When Information Came of Age : Technologies of Knowledge in the Age of Reason and Revolution, 1700-1850*. New York : Oxford University Press. 塚原東吾，隠岐さや香訳『情報時代の到来——「理性と革命の時代」における知識のテクノロジー』法政大学出版局，2011 年

Heilbron, J. L. 1990. "Introductory Essay." In Tore Frängsmyr, J. L. Heilbron, and Robin E. Rider, eds., *The Quantifying Spirit in the 18th Century*, pp. 1-23. Berkeley : University of California Press.

Heller, Henry. 1996. *Labour, Science, and Technology in France, 1500-1620*. Cambridge : Cambridge University Press.

Helman, Cecil. 1978. " 'Feed a Cold, Starve a Fever' : Folk Models of Infection in an English Suburban Community, and their Relation to Medical Treatment." *Culture, Medicine, and Psychiatry* 2, pp. 107-37.

Helpman, Elhanan, ed. 1998. *General Purpose Technologies and Economic Growth*. Cambridge, Mass. : MIT Press.

Helpman, Elhanan, and Manuel Trajtenberg. 1998. "Diffusion of General Purpose Technologies." In Elhanan Helpman ed., *General Purpose Technologies and Economic Growth*, pp. 85-120. Cambridge, Mass. : MIT Press.

Henderson, W. O. 1954. *Britain and Industrial Europe, 1750-1870*. Leicester : Leicester University Press.

Herman, Robert, Siamak A. Ardekani, and Jesse H. Ausubel. 1989. "Dematerialization." In Jesse H. Ausubel and Hedy E. Sladovich, eds., *Technology and Environment*. Washington, D. C. : National Academy Press.

Hicks, J. R. 1969. *A Theory of Economic History*. Oxford : Oxford University Press. 新保博，渡辺文夫訳『経済史の理論』講談社，1995 年

Higham, Norman. 1963. *A Very Scientific Gentleman : The Major Achievements of Henry Clifton Sorby*. Oxford : Pergamon Press.

Hilaire-Pérez, Liliane. 1991. "Invention and the State in Eighteenth Century France." *Technology and Culture* 32, no. 4 (Oct.), pp. 911-31.

―――. 2001. *L'invention technique au siècle des lumières*. Paris : Albin Michel.

Hirshman, Albert. 1991. *The Rhetoric of Reaction*. Cambridge, Mass. : Harvard University Press. 岩崎稔訳『反動のレトリック——逆転，無益，危険性』法政大学出版局，1997 年

Hitching, Wilena. 1912. *Home Management*. London : W&R Chambers.

Hobsbawm, Eric J. 1968. *Industry and Empire*. Harmondsworth, Eng. : Penguin Books. 浜林正夫ほか訳『産業と帝国』未来社，1996 年

Hobsbawm, Eric J., and George Rudé. 1973. *Captain Swing*. Harmondsworth, Eng. : Penguin Books.

Hodgkinson, Ruth G. 1968. "Social Medicine and the Growth of Statistical Information." In F. N. L. Poynter, ed., *Medicine and Science in the 1860's*, pp. 183-98. London : Wellcome Institute of the History of Medicine.

Holmes, Thomas J., and James A. Schmitz. 1995. "Resistance to New Technology and Trade between Areas." Working Paper, Federal Reserve Bank of Minneapolis.

Holmström, Bengt R. 1982. "Moral Hazard in Teams." *Bell Journal of Economics* 13, no. 2 (Autumn), pp. 324–40.

Holmström, Bengt R., and Paul Milgrom. 1991. "Multitask Principal-agent Analysis: Incentive Contracts, Asset Ownership, and Job Design." *Journal of Law, Economics, and Organization* 7, no. 1 (Spring), pp. 24–52.

Holmström, Bengt R., and John Roberts. 1998. "The Boundaries of the Firm Revisited." *Journal of Economic Perspectives* 12, no. 4 (Fall), pp. 73–94.

Hopkins, Donald R. 1983. *Princes and Peasants: Smallpox in History*. Chicago: University of Chicago Press.

Hopkins, Eric. 1994. *Childhood Transformed: Working-Class Children in Nineteenth-Century England*. Manchester: Manchester University Press.

Horrell, Sara, and Jane Humphries. 1995. "Women's Labor Force Participation and the Transition to the Male-Breadwinner Family, 1790–1865." *Economic History Review* 48, no. 1 (Feb.), pp. 89–117.

Horsfield, Margaret. 1998. *Biting the Dust: The Joys of Housework*. New York: St. Martin's Press.

Hounshell, David A. 1984. *From the American System to Mass Production, 1800–1932*. Baltimore: John Hopkins University Press. 和田一夫，金井光太郎，藤原道夫訳『アメリカン・システムから大量生産へ 1800–1932』名古屋大学出版会，1998 年

Howells, Jeremy. 1996. "Tacit Knowledge, Innovation and Technology." *Technology Analysis & Strategic Management* 8, no. 2 (June), pp. 91–106.

Hoy, Suellen. 1995. *Chasing Dirt: The American Pursuit of Cleanliness*. New York: Oxford University Press. 椎名美智訳『清潔文化の誕生』紀伊國屋書店，1999 年

Hudson, Derek, and Kenneth W. Luckhurst. 1954. *The Royal Society of Arts, 1754–1954*. London: John Murray.

Hudson, Heather E. 1998. "Global Information Infrastructure: Eliminating the Distance Barrier." *Business Economics* 33, no. 2 (April), pp. 25–31.

Hudson, Pat. 1992. *The Industrial Revolution*. London: Edward Arnold. 大倉正雄訳『産業革命』未来社，1999 年

Hudson, Robert P. 1983. *Disease and Its Control: The Shaping of Modern Thought*. Westport, Conn.: Greenwood.

Hughes, Thomas P. 1989. *American Genesis: A Century of Invention and Technological Enthusiasm 1870–1970*. New York: Penguin Books.

Humble, Jane E., Sheila M. Jacobs, and Mary Van Sell. 1995. "Benefits of Telecommuting for Engineers and Other High-Tech Professionals." *Industrial Management* 37, no. 2 (March-April), pp. 15–20.

Hume, David. [1742] 1985. "Of the Rise and Progress of the Arts and Sciences (1742)." In David Hume, *Essays: Moral, Political and Literary*. Edited by Eugene F. Miller. Indianapolis: Liberty Fund. 小松茂夫訳『市民の国について』岩波書店，1982 年

Humphreys, Margaret. 1992. *Yellow Fever and the South*. New Brunswick, N. J.: Rutgers University Press.

Humphries, Jane. 1995. "Women and Paid Work." In June Purvis, ed., *Women's History: Britain, 1850–1945: An Introduction*, pp. 85–105. New York: St. Martin's Press.

Hunter, Holland. 1991. "Spurs and Checks in the Soviet Growth Mechanism." Presented to the annual meeting of the Economic History Association, Boulder, Colo., Sept. 27-29.

Hunter, Michael. 1989. *Establishing the New Science : The Experience of the Early Royal Society*. Woodbridge, Suffolk, and Wolfeboro, N. H. : Boydell Press.

Inkster, Ian. 1976. "The Social Context of an Educational Movement : A Revisionist Approach to the English Mechanics' Institutes, 1820-1850." *Oxford Review of Education* 2, pp. 277-307.

―――. 1980. "The Public Lecture as an Instrument of Science Education for Adults : The Case of Great Britain, c. 1750-1850." *Paedagogica Historica* 20, no. 1 (June), pp. 80-107.

―――. 1991. *Science and Technology in History : An Approach to Industrial Development*. New Brunswick, N. J. : Rutgers University Press.

Jacob, François. 1977. "Evolution and Tinkering." *Science* 196, no. 4295 (June), pp. 1161-66.

Jacob, Margaret. 1997. Scientific Culture and the Making of the Industrial West. New York : Oxford University Press.

―――. 1998. "The Cultural Foundations of Early Industrialization." In Maxine Berg and Kristin Bruland eds., *Technological Revolutions in Europe : Historical Perspectives*, pp. 67-85. Cheltenham : Edward Elgar.

Jacob, Margaret, C., and David Reid. 2001. "Technical Knowledge and the Mental Universe of Manchester's Early Cotton Manufacturers." Unpublished ms., UCLA.

Jaffe, Adam B., Manuel Trajtenberg, and Michael S. Fogarty. 2000. "The Meaning of Patent Citations." Unpublished ms.

James, Harold. 1990. "The German Experience and the Myth of British Cultural Exceptionalism." In Bruce Collins and Keith Robbins, eds., *British Culture and Economic Decline*, pp. 91-128. New York : St. Martin's Press.

Jasper, James. 1992. "Three Nuclear Energy Controversies." In Dorothy Nelkin, ed., *Controversy : Politics of Technical Decisions*. London : Sage Publications.

Jewkes, John, David Sawers, and Richard Stillerman. 1969. *The Sources of Invention*. 2nd ed. New York : W. W. Norton. 星野芳郎，大谷良一，神戸鉄夫訳『発明の源泉』岩波書店，1975 年

Johansson, Sheila Ryan. 1994. "Food for Thought : Rhetoric and Reality in Modern Mortality History." *Historical Methods* 27 no. 3 (Summer), pp. 101-25.

―――. 1999. "Death and Doctors : Medicine and Elite Mortality in Britain from 1500 to 1800." Working Papers, Cambridge Group for the History of Population and Social Structure.

John, Richard. 1995. *Spreading the News : The American Postal System from Franklin to Morse*. Cambridge, Mass. : Harvard University Press.

Jones, Eric L. 1981. *The European Miracle : Environments, Economies and Geopolitics in the History of Europe and Asia*. 2nd ed. 1987. Cambridge : Cambridge University Press. 安元稔，脇村孝平訳『ヨーロッパの奇跡――環境・経済・地政の比較史』名古屋大学出版会，2000 年

―――. 1988. *Growth Recurring*. Oxford : Oxford University Press. 天野雅敏，重富公生，小瀬一，北原聡訳『経済成長の世界史』名古屋大学出版会，2007 年

―――. 1995. "Culture and Its Relationship to Economic Change." *Journal of Institutional and Theoretical Economics* 151, No. 2 (June), pp. 269-85.

―――. 2002. *The Record of Global Economic Development*. Cheltenham : Edward Elgar.

Jones, S. R. H. 1982. "The Organization of Work : A Historical Dimension." *Journal of Economic*

Behavior and Organization 3, no. 2-3 (June-Sept.), pp. 117-37.

――――. 1987. "Technology, Transaction Costs, and the Transition to Factory Production in the British Silk Industry, 1700-1870." *Journal of Economic History* 47, no. 1 (March), pp. 71-95.

Kahneman, Daniel, Paul Slovic, and Amos Tversky, eds. 1982. *Judgment under Uncertainty : Heuristics and Biases.* Cambridge : Cambridge University Press.

Kauffman, Stuart A. 1995. *At Home in the Universe : The Search for the Laws of Self-Organization and Complexity.* New York : Oxford University Press. 米沢富美子監訳『自己組織化と進化の論理――宇宙を貫く複雑系の法則』日本経済新聞社, 1999 年

Keele, K. D. 1961. "The Influence of Clinical Research on the Evolution of Medical Practice in Britain." In F. N. L. Poynter, ed., *The Evolution of Medical Practice in Britain*, pp. 81-96. London : Pitman Medical Publishing.

Kellenbenz, Herman. 1974. "Technology in the Age of the Scientific Revolution, 1500-1700." In Carlo Cipolla, ed., *The Fontana Economic History of Europe*, Vol. 2. London : Fontana.

Kelly, Fred C. 1943. *The Wright Brothers.* New York : Harcourt, Brace & Co.

Kenney, Martin, and Richard Florida. 1993. *Beyond Mass Production : The Japanese System and Its Transfer to the U.S.* New York : Oxford University Press.

Keyser, Barbara Whitney. 1990. "Between Science and Craft : the Case of Berthollet and Dyeing." *Annals of Science* 47, no. 3 (May), pp. 213-60.

Khaifa, Mohammed, and Robert Davidson. 2000. "Exploring the Telecommuting Paradox." *Communications of the ACM* (March), pp. 29-32.

Khan, B. Zorina. 2002. *'The Fuel of Interest' : Patents and Copyrights on American Economic Development.* Cambridge : Cambridge University Press.

Khan, B. Zorina, and Kenneth L. Sokoloff. 1993. " 'Schemes of Practical Utility' : Entrepreneurship and Innovation among 'Great Inventors' in the United States, 1790-1865." *Journal of Economic History* 53, no. 2 (June), pp. 289-307.

――――. 1998. "Patent Institutions, Industrial Organization, and Early Technological Change : Britain and the United States, 1790-1850." In Maxine Berg and Kristin Bruland, eds., *Technological Revolutions in Europe : Historical Perspectives*, pp. 292-313. Cheltenham, Eng. : Edward Elgar.

――――. 2001. "The Early Development of Intellectual Property Institutions in the United States." *Journal of Economic Perspectives* 15, no. 2 (Spring), pp. 1-5.

Kim, Sukkoo. 2001. "Markets and Multiunit Firms from an American Historical Perspective." In Joel A. C. Baum and Henrich R. Greve, eds., *Multiunit Organization and Multimarket Strategy : Advances in Strategic Management* 18, pp. 305-326. New York : JAI Press.

Kindleberger, Charles P. 1983. "Standards as Public, Collective and Private Goods." *Kyklos* 36, no. 3, pp. 377-96.

――――. 1996. *World Economic Primacy 1500-1990.* New York : Oxford University Press. 中島健二訳『経済大国興亡史 1500-1990』上下, 岩波書店, 2002 年

Kinghorn, Janice Rye, and John V. C. Nye, 1996. "The Scale of Production in Western Economic Development." *Journal of Economic History* 56, No. 1 (March), pp. 90-112.

Kingston, William. 2000. "Antibiotics, Invention, and Innovation." *Research Policy* 29, no. 6 (June), pp. 679-710.

König, Wolfgang. 1996. "Science-Based Industry or Industry-Based Science? Electrical Engineering in Germany before World War I." *Technology and Culture* 37, no. 1 (January), pp. 70-101.

Koyré, Alexandre. [1953] 1968. "An Experiment in Measurement." In *Metaphysics and Measurement : Essays in Scientific Revolution*, pp. 89-113. Cambridge, Mass. : Harvard University Press.

Kragh, Helge. 2000. "Confusion and Controversy : Nineteenth-century Theories of the Voltaic Pile." In Fabio Bevilacqua and Lucio Fregonese, eds., *Nuova Voltiana : Studies of Volta and his Times*, pp. 133-57. Milan : Editore Ulrico Hoepli.

Kranakis, Eda. 1989. "Social Determinants of Engineering Practice : A Comparative View of France and America in the Nineteenth Century." *Social Studies of Science* 19, pp. 1 (Feb.), pp. 5-70.

―――. 1992. "Hybrid Careers and the Interaction of Science and Technology." In Peter Kroes and Martijn Bakker, eds., *Technological Development and Science in the Industrial Age : New Perspectives on the Science-Technology Relationship*, pp. 177-204. Dordrecht : Kluwer.

Kraut, Robert E. 1989. "Telecommuting : The Trade-offs of Home Work." *Journal of Communications* 39, no. 3 (Summer), pp. 19-46.

Kroes, Peter. 1992. "On the Role of Designing Theories : Pambour's Theory of the Steam Engine." In Peter Kroes and Martijn Bakker, eds., *Technological Development and Science in the Industrial Age*, pp. 69-98. Dordrecht : Kluwer.

Kronick, David A. 1962. *A History of Scientific and Technical Periodicals*. New York : Scarecrow Press.

Krusell, Per, and José-Rull. 1996. "Vested Interests in a Positive Theory of Stagnation and Growth." *Review of Economic Studies* 63, no. 2 (April), pp. 301-29.

Kuhn, Thomas S. 1977. *The Essential Tension : Selected Studies in Scientific Tradition and Change*. Chicago : University of Chicago Press. 安孫子誠也，佐野正博訳『科学革命における本質的緊張――トーマス・クーン論文集』みすず書房，1998年

Kula, Witold. 1986. *Measures and Men*. Princeton, N. J. : Princeton University Press.

Kunitz, Stephen J. 1987. "Explanations and Ideologies of Mortality Patterns." *Population and Development Review* 13, no. 3 (Sept.), pp. 379-408.

Kuran, Timur. 1988. "The Tenacious Past : Theories of Personal and Collective Conservatism." *Journal of Economic Behavior and Organization* 10, no. 2 (Sept.), pp. 143-71.

―――. 1997. "Islam and Underdevelopment : An Old Puzzle Revisited," *Journal of Institutional and Theoretical Economics* 153, no. 1 (March), pp. 41-71.

Kuznets, Simon. 1965. *Economic Growth and Structure*, New York : W. W. Norton.

―――. 1971. *Economic Growth of Nations*. Cambridge, Mass. : Belknap Press. 西川俊作，戸田泰訳『諸国民の経済成長――総生産高および生産構造』ダイヤモンド社，1977年

La Berge, Ann F. 1992. *Mission and Method : The Early Nineteenth Century French Public Health Movement*. Cambridge : Cambridge University Press.

Laibson, David. 1997. "Golden Eggs and Hyperbolic Discounting." *Quarterly Journal of Economics* 112, no. 2 (May), pp. 443-77.

Lamoreaux, Naomi, and Kenneth L. Sokoloff, 1996. "Long-Term Change in the Organization of Inventive Activity." *Proceedings of the National Academy of Sciences* 93, no. 3 (Nov.), pp. 12686-92.

Lamoreaux, Naomi, Daniel Raff, and Peter Temin. 2002. "Beyond Markets and Hierarchies : Towards a New Synthesis of American Business History." Presented to the Annual Meetings of the Economic History Association, Los Angels, Sept.

Landau, Ralph, Basil Achilladelis, and Alexander Scriabine. 1999. *Pharmaceutical Innovation : Revolutionizing Human Health*. Philadelphia : Chemical Heritage Foundation.

Landes, David S. 1969. *The Unbound Prometheus*. Cambridge : Cambridge University Press. 石坂昭雄，富岡庄一訳『西ヨーロッパ工業史――産業革命とその後 1750-1968』第1・2巻，みすず書房，1980年，1982年

―――. 1983. *Revolution in Time : Clocks and the Making of the Modern World*. Cambridge, Mass. : Harvard University Press.

―――. 1986. "What Do Bosses Really Do?" *Journal of Economic History* 46, no. 3 (Sept.), pp. 585-623.

―――. 1998. *The Wealth and Poverty of Nations : Why Some Are So Rich and Some So Poor*. New York : W. W. Norton. 竹中平蔵訳『「強国」論――富と覇権の世界史』三笠書房，2001年

Lang, Helmut W. 1987. "Auch im Kampfgegen die Konkurrenz, Thonets Motto : Biegen oder Brechen, Das Wilde Biedermeier 1800-1848." *Parnass* Sonderheft 4, pp. 56-67.

Langlois, Richard N. 1995. "The Coevolution of Technology and Organization in the Transition to the Factory System." In Paul L. Robertson, ed., *Authority and Control in Modern Industry*. London : Routledge.

―――. 2001. "Knowledge, Consumption, and Endogenous Growth." In Ulrich Witt, ed., *Escaping Satiation : The Demand Side of Economic Growth*. Berlin : Springer Verlag.

Langlois, Richard N., and Deborah A. Savage. 2001. "Standards, Modularity, and Innovation : The Case of Medical Practice." In Raghu Garud and Peter Karøe, eds., *Path Dependence and Path Creation*, pp. 149-68. Mahwah, N. J. Lawrence Erlbaum.

Latour, Bruno. 1987. *Science in Action*. Cambridge, Mass. : Harvard University Press. 川崎勝，高田紀代志訳『科学が作られているとき――人類学的考察』産業図書，1999年

―――. 1988. *The Pasteurization of France*. Cambridge, Mass. : Harvard University Press.

―――. 1990. "Drawing Things Together." In Michael Lynch and Steve Woolgar, eds., *Representation in Scientific Practice*. Cambridge, Mass. : MIT Press.

Lauden, Rachel. 1984. "Cognitive Change in Technology and Science." In Rachel Lauden, ed., *The Nature of Technological Knowledge : Are Models of Scientific Change Relevant?* Dordrecht : Kluwer.

Layton, Edwin T. 1971. "Mirror Image Twins : The Communities of Science and Technology in Nineteenth Century America." *Technology and Culture* 12, pp. 562-80.

―――. 1974. "Technology as Knowledge." *Technology and Culture* 15, pp. 31-41.

Lazear, Edward P. 1986. "Salaries and Piece Rates." *Journal of Business* 59, no. 3 (July), pp. 405-31.

Lazonick, William. 1987. "Theory and History in Marxian Economics." In Alexander J. Field ed., *The Future of Economic History*, Boston : Kluwer-Nijhoff.

―――. 1990. *Competitive Advantage on the Shop Floor*. Cambridge, Mass. : Harvard University Press.

Leamer, Edward E., and Storper, Michael. 2001. "The Economic Geography of the Internet Age." *Journal of International Business Studies* 32, pp. 641-65.

LaBaron, Charles, and David W. Taylor, 1993. "Typhoid Fever." In Kenneth F. Kiple, ed., *The Cambridge World History of Human Disease*. Cambridge University Press.
Lebergott, Stanley. 1993. *Pursuing Happiness : American Consumers in the Twentieth Century*. Princeton, N. J. : Princeton University Press.
Lerner, Josh. 2000. "150 Years of Patent Protection." Working paper 7477. National Bureau of Economic Research, Cambridge, Mass.
Lewis, Bernard. 1982. *The Muslim Discovery of Europe*. New York : W. W. Norton. 尾髙晋己訳『ムスリムのヨーロッパ発見』上下，春風社，2000 年，2001 年
Lewis, H. W. 1989. *Technological Risk*. New York : W. W. Norton. 宮永一郎訳『科学技術のリスク──原子力・電磁波・化学物質・高速交通』昭和堂，1997 年
Lewis, Jane. 1984. *Women in England 1870-1950 : Sexual Divisions and Social Change*. Sussex : Wheatsheaf Books.
───. 1995. "Family Provision of Health and Welfare in the Mixed Economy of Care in the Late Nineteenth and Twentieth Centuries." *Social History of Medicine* 8, no. 1 (April), pp. 1-16.
Lewontin, Richard. 1997. "Billions and Billions of Demons." *New York Review of Books*, Jan. 9.
Liebowitz, S. J., and Stephen E. Margolis. 1990. "The Fable of the Keys." *Journal of Law and Economics* 33, no. 1 (April), pp. 1-25.
Lilienfeld, David E. 1978. " 'The Greening of Epidemiology' : Sanitary Physicians and the London Epidemiological Society, 1830-1870." *Bulletin of the History of Medicine* 52, no. 4 (Winter), pp. 503-28.
Lindqvist, Svante. 1990. "Labs in the Woods : The Quantification of Technology during the Late Enlightenment." In Tore Frängsmyr, J. L. Heilbron, and Robin E. Rider, eds., *The Quantifying Spirit in the 18th Century*, pp. 291-314. Berkley : University of California Press.
Livi Bacci, Massimo. 1989. *A Concise History of World Population*. Cambridge : Blackwell. 速水融，斎藤修訳『人口の世界史』東洋経済新報社，2014 年
Loasby, Brian J. 1999. *Knowledge, Institutions, and Evolution in Economics*. London : Routledge.
Loewenstein, George, and Jon Elster, eds., 1992. *Choice over Time*. New York : Russell Sage Foundation.
Lohmeier, E. Andrew. 1995. "Consumer Demand and Market Responses in the German Empire, 1879-1914." Ph. D. dissertation, Northwestern University.
Lorenz, Edward H. 1991a. "An Evolutionary Explanation for Competitive Decline : the British Shipbuilding Industry." *Journal of Economic History* 51, no. 4 (Dec.), pp. 911-35.
───. 1991b. *Economic Decline in Britain : The Shipbuilding Industry*. Oxford : The Clarendon Press.
Loudon, Irvine. 1986. "Deaths in Childbed from the Eighteenth Century to 1935." *Medical History* 30, no. 1 (Jan.), pp. 1-41.
Lough, John. 1971. *The Encyclopédie*. New York : David McKay.
Lucas, Robert E. 2002. *Lectures on Economic Growth*. Cambridge, Mass. : Harvard University Press.
Lundberg, Shelly, and Robert A. Pollak. 1996. "Bargaining and Distribution in Marriage." *Journal of Economic Perspectives* 10, no. 4 (Fall), pp. 139-54.
Lundgreen, Peter. 1990. "Engineering Education in Europe and the USA, 1750-1930." *Annals of*

Science 47, no. 1 (January), pp. 33-75.

Lundgreen, Anders. 1990. "The Changing Role of Numbers in 18th Century Chemistry." In Tore Frängsmyr, J. L. Heilbron, and Robin E. Rider, eds., *The Quantifying Spirit in the 18th Century*, pp. 245-66. Berkeley: University of California Press.

Lynn, Walter R. 1989. "Engineering Our Way Out of Endless Environmental Crises." In Jesse H. Ausubel and Hedy Sladovich, eds., *Technology and Environment*. Washington, D. C.: National Academy Press.

Lyons, John S. 1989. "Family Response to Economic Decline: Handloom Weavers in Early Nineteenth-Century Lancashire." *Research in Economic History* 12, pp. 45-91.

Lyotard, Jean-François. 1984. *The Postmodern Condition: A Report on Knowledge*. Manchester: Manchester University Press. 小林康夫訳『ポスト・モダンの条件――知・社会・言語ゲーム』水声社，1994年

Macfarlane, Alan, and Gerry Martin. 2002. *Glass: A World History*. Chicago: University of Chicago Press.

Machlupe, Fritz. 1980-84. *Knowledge: Its Creation, Distribution and Economic Significance*. 3 Vols., Princeton, N. J.: Princeton University Press.

MacLeod, Christine. 1988. *Inventing the Industrial Revolution: The English Patent System, 1660-1880*. Cambridge: Cambridge University Press.

―――. 1991. "The Paradoxes of Patenting: Invention and Its Diffusion in 18th and 19th Century Britain, France and North America." *Technology and Culture* 32, no. 4 (Oct.), pp. 885-910.

Maddison, Angus. 1982. *Phases of Capitalist Development*. Oxford: Oxford University Press. 関西大学西洋経済史研究会訳『経済発展の新しい見方――主要先進国の軌跡』嵯峨野書院，1988年

Mahoney, Michael S. 1990. "Infinitesimals and Transcendent Relations: The Mathematics of Motion in the Late Seventeenth Century." In David C. Lindberg and Robert S. Westman, eds., *Reappraisals of the Scientific Revolution*. Cambridge: Cambridge University Press.

Manguel, Alberto. 1996. *A History of Reading*. New York: Viking. 原田範行訳『読書の歴史――あるいは読者の歴史』柏書房，1999年

Mantoux, Paul. [1905] 1961. *The Industrial Revolution in the Eighteenth Century*. New York: Harper Torchbooks. 徳増栄太郎，井上幸治，遠藤輝明訳『産業革命』東洋経済新報社，1964年

Manuel, F. 1938. "Luddite Movement in France." *Journal of Modern History* 10, no. 2 (June), pp. 180-211.

Marglin, S. A. [1974-75]. "What Do Bosses Do?" *Review of Radical Political Economy* 6 (1974) and 7 (1975). Reprinted in A. Gorz, ed., 1976. *The Division of Labour: The Labour Process and Class Struggle in Modern Capitalism*. Hassocks: Harvester Press.

Martin, Gerry. 2000. "States in Complex Artifacts." In John Ziman, ed., *Technological Innovation as an Evolutionary Process*, pp. 90-100. Cambridge: Cambridge University Press.

Martin, Roderick. 1995. "New Technology in Fleet Street, 1975-1980." In Martin Bauer, ed., *Resistance to New Technology: Nuclear Power, Information Technology and Biotechnology*. Cambridge: Cambridge University Press.

Marx, Karl. [1867] 1967. *Capital*. New York: International Publishers. 向坂逸郎訳『資本論』岩波

書店, 1967 年

Mayr, Ernst. 1991. *One Long Argument : Charles Darwin and the Genesis of Modern Evolutionary Thought*. Cambridge, Mass. : Harvard University Press. 養老孟司訳『ダーウィン進化論の現在』岩波書店, 1994 年

Mazur, Allan C. 1975. "Opposition to Technological Innovation." *Minerva* 13, no. 1 (Spring), pp. 58-81.

―――. 1993. "Controlling Technology." In Albert Teich, ed., *Technology and the Future*. New York : St. Martin's Press.

McCloy, Shelby T. 1952. *French Inventions of the Eighteenth Century*. Lexington : University of Kentucky Press.

McCune, Jenny C. 1998. "Telecommuting Revisited." *Management Review* 87 (Feb.), pp. 10-17.

McGrew, Roderick E., ed. 1985. *Encyclopedia of Medical History*. London : Macmillan.

McKendrick, Neil. 1973. "The Role of Science in the Industrial Revolution." In Mikuláš Teich and Robert Young, eds., *Changing Perspectives in the History of Science : Essays in Honour of Joseph Needham*. London : Heinemann.

McKeown, Thomas. 1976. *The Modern Rise of Population*. London : Arnold.

McKibben, Bill. 1989. *The End of Nature*. New York : Random House. 鈴木主税訳『自然の終焉――環境破壊の現在と近未来』河出書房新社, 1990 年

McLafferty, Charles. 1952. "A Study of the Apparent Weakness of the Tucker Company." M. A. thesis, Northwestern University.

Meckel, Richard A. 1990. *Save the Babies : American Public Health Reform and the Prevention of Infant Mortality, 1850-1929*. Baltimore : Johns Hopkins University Press.

Merton, Robert K. 1961. "Singletons and Multiples in Scientific Discovery." *Proceedings of the American Philosophical Society* 105, no. 5 (Oct. 13), pp. 470-86.

―――. [1938] 1970. *Science, Technology, and Society in Seventeenth Century England*. 2nd ed. New York : Fertig.

Metcalfe, J. Stanley. 1998a. *Evolutionary Economics and Creative Destruction*. London : Routledge. 八木紀一郎, 古山友則訳『進化的経済学と創造的破壊』日本経済評論社, 2011 年

―――. 1998b. "Innovation System and Endogenous Growth Theory." Working paper. University of Manchester, CRIC.

Michie, Ranald. 1998. "The Finance of Innovation in Late Victorian and Edwardian Britain : Possibilities and Constraints." *Journal of European Economic History* 17, no. 3 (Winter), pp. 491-530.

Milgrom, Pail, Yingyi Qian, and John Roberts. 1991. "Complementarities, Momentum, and the Evolution of Modern Manufacturing," *American Economic Review* 81, no. 2 (May), pp. 84-88.

Miller, Thomas E. 2000. "Seizing the Small Business/Home Office Internet Universe." Cyber Dialogue, Inc., *Industry Brief*, no. 1 : The Internet Consumer.

Mitch, David. 1998. "The Role of Education and Skill in the British Industrial Revolution." In Joel Mokyr, ed., *The British Industrial Revolution : An Economic Perspective*, 2nd ed., pp. 241-79. Boulder, Colo. : Westview Press.

Mitchell, Brian. 1975. *European Historical Statistics*. London : Macmillan. 中村宏監訳『B. R. ミッ

チェル編　マクミラン世界歴史統計1 ヨーロッパ編 1750-1975』原書房，1983年

Mokhtarian, Patricia L. 1997. "Now That Travel Can Be Virtual, Will Congestion Virtually Disappear?" *Scientific American* 277, no. 4 (Oct.), p. 93.

―――. 1998. "A Synthetic Approach to Estimating the Impact of Telecommuting on Travel." *Urban Studies* 35, no. 2 (Feb.), pp. 215-41.

―――. 2000. "Telecommunications and Travel : The Case for Complementarity." Unpublished ms., University of California, Davis.

Mokhtarian, Patricia L., and Ilan Salomon. 2002. "Emerging Travel Patterns : Do Telecommunications Make a Difference?" In Hani S. Mahmassani, ed., *Perpetual Motion : Travel Behavior Research Opportunities and Application Challenges*, pp. 143-82. Oxford, Eng. : Pergamon Press/Elservier.

Mokyr, Joel. 1976. "Growing-Up and the Industrial Revolution in Europe." *Explorations in Economic History* 13, no. 4 (Oct.), pp. 371-96.

―――. 1990. *The Lever of Riches : Technological Creativity and Economic Progress*. New York : Oxford University Press.

―――. "Is Economic Change Optimal?" *Australian Economic History Review* 32, no. 1 (March), pp. 3-23.

―――. 1993. "Technological Progress and the Decline of European Mortality," *American Economic Review*, Papers and Proceedings 83, no. 2 (May), pp. 324-30.

―――. 1994a. "Progress and Inertia in Technological Change." In John James and Mark Thomas, eds., *Capitalism in Context : Essays in Honor of R. M. Hartwell*, pp. 230-54. Chicago : University of Chicago Press.

―――. 1994b. "Cardwell's Law and the Political Economy of Technological Progress." *Research Policy* 23, no. 5 (Sept.), pp. 561-74.

―――. 1994c. "That Which We Call an Industrial Revolution." *Contention* 4, no. 1 (Fall), pp. 189-206.

―――. 1995. "Urbanization, Technological Progress and Economic History." In Herbert Giersch, ed., *Urban Agglomeration and Economic Growth*, pp. 3-37. Berlin : Springer Verlag.

―――. 1996a. "La tecnologia, l'informazione e le famiglie." In Renato Giannetti, ed., *Nel Mito di Prometeo. L'Innovazione Tecnologica dalla Rivoluzione Industriale ad Oggi. Temi, Inventori e Protagonisti dall'Ottocento al Duemilla*, Firenze : Ponte alle Grazie, pp. 147-84.

―――. 1998a. "Science, Technology, and Knowledge : What Historians Can Learn from an Evolutionary Approach." Working Papers on Economics and Evolution, #98-03. Jena, Ger. : Max Plank Institute for Research into Economic Systems.

―――. 1998b. "Induced Technical Innovation and Medical History : An Evolutionary Approach." *Journal of Evolutionary Economics* 8, no. 2 (July), pp. 119-37.

―――. 1998c. "Editor's Introduction : The New Economic History and the Industrial Revolution." In Joel Mokyr, ed., *The British Industrial Revolution : An Economic Perspective*, pp. 1-127. Boulder, Colo. : Westview Press.

―――. 1998b. "The Political Economy of Technological Change : Resistance and Innovation in Economic History." In Maxine Berg and Kristin Bruland, eds., *Technological Revolutions in Europe*, pp. 39-64. Cheltenham : Edward Elgar.

―――. 1999. "The Second Industrial Revolution, 1870-1914." In Valerio Castronovo, ed., *Storia dell' economia Mondiale*, pp. 219-245. Rome : Laterza.

―――. 2000a. "The Industrial Revolution and the Netherlands : Why Did It not Happen?" *De Economist* (Amsterdam) 148, no. 4 (Oct.), pp. 503-20.

―――. 2000b. "Knowledge, Technology, and Economic Growth During the Industrial Revolution." In Bart Van Ark, Simon K. Kuipers, and Gerard Kuper, eds. *Productivity, Technology and Economic Growth*, pp. 253-92. The Hague : Kluwer Academic Press.

―――. 2000d. "Innovation and Selection in Evolutionary Models of Technology : Some Definitional Issues." In John Ziman, ed., *Technological Innovation as an Evolutionary Process*, pp. 52-65. Cambridge : Cambridge University Press.

Mokyr, Joel, and Rebecca Stein. 1997. "Science, Health and Household Technology : The Effect of the Pasteur Revolution on Consumer Demand." In Timothy Bresnahan and Robert J. Gordon, eds., *The Economics of New Goods*, pp. 143-205. Chicago : University of Chicago Press and NBER.

Morison, Elting E. 1966. "Gunfire at Sea : A Case Study of Innovation." In *Men, Machines, and Modern Times*. Cambridge, Mass. : MIT Press.

Morris, Morris D. 1983. "The Growth of Large-Scale Industry till 1947." In Dharma Kumar, ed., *The Cambridge Economic History of India*, Vol. 2. Cambridge : Cambridge University Press.

Morris, William. 1973. "Useful Work versus Useless Toil." In *Political Writings of William Morris*. Edited and with an introduction by A. L. Morton. London : Lawrence and Wishart.

Morus, Iwan Rhys. 1998. *Frankenstein's Children : Electricity, Exhibition, and Experiment in Early-Nineteenth-Century London*. Princeton, N. J. : Princeton University Press.

Mowery, David C. and Nathan Rosenberg. 1989. *Technology and the Pursuit of Economic Growth*. Cambridge : Cambridge University Press.

―――. 1998. *Paths of Innovation : Technological Change in Twentieth-Century America*. Cambridge : Cambridge University Press.

Murmann, Johann Peter. 1998. "Knowledge and Competitive Advantage in the Synthetic Dye Industry, 1850-1914." Ph. D. dissertation, Columbia University.

Murmann, Johann Peter, and Ralph Landau. 1998. "On the Making of Competitive Advantage : The Development of the Chemical Industries of Britain and Germany since 1850." In Ashish Arora, Ralph Landau, and Nathan Rosenberg, eds., *Chemicals and Long-Term Economic Growth : Insights from the Chemical Industry*, pp. 27-70. New York : John Wiley.

Murphy, Kevin M., Andrei Shleifer, and Robert W. Vishny. 1991. "The Allocation of Talent : Implications for Growth." *Quarterly Journal of Economics* 106, no. 2 (May), pp. 503-30.

Musson, A. E. 1978. *The Growth of British Industry*. London : Bastford.

Musson, A. E., and Eric Robinson. 1969. *Science and Technology in the Industrial Revolution*. Manchester : Manchester University Press.

Needham, Joseph. 1959. *Mathematics and the Sciences of Heaven*. In Joseph Needham, ed., *Science and Civilization in China*, Vol. 3. Cambridge : Cambridge University Press. 東畑精一・藪内清監修『中国の科学と文明』第4・5巻, 思索社, 1975-76年

―――. 1969. *The Grand Titration : Science and Society in East and West*. Toronto : University of Toronto Press. 橋本敬造訳『文明の滴定――科学技術と中国の社会』法政大学出版局,

2015年

Nelkin, Dorothy. 1992. "Science, Technology and Political Conflict." In Dorothy Nelkin, ed., *Controversy : Politics of Technical Decisions*. London : Sage Publications.

Nelkin, Dorothy, and Michael Pollack. 1981. *The Atom Besieged : Extraparliamentary Dissent in France and Germany*. Cambridge, Mass. : MIT Press.

Nelson, Katherine, and Richard Nelson. 2002. "On the Nature and Evolution of Human Know-how." *Research Policy* 31, No. 5 (July), pp. 719-33.

Nelson, Marie C., and John Rogers. 1992. "Cleaning Up the Cities : the First Comprehensive Public Health Law in Sweden." Unpublished paper. Presented to the SSHA Meetings, Chicago.

Nelson, Richard R. 1994. "Economic Growth through the Co-evolution of Technology and Institutions." In Loet Leydesdorff and Peter Van Den Besselaar, eds., *Evolutionary Economics and Chaos Theory : New Directions in Technology Studies*. New York : St. Martin's Press.

―――. 1995. "Recent Evolutionary Theorizing about Economic Change." *Journal of Economic Literature* 33, no. 1 (March), pp. 48-90.

―――. 1996. *The Sources of Economic Growth*. Cambridge, Mass. : Harvard University Press.

―――. 2000a. "Selection Criteria and Selection Process in Cultural Evolution Theories." In John Ziman, ed., *Technological Innovation as an Evolutionary Process*, pp. 66-74. Cambridge : Cambridge University Press.

―――. 2000b. "Knowledge and Innovation Systems." Unpublished manuscript, Columbia University.

Nelson, Richard R., and Nathan Rosenberg. 1993. "The National Innovation System." In Richard Nelson, ed., *National Innovation Systems : A Comparative Analysis*, pp. 3-21. New York : Oxford University Press.

Nelson, Richard R., and Sidney Winter. 1982. *An Evolutionary Theory of Economic Change*. Cambridge, Mass. : The Belknap Press. 後藤晃，角南篤，田中辰雄訳『経済変動の進化理論』慶應義塾大学出版会，2007年

Newman, George. 1907. *Infant Mortality : A Special Problem*. New York : E. P. Dutton and Company.

Nicholson, John. 1826. *The Operative Mechanic and British Machinist : Being a Practical Display of the Manufactories and Mechanical Aarts of the United Kingdom*. Philadelphia : H. C. Carey.

Nicolaou, K. C., and Christopher N. C. Boddy. 2001. "Behind Enemy Lines." *Scientific American* 284, no. 5 (May), pp. 52-61.

Nieto-Galan, Agustí. 1997. "Calico Printing and Chemical Knowledge in Lancashire in Early Nineteenth Century : The Life and 'Colors' of John Mercer." *Annals of Science* 54, no. 1 (January), pp. 1-28.

Noble, David F. 1984. *Forces of Production : A Social History of Industrial Automation*. New York : Alfred A. Knopf.

Nooteboom, Bart. 1999. "Innovation, Learning and Industrial Organization." *Cambridge Journal of Economics* 23, no. 2 (March), pp. 127-150.

Nordhaus, William D. 1997. "Do Real-Output and Real Wage Measures Capture Reality? The History of Lighting Suggests Not." In Timothy Bresnahan and Robert J. Gordon, eds., *The Economics of New Goods*, pp. 29-65. Chicago : University of Chicago Press and NBER.

Nordhaus, William D., and James Tobin. 1973. "Is Growth Obsolete?" In Milton Moss, ed., *The

Measurement of Economic and Social Performance. New York : Columbia University Press for the NBER.

North, Douglass C. 1981. *Structure and Change in Economic History.* New York : W. W. Norton. 中島正人訳『文明史の経済学——財産権・国家・イデオロギー』春秋社，1989 年

―――. 1990. *Institutions, Institutional Change, and Economic Performance.* Cambridge : Cambridge University Press. 竹下公視訳『制度・制度変化・経済成果』晃洋書房，1994 年

North, Douglass C., and Barry Weingast. 1989. "Constitutions and Commitment : The Evolution of Institutions Governing Public Choice in Seventeenth Century England." *Journal of Economic History* 49, no. 4 (Dec.), pp. 803-32.

Nuland, Sherwin B. 1988. *Doctors : The Biography of Medicine.* New York : Alfred A. Knopf. 曽田能宗訳『医学をきずいた人びと——名医の伝記と近代医学の歴史』上下，河出書房新社，1991 年

O'brien, Patrick, Trevor Griffiths and Philip Hunt. "Political Components of the Industrial Revolution : Parliament and the English Cotton Textile Industry, 1660-1774." *Economic History Review* 44, no. 3 (Aug.), pp. 395-423.

O'Shea, M. V., and J. H. Kellogg. 1921. *Health and Cleanliness.* New York : Macmillan.

Olson, Mancur. 1982. *The Rise and Decline of Nations : Economic Growth, Stagflation, and Social Rigidities.* New Haven : Yale University. 加藤寛監訳『国家興亡論——「集合行為論」からみた盛衰の科学』PHP 研究所，1991 年

Owen, Robert. [1857] 1920. *The Life of Robert Owen by Himself.* London : G. Bell and Sons. 五島茂訳『オウエン自叙伝』岩波書店，1961 年

Pannabecker, John R. 1998. "Representing Mechanical Arts in Diderot's Encyclopédie." *Technology and Culture* 39, no. 1 (Jan.), pp. 33-73.

Papillon, Ferdinand. 1874. "Ferments, Fermentation, and Life." *Popular Science Monthly* 5 (September), pp. 542-56.

Parente, Stephen L., and Edward C. Prescott. 2000. *Barriers to Riches.* Cambridge, Mass. : MIT Press.

Parker, William N. 1984. *Europe, America, and the Wider World.* Cambridge : Cambridge University Press.

Partridge, William. [1823] 1973. *A Practical Treatise on Dying of Woollen, Cotton, and Skein Silk, with the Manufacture of Broadcloth and Cassimere, Including the Most Improved Methods in the West of England.* Edington, Wiltshire : Pasold Research Fund.

Pavitt, Keith, and W. Edward Steinmueller. 2002. "Technology in Corporate Strategy : Change, Continuity and the Information Revolution." In Andrew Pettigrew, Howard Thomas, and Richard Whittington, eds., *The Handbook of Strategy and Management.* New York : Sage Publications.

Payne, Peter. 1990. "Entrepreneurship and British Economic Decline." In Bruce Collins and Keith Robbins, eds., *British Culture and Economic Decline,* pp. 25-58. New York : St. Martin's Press.

Perkin, Harold. 1969. *The Origins of Modern English Society 1780-1880.* London : Routledge & Kegan Paul.

Perrini, Noel. 1979. *Giving Up the Gain : Japan's Reversion to the Sword, 1543-1879.* Boston : David R. Godine. 川勝平太訳『鉄砲をすてた日本人——日本史に学ぶ軍縮』紀伊國屋書店，1984 年

Perutz, M. F. 1992. "The Fifth Freedom." *New York Review of Books*, Oct. 8, 1992.
Petty, William. 1679. *A Treatise of Taxes and Contributions*. London: Obadiah Blagrave. 大内兵衛, 松川七郎訳『租税貢納論』岩波書店, 1952 年
Picon, Antoine. 2001. "Technology." In Michel Delon, ed., *Encyclopedia of the Enlightenment*, pp. 1317–23. Chicago: Fitzroy Dearborn.
Pinault Sørensen, Madeleine. 2001. "Encyclopedia." In Michel Delon, ed., *Encyclopedia of the Enlightenment*, pp. 439–44. Chicago: Fitzroy Dearborn.
Piore, Michael J, and Charles F. Sabel. 1984. *The Second Industrial Divide*. New York: Basic Books. 山之内靖，永易浩一，菅山あつみ訳『第二の産業分水嶺』筑摩書房, 1993 年
Pirenne, Henri. 1936. *Economic and Social History of Medieval Europe*. New York: Harcourt Brace & World. 増田四郎ほか訳『中世ヨーロッパ社会経済史』一條書店, 1956 年
Planck, Max. 1949. *Scientific Autobiography and Other Papers*. New York: Philosophical Library.
Plotkin, Henry. 1993. *Darwin, Machines, and the Nature of Knowledge*. Cambridge, Mass.: Harvard University Press.
Plunkett, Harriette Merrick. 1885. *Women, Plumbers, and Doctors or Household Sanitation*. New York: Appleton.
Polanyi, Michael. 1962. *Personal Knowledge: Towards a Post-Critical Philosophy*. Chicago: Chicago University Press. 長尾史郎訳『個人的知識——脱批判哲学をめざして』ハーベスト社, 1986 年
Pollard, Sidney. [1965] 1968. *The Genesis of Modern Management*. London: Penguin. 山下幸夫ほか訳『現代企業管理の起源——イギリスにおける産業革命の研究』千倉書房, 1982 年
Pollock, Linda A. 1983. *Forgotten Children: Parent-Child Relations from 1500–1900*. Cambridge: Cambridge University Press. 中地克子訳『忘れられた子どもたち——1500–1900 年の親子関係』勁草書房, 1988 年
Pomeranz, Kenneth. 2000. *The Great Divergence: China, Europe, and the Making of the Modern World Economy*. Princeton, N. J.: Princeton University Press. 川北稔監訳『大分岐——中国, ヨーロッパ, そして近代世界経済の形成』名古屋大学出版会, 2015 年
Porter, Roy. 1973. "The Industrial Revolution and the Rise of the Science of Geology." In Mikuláš Teich and Robert Young, eds., *Changing Perspectives in the History of Science: Essays in Honour of Joseph Needham*. London: Heinemann.
———. 1995. "The Eighteenth Century." In Lawrence Konrad et al., eds., *The Western Medical Tradition, 800BC to AD 1800*. Cambridge: Cambridge University Press.
———. 1997. *The Greatest Benefit to Mankind: A Medical History of Humanity*. New York: W. W. Norton.
Porter, Theodore. 1986. *The Rise of Statistical Thinking, 1820–1900*. Princeton, N. J.: Princeton University Press. 長屋政勝ほか訳『統計学と社会認識——統計思想の発展 1820–1900 年』梓出版社, 1995 年
Preston, Samuel H., and Michael R. Haines. 1991. *Fatal Years: Child Mortality in Late Nineteenth Century America*. Princeton, N. J.: Princeton University Press.
Price, Derek J. de Solla. 1984a. "Notes towards a Philosophy of the Science/Technology Interaction." In Rachel Laudan, ed., *The Nature of Technological Knowledge: Are Models of Scientific Change*

Relevant? Dordrecht : Kluwer.

―――. 1984b. "Of Sealing Wax and String." *Natural History*, no. 1, pp. 49-56.

Pyenson, Lewis, and Susan Sheets-Pyenson. 1999. *Servants of Nature : A History of Scientific Institutions, Enterprises and Sensibilities*. New York : W. W. Norton.

Radkau, Joachim. 1995. "Learning from Chernobyl for the Fight against Genetics?" In Martin Bauer, ed., *Resistance to New Technology : Nuclear Power, Information Technology and Biotechnology*, pp. 335-55. Cambridge : Cambridge University Press.

Randall, Adrian J. 1986. "The Philosophy of Luddism : The Case of the West of England Workers, ca. 1790-1809." *Technology and Culture* 27, no. 1 (Jan.), pp. 1-17.

―――. 1989. "Work, Culture and Resistance to Machinery in the West of England Woolllen Industry." In Pat Hudson, ed., *Regions and Industries : A Perspective on the Industrial Revolution in Britain*, 175-98. Cambridge : Cambridge University Press.

―――. 1991. *Before the Luddites : Custom, Community, and Machinery in the English Woollen Industry, 1776-1809*. Cambridge : Cambridge University Press.

Rankine, William J. M. [1859] 1873. *A Manual of the Steam Engine and Other Prime Movers*. 6th ed., London : Charles Griffin. 永井久一郎訳，原口要訂『蘭均氏汽機學』文部省編輯局，1885年

Reddy, William M. 1984. *The Rise of Market Culture : The Textile Trade and French Society, 1750-1900*. Cambridge : Cambridge University Press.

Redelmeier, Donald A., and Amos Tversky. 1996. "On the Belief That Arthritis Pain Is Related to Weather." *Proceedings of the National Academy of Sciences* 93, no. 7 (April 2), pp. 2859-96.

Redelmeier, Donald A., Derek J. Koehler, Varda Liberman, and Amos Tversky. 1995. "Probability Judgment in Medicine." *Medical Decision Making* 15, no. 3 (July-Sept.), pp. 227-30.

Redford, Arthur. [1926] 1976. *Labour Migration in England, 1800-1850*. Manchester : Manchester University Press.

Reid, Margaret. 1934. *Economics of Household Production*. New York : John Wiley.

Reilly, Robin. 1992. *Josiah Wedgwood 1730-1795*. London : Macmillan.

Reiser, Stanley Joel. 1978. *Medicine and the Reign of Technology*. Cambridge : Cambridge University Press. 春日倫子訳『診断術の歴史――医療とテクノロジー支配』平凡社，1995年

Reiter, Stanley. 1992. "Knowledge, Discovery and Growth." Discussion Paper 1011. Northwestern University Center for Mathematical Studies in Economics and Management Sciences.

Reynolds, Terry S. 1983. *Stronger Than a Hundred Men : A History of the Vertical Water Wheel*. Baltimore : Johns Hopkins University Press. 末尾至行ほか訳『水車の歴史――西欧の工業化と水力利用』平凡社，1989年

Richards, Robert J. 1987. *Darwin and the Emergence of Evolutionary Theories of Mind and Behavior*. Chicago : University of Chicago Press.

Rider, Robin E. 1990. "Measure of Ideas, Rule of Language : Mathematics and Language in the Eighteenth Century," in Tore Frängsmyr, J. L. Heilbron and Robin E. Rider, eds., *The Quantifying Spirit in the 18th Century*, pp. 113-40. Berkley : University of California Press.

Rifkin, Jeremy. 1983. *Algeny : A New World*. Harmondsworth, Eng. : Penguin Books. 竹内均訳『21世紀文明の生存原理――遺伝子工学時代の世界観』祥伝社，1983年

———. 1985. *Declaration of a Heretic*. Boston : Routledge & Kegan Paul.
Riley, James C. 1987. *The Eighteenth-Century Campaign to Avoid Disease*. New York : St. Martin's Press.
———. 1991. "Working Health Time : A Comparison of Preindustrial, Industrial, and Post-Industrial Experience in Life and Health." *Explorations in Economic History* 28, no. 2 (April), pp. 169-91.
———. 2001. *Rising Life Expectancy : A Global History*. Cambridge : Cambridge University Press. 門司和彦ほか訳『健康転換と寿命延長の世界誌』明和出版, 2008年
Roberts, Elizabeth. 1984. *A Woman's Place : An Oral History of Working-Class Women, 1890-1940*. Oxford : Blackwell.
Roberts, Kristin, and Peter Rupert. 1995. "The Myth of the Overworked American." *Economic Commentary*. Federal Reserve Bank of Cleveland. January 15.
Robinson, Eric, and Douglas McKie, eds., 1970. *Partners in Science : Letters of James Watt and Joseph Black*. Cambridge, Mass. : Harvard University Press.
Robinson, John P. 1980. "Housework Technology and Household Work." In Sarah Fenstermaker Berk, ed., *Women and Household Labor*. New York : Russell Sage Foundation.
Robinson, John P., and Geoffrey Godbey. 1997. *Time for Life : The Surprising Ways Americans Use Their Time*. University Park : Pennsylvania State University Press.
Rogers, Naomi. 1989. "Germs with Legs : Flies, Disease and the New Public Health." *Bulletin of the History of Medicine* 63, no. 4 (Winter), pp. 599-617.
———. 1992. *Dirt and Disease : Polio before FDR*. New Brunswick, N. J. : Rutgers University Press.
Rollet-Echalier, Catherine. 1990. *La politique a l'égard de la petite enfance sous la IIIe République*. Paris : Presses Universitaires de France.
Rosen, George. 1947. "What Is Social Medicine? A Genetic Analysis of the Concept." *Bulletin of the History of Medicine* 21, no. 5 (Sept.-Oct.), pp. 674-733.
———. 1993. *A History of Public Health*. New ed. Baltimore : Johns Hopkins University Press. 小栗史朗訳『公衆衛生の歴史』第一出版, 1974年（ただし旧版の翻訳）
Rosenband, Leonard N. 2000. *Papermaking in Eighteenth Century France : Management, Labor and Revolution at the Montgolfier Mill, 1761-1805*. Baltimore : Johns Hopkins University Press.
Rosenberg, Nathan. 1976. *Perspectives on Technology*. Cambridge : Cambridge University Press.
———. 1982. "How Exogenous is Science?" In *Inside the Black Box : Technology and Economics*. Cambridge : Cambridge University Press.
———. 1994. *Exploring the Black Box : Technology, Economics, and History*. New York : Cambridge University Press.
———. 1996. "Uncertainty and Technological Change." In Jeffrey C. Fuhrer and Jane Sneddon Little, eds., *Technology and Growth*, pp. 91-110. Federal Reserve Bank of Boston, Conference Series, no. 40.
———. 1998a. "Chemical Engineering as a General Purpose Technology." In Elhanan Helpman, ed., *General Purpose Technologies and Economic Growth*, pp. 167-92. Cambridge, Mass. : MIT Press.
———. 1998b. "Technological Change in Chemicals : The Role of University-Industry Relations." In Ashish Arora, Ralph Landau, and Nathan Rosenberg, eds., *Chemicals and Long-Term Economic Growth : Insights from the Chemical Industry*, pp. 193-230. New York : John Wiley.

Rosenberg, Nathan, ed., 1969. *The American System of Manufactures : The Report of the Committee on the Machinery of the United States 1855 and the Special Reports of George Wallis and Joseph Whitworth 1854*. Edinburgh : Edinburgh University Press.

Rosenberg, Nathan, and L. E. Birdzell. 1986. *How the West Grew Rich : The Economic Transformation of the Industrial World*. New York : Basic Books.

Rosenberg, Nathan, and Walter G. Vincenti. 1978. *The Britannia Bridge : The Generation and Diffusion of Technological Knowledge*. Cambridge, Mass. : MIT Press.

Ross, Lee, and Craig A. Anderson. 1982. "Shortcomings in the Attribution Process : On the Origins and Maintenance of Erroneous Social Assessments." In Daniel Kahnemann, Pail Slovic, and Amos Tversky, eds., *Judgment under Uncertainty : Heuristics and Biases*, pp. 128-52. Cambridge : Cambridge University Press.

Rothstein, William G. 1972. *American Physicians in the Nineteenth Century : From Sects to Science*. Baltimore : Johns Hopkins University Press.

Rumsey, Henry W. 1875. *Essays and Papers on Some Fallacies of Statistics Concerning Life and Death, Health and Disease with Suggestions towards an Improved System of Registration*. London : Smith, Elder & Co.

Rupreht, Joseph, and Thomas. E. Keys. 1985. "Anaesthesiology : Its Origins and its Mission." In Joseph Rupreht et al., eds., *Anaesthesia : Essays on Its History*, pp. 3-8. Berlin : Springer Verlag.

Rusnock, Andrea A. 1990. "The Quantification of Things Human : Medicine and Political Arithmetic in Enlightenment England and France." Ph. D. dissertation, Princeton University.

Russell, Cheryl. 1996. "How Many Home Workers?" *American Demographics* 18, no. 5（May）, pp. 6-7.

Ruttan, Vernon W. 2001. *Technology, Growth, and Development : An Induced Innovation Perspective*. New York : Oxford University Press.

Ryle, Gilbert. 1949. *The Concept of Mind*. Chicago : University of Chicago Press. 坂本百大ほか訳『心の概念』みすず書房，1987 年

Sabel, Charles, and Jonathan Zeitlin. 1985. "Historical Alternatives to Mass Production : Politics, Markets, and Technology in Nineteenth-Century Industrialization." *Past and Present*, no. 108（Aug.）, pp. 133-176.

Sachs, Jeffrey, and Andrew Warner. 1995. "Economic Reform and the Process of Global Integration." *Brookings Papers on Economic Activity*, no. 1, pp. 1-95.

Sale, Kirkpatrick. 1995. *Rebels against the Future : The Luddites and Their War on the Industrial Revolution : Lessons for the Computer Age*. Reading, Mass. : Addison Wesley.

Saviotti, Pier Paolo. 1996. *Technological Evolution, Variety, and the Economy*. Cheltenham, Eng. : Edward Elgar.

Scerri, Eric R. 1998. "The Evolution of the Periodic System." *Scientific American* 279, no. 3（Sept.）, pp. 78-83.

Schaffer, Simon. 1999. "Enlightened Automata." In William Clark, Jan Golinski, and Simon Schaffer, eds., *The Sciences in Enlightened Europe*, pp. 126-65. Chicago : University of Chicago Press.

Scheffler, Israel. 1965. *Conditions of Knowledge*. Chicago : Scott, Foresman and Co. 生田久美子訳『教育から見た知識の条件』東洋館出版社，1987 年

Schelling, Thomas C. 1992. "Self-Command : A New Discipline." In George Loewenstein and Jon Elster, eds., *Choice over Time*, pp. 167-76. New York : Russell Sage Foundation.
Schiff, Eric. 1971. *Industrialization without National Patent : The Netherlands, 1869-1912. Switzerland, 1850-1907*. Princeton, N. J. : Princeton University Press.
Schofield, Robert. 1972. "The Industrial Orientation of Science in the Lunar Society of Birmingham." In A. E. Musson, ed., *Science, Technology and Economic Growth in the Eighteenth Century*. London : Methuen.
Schor, Juliet B. 1991. *The Overwoked American*. New York : Basic Books. 森岡孝二ほか訳『働きすぎのアメリカ人──予期せぬ余暇の減少』窓社, 1993 年
Schumpeter, J. A. 1950. *Capitalism, Socialism and Democracy*. New York : Harper and Row. 中山伊知郎, 東畑精一訳『資本主義・社会主義・民主主義』東洋経済新報社, 1962 年
───. [1934] 1969. *The Theory of Economic Development*. London : Oxford University Press. 塩野谷祐一, 中山伊知郎, 東畑精一訳『経済発展の理論──企業者利潤・資本・信用・利子および景気の回転に関する一研究』岩波書店, 1977 年
Schweber, Silvan S. 1980. "Darwin and the Political Economists : Divergence of Character." *Journal of the History of Biology* 13, no. 2 (Fall), pp. 195-289.
───. 1985. "The Wider British Context in Darwin's Theorizing." In David Kohn, ed., *The Darwinian Heritage*. Princeton, N. J. : Princeton University Press.
Scranton, Philip. 1997. *Endless Novelty : Specialty Production and American Industrialization, 1865-1925*. Princeton, N. J. : Princeton University Press. 廣田義人ほか訳『エンドレス・ノヴェルティ──アメリカの第 2 次産業革命と専門生産』有斐閣, 2004 年
Sella, Domenico. 1979. *Crisis and Continuity : The Economy of Spanish Lombardy in the Seventeenth Century*. Cambridge, Mass. : Harvard University Press.
Shackle, G. L. S. 1972. *Epistemics and Economics : A Critique of Economic Doctrines*. Cambridge : Cambridge University Press.
Shapin, Steven. 1994. *The Social History of Truth*. Chicago : University of Chicago Press.
───. 1996. *The Scientific Revolution*. Chicago : University of Chicago Press. 川田勝訳『「科学革命」とは何だったのか──新しい歴史観の試み』白水社, 1998 年
Shaw, George Bernard. 1913. *The Doctor's Dilemma*. New York : Brentano's. 中西勉訳『医師のジレンマ──バーナード・ショーの医療論』丸善名古屋出版センター, 1993 年
Shiva, Vandana. 1991. *The Violence of the Green Revolution*. London : Zed Books. 浜谷喜美子訳『緑の革命とその暴力』日本経済評論社, 1997 年
Simon, Herbert. 1996. "Economic Rationality : Adapted Artifice." In *The Sciences of the Artificial*. Cambridge, Mass. : MIT Press. 稲葉元吉, 吉原英樹訳『システムの科学』パーソナル・メディア, 1999 年
Slovic, Paul, Baruch Fischoff, and Sarah Lichtenstein. 1982. "Facts vs. Fears : Understanding Perceived Risks." In Daniel Kahneman, Paul Slovic, and Amos Tversky, eds., *Judgment under Uncertainty : Heuristics and Biases*. Cambridge : Cambridge University Press.
Smelser, Neil J. 1959. *Social Change in the Industrial Revolution : an Application of Theory to the British Cotton Industry*. Chicago : University of Chicago Press.
Smil, Vaclav. 2001. *Enriching the Earth : Fritz Haber, Carl Bosch and the Transformation of World*

Food Production. Cambridge, Mass.: MIT Press.

Smiles, Samuel. 1891. *Lives of the Engineers : Harbours, Lighthouses, Bridges. Smeaton And Rennie*. New ed. London : John Murray.

———. [1863] 1967. *Industrial Biography : Iron Workers and Tool Makers*. Newton-Abbot : David & Charles. 鶴田賢次訳（抄訳）『機械発明家列伝——職工の立身実業の進歩』金港堂，1907年

Smith, Adam. [1776] 1976. *The Wealth of Nations*. Edited by Edwin Cannan. Chicago : University of Chicago Press. 大河内一男監訳『国富論』中央公論社，1978年

———. [1795] 1982. "The History of Astronomy." In *Essays on Philosophical Subjects*. Indianapolis : Liberty Classics. アダム・スミスの会監修，篠原久ほか訳『アダム・スミス哲学論文集』「哲学的研究を導き指揮する諸原理——天文学の歴史によって例証される」（只腰親和訳），名古屋大学出版会，1993年

Smith, Crosbie. 1990. "Energy." In R. C. Olby et al., eds., *Companion to the History of Science*. London : Routledge.

Smith, Crosbie, and Norton Wise. 1989. *Energy and Empire : A Biographical Study of Lord Kelvin*. Cambridge : Cambridge University Press.

Smith, Cyril Stanley. 1960. *A History of Metallography*. Chicago : University of Chicago Press.

———. 1967. "Metallurgy in the Seventeenth and Eighteenth Century." In Melvin Kranzberg and Carroll W. Pursell, Jr., eds., *Technology in Western Civilization*, Vol. 1, pp. 142-67. New York : Oxford University Press.

Smith, F. B. 1979. *The People's Health 1830-1910*. New York : Holmes & Meier.

Smith, John Graham. 1979. *The Origins and Early Development of the Heavy Chemical Industry in France. Oxford : Clarendon Press*.

———. 2001. "Science and Technology in the Early French Chemical Industry." Unpublished paper, presented to the colloquium on "Science, techniques, et Sociétés," Paris.

Smith, Merritt Roe. 1977. *Harper's Ferry Armory and the New Technology : The Challenge of Change*. Ithaca : Cornell University Press.

———. 1994. "Technological Determinism in American Culture." In Merritt Roe Smith and Leo Marx, eds., *Does Technology Drive History?* pp. 2-35. Cambridge, Mass. : MIT Press.

Sparrow, W. J. 1964. *Knight of the White Eagle : A Biography of Sir Benjamin Thompson, Count Rumford (1753-1814)*. London : Hutchinson and Co.

Spielman, Andrew, and Michael D'Antonio. 2001. *Mosquito : A Natural History of Our Most Persistent and Deadly Foe*. New York : Hyperion. 奥田祐士訳『蚊 ウイルスの運び屋——蚊と感染症の恐怖』ソニー・マガジンズ，2004年

Stage, Sarah, and Virginia Vincenti, eds. 1997. *Home Economics : Women and the History of a Profession*. Ithaca, N. Y. : Cornell University Press. 倉元綾子監訳『家政学再考——アメリカ合衆国における女性と専門職の歴史』近代文芸社，2002年

Staudenmaier, John M. 1989. "Perils of Progress Talk : Some Historical Considerations." In Steven Goldman, ed., *Science, Technology, and Social Progress*, pp. 268-93. Bethlehem, Penn. : Lehigh University Press.

Steedman, Carolyn. 1992. "Bodies, Figures, and Physiology : Margaret McMillan and the Late

Nineteenth-Century Remaking of Working-Class Childhood." In Roger Cooter, ed., *In the Name of the Child : Health and Welfare, 1880-1940*. London : Routledge.

Stenseth, N. C. 1985. "Darwinian Evolution in Ecosystems : The Red Queen View." In P. J. Greenwood, P. H. Harvey, and M. Slatkin, eds., *Evolution : Essays in Honour of John Maynard Smith*, pp. 55-72. Cambridge : Cambridge University Press.

Stephens, Trent, and Rock Brynner. 2001. *Dark Remedy : The Impact of Thalidomide and Its Revival as a Vital Medicine*. Cambridge, Mass. : Perseus Publishing. 本間徳子訳『神と悪魔の薬サリドマイド』日経BP，2001 年

Stern, Bernhard J. 1937. "Resistances to the Adoption of Technological Innovations." In *Technological Trends and National Policy, Including the Social Implications of New Inventions : Report of the Subcommittee on Technology to the National Resources Committee*. Washington, D. C. : United States Government Printing Office.

Stern, Fritz. 1961. *The Politics of Cultural Despair. A Study in the Rise of the Germanic Ideology*. Berkley : University of California Press. 中道寿一訳『文化的絶望の政治——ゲルマン的イデオロギーの台頭に関する研究』三嶺書房，1988 年

Stevens, Edward W., Jr. 1995. *The Grammar of the Machine : Technical Literacy and Early Industrial Expansion in the United States*. New Haven, Conn. : Yale University Press.

Stevenson, John. 1979. *Popular Disturbances in England, 1700-1870*. New York : Longman.

Stewart, Larry. 1992. *The Rise of Public Science : Rhetoric, Technology, and Natural Philosophy in Newtonian Britain, 1660-1750*. Cambridge : Cambridge University Press.

Stokes, Donald E. 1997. *Pasteur's Quadrant : Basic Science and Technological Innovation*. Washington, D. C. : Brookings Institution.

Strasser, Susan M. 1980. "An Enlarged Human Existence? Technology and Household Work in Nineteenth Century America." In Sarah Fenstermaker Berk, ed., *Women and Household Labor*, New York : Russell Sage Foundation.

Strickland, Amanda. 1999. "Telecommuters Raise Productivity." *Triangle Business Journal* (Raleigh, N. C.) 15 (Oct.), p. 24.

Styles, John. 1983. "Embezzlement, Industry, and the Law in England, 1500-1800." In Maxine Berg, Pat Hudson, and Michael Sonenscher, eds., *Manufacture in Town and Country before the Factory*, pp. 173-208. Cambridge : Cambridge University Press.

Sugden, Robert. 1989. "Spontaneous Order." *Journal of Economic Perspectives* 3, no. 4 (Fall), pp. 85-97.

Szostak, Rick. 1989. "The Organization of Work : The Emergence of the Factory Revisited." *Journal of Economic Behavior and Organization* 11, no. 3 (May), pp. 343-58.

―――. 1991. *The Role of Transportation in the Industrial Revolution : A Comparison of England and France*. Montreal : McGill-Queen's University Press.

Szreter, Simon. 1988. "The Importance of Social Intervention in Britain's Mortality Decline, c. 1850-1914 : A Re-interpretation of the Role of Health." *Social History of Medicine* 1, no. 1 (April), pp. 1-37.

Tann, Jennifer. 1970. *The Development of the Factory*. London : Cornmarket Press.

Taton, R. 1957. *Reason and Chance in Scientific Discovery*. New York : Philosophical Library. 渡辺正

雄，伊藤幸子訳『発見はいかに行なわれるか』南窓社，1968 年

Teece, David, Richard Rumelt, Giovanni Dosi, and Sydney Winter. 1994. "Understanding Corporate Coherence." *Journal of Economic Behavior and Organization* 23, no. 1 (Jan.), pp. 1-30.

Tegmark, Max, and John Archibald Wheeler. 2001. "One Hundred Years of Quantum Mysteries." *Scientific American* 284, no. 2 (Feb.), pp. 68-75.

Temin, Peter. 1997. "Is It Kosher to Talk about Culture?" *Journal of Economic History* 57, no. 2 (June), pp. 267-87.

Tenner, Edward. 1997. *Why Things Bite Back : Technology and the Revenge of Unintended Consequences*. New York : Alfred A. Knopf. 山口剛，粥川準二訳『逆襲するテクノロジー――なぜ科学技術は人間を裏切るのか』早川書房，1999 年

Thomas, Carol. 1995. "Domestic Labour and Health : Bringing It All Back Home." *Sociology of Health and Illness* 17, no. 3 (June), pp. 328-52.

Thomis, Malcolm. 1972. *The Luddites : Machine-Breaking in Regency England*. New York : Schocken.

Thompson, E. P. 1963. *The Making of the English Working Class*. New York : Vintage Books. 市橋秀夫，芳賀健一訳『イングランド労働者階級の形成』青弓社，2003 年

Thompson, Silvanus P. 1898. *Michael Faraday : His Life and Work*. London : Cassell and Co.

Thomson, Ross. 2002. "The Birth and Significance of the Machinist." Unpublished ms., Stanford University.

Thorne, Stuart. 1986. *The History of Food Preservation*. Totowa, N. J. : Barnes and Nobel Books.

Thurston, Robert. 1878. *A History of the Growth of the Steam Engine*. New York : D. Appleton.

Tomes, Nancy. 1990. "The Private Side of Public Health : Sanitary Science, Domestic Hygiene, and the Germ Theory." *Bulletin of the History of Medicine* 64, no. 4 (Winter), pp. 509-39.

―――. 1998. *The Gospel of Germs : Men, Women and the Microbe in American Life*. Cambridge, Mass. : Harvard University Press.

Travis, Anthony. 1989. "Science as Receptor of Technology : Paul Ehrlich and the Synthetic Dyestuff Industry," *Science in Context* 3, no. 2 (Autumn), pp. 383-408.

Tuttle, Carolyn. 1999. *Hard at Work in Factories and Mines : The Economics of Child Labor during the British Industrial Revolution*. Boulder, Colo. : Westview Press.

Unwin, George. [1924] 1968. *Samuel Oldknow and the Arkwrights : The Industrial Revolution at Stockport and Marple*. New York : Kelley.

Ure, Andrew. 1835. *The Philosophy of Manufactures ; or, An Exposition of the Scientific, Moral, and Commercial Economy of the Factory System of Great Britain*. London : C. Knight.

―――. 1839. *Dictionary of Arts, Manufactures and Mines : Containing a Clear Exposition of Their Principles and Practice*. London : Longman and Co.

Usher, Abbott Payson. 1920. *An Introduction to the Industrial History of England*. Boston : Houghton Mifflin.

―――. 1954. *A History of Mechanical Inventions*. Cambridge, Mass. : Harvard University Press.

Vanek, Joann. 1974. "Time Spent in Housework." *Scientific American* 231, no. 5 (Nov.), pp. 116-20.

Vermeij, Geerat J. 1994. "The Evolutionary Interaction among Species : Selection, Escalation, and Coevolution." *Annual Review of Ecological Systems* 25, pp. 219-236.

Vigarello, Georges. 1988. *Concepts of Cleanliness : Changing Attitudes in France since the Middle*

Ages. Translated by Jean Birrell. Cambridge: Cambridge University Press.

Vincenti, Walter. 1990. *What Engineers Know and How They Know It: Analytical Studies from Aeronautical History*. Baltimore: Johns Hopkins University Press.

――――. 2000. "Real-World Variation-Selection in the Evolution of Technological Form: Historical Examples." In John Ziman, ed., *Technological Innovation as an Evolutionary Process*, pp. 174-89. Cambridge: Cambridge University Press.

Vinikas, Vincent. 1992. *Soft Soap, Hard Sell: American Hygiene in an Age of Advertisement*. Ames: Iowa State University.

Viscusi, W. Kip. 1992. *Smoking: Making the Risky Decision*. New York: Oxford University Press.

Volkov, Shulamit. 1978. *The Rise of Popular Antimodernism in Germany: The Urban Mater Artisans, 1873-1896*. Princeton, N. J.: Princeton University Press.

Von Tunzelmann, G. N. 1995. *Technology and Industrial Progress*. Aldershot, Eng.: Edward Elgar.

Voth, Hans-Joachim. 1998. "Time and Work in Eighteenth Century London." *Journal of Economic History* 58, no. 1 (March), pp. 29-58.

Wadsworth, A. P., and J. De Lacy Mann. 1931. *The Cotton Trade and Industrial Lancashire: 1600-1780*. Manchester: Manchester University Press.

Ward, Barbara. 1964. *India and the West*. New York: W. W. Norton.

Weber, Max. [1923] 1961. *General Economic History*. New York: Collier Books. 黒正巌，青山秀夫訳『一般社会経済史要論』上下，岩波書店，1954 年

Weinberg, Steven. 2001. "Can Science Explain Everything? Anything?" *New York Review of Books* 48, no. 9 (May 31), pp. 47-50.

Weitzman, Martin. 1996. "Hybridizing Growth Theory." *American Economic Review* 86, no. 2 (May), pp. 207-13.

Wengenroth, Ulrich. 2003. "Science, Technology, and Industry." In David Cahan, ed., *From Natural Philosophy to the Sciences: Writing the History of Nineteenth-century Science*. Chicago: University of Chicago Press.

Wesson, Robert. 1991. *Beyond Natural Selection*. Cambridge, Mass.: MIT Press.

White, Lynn. 1968. *Dynamo and Virgin Reconsidered*. Cambridge, Mass.: MIT Press.

――――. 1978. *Medieval Religion and Technology*. Berkeley: University of California Press. 内田星美訳『中世の技術と社会変動』思索社，1985 年

Wiener, Martin. 1981. *English Culture and the Decline of the Industrial Spirit, 1850-1980*. Cambridge: Cambridge University Press. 原剛訳『英国産業精神の衰退――文化史的接近』勁草書房，1984 年

Wildavsky, Aaron. 1991. *The Rise of Radical Egalitarianism*. Washington, D. C.: The American University Press.

Williams, Perry. 1991. "The Laws of Health: Women, Medicine and Sanitary Reform, 1850-1890." In Marina Benjamin, ed., *Science and Sensibility: Gender and Scientific Enquiry, 1780-1945*, pp. 60-88. Oxford: Basil Blackwell.

Williams, Raymond. 1958. *Culture and Society, 1780-1950*. New York: Columbia University Press. 若松繁信，長谷川光昭訳『文化と社会 1780-1950』ミネルヴァ書房，1968 年

Williamson, Oliver. 1980. "The Organization of Work: A Comparative Institutional Assessment."

Journal of Economic Behavior and Organization 1, pp. 5-38.
Winchester, Simon. 2001. *The Map That Changed the World*. New York : Harper Collins. 野中邦子訳『世界を変えた地図——ウィリアム・スミスと地質学の誕生』早川書房，2004 年
Winner, Langdon. 1977. *Autonomous Technology : Technics-out-of-Control as a Theme in Political Thought*. Cambridge, Mass. : MIT Press.
Wise, M. Norton. 1988. "Mediating Machines." *Science in Context* 2, no. 1 (Spring), pp. 77-113.
Wohl, Anthony S. 1983. *Endangered Lives : Public Health in Victorian Britain*. Cambridge, Mass. : Harvard University Press.
Wolcott, Susan. 1994. "The Perils of Lifetime Employment Systems : Productivity Advance in the Indian and Japanese Textile Industries, 1920-1938." *Journal of Economic History* 54, no. 2 (June), pp. 307-24.
Wood, Henry Trueman. 1913. *A History of the Royal Society of Arts*. London : John Murray.
Woods, Robert, I. 1984. "Mortality Patterns in the Nineteenth Century." In Robert Woods and John Woodward, eds., *Urban Disease and Mortality in Nineteenth Century England*, pp. 19-36. New York : St. Martin's Press.
Woods, Robert I., P. A. Watterson, and J. H. Woodward. 1988-89. "The causes of Rapid Infant Mortality Decline in England and Wales, 1861-1921." *Population Studies* 42, no. 3 (Nov.), pp. 343-66 and 43, no. 1 (March), pp. 113-32.
Woolrich, A. P. 2000. "John Farey and His *Treatise on the Steam Engine* of 1827." *History of Technology* 22, pp. 63-106.
Wright, Esmond. 1986. *Franklin of Philadelphia*. Cambridge, Mass. : Harvard University Press.
Wrigley, E. A. 2000. "The Divergence of England : the Growth of the English Economy in the Seventeenth and Eighteenth Centuries." *Transactions of the Royal Historical Society* 10 (6th series), pp. 117-41.
Wrigley, Julia. 1986. "Technical Education and Industry in the Nineteenth Century." In Bernard Elbaum and William Lazonik, eds., *The Decline of the British Economy*, pp. 162-88. Oxford : Clarendon Press.
Wuketits, Franz. 1990. *Evolutionary Epistemology and Its Implications for Humankind*. Albany : SUNY Press. 入江重吉訳『進化と知識——生物進化と文化的進化』法政出版，1994 年
Youngson, A. J. 1979. *The Scientific Revolution in Victorian Medicine*. New York : Holmes and Meier Publishers.
Zelizer, Viviana A. 1985. *Pricing the Priceless Child : The Changing Social Value of Children*. New York : Basic Books.
Zilsel, Edgar. 1942. "The Sociological Roots of Science." *American Journal of Sociology* 47, no. 4 (Jan.), pp. 544-60.
Ziman, Jihn. 1976. *The Force of Knowledge*. Cambridge : Cambridge University Press. 松井巻之助訳『社会における科学』草思社，1981 年
―――. 1978. *Reliable Knowledge : An Exploration of the Grounds for Belief in Science*. Cambridge : Cambridge University Press. 桜井邦朋，大江秀房訳『科学理論の本質』地人書館，1985 年
―――. 2000. "Selectionism and Complexity." In John Ziman, ed., *Technological Innovation as an Evolutionary Process*, pp. 41-51. Cambridge : Cambridge University Press.

監訳者あとがき

　本書はジョエル・モキイア（Joel Mokyr）の主著 *The Gifts of Athena : Historical Origins of the Knowledge Economy*, Princeton University Press, 2002 の全訳である。

　モキイアはオランダで 1946 年に生まれ，ヘブライ大学で修士号，合衆国イェール大学で博士号を取得したのち，1974 年から合衆国ノースウェスタン大学で経済学及び歴史学の教鞭をとっているアメリカ合衆国の経済史家である。彼は本書の原書出版後の 2003 年から 4 年にはアメリカ経済史学会会長を務め，2006 年にはオランダ王立芸術科学アカデミーの会員となり，また同年ハイネケン賞（歴史部門）を受賞し，2015 年にはバルザン賞（人文科学分野）を受賞するなど，経済史家として国際的に広く知られている。本書の原書 *The Gifts of Athena* の他に，著者の主要業績としては以下の諸著作が挙げられる。

The Lever of Riches : Technological Creativity and Economic Progress, Oxford University Press, 1990

The Enlightened Economy : An Economic History of Britain 1700- 1850, Yale University Press, 2009

A Culture of Growth : The Origins of the Modern Economy, Princeton University Press, 2016

　これらの中でとくに本書の原書 *The Gifts of Athena* は，前世紀後半の工業化論による産業革命概念に対する批判や，前世紀末に盛んになった，近世アジア経済史研究，グローバル・ヒストリー研究などでいったん見直しを余儀なくされた産業革命と近代西欧経済史の旧来の見方を，新しい観点から再評価した点で世界的に大きな注目を集めた，近年の西洋経済史の研究史上における重要著作である。著者は従来進化経済学，イノベーション論等で論じられてきた命題的知識と指図的知識の区別とイノベーションに関するそれらの相互関係をとりあげ，これを中心にして，主に制度に基づく知識へのアクセス・コストの観点から，19 世紀に

おける工場制の成立，家庭経営と人口増加，さらには現代の情報化社会にいたるまで，工業社会の経済史的発展を幅広く論じている。そしてこれらの議論を基に，なぜ継続的な経済発展が可能な成長モデルが近代西欧だけで誕生したのか，という問いに，18世紀における「産業啓蒙」と自由市場経済システムによって応えようとしている。だがその内容が狭義の近代西欧経済史研究にとどまらず，科学史，科学技術史，知識経済論，イノベーション論，制度経済学，進化経済学，近代思想史などの広い分野を総合しているため，原書は必ずしも読解が容易ではなかった。そのため本訳書の出版は，日本における今世紀初頭からの国際的な西洋経済史研究の理解を進める意義を持つと考えられる。

　本書の訳稿は伊藤庄一氏が作成し，監訳を長尾伸一（名古屋大学経済学研究科）が担当し，松波京子さん（中部大学非常勤講師，イギリス経済史）に作業を手伝っていただいた。監訳作業は原文に忠実かつ平易な訳を心掛けられた伊藤氏の訳に基づき，訳稿の整理・校正と専門用語，名前の表記等に関する点検等に限定して行なった。講義を基とした原書の文体は，複雑な内容を非常に明快な形で議論している。とは言え幅広い分野をカバーしている本書の性格上，意味が取りにくい文章もいくつかあるが，それらは原文のままに訳出した。専門用語の訳は，多方面の専門的な読者を念頭に置いて執筆したと思われる著者の意を汲んで，やや煩雑ながらそれぞれの専門分野で通常使われる訳語を当てるように努力した。原書に見られる名称の間違いなどの単純な誤りは気づいた範囲で訂正したが，それ以外はそのまま訳出するか，〔原文ママ〕として注意するにとどめた。本書は西欧近代のみならず，東洋史や現代社会の重要問題にまで著者自身の立場から言及しており，監訳者から見て不適当と思われる表現なども若干見られるものの，著者の作品を訳書として提供するという立場から，それらも手を加えないで訳出した。

　なお，訳文中［　］は原著者による引用文への補足，〔　〕は訳者による補足ないし訳注である。

　監訳にあたっては，以下の方々に助けていただいた。隠岐さや香さん（名古屋大学経済学研究科教授，科学史・社会思想史）には当初から訳稿を読んでいただき，専門の立場から多くの助言をいただいた。福澤直樹さん（名古屋大学経済学研究科教授，同研究科長，西洋経済史），大野誠さん（立正大学文学部教授，科学史・近代イギリス史），奥田伸子さん（名古屋市立大学人間文化研究科教授，経済学・近代イ

ギリス史・女性史），徳丸宜穂さん（名古屋工業大学社会工学専攻教授，経済学・科学技術論・イノベーション論）には，それぞれのご専門にかかわる諸章を読んでいただき，訳稿の校正から原書の内容まで，細部にわたる多くの貴重なご意見をいただいた。大学院ゼミ生の韓丹さん（名古屋大学経済学研究科博士課程），学部ゼミ生の藤本裕太さん（名古屋大学経済学部）には校正作業を手伝っていただいた。大学院ゼミ生だった鈴木ジョナサン範信さん（当時名古屋大学経済学研究科修士課程在籍）には，名前の日本語表記の点検作業を手伝っていただいた。

　前述したように本書は原著者の専門である近代西洋経済史を超えた多方面にわたる問題を議論しており，その評価も研究者によって様々に分かれる。監訳者である長尾自身も，専門分野の思想史，科学史，政治経済学，環境政策等については，多くの点で著者と意見を異にしている。そのため原書の解釈，評価については，松波さんが中心となり，菊池好行さん（名古屋経済大学経済学部教授，科学史・科学技術史）を招いた名古屋大学経済学研究科ワークショップ（コメンテーター：隠岐さや香さん）や，進化経済学会第 23 回大会企画セッション「産業革命における経済成長と知識──モキアの知識経済論の批判的検討──」（コメンテーター：大野誠さん，福澤直樹さん，徳丸宜穂さん）などを開催し，各分野の専門家の意見を交換して理解を深めた。これらの議論の内容については，監訳者たちが別稿で報告する予定である。

　本書の進行は名古屋大学出版会の橘宗吾さんがお世話してくださり，同出版会の山口真幸さん，神舘健司さんに編集の労をとっていただいた。大変長い時間がかかったが，以上の方々のおかげで，知識とイノベーションと経済成長を結びつけて 19 世紀から現代にいたる経済史を説明しようとしたこの有名な業績を紹介する本訳書が，ようやく出版できることとなった。ここで皆様にお礼を申し上げたい。

2019 年 7 月

長尾　伸一

図表一覧

図1 命題的知識と指図的知識 ……………………………………………… 21
図2 命題的知識と指図的知識の間のフィードバック ……………………… 27
図3 家庭の知識と健康 ……………………………………………………… 201
図4 死亡率低下における収入，価格，知識の効果 ………………………… 201
図5 ラッダイト運動とイノベーション …………………………………… 312

表1 イギリスにおける専門職の相対比（1841年，1851年）……………… 171
表2 フランスにおける工場労働者と家内労働者（1906年）……………… 179
表3 工業化された西洋における死亡率の指標（1850-1950年）………… 199

人名・地名索引

ア 行

アークライト，リチャード　58, 147, 316
アーノルド，マシュー　319
アイゼンステイン，エリザベス　10, 51, 72, 77
アイルランド　92, 207, 231, 315, 330
アインシュタイン，A.　72, 266
アシェット，ジョン　85
アッシャー，A. P.　4
アフガニスタン　285
アプトン，フランシス　112
アフマダバード　309
アベール，ニコラ　116, 117
アリエス，フィリップ　240
アルキメデス　58
アルチアン，A.　161
アンダーウッド，ウィリアム　117
アントワープ　331
イーモン，ウィリアム　44
イギリス　34-36, 40, 46, 49, 52, 59, 60, 64, 67, 69, 70, 73, 76-78, 80, 87-89, 92, 94, 97, 106, 109, 120, 123-125, 146-148, 153, 158, 163, 175, 176, 215, 216, 231, 232, 246-248, 267, 271, 278, 301, 303, 305, 307-311, 314-317, 319-324, 326, 328, 331, 340, 341, 348-350
イタリア　37, 175, 326, 330, 332, 337
イリイチ，イヴァン　290
イングランド　55, 62, 70, 114, 170, 308, 313, 315, 318, 328
イングリッシュ，D.　243
インド　285, 296, 297, 330
ヴァンサン・ド・ボーヴェ　81
ヴァンデルモンド，A.-T.　103
ウィーナー，マーティン　320, 322
ウィーン　266, 307
ヴィガレロ，ジョルジュ　230
ヴィッテ伯　328
ヴィトゲンシュタイン，L.　30
ウィリアムソン，オリヴァー　143
ウィルキンソン，J.　87
ヴィレルメ，ルネ　122, 123, 215
ウィンザー，フレデリック　313

ヴィンセンティ，ウォルター　6
ウィンター，S.　12, 14, 140
ヴェーバー，マックス　50, 146, 294
ヴェーラー，F.　102
ウェールズ　70, 149
ウェッジウッド，ジョサイア　62, 63, 66, 121
ウェッソン，ロバート　274
ヴェンゲンロート，U.　98
ウォズワース，A. P.　308
ウォルコット，スーザン　309
ヴォルタ，アレッサンドロ　119
ウォレス，アルフレッド・ラッセル　264
ウルフ，アーサー　105
エールリヒ，パウル　110, 138
エーレンライク，B.　243
エジソン，T. A.　112
エディンバラ　61
エトルリア　66
エリュール，ジャック　285, 296
エルステッド，ハンス　107
エルダー，ジョン　107
エンゲルス，F.　320
オスマン帝国　328
オットー，N. A.　107
オランダ　71, 85, 92, 259, 308, 326, 328, 330, 331, 344, 349
オルソン，マンサー　283, 297, 321, 327
オルダー，K.　75, 76, 318

カ 行

カードウェル，ドナルド　57, 58, 104, 274, 325, 326
カートライト，E.　58
カーネマン，D.　208
カーライル，トーマス　319
カーン，ゾリーナ　347, 349
ガイ，ウィリアム　215
カウフマン，ステュアート　93
合衆国　73, 180, 183, 185, 187, 218, 233, 235, 236, 243, 246, 248, 266, 293, 308, 309, 326, 332, 340, 347, 348

カナダ　293
ガリレオ，ガリレイ　44, 47, 57, 71
カルタゴ　331
カルノー，サディ　105-107
カルノー，ラザール　85
カルフーン，C.　312
カレー　108
カレン，ウィリアム　60, 61
カン，チンギス　337
韓国　333, 336
キア，ジェームズ　43, 63
ギーゲレンツァー，G.　87
北朝鮮　285, 336
キャヴェンディッシュ，H.　60
キャラコ　147
キャルヴァート，フレデリック・クレイス　116
キャンベル，ドナルド　212
キューバ　218
ギリシャ　10, 76, 330
ギリスピー，C.　41, 76, 103
キングホーン，J.　180
グアグニーニ，A.　103, 114, 124
クーロン，シャルル＝オーギュスタン・ド　107
ククレリーズ，H.　182
クズネッツ，サイモン　3, 139, 140, 350
クック，ウィリアム　79, 111
クラーク，G.　163, 164, 190
クラウジウス，R. J. E.　106
クラウディウス，ヘルマン　112
クラウト，ロバート　182
グラスゴー　62
グラッシ，G. B.　218
クラナキス，イダ　63
クラン，チムール　264
グリーリー，ホレス　94
クルーゼ，フランソワ　145
クルーセル，P.　274
クルクシャンク，ウィリアム　119
クルクシャンク，ジョージ　314
グレイ伯　222
グレーベ，カール　103
クレッグ，サミュエル　313
クロウリー，アンブローズ　146
クローシー，リチャード　62
グロスター　271
グロスマン，サンフォード　144
クロムフォード　147

クロンプトン，サミュエル　66, 91
ケアンクロス，フランシス　181
ケイ，ジョン　316
ケーニヒ，フリードリッヒ　80
ゲーリケ，オットー・フォン　55, 118
ケクレ，アウグスト・フォン　103
ケトレ，アドルフ　122, 215
ケプラー，J.　47
ケルヴィン卿　106, 108, 109, 266
コイレ，アレクサンドル　44
コーエン，ジョン・S.　158
コース，ロナルド　143, 189
コート，H.　58, 59, 91, 149
コーワン，R.　191
コーワン，ルース・シュウォーツ　235-238, 244, 252, 253
コスミデス，レダ　32
ゴット，ベンジャミン　62
コッホ，ロベルト　118, 120, 217, 219, 230, 267
コベット，ウィリアム　319
コモナー，バリー　290
コリオリ，ガスパール＝ギュスターヴ　98
コルテス，エルナンド　343

サ行

ザイマン，ジョン　6, 262
サイモン，ハーバート　198
サウスウェスト　271
ザクセン　55
サン＝テティエンヌ　318
ジェイコブ，マーガレット　41, 46, 87
シェイピン，S.　40, 43, 47, 51, 294
ジェームズ，ハロルド　125, 320, 321
シェーラー，F. M.　139
シェーレ，カール・ヴィルヘルム　56
ジェファーソン，トーマス　85
シェフィールド　149, 175
ジェラティ，T.　161
シェリング，トーマス　209
ジェンナー，エドワード　25, 314
ジャコブ，フランソワ　91, 265
ジャスパー，ジェームズ　287
シャックル，G. L. S.　28
シャプタル，ジャン＝アントワーヌ　76, 89
シャフツベリ伯　222
ジュール，ジェームズ　106, 111
シュヴルール，ミシェル＝ウジェーヌ　77, 101
シュタウディンガー，ヘルマン　131

シュマッハー, E. F.　319
シュレーディンガー, エルヴィン　339
シュンペーター, J.　275, 283, 322, 323
ショア, J.　239, 250
ショー, G. B.　228
ジョージア州　247
ジョーンズ, エリック　21, 296, 297, 328, 330, 333, 336
ショスタク, リック　69, 158, 162
ショックレー, ウィリアム　134
ショラプール　309
シンガポール　333
ジンバブエ　337
スイス　349
スウェーデン　56, 310, 330
スコット, ウォルター　314
スコットランド　60, 107, 147, 170
スコフィールド, ロバート　54
スタージョン, ウィリアム　108
スティーヴンス, エドワード　72, 74, 88
スティーヴンソン一家　98
スティーヴンソン, ジョージ　101
ステヴィン, シモン　90
ストークス, ドナルド　20, 345
ストーブリッジ　146
ストーン, エドマンド　109
ストラッサー, S.　243
スノー, ジョン　216
スペイン　92, 326, 330
スミートン, ジョン　63, 71, 80, 87, 175, 176
スミス, アダム　68, 93, 94, 133, 164, 165, 168, 260
スミス, ウィリアム　54, 119
スミス, ジョン・グラハム　98
スメリー, ウィリアム　82
スリーター, S.　199
セガン, アルマン　63
ゼンメルヴァイス, イグナッツ　113, 266
ソヴァード, ジャック　318
ソーホー　66, 169, 170, 175
ソコロフ, ケネス　347, 349
ソルビー, ヘンリー・クリフトン　104
ソ連　263, 332

タ 行

ダーウィン, C.　260, 265
ダービー　146
ダイムラー, ゴットリープ　321
タッカー, プレストン　280
ダランベール, J. l. R.　82
タル, ジェスロ　57
ダルムシュタット　340
チェーン, エルンスト　129
チェコ　259
チェンバーズ, イーフレイム　81
チャドウィック, エドウィン　122, 123, 215, 222
チャンドラー, A.　175
中国　10, 38, 76, 112, 262, 285, 305, 328-330, 337
ツィルゼル, エドガー　77
ディア, ピーター　50, 72
デイヴィ, ハンフリー　54, 64, 98, 119, 267, 314
デイヴィッド, ポール　4, 44
ディズレーリ, ベンジャミン　222
ディドロ, D.　50, 82, 83
デヴォン　147
デカルト, R.　47
テグマーク, M.　128
デサグリエ, ジョン　50, 53, 57
デッラ・ポルタ, ジャンバッティスタ　90
テナー, エドワード　259, 289
デムゼッツ, ハロルド　161, 167
デュアメル, アンリ＝ルイ　57
デロング, B.　126, 140
デンマーク　107
ドイツ　37, 82, 89, 92, 98, 102, 125, 179, 216, 217, 231, 308, 310, 320-322, 326, 330, 331, 336, 337, 340
トゥービー, ジョン　32
トーネット, ミカエル　307
ドーバー　108
トーマス, キャロル　243
トームズ, N.　226, 249
ドッブズ, ベティ・ジョー　44
トフラー, アルヴィン　181
トベルスキー, A.　208
ドマシー, ジャック＝フランソワ　85
トムソン, ウィリアム　106 → ケルヴィン卿 も見よ
トムソン, ロス　171
トラヴィス, A.　118
トラテンベルグ, M.　70, 134
トラバント　263
トリチェリ, エヴァンジェリスタ　55, 118
ドルトン, ジョン　73, 98, 119
トレヴィシック, リチャード　58, 87, 105

トレッドゴールド, トーマス　85
ドレベル, コルネリウス　90
ドンキン, ブライアン　80, 98
トンプソン, ベンジャミン　64 → ランフォード伯も見よ

ナ 行

ナイ, J.　180
ナイジェリア　333
ナイチンゲール, フローレンス　229
ナヴィエ, ルイ　98
ナポレオン　94, 282
ニールソン, ジェームズ　98, 101
ニコル, チャールズ　218
ニコルソン, ジョン　85
日本　140, 308, 309, 332
ニューコメン, トーマス　56, 176
ニュートン, I.　47, 56
ニューヨーク　86, 267
ニュルンベルグ　331
ネーゲリ, カール・フォン　268
ネルソン, リチャード　12, 14, 124, 139, 140, 270
ノース, D. C.　97, 330, 336
ノッティンガム　315
ノット, ジョサイア　218

ハ 行

パーキン, ウィリアム　102
バーク, J.　243, 254
バーグ, M.　158
ハート, オリヴァー　144
ハート, サミュエル　229
パートリッジ, ウィリアム　86
ハーバー, フリッツ　110
バーミンガム　52, 149
バーロー, ピーター　64
ハイエク, F. v.　260
バイエルン　64
ハイチ　333
ハイデッガー, M.　284
バイトン, ヘンリー　175
ハイルブロン, J. L.　47
ハイレ・セラシエ　282
パスカル, ブレーズ　90
パストゥール, L.　24, 38, 116, 117, 120, 217, 219, 232, 266, 267

バッド, ウィリアム　216
パットナム, ロバート　186
ハドソン, P.　216
パピヨン, フェルディナンド　229
ハプスブルグ帝国　332
バベッジ, チャールズ　165, 169, 222
パラケルスス　77
パリ　64
ハリス, ジョン　69, 81
ハリソン, ジョン　44, 57
ハル　52
パレンテ, S. L.　297
ハンガリー　55
バンクス, ジョセフ　86
パンプール, フランソワ・マリー　105
ヒトラー, アドルフ　282, 299
ヒューム, デイヴィッド　328, 346
ピョートル大帝　282, 328
ヒル, ローランド　70
ファー, ウィリアム　122, 215, 222
ファーガソン, E. S.　74
ファラデー, マイケル　54, 79, 98, 108, 110, 111
ファレイ, ジョン　85, 105
フィラデルフィア　64
フィリピン　233, 333
フィルヒョー, ルドルフ　216, 219, 267
フィンレイ, カルロス　218
ブーシャルダ, アポリネール　114
プールヘム, クリストフェル　133
フェリーペ2世　282
フォード, ヘンリー　281
フォーレイ, D.　191
フォックス, R.　103, 114, 124
フック, ロバート　47, 63, 90, 343
フルティエール, アントワーヌ　81
ブラーエ, ティコ　266
プライス, D. J.　117, 118
ブラウン, ヘンリー・T.　85
ブラウンリー, E.　252
フラカストロ, ジローラモ　267
ブラック, ジョセフ　57, 62
ブラッドフォード　52
プラトン　48
ブラマー, ジョセフ　175
フラミンガム　227
ブラン, オノレ　318
プランク, マックス　305
フランクリン, ベンジャミン　50, 51, 64
プランケット夫人　225, 228

フランス　55, 64, 69, 71, 75-77, 84, 86, 89, 92, 98, 102, 105-107, 116, 119, 125, 148, 178, 231, 246, 259, 272, 278, 307, 318, 321, 322, 328, 331, 340
フランドル　337
ブラントル, ルートヴィッヒ　131, 132
プリーストリ, ジョセフ　60, 63, 98, 121, 266
フリードマン, ミルトン　276
プリチャード, エリック　247
フルクロア, アントワーヌ　86
ブルネル一家　98
ブレイク, W.　319
フレーリッヒ, T.　221
プレスコット, E. C.　297
プレスコット, サミュエル　117
プレストン　316
ブレスナハン, T.　70
フレデリック, クリスティーヌ　251, 253
フレミング, アレキサンダー　129
プロイセン　344
フロイト, S.　295, 351
フローリー, ハワード　129
ブロンテ, シャーロット　315
ベイカー, ヴィーベ　212
ベイクウェル, ロバート（鉱物探査士）　54
ベイクウェル, ロバート（育種家）　58
ベイトソン, グレゴリー　264
ベーコン, フランシス　42, 46-50, 77, 81, 337, 339
ベーリング, エミール・フォン　219, 267
ベッカー, ゲイリー　167, 239
ベッセマー, ヘンリー　104
ベッソン, J.　74
ペッテンコーファー, マックス・フォン　229, 267
ヘッドリック, D.　73, 81-83
ペトリ, R. J.　118
ベニス　331
ベリマン, トルビョルン　57
ベルギー　259, 340
ベルセリウス, イェンス　73
ベルトレ, クロード　64, 76, 86, 101, 103
ベルナール, クロード　266
ヘルプマン, C.　134
ヘルムホルツ, ヘルマン・フォン　109
ベンツ, カール　321
ヘンリー, ジョセフ　108, 111
ヘンリー4世　307
ヘンレ, ヤコブ　217

ホイートストーン, チャールズ　79, 108, 111
ホイーラー, J. A.　128
ボイド, ジェームズ・P.　94
ボー・ド・ロシャ, アルフォンス　107
ボーア, ニールス　339
ポーツマス　162
ボードレール, シャルル　268
ホームズ, オリバー・ウェンデル　113
ポーランド　263
ポーリング, ライナス　234
ホール, ルパート　97
ボールトン　169, 170, 175, 176
ホッブズ, T.　47
ボノモ, ジョバンニ　267
ホフマン, フェリックス　110, 138
ポメランツ, K.　336
ポラード, シドニー　124, 146
ポランニー, マイケル　15, 16, 138
ホルスト, アクセル　221
ボルダ, ジャン＝シャルル・ド　119
ボルツマン, L.　87
ポルトガル　326
ポンスレ, ジャン＝ヴィクトル　98
ボンベイ　309

マ 行

マーグリン, スティーヴン　163, 190
マーフィー, ケヴィン　167
マーマン, J. P.　125
マイヤ, エルンスト　265
マクスウェル, J. C.　87, 266
マケール, J. P.　86
マックロード, C.　348
マッケオン, T.　199
マッケンドリック, N.　62
マッソン, A. E.　41
マッハルプ, フリッツ　29
マルクーゼ, H.　284
マルクス, K.　133, 150, 284, 319, 320
マルサス, T. R.　222, 260
マン, J. D. L.　308
マンスフィールド卿　349
マンソン, パトリック　218
マンチェスター　148, 313
マントゥー, P.　316
ミシャン, E. J.　290
ミジリー, トーマス　289
ミッタシュ, アルウィン　110

ミッドランズ　146, 147, 271
ムシェット, ロバート　104
メキシコ　343
メンデル, G.　268
メンデレーエフ, D.　31
メンフィス　218
モーズリー, ヘンリー　87, 98
モービル　218
モールス, サミュエル　108
モクソン, ジョゼフ　84
モリーナ, M.　290
モリス, ウィリアム　319
モリソン, エルティング　285
モルドバ　333
モレリ, ルイ　81
モワリー, D.　127
モンゴル　329
モンゴルフィエ, ジョゼフ　60
モンゴルフィエ兄弟　60
モンジュ, ガスパール　75, 85, 103

ヤ 行

ヤブロンスキー, ヨハン・テオドア　82
ヤング, トーマス　74
ユア, アンドリュー　83
ヨークシャー　147, 313, 315
ヨハンソン, S.　199

ラ 行

ラーナー, J.　349
ライト, ギャバン　166
ライト兄弟　131
ライプニッツ, ゴットフリート・ヴィルヘルム　56, 90
ライル, ギルバート　16
ラヴォアジエ, A.　57, 60, 61, 63, 77, 86, 98, 101, 119, 121
ラウダン, レイチェル　17, 32, 91
ラジアー, エドワード　159, 160
ラスキン, ジョン　319
ラゾニック, W.　324
ラッタン, ヴァーノン　345
ラトゥール, ブルーノ　212, 229
ラムジー, ヘンリー　227
ラムズデン, ジェシー　44, 118
ラメリ, A.　74
ランカシャー　303, 313, 315

ランキン, ウィリアム　106, 107, 125
ランチージ, ジョバンニ　218
ランデス, デイヴィッド　296, 336
ランフォード伯　54, 64
リー, ウィリアム　307
リーズ　62
リード, ウォルター　218
リーバーマン, カール　103
リービッヒ, J. v.　102, 112, 266
リヴァプール　52, 63
リオス=ラル, J.-V.　274
リオタール, J. F.　269
リカード, デイヴィッド　93, 301
リグリー, E. A.　96
リスター, ジョセフ　113
リスター, ジョセフ・J.　120
リチャーズ, エレン　243
リチャーズ, ロバート　212
リットン, ブルワー　222
リトアニア　259
リヒマン, ゲオルク・ヴィルヘルム　51
ゲイ=リュサック, J.-L.　76
リヨン　175, 318
リンカーン, エイブラハム　349
リンド, ジェームズ　220
リンネ, C. v.　73
ルイ, シャルル=アレキサンドル　215
ルイ14世　282
ルイス, C. A.　123, 216
ルーアン　318
ルウォンティン, リチャード・C.　211
ルーズベルト, T.　285
レイトン, エドウィン　6
レーヴィッヒ, カール　110
レーベンフック, A. v.　267
レオナルド・ダ・ヴィンチ　90
レッテンバッハー, フェルディナント　98
ロアズビー, ブライアン　14
ロイポルト, ヤーコプ　71, 74
ロヴィンス, エモリー　319
ロウフォールズ　315
ローズ, ジョン・ベネット　123
ローゼン, ジョージ　224
ローゼンバーク, ネイサン　4, 100, 127, 139
ローバック, ジョン　61
ローランド, F. S.　290
ロザムステッド　123
ロシア　140, 328, 332
ロス, ロナルド　218

ロバーツ,リチャード　58, 87, 98, 101
ロビンソン,E.　41
ロング,ジェイソン　170
ロンドン　64, 86, 232, 309, 313
ロンブ,トーマス　146

ワ 行

ワーズワース,W.　319

ワイルダスキー,アーロン　284
ワインガスト,B.　97
ワインバーグ,スティーヴン　31
ワット,ジェームズ　61-63, 71, 62, 74, 75, 87, 105, 169, 170, 175, 176, 266, 314, 316

《監訳者紹介》

長尾 伸一（ながお しんいち）

　名古屋大学大学院経済学研究科教授，経済学博士（京都大学）
　主著　『ニュートン主義とスコットランド啓蒙』（名古屋大学出版会，
　　　　　2001年，サントリー学芸賞）
　　　　『トマス・リード』（同会，2004年）
　　　　『複数世界の思想史』（同会，2015年）

《訳者紹介》

伊藤 庄一（いとうしょういち）

　元三和銀行・元三和総合研究所勤務，元明海大学非常勤講師

知識経済の形成

2019年9月1日　初版第1刷発行

定価はカバーに
表示しています

監訳者　長 尾 伸 一
訳　者　伊 藤 庄 一
発行者　金 山 弥 平

発行所　一般財団法人 名古屋大学出版会
〒464-0814　名古屋市千種区不老町1 名古屋大学構内
電話(052)781-5027 / FAX(052)781-0697

Ⓒ NAGAO Shinichi et al., 2019　　　　　　Printed in Japan
印刷・製本 亜細亜印刷㈱　　　　　ISBN978-4-8158-0957-7
乱丁・落丁はお取替えいたします。

JCOPY 〈出版者著作権管理機構 委託出版物〉
本書の全部または一部を無断で複製（コピーを含む）することは，著作権法上での例外を除き，禁じられています。本書からの複製を希望される場合は，そのつど事前に出版者著作権管理機構（Tel：03-5244-5088, FAX：03-5244-5089, e-mail：info@jcopy.or.jp）の許諾を受けてください。

E. L. ジョーンズ著　安元稔／脇村孝平訳
ヨーロッパの奇跡　　　　　　　　　　　A5・290 頁
　―環境・経済・地政の比較史―　　　　　本体 3,800 円

E. L. ジョーンズ著　天野雅敏他訳
経済成長の世界史　　　　　　　　　　　A5・246 頁
　　　　　　　　　　　　　　　　　　　本体 3,800 円

R. C. アレン著　眞嶋史叙他訳
世界史のなかの産業革命　　　　　　　　A5・380 頁
　―資源・人的資本・グローバル経済―　　本体 3,400 円

K. ポメランツ著　川北稔監訳
大分岐　　　　　　　　　　　　　　　　A5・456 頁
　―中国，ヨーロッパ，そして近代世界経済の形成―　本体 5,500 円

K. ラジ著　水谷智他訳
近代科学のリロケーション　　　　　　　A5・316 頁
　―南アジアとヨーロッパにおける知の循環と構築―　本体 5,400 円

ド・フリース／ファン・デァ・ワウデ著　大西／杉浦訳
最初の近代経済　　　　　　　　　　　　A5・760 頁
　―オランダ経済の成功・失敗と持続力 1500〜1815―　本体 13,000 円

C. A. ベイリ著　平田雅博他訳
近代世界の誕生　上・下　　　　　　　　A5・356/408 頁
　―グローバルな連関と比較 1780-1914―　本体各 4,500 円

隠岐さや香著
科学アカデミーと「有用な科学」　　　　A5・528 頁
　―フォントネルの夢からコンドルセのユートピアへ―　本体 7,400 円

小川眞里子著
病原菌と国家　　　　　　　　　　　　　A5・486 頁
　―ヴィクトリア時代の衛生・科学・政治―　本体 6,300 円

並松信久著
農の科学史　　　　　　　　　　　　　　A5・480 頁
　―イギリス「所領知」の革新と制度化―　本体 6,300 円

長尾伸一著
ニュートン主義とスコットランド啓蒙　　A5・472 頁
　―不完全な機械の喩―　　　　　　　　本体 6,000 円

長尾伸一著
トマス・リード　　　　　　　　　　　　A5・338 頁
　―実在論・幾何学・ユートピア―　　　本体 4,800 円